NEWSPAPER IN EDUCATION

NIE의 이해와 실제

생각을 건축하라

NIE의 이해와 실제— 생각을 건축하라

1판 1쇄 인쇄 | 2012년 12월 05일
1판 1쇄 발행 | 2012년 12월 10일

지 은 이 | 강은미
펴 낸 이 | 이영희
펴 낸 곳 | 도서출판 이미지북
출판등록 | 제2-2795호(1999. 4 .10)
주　소 | 서울시 강남구 논현로113길 13(논현동) 우창빌딩 202호
대표전화 | (02) 483-7025, 팩시밀리:(02) 483-3213
e-mail | ibook99@naver.com

ISBN 978-89-89224-20-4 03370

NEWPAPER
IN EDUCATION

NIE의 이해와 실제

생각을 건축하라

강 은 미

| 들어가며 |

자기 삶의 완성을 위한 창조적 학습법, NIE

필자가 NIE(Newspaper in Education, 신문활용교육)와 처음 인연을 맺은 것은 1998년, 한국지역사회교육협의회 NIE 연수과정 때였다. 당시 학생들에게 글쓰기를 가르치던 중이라 NIE는 가뭄에 단비와 같은 역할을 해주었다. 글을 어떻게 쓰게 할 것인가를 고민하던 필자에게 NIE는 생각거리를 제공하기에 좋은 재료였으며, 글감과 글의 형식과 내용을 담고 있는 신기한 도구상자였다. 하지만 지금 생각하면 아주 저급한 수준의 접근이었음을 고백할 수밖에 없다. NIE는 단순히 생각거리나 글감을 제공하는 것만이 아니었기 때문이다.

신문은 우리 삶의 축소판이며 역동적으로 흘러가고 있는 역사의 현주소다. 세상이 어떤 모습이며, 어떻게 움직이는지를 거울처럼 들여다 볼 수 있는 '살아있는 교과서' 이다. 하지만 문제는 거울로 자신을 들여다보는 사람이 드물며, 설사 거울을 통해 보더라도 시간에 쫓겨 자기 삶의 뿌리를 제대로 보지 못한다는 사실이다. 그것은 학생들만의 문제가 아니라 우리 모두의 문제이며, 그 결과는 내가 원하지 않는 부메랑이 되어 내 머리를 칠 것이라는 것을 상상하면 정말 아찔하다. 그래서 NIE를 제대로 해야겠다는 생각이 들었다.

NIE를 떠올릴 때 신문을 오리고 붙이는 수업만으로 오해하는 경향이 있다. 그것은 신문활용교육을 지도하는 사람들의 책임이 크다고 생각한다. 신문의 사진이나 글자를 오려 붙이고 말 주머니나 채우는 것이 NIE의 실체는 아니다. 그것은 신문과 친해지기 위한 하나의 전략으로서, 친근하게 접근하기 위한 수업 방식 때문에 생겨난 오해일 것이다. NIE에 대해 극히 한정된 경험을 가진 사람의 파편적 상식이며, 신문활용교육의 한 단면만 이해하는 데서 생기는 오해이다.

NIE는 세상을 총체적으로 바라보는 사회 교과서 역할을 한다. 내가 발 딛고 사는 이 땅의 이야기에서부터 먼 아프리카까지 중요한 삶의 이야기를 매일 들여다보며 궁금해 하고, 왜 그럴까 고민하게도 한다. 그래서 어떻게 하면 좋을까 생각하게 하는 공부가 NIE다. 즉 세상사에 관여하고 동참하고 실천하게 하는 교육이 NIE다.

NIE는 자기 삶의 줏대를 세우는 교육이기도 하다. 내가 태어난 이유가 무엇인지, 이 세상이 어떻게 만들어지고 어떻게 변화해 가는지 우리는 알 수 없다. 하지만 세상에 태어난 이상 자기 삶에 책임감을 부여받는다. 수없이 쏟아지는 문구와 구호 속에서 어떻게 살 것인지, 무엇이 옳은 것인지를 따지고 가려내어 삶을 스스로 책임지겠다는 주체성을 갖게 하는 것이 NIE다.

NIE는 함께 사는 사회의 건강한 씨앗이 되게 하는 교육이다. 신문에는 세상의 별의별 사건과 물건과 숫자로 가득 차 있다. 그것들이 제 가치를 알아 달라고 소리치고 억울하다며 하소연한다. 그것들의 아우성을 귀 기울여 듣다 보면 진짜도 있고 가짜도 있다. 그 진실을 찾는 일은 삶을 단순하게, 순수하게, 건강하게 살게 하는 지름길이다. 이는 잘 보고, 잘 듣고, 잘 생각하고, 잘 따져보는 과정에서 터득하는 지혜일 것이다. NIE를 통해 배우는 것은 단순한 지식만이 아니라 궁극적으로 지혜여야 한다.

오랫동안 학생들과 학부모, 교사들과 NIE를 함께하면서 감동적인 사례를 많이 보았다. 자녀와 대화가 되지 않는다고 하소연하던 한 학부모는 NIE를 통해 서로의 마음이 열렸다고 기쁨을 감추지 못했다. 대학 평생교육원 수강생인 학부모는 매일 신문일기를 쓴 소감을 발표하면서 "우리 사회가 좋아지려면 투표를 잘해야 하는 거네요." 라고 말했던 기억도 새롭다. 한 초등학교 선생님은 어려운 이웃을 돕는 아주머니의 신문기사를 읽고 학생들과 함께 감사 편지를 보냈더니, 졸업식 날 축하를 위해 찾아왔었다고도 했다. 이런 소식을 들을 때마다 힘을 얻는다. NIE는 세상과 소통하고 나누며 실천하는 것이기 때문이다.

그동안 NIE 일선에서 어려운 산행의 길잡이가 되어 주신 현장 전문가 선생님들과 NIE 전문기자 분들께 머리 숙여 감사의 말을 전하고 싶다. 그 분들이 있어 우리나라에 NIE가 깊이 뿌리내릴 수 있었고, 필자 또한 그 수혈을 받으며 여기까지 왔다. 그리고 음으로 양으로 많은 도움을 주신 분들, 척박한 바람의 땅 제주에서 NIE의 바람을 일으키고 있는 제주NIE학회 회원들과 제주대학교 평생교육원에서 함께 공부하고 있는 수강생 여러분께 감사드린다. 편집과 교정에 힘써 주신 도서출판 이미지북 가족들에게도 고마움을 전한다.

2012년 늦가을

강 은 미

C O N T E N T S

part 1

NIE의 이해

01 SECTION NIE의 개념

흔히 신문은 보는 것이라고 한다. 신문을 본다고 할 때 책을 읽는다는 개념과는 사뭇 다르게 생각한다. 대부분 독자는 책은 꼼꼼하게 내용을 생각하며 읽고, 신문은 슬쩍슬쩍 건너가면서 표제만 읽다가 흥미로운 기사가 있으면 관심 있게 읽는다. 그것만으로도 신문을 잘 읽었다고 생각한다. 맞는 말이다. 그렇게라도 신문과 친해진다면 몇 쪽의 책을 읽는 것만큼이나 큰 효과가 있다. 그리고 신문을 단순히 읽는 것에만 머무르지 않고, 오리거나 붙이고, 그리고 따져가면서 읽게 되면 재미는 물론 교육적 효과와 가치는 무한하다. 그래서 신문을 가지고 놀면서 활용하는 학습놀이를 일컬어 NIE, 즉 신문활용교육이라고 한다.

1. NIE란?

NIE는 'Newspaper in Education'의 약어로, 우리말로 풀어 '신문활용교육'이라 부른다. 사람들이 살아가는 모습을 생생하게 전하는 신문을 교재 또는 보조 교재로 삼아 다양한 교육활동에 적용하여 다중 영역의 학습 효과를 극대화시키는 창의적인 학습 방법이라고 할 수 있다.

2. NIE의 시작

NIE 운동의 시작은 미국이다. 1795년 6월 8일 미국 메인 주에서 발간된 포틀랜드《이스턴헤럴드》지가 "신문은 학교에서 사용할 수 있는 가장 값싸고 정보가 풍부한 교재로서 학생들의 독해력과 지식을 높이는데 유용하다."라고 보도함으로써 신문을 교육에 활용할 수 있는 가능성을 처음으로 제시하였다.

그 이후로 1930년대 《뉴욕타임스》가 청소년의 문해교육과 시사교육을 위해서 학교에 신문을 정기적으로 배포하면서 시작되었다. 그리고 1960년대 중반부터 조직적으로 시작되어, 현재는 거의 대부분의 신문사가 실시해 효과를 거두고 있다.

NIE 활동은 문맹퇴치율 저하 현상 속에서 세계적으로 확산되는 추세를 보이고 있다. '국제문맹퇴치의 해'에 즈음하여 1990년 5월 뉴욕에서 제1회 국제NIE대회가 개최되어 미국과 일본을 비롯하여 아시아·유럽·중남미·아프리카 등에서 19개국이 참가했다.

일본의 경우 1985년에 일본신문협회의 제창으로 NIE가 본격화 되었는데, 교사가 수업에 이용하기 위한 매뉴얼 작성 등이 추진되고 있으며, 초등학교에서 대학에 이르는 교육 현장에서도 NIE를 도입하는 교사가 늘고 있다. 하지만 한편에서는 '신문 판매의 촉진 수단' 임을 경계하는 목소리도 있다.

한국에서는 1990년대 들어 NIE가 본격 소개되면서 일부 교사들이 교육에 신문을 활용하기 시작했으며, 이후 NIE 활동이 활발히 전개되었다.

NIE의 목적은 시행 단체에 따라 그 목적을 달리 할 수 있지만, 교육적인 관점에서 볼 때 신문의 교육적 특성 및 장점을 활용하여 효과적인 교육을 이루는 것을 목적으로 하고 있다.

3. NIE의 교육적 효과

(1) 신문은 세상 바라보기 창

신문에는 매일매일 다양한 분야의 새로운 정보가 실린다. 그 정보는 재미있는 오락기사이기도 하고, 새로운 정보를 알려주는 기사이기도 하다. 또한 전문 분야의 지식을 전달하는 내용이기도 하고, 영역간 서로 넘나들면서 연관성을 지닌 것이기도 하다. 또한 특정 사건의 보도를 통해 사건의 문제 해결, 다양한 측면의 의견, 옳고 그름의 판단 시비를 다루기도 한다.

신문을 읽는 독자의 입장에서는 앉은 자리에서 세상 소식을 접하면서 나름대로의 자기 생각을 정리해 볼 수 있는 기회라 할 수 있다. 즉 신문은 세상을 바라보는 창이라고 할 수 있다.

(2) 창의적 사고 능력 배양제

NIE는 신문을 보고, 읽고, 생각하고, 따져보면서, 그리고, 쓰고, 창조해내는 학습의 한 형태다. 따라서 읽기• 쓰기• 말하기• 듣기 등의 능력은 물론 정보를 분석하고 비판할 수 있는 능력을 종합적으로 길러준다.

소위 공부 잘하는 학생은 저급 사고와 고급 사고 능력이 뛰어난 학생을 말한다. 교과 학습은 이 두 가지 능력을 모두 요구한다. 단순 정보를 읽고 이해하는 능력은 저급 사고 능력이라 할 수 있고, 어떤 사실이나 정보를 논리적으로 비판하고 창조적인 대안을 마련할 줄 아는 것은 고급 사고 능력에 해당된다. 사회가 복잡해지고 예측하기 힘든 상황들이 연출되는 현대사회에서는 고급 사고 능력을 더욱 요구한다고 할 수 있다.

이런 면에서 NIE는 저급 사고와 고급 사고 능력을 두루 기르는 데 도움이 된다. 특히 고급 사고 영역인 평가와 창의적 사고 능력 향상에 효과적인데, 이는 그 전 단계의 저급 사고 영역인 정보를 찾아 이해하는 활동이 전제되는 가운데 가능하다.

교과서의 여러 개념과 원리가 실생활에 적용된 정보가 신문에는 많으므로, 신문을 읽고 교과 공부를 하다 보면 저절로 교과 지식이나 원리가 이해되고 암기되는 것이다. 아울러 자신의 생활과 밀접한 정보들을 공부하게 되어 공부가 재미있다고 여겨짐으로써 학습 동기가 강화되고 그 결과 학습 효과도 점점 커져간다.

(3) 정보 백화점에서 자기 주도적으로 학습하기

신문은 다양한 영역과 표현 방법이 망라되므로 마치 여러 과목의 최신 교과서를 한 데 모아 놓은 것처럼 폭넓고 통합적으로 생각하게 하는 정보 백화점이다. 다양한 영역의 정보를 자연스럽게 읽고 정리하고 토론하는 과정에서 자기만의 정보 독해 능력이 생긴다. 하나를 알면 둘을 알고 싶어진다. 즉 알게 된 정보로부터 또 다른 차원의 정보를 알고 싶은 욕구로의 이전이 내면 안에서 생성되는 것이다. 이것이 바로 자기 주도적 통합 학습의 기초이고 동기화라고 할 수 있다.

정보화 사회에서는 자기 주도적 학습 능력이 우수한 사람이 성공하게 돼 있다. 너무나 많은 정보가 한꺼번에 쏟아지고 있기 때문에 누군가의 전달이나 교육으로 이를 습득하기에는 역부족이다. 스스로 정보를 습득하고 걸러내고 창의적으로 활용하는 능력이 필요해진 것이다. 정보화 사회에서 성공의 열쇠는 자기 주도적 학습 능력과 정보 활용 능력에 있다.

(4) 민주시민의식 고양의 장

갈수록 사회가 복잡해지면서 논리적 비판력을 가진 시민의식이 간절해지고 있다. 민주시민의식이야말로 사회 발전의 원동력이라고 할 수 있는 것이다. 그런데 민주시민의식은 어떻게 형성되는 것인가.

이 사회에서 벌어지고 있는 수많은 일들에 대해 관심을 기울이고, 토론하고, 대안을 모색하고, 행동하는 시민이 많을 때 그 사회는 건강한 사회라고 말할 수 있다. 건강한 사회를 만들기 위해서는 수없이 쏟아지는 정보를 취합하고 걸러내어 바른 의견을 개진할 수 있는 사람들이 많아야 한다.

이에 정보 수집 능력뿐만 아니라 정보를 통합해 옳고 그름을 분별해내고, 창의적으로 문제를 해결할 수 있는 인재를 육성하는 것은 우리 교육의 가장 큰 목적이라고 할 수 있다. NIE는 그런 통합적인 사고력과 창의적인 사고력, 논리적인 사고력을 키우는 데도 도움을 주며 민주시민의식 형성에도 크게 기여한다.

(5) NIE 효과 측정 사례*

한국에서는《중앙일보》와 한국언론재단이 2002년 3월 25일부터 9월 14일까지 초등학생 79명, 중학생 69명, 고등학생 79명을 대상으

* 자료 : 한국신문협회(http://www.presskorea.or.kr/)

로 능력, 관심도, 인성 및 신문 친화도의 항목을 가지고 설문조사를 실시했는데 그 결과는 다음과 같다.

- 능력 면에서는 정보 검색과 창의력, 읽기, 쓰기, 학습 능력이 향상되었다.
- 관심도 면에서는 문화활동, 사회에서 일어나는 일, 정치•경제 등 사회 전반에 관한 관심이 높아졌다.
- 인성 및 신문 친화도 면에서는 타인을 우선 배려하게 되었고, 정보를 찾는데 신문을 이용하게 되었으며, 신문의 내용을 인용하여 의사를 표현할 수 있는 능력이 신장된 것으로 밝혀졌다.

(조사기간 : 2002. 3. 25~9. 14)

영역	설문 내용 영역	총 평균	초등 평균	중등 평균	고등 평균
능력	정보 찾는 속도가 빨라졌다	3.63	3.99	3.54	3.35
	창의력이 향상됐다	3.56	4.10	3.32	3.23
	읽기 능력이 향상됐다	3.56	3.90	3.41	3.27
	글쓰기 능력이 향상됐다	3.46	3.81	3.28	3.28
	학습 능력이 향상됐다	3.41	3.90	3.23	3.08
관심도	문화활동에 관심을 갖게 됐다	3.67	3.87	3.62	3.51
	사회에서 일어나는 일에 관심을 갖게 됐다	3.66	3.80	3.46	3.68
	세계에서 일어나는 일에 관심을 갖게 됐다	3.56	3.89	3.33	3.43
	정치에 관심을 갖게 됐다	3.37	3.68	3.35	3.06
	경제에 관심을 갖게 됐다	3.30	3.66	3.09	3.11
인성 및 신문 친화도	남의 입장에서 생각하게 됐다	3.50	3.86	3.17	3.42
	신문에서 필요한 정보를 찾는 일이 잦아졌다	3.53	3.72	3.58	3.30
	신문 내용을 인용해 의사를 표현해 본 적이 있다	3.28	3.59	3.01	3.20

1. 조사 : 중앙일보 · 한국언론재단
2. 표본 : 227명(초등 79명, 중등 69명, 고등 79명)
3. 평균산출은 '매우 그렇다' 5, '그렇다' 4, '보통이다' 3, '그렇지 않다' 2, '전혀 그렇지 않다' 1을 기준

* 자료 : 한국신문협회

(6) 미국의 NIE 학습 효과 측정 사례*

미국신문협회(NAA) 재단이 지난해 세계신문협회(WAN)에 보고한 자료는 학습 효과를 점수로 계량화했다는 점에서 그 의미가 크다.

자료에 따르면, 미국 22개 도시에서 신문을 수업에 지속적으로 활용한 학생들과 그렇지 않은 학생들을 비교 평가했더니, NIE를 한 집단의 시험 점수 평균이 10%(100점 만점에 10점) 더 높게 나왔다. (중앙일보 2003년 9월 16일자 21면).

여기서 주의할 점은 신문이 점수를 올린 유일한 요인임을 입증할 수 없다는 것이다. 하지만 수업에 신문을 활용하면 학생들이 학습을 더 잘 할 수 있다는 점은 확실한데, 22개 도시 모두에서 학교 수업에 활용한 신문 숫자와 시험 성적이 비례했다.

1991년 5월엔 뉴욕대학의 교수 두 명이 뉴욕시의 초등학교 4~6학년 20개 학급을 대상으로 1년 동안 NIE 수업을 하고 표현력과 문장 독해력을 측정했다.

그 결과 NIE를 한 집단의 표현 능력은 평점 2.14에서 3.63으로 크게 향상됐으나, 그렇지 않은 집단은 2.18에서 2.78로 약간 높아지는데 그쳤다. 문장 독해력도 NIE 적용 집단이 네 배나 앞선 것으로 조사됐다.

미국은 현재 전국 1500개 신문사 가운데 700개사가 NIE를 추진하고 있으며 초·중·고등학교를 합쳐 6만 7000개의 학교가 NIE 수업을 실시하고 있다. 미국신문협회는 교사를 대상으로 하는 전국 규모의 NIE 연수회를 개최하고 있으며, 신문사들은 협회가 제공하는 NIE 매뉴얼을 기초로 독자적으로 NIE용 교재를 제작해 각급 학교에 배포하고 있다.

NIE를 실시하고 있는 700개사에는 적어도 1~2명, 주요 신문사의 경우는 10명 이상의 NIE 코디네이터가 있다. 코디네이터는 전직 교사나 고등학교 교사 자격을 갖고 있으며, 정기적으로 신문사가 소재한 지역의 초·중·고를 방문한다. 코디네이터는 NIE 담당교사를

---

* 자료 : 한국신문협회

지도하기도 하고, 때로는 신문을 교재로 아이들을 직접 지도하기도 한다. NIE 담당교사들은 의욕적으로 NIE를 시행하고 있으며, 어떤 교사들은 국어(영어)·수학·사회·미술 등 13개 교과 전부를 신문기사를 기초로 가르칠 정도로 활용도가 높다.

(7) 일본의 NIE 학습 효과 측정 사례*

일본신문협회는 학생들의 문자 이탈 현상과 독서 기피 현상에 제동을 걸고 활자문화에 익숙해지도록 하기 위해 미국과 유럽 여러 나라에서 시행하고 있는 NIE 운동을 도입했다. 협회는 1986년부터 1988년에 걸친 해외 NIE 시찰을 통해 NIE 운동의 교육 효과가 높은 것을 확인하고 1992년 2월 NIE위원회를 신설했다.

위원회는 먼저 도쿄 내의 초등학교 1개교, 중학교 2개교를 대상으로 NIE 파일럿 계획을 시작했다. 이러한 흐름에 맞춰 47개 지역에서 NIE 추진 조직이 잇따라 결성됐다. 각 지역 추진 조직은 그 지역 내 희망 학교를 모집해 NIE위원회의 인정을 받아 실천 학교를 결정, 신문을 제공하는 사업이 활발히 진행되었다.

이에 일본신문협회는 NIE 기금을 발족시키고 그 운용 이익으로 신문제공사업과 연구·PR사업을 적극적으로 전개했다. NIE 기금 발족에 의해 NIE 실천 학교가 1개 지역 3개교 지정제(파일럿 계획)에서 1개 지역 초·중·고교 1% 지정제로 확대됐다. 이에 따라 NIE 실천 학교는 112개교(95년), 218개교(96년), 262개교(97년), 296개교(98년), 324개 교(99년), 343개 교(2000년), 348개 교(2001년), 368개교(2002년)로 해를 거듭할수록 증가하고 있다.

일본신문협회와 일본신문교육문화재단이 2002년 9월부터 이듬해 3월까지 6개월 동안 NIE를 실천한 초·중·고등학생 7884명을 대상으로 NIE 실시 뒤에 나타난 변화를 조사한 결과, 책을 읽는 태도와 스스로 조사해 자세히 아는 태도, 남의 의견을 경청하는 태도 등이 좋아진 것으로 나타났다.

---

* 자료 : 한국신문협회

■ 찾아가는 NIE 교실 현장 스케치 [2012. 9. 27. 제민일보 기사]

[생각이 자라는 NIE] 납읍초등학교 1박 2일 캠프

신문기사 속 낱말·사진·기사를 활용한 글쓰기 생각하는 힘 · 표현하는 힘 기르며 효과 '톡톡'

"신문 속에 있는 낱말, 사진 등을 통해 연상되는 생각들을 정리해보고 글로 한 번 표현해 볼까요?"

제민일보의 여덟 번째 신문활용교육(NIE, Newspaper In Education)은 납읍초등학교(교장 김태선) '글로벌 인재 육성을 위한 1박 2일 캠프' 참여 학생들을 대상으로 진행됐다.

1학년부터 6학년까지 18명이 한 조로 구성된 6개의 그룹은 형·누나·오빠·언니·동생들이 함께 '신문기사 속 낱말을 활용한 글쓰기' '신문기사 속 사진을 활용한 글쓰기' '신문기사 속 기사를 활용한 글쓰기' 등의 프로그램에 참여했다.

강은미 NIE 강사(제주대 평생교육원)는 우선 학생들에게 신문 속 수천 개의 단어 중 10개의 낱말을 찾는 것부터 시작했다.

기록적인 폭우를 동반한 제16호 태풍 '산바(SANBA)'로 인한 피해를 다룬 제민일보 18일자 신문을 본 학생들은 '산바' '태풍' '단수' '피해' 등의 단어를 고르기도 했고, 광고 속 '여행' '음식' '안경' '전세기' 등 크고 굵은 활자의 낱말을 선택하기도 했다.

학생들의 낱말 선택이 마무리되자 강 NIE 강사는 1·2학년 학생들에게는 각 단어마다 '끝

말잇기 놀이'를 하도록 지시했고, 또 3~6학년 학생들에게는 선택한 낱말이 들어가는 글을 짓도록 했다.

말이 떨어지기가 무섭게 어떤 학생들은 꼬리에 꼬리를 물듯 끝말잇기와 글짓기를 술술 풀어내는가 하면 몇 자를 적다 고개를 갸웃거리며 힘들어하는 학생들이 나타났다.

이럴 때마다 강 NIE 강사는 학생들에게 질문을 하며 생각을 하도록 유도하고, 생각을 그대로 글로 표현할 수 있도록 이끌어냈다.

학생들은 신문 속 핵심 단어를 통해 자연스럽게 여러 가지 상상을 하고, 자신의 경험을 그대로 글과 그림으로 표현했다.

어떤 학생은 '산바'라는 단어를 통해 피해를 입은 이웃 주민들과 다시는 피해가 없기를 바라는 마음을 글로 옮겼고, 또 다른 한 학생은 '친구'라는 단어를 통해 올해 1월 전학 간 친구를 떠올리며 섭섭했던 마음과 전학을 가서도 연락이 닿아 기뻤던 기억, 전학 간 학교에서도 좋은 친구들과 사귀며 잘 지내길 바라는 마음을 담아 짧지만 진솔한 한 편의 글을 완성했다.

또 추석을 맞아 독거노인들이 송편을 빚는 기사를 본 학생은 '올해 추석을 혼자 보내게 하지 마세요'라는 문구의 재치있는 공익광고를 만들어 보이기도 했다.

이번 NIE 프로그램 활동에 정답은 없었다. 학생들이 고른 단어를 통해 마음껏 상상하고 고민하고 또다시 생각을 이어갈 뿐이다.

또 신문 속 다양한 소스들을 통해 광고든 기사든 그림이든 자신의 생각을 있는 그대로 표현하는 방법을 배우게 된다.

강 NIE 강사는 "신문을 통한 이번 교육에서 가장 중요한 것은 아이들에게 생각할 수 있는 능력을 키우는 것"이라며, "신문 속 낱말과 사진, 기사 등을 통해 어떤 방법으로든 생각과 상상을 이어가고 이를 글과 그림으로 마음껏 표현할 수 있다면 이번 교육은 목적을 달성한 셈"이라고 말했다.

02 SECTION 신문의 이해

1. 신문은 늘 새로운 창이다

신문이란 사회에서 발생한 사건에 대한 사실이나 해설을 널리 신속하게 전달하기 위한 정기간행물을 말한다. 통상적으로는 신문사라 불리는 전문기업이 일간 또는 주간으로 뉴스 보도를 주로 하여 발행하는 일반지를 가리킨다. 신문은 영어로 'Newspaper'라고 하며, 속보성을 갖고 특징적 표제가 있다는 점에서 다른 출판물과 구별된다.

영국의 왕립언론위원회는 "뉴스란 그것을 읽는 대중에게 우선 흥미 있는 것이어야 한다"고 했다. 그러나 신문은 사건에 대한 대중의 일시적인 흥미보다는 훨씬 더 중요한 의미를 지닌다.

19세기에 최초로 나타나기 시작한 신문들은 식자층의 확산, 인권 및 민주주의 개념을 확산시키는 데 크게 기여했다. 신문은 21세기 '지구촌' 시대의 여론 형성에도 기여하고 있다. 개개인은 자신과 관련된 사건에 대해 충분히 알 권리를 갖고 있기 때문에 언론인은 독자에게 정보를 제공할 의무를 갖는다. 이러한 대중의 알 권리가 침해받을 경우에는 언론인에게 더욱 막중한 책임이 부과된다.

2. 신문의 역사

세계 최초의 신문 출현은 로마시대에 나타난 '악타 디우르나(Acta Diurna)'이다. '매일의 사건'이라는 이름의 이 신문은 역사상 최초로 문서화된 신문인데, 로마광장이나 회의장 앞 그리고 몇몇 공공장소에서 정기적으로 게시한 게시형 신문이다.

이 신문은 관보적 성격과 대중적 성격의 내용을 한 면의 양쪽에 게재한 고시형 신문을 말한다. 여기에는 공적인 내용은 물론 일반적이고 대중적인 내용 외에 오락기사도 게재되었다. 훗날 이 신문은 보다 널리 전파하기 위해 필경사들이 2000장까지 복사하여 배부하기도 하였다. 악타 디우르나는 정보와 뉴스를 수집하고 전달하기 위해 제작되었다는 점에서 최초의 신문으로 인정받는다.

세계 최초의 일간신문은 1660년 독일에서 발행된《라이프치거 차이퉁겐(Leipziger Zeitungen)》이며, 18세기로 들어서면서 여러 나라에서 일간지가 발행됐다. 영국 최초의 일간지《데일리 쿠란트》가 1702년에 창간되었고, 1783년에는 미국 최초의 일간지인《펜실베이니아 이브닝포스트》가 나왔다.

한국 최초의 근대신문은 1883년 10월 31일에 창간된《한성순보》이다. 이 신문은 정부기구인 박문국(博文局)에서 발간했으나, 당시의 개화파들이 국민에게 외국의 사정을 널리 알려 개화사상을 고취시키려는 데 큰 목적을 두었다.《한성순보》는 창간 이듬해에 일어난 갑신정변으로 폐간되었으나, 1886년 1월 25일에 다시《한성주보》를 창간하여 1888년까지 발행하였다.

한편, 한국 최초의 민간신문은 1896년 4월 7일에 서재필(徐載弼)이 창간한《독립신문》이다. 이 신문은 한글 전용과 띄어쓰기를 단행하여 그 후의 민간 신문 제작에 큰 영향을 주었고, 민중 계몽과 자주독립 사상을 확립하는 데 크게 기여하였다.《독립신문》에 자극을 받아 1898년에는《매일신문(每日新聞)》,《데국신문》,《황성신문(皇城新聞)》 등의 일간지들이 뒤를 이어 창간되었다.

국권을 빼앗은 일제는 신문 발행을 허용치 않았다. 3·1운동 후 1920년부터 문화정치를 표방하면서《조선일보》와《동아일보》등 3개 민간지를 허용했다. 하지만 이들 민간지는 일제의 탄압으로 압수와 정간 처분을 당하기 일쑤였고, 필화로 많은 언론인들이 고통을 겪었다.

현재 한국의 중앙지는《조선일보》,《중앙일보》,《동아일보》,《서울신문》,《한국일보》,《경향신문》,《한겨레》,《문화일보》,《국민일보》, 《세계일보》, 《한국경제》, 《매일경제》 등이 있다.

오늘날 신문사들은 뉴미디어에 관심을 갖고 뉴미디어 사업 전담 부서를 설치해 운영하며, 정보 DB의 개발, 인터넷 신문, 유선방송 진출 등 사업을 다각적으로 추진하고 있다.

3. 신문의 특성

신문은 불특정한 다수의 독자를 상대로 시사뉴스와 의견 등을 전달하는 일반지(一般紙) 외에도 기사 내용과 그 신문이 대상으로 삼는 독자 또는 발행 형태에 따라서 여러 종류의 신문으로 구분된다.

내용별로는 종합지 외에 경제·스포츠·오락·연예·서평 등을 전문으로 다루는 신문을 일반 보도 신문과 구별하여 '전문지(專門紙)' 라고 부른다. 또한 특정한 성(性)·연령·직업의 사람을 대상으로 발행하는 여성신문·어린이신문·학생신문·업계지(業界紙) 등을 '특수지(特殊紙)' 라 하고, 특정 정당이나 종교단체·노동조합 등에서 영리를 목적으로 하지 않고 발행하는 신문을 '기관지(機關紙)' 라고 한다.

그 밖에 발행 형태에 따라 일간지·격일간지·주간지·순간지(旬刊紙)·월간지 등으로 나누고, 신문의 보급 범위에 따라 전국지(全國紙)·로컬페이퍼·지방지, 한 지역의 주민을 대상으로 발행되는 지역지 등이 있다.

(1) 신문의 첫 번째 특성은 '기록성'이다

신문은 매일매일 이슈가 되고 있는 기사를 찍어낸다. 독자는 읽고 싶지 않거나 읽지 않아도, 사실이나 정보는 신문이라는 매체에 기록되어 있다. 그래서 언제든지 찾아볼 수 있어 메시지 접근 가능성이 높아지고, 필요에 의해 영구적으로 보관할 수도 있다. 요즘은 인터넷으로도 매일매일의 기사를 검색할 수 있어 그 가독성은 더욱 높아지고 있다.

■ 활자매체와 전자매체의 비교*

비교 기준	활자매체	전자매체
신속성	비교적 느리다	매우 빠르다
수용 범위	개별적	집단적
수용자	특정 다수	불특정 다수
수용자 능력	문자 해독 능력 필요	특별한 교육(학습) 필요
정보 선택권	수용자(독자)	전달자
정보 반복성	재독이 가능	대체로 재시청에 애로가 많음
정보 양	비교적 대량	매우 대량
제작 단가	대체로 낮은 편	상당히 비싼 편
수용자 비용	월 구독료가 방송에 비해 높음	시청료는 저렴한 편
운용 비용	별도 비용이 없음	많은 편(수상기, VTR 등)
오락성	비교적 낮다	매우 높다
메시지 내용	심층적, 해설적	간결, 압축
휴대성	쉽다	불편하다
보관성	쉽다	대체로 애로가 많다

(2) 신문의 두 번째 특성은 '정보 접촉의 편리성'이다

신문은 어디든지 들고 다니면서 언제든지 볼 수 있다. TV나 인터넷처럼 특정한 기술이나 장치, 시간과 장소의 제약을 받지 않는다. 그리고 독자 취향의 성향이나 가치관에 따라 정보 선택의 자유가 주어지며, 읽은 내용을 마음대로 평가 판단할 수 있다. 정보 선택에 있어서 편리할 뿐만 아니라 자유로우며 판단도 독자 자신에게 달려있는 게 신문이다.

(3) 신문의 세 번째 특성은 '심층성'이다

전달되는 정보나 지식은 TV를 비롯한 타 매체에 비해 심층적이고 다각적이다. 한 가지 사안에 대해서 방송이 다루지 못하는 다각적 측

* 『NIE 이해와 활용』, 2003, 커뮤니케이션북스, 최상희 저, p.45 참조

면의 내용을 기획기사로 다루어 독자의 앎의 욕구를 충족시켜 줄 뿐만 아니라 올바른 판단으로 이끄는데 징검다리 역할을 해준다. 판단은 독자가 하는 것이지만 판단에 이르기까지 총 지식과 정보를 동원해주는 심부름꾼 역할은 신문이 해주기 때문에 보다 올바른 판단에 이르게 도움을 주기도 한다.

4. 한눈에 보는 신문의 구성 요소

신문의 지면은 기사와 사진, 광고, 만화, 일기예보, TV 편성표, 주식시세표, 오늘의 운세 등으로 구성된다.

기사에는 정치·경제·사회·문화·교육·여성·건강과 과학 등 내용별로 좀 더 세분화되어 실리는 추세이며, 사진이나 광고도 좀 더 창의적인 이미지와 식자화로 독자들의 시선을 끌려고 노력하고 있다.

한국신문협회가 밝히는 신문의 형식적 구성 요소는 다음과 같다.

신문의 구성에 있어 내용적 분류로는 ① 종합면, ② 해설면, ③ 국제면, ④ 경제면, ⑤ 오피니언면(여론·투고·의견 등), ⑥ 기획기사면, ⑦ 생활정보면(여성·건강·가정·레저 등), ⑧ 과학면, ⑨ 사회면, ⑩ 지역면, ⑪ 스포츠면, ⑫ 연예·오락면, ⑬ 광고면 등으로 나눈다.

5. 신문의 기능

신문이 지속적으로 독자들에게 읽히고 교육적으로 활용되는 이유는, 그만한 기능을 보유하고 그 기능을 긍정적으로 발휘하는 매체이기 때문이다.

신문의 기능은 크게 보도 기능, 계도 기능, 여론 형성 기능, 오락 기능, 광고 기능을 지니고 있다고 할 수 있다. 그러나 신문의 기능에는 긍정적 측면도 있지만 역기능도 있다.

예를 들어 신문사가 특정 관점에 따라 어떤 사실을 보도했을 때 그 정보를 읽는 독자는 신문사의 관점이나 가치관을 그대로 따를 염려가 있다.

이는 신문이 특정 이념이나 사상·관점·가치관을 주입하여 여론을 형성하고, 사회 변화에 악영향을 미치는 결과를 초래할 수도 있음을 반증하는 것이다. 따라서 독자가 신문을 읽을 때 어떻게 읽어야 하는가에 대한 교육도 NIE 교육을 통해 이루어져야 한다.

6. 신문의 날

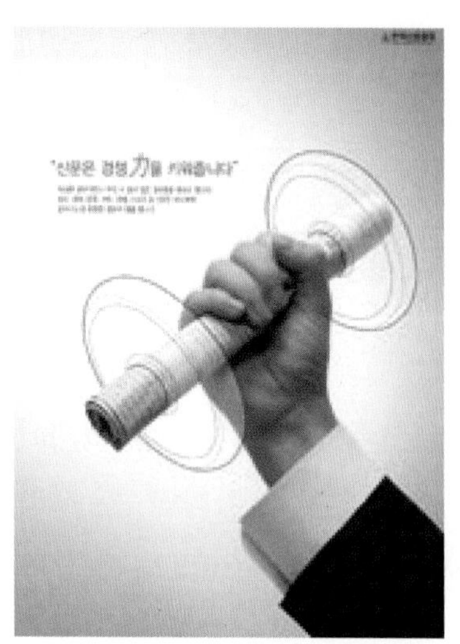
신문의 날 기념 포스터

한국신문방송편집인협회가 결성되면서 《독립신문》 창간 61주년 기념일인 1957년 4월 7일을 '신문의 날'로 정하고 그 주를 '신문주간'으로 정했다.

제1회 신문의 날 기념 행사는 명동 시립극장에서 개최되었는데, 여기에서 신문윤리요강이 선포되었고, 6·25전쟁에 종군했다가 전사한 외국인 기자 7명에 대한 훈장도 수여되었다. 신문의 날 제정 당시의 분위기와 다르지만 매년 이 날은 전국 각 신문이 휴간을 하며 한 주 동안 각종 신문주간 기념행사를 하고 있다.

7. 학생들이 신문을 읽으면 무엇이 좋은가?

신문은 흔히 '살아있는 교과서' 또는 '창의적인 보고'라고 한다. 교과서가 정형화된 지식과 정보를 다루고 있다면 신문은 현재 살아 숨쉬는 생생한 정보와 지식을 다룬다고 할 수 있다.

교과서에 실린 지식은 오늘의 기준에서 보면 이미 지나간 죽은 지식이 되는 경우도 있고, 시기적으로 낙후한 정보가 되기도 한다. 또한 교과서적 지식을 습득할 때도 살아있는 예를 통해 알아보면 훨씬 더 이해가 쉽고 현실에 적용해 볼 수 있게 됨으로써 더욱 깊이 있는 이해를 가능하게 한다.

그리고 갈수록 신문은 시각적인 자료를 많이 삽입하고 있는 추세이며, 표제 또한 독자의 눈을 끌기 위해 감각적이고 창의적인 표제를 달고 있다. 다양한 사진, 광고 자료를 보며 관찰력·판단력·창의력을 기를 수 있다. 또한 다양한 어휘를 쉽게 습득할 수 있는 기회가 되기도 한다.

그리고 무엇보다도 신문과 친해지면 우리가 살고 있는 이 사회에 대

제주 남광초등학교 4학년 어린이들이 아침 활동시간에 신문에서 정보를 찾고 있다. 《한라일보》 제공

한 관심을 가질 수 있다. 우리 동네 이야기에서부터 우리 지역, 우리 나라, 세계 여러 나라 등의 소식을 접하면서 세상에 대한 관심과 더불어 세계 시민으로서 갖추어야 할 소양을 자연스럽게 습득할 수 있다는 점에서 살아있는 사회 교과서라고 할 수 있다.

이밖에도 신문은 진로 교육의 산 교재가 될 수도 있다. 신문에는 우리 사회에서 모범이 되고, 인성적으로 훌륭한 인물기사가 많이 나온다. 흔히 말하는 인기 직업군의 인물뿐만 아니라 우리 사회 곳곳에서 의미 있고 가치 있는 삶을 살아가는 인물들의 이야기를 통해서 자신의 미래와 더불어 어떻게 사는 것이 가치로운 삶인지에 대해 고민을 던져주게 될 것이다.

또한 그들이 보여준 삶이 어떤 가치가 있는지 따져봄으로써 자라나는 어린이들에게는 올바른 가치관을 심어주는 데 훌륭한 인성 교과서 역할을 해준다고 할 수 있다.

따라서 신문은 어떻게 읽고 활용하느냐에 따라 교과서를 보충해주고, 논리적 사고력을 배양해주며, 인성교육 자료로서도 귀중한 보물이라고 할 수 있다. 이에 신문과 친해지게 하는 것은 날마다 보물 하나씩 챙기게 하는 것이라고 할 수 있다.

미국신문발행인협의회의 'NIE 프로그램 원리' 에서 제시한 신문이 교육적 매체로서 갖는 특징을 정리하면 다음과 같다. (Wendy Sussman Burns, 1991)*

① 학생들은 성인 매체로만 여겨진 신문을 읽는다는 것에 자부심을 느끼게 한다.

② 신문은 지금 일어나고 있는 일을 다루므로 읽기와 토론에 대한 동기유발을 시킨다.

③ 신문은 교실 내부와 외부 현실 세계의 틈을 이어준다.

④ 신문은 현재 일어난 역사를 담는다. 사회적 문제와 사건이 완전히 객관적으로 기록된다.

⑤ 신문은 모든 학생들이 관심을 보이는 만화, 사설, 일기예보, 스포츠 등 다양한 내용을 담고 있다.

⑥ 신문에는 학생들이 일생동안 반복해서 사용할 수 있는 실용적인 단어(어휘)들을 담고 있다.

⑦ 신문기사는 관심 분야에 밑줄을 치고, 자르고, 붙이고, 색칠할 수 있다.

⑧ 신문은 어떤 목적이 있거나 특정한 독자를 위해 글쓰기를 가르쳐주는 완전한 모델이다.

⑨ 신문은 가장 최신의 정보를 담고 있는 사회 교과서이다.

⑩ 신문은 우리 고장에서 일어나는 사건은 물론 해외에서 벌어지고 있는 일들까지 매일매일 기록하고 있다.

* 『NIE 이해와 활용』, 2003, 커뮤니케이션북스, 최상희 저, p.57 참조

part 2

NIE의 구체적 활용 사례

03 SECTION 신문의 구성 요소별 활용법 개괄

1. 신문활용교육은 어떻게 시작하면 좋을까?

모든 교육이 그렇듯 신문활용교육 또한 단순하게 "이렇게 하면 돼요."라고 단도직입적으로 말할 수 있는 내용이 아니다. 사실 그 어떤 교육도 단숨에 효과를 볼 수 있는 것은 없다. 우선 학습의 효과를 볼 수 있으려면 학습자가 학습의 대상이나 그 재료와 친해져야 한다. 학습의 동기로 학습 재료와 교사와의 친밀감을 빼놓을 수 없다. 따라서 신문활용교육을 시작할 때는 신문과 친해지는 놀이부터 시작하는 게 좋겠다.

(1) 신문활용교육은 놀이로 시작하자

신문을 가지고 할 수 있는 놀이는 몇 가지나 될까?

깔모자, 종이배, 종이옷, 몽둥이, 고기 구울 때의 덮개, 딱지, 벽지 등 수없이 많은 대답이 쏟아져 나올 것이다. 신문지 그 자체만으로도 활용도가 높다는 얘기다.

신문활용교육을 하다 보면 신문지가 교실 가득 널리는 경우가 많은데, 이 때 정리 요량으로 널려진 신문을 뭉쳐 공 만들기를 해봐도 좋다. 그리고 신문을 활용해 동화책 속의 주인공 꾸미기 활동을 해봐도 재미있다.

다음은 신문지를 활용한 공작활동 자료이다.

◆ 신문지로 만든 깔모자와 종이옷, 몽둥이

하귀 문화의집 NIE교실 학생들의 모습. 제주NIE학회 전근아 선생님 지도

◆ 신문으로 종이죽을 쑤어 만든 제주의 한라산과 오름 모형

제1회 제주NIE학회 전시회 회원 공동 작품

(2) 찾기놀이도 재미있다

신문에는 무수한 낱말과 사진, 숫자, 영어 알파벳 등이 숨어 있다. 어린이의 연령에 따라서 활용법이 다르겠지만, 우선 유치원에서 저학년 어린이들에게는 자기가 아는 글자, 가족 이름, 내가 좋아하는 것들, 세계 여러 나라 이름 등 찾기놀이부터 하면 어떨까?

글자를 막 깨우치기 시작한 어린이들은 자신이 아는 글자가 많으면 많을수록 뭔가 해낸 듯한 뿌듯함을 느끼면서 학습에 대한 성취감을 갖게 된다. 성취감은 자신감으로 이어지며 또 다른 성취 욕구로 이어져서 자연스럽게 더 높은 학습 동기가 될 수 있다. 그래서 글자에 대한 호기심이 충만해지면서 더 많은 글자를 알고 싶은 욕구가 분출되고, 신문을 활용해 글자놀이를 하다 보면 어휘력이 급속도로 향상되는 결과를 가져올 것이다.

또 신문에 나온 글자나 숫자, 사진을 이용해서 나를 소개해 보면 어떨까? 자기 소개는 모든 수업의 첫 시간에 이루어지는 마음 열기 프로그램인데, "저는 몇 학년 누구이고~"로 시작하는 형식적인 소개에 비해 훨씬 다양하고 창의적인 나만의 소개가 이루어질 것이다.

◆ 낱말과 숫자, 사진을 활용하여 자기 소개하기

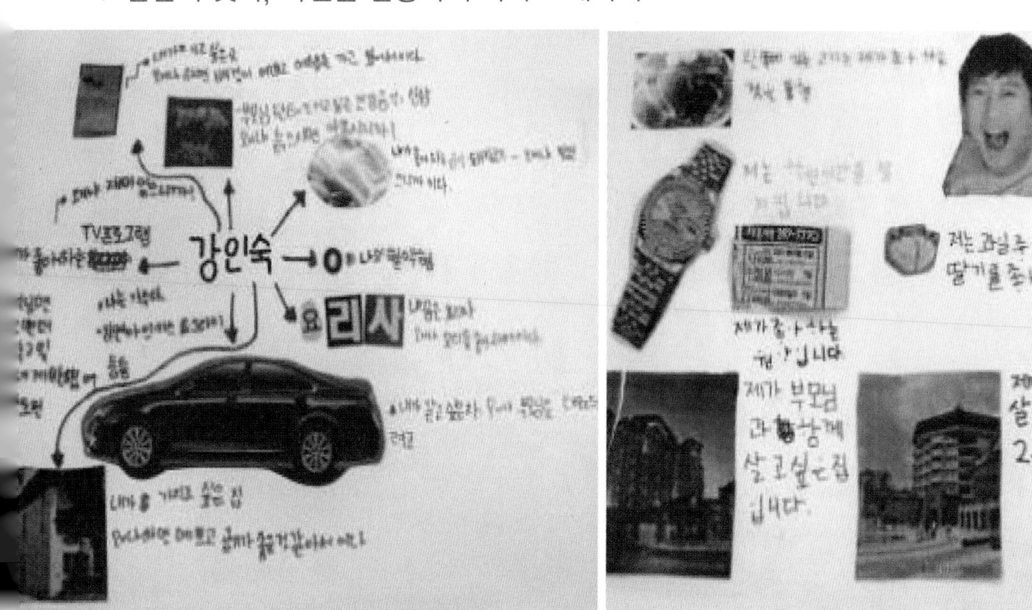

제주 영평초등학교 여름NIE교실 활동자료, 2011년

◆ 낱말로 짧은 글짓기해서 자기 소개하기

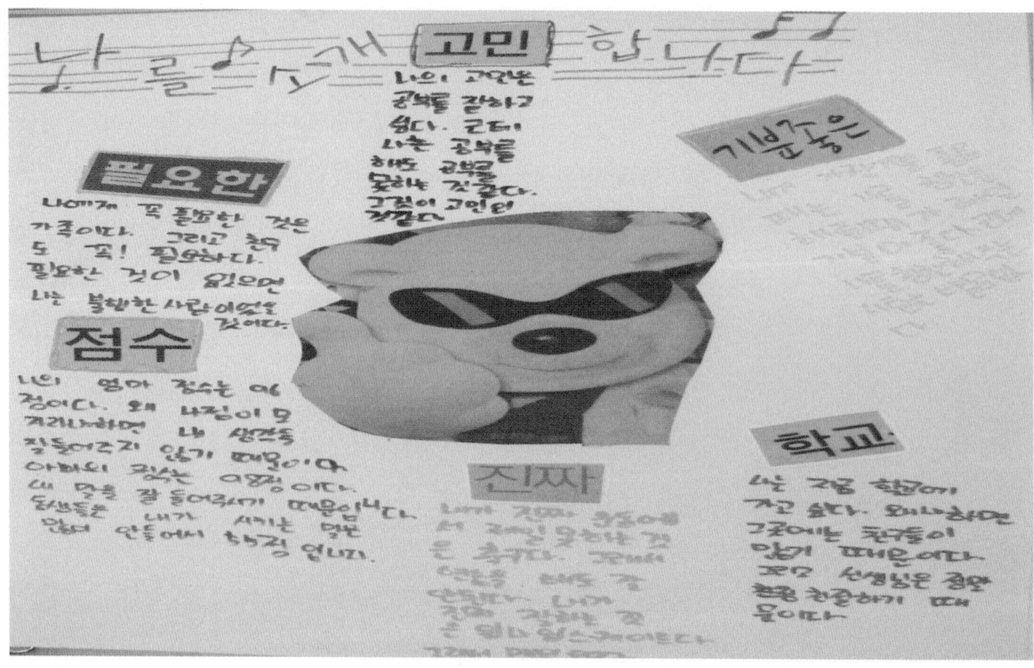

서귀포시 청소년수련관 겨울NIE교실 활동자료, 2009년

◆ 숫자를 활용하여 자기 소개하기

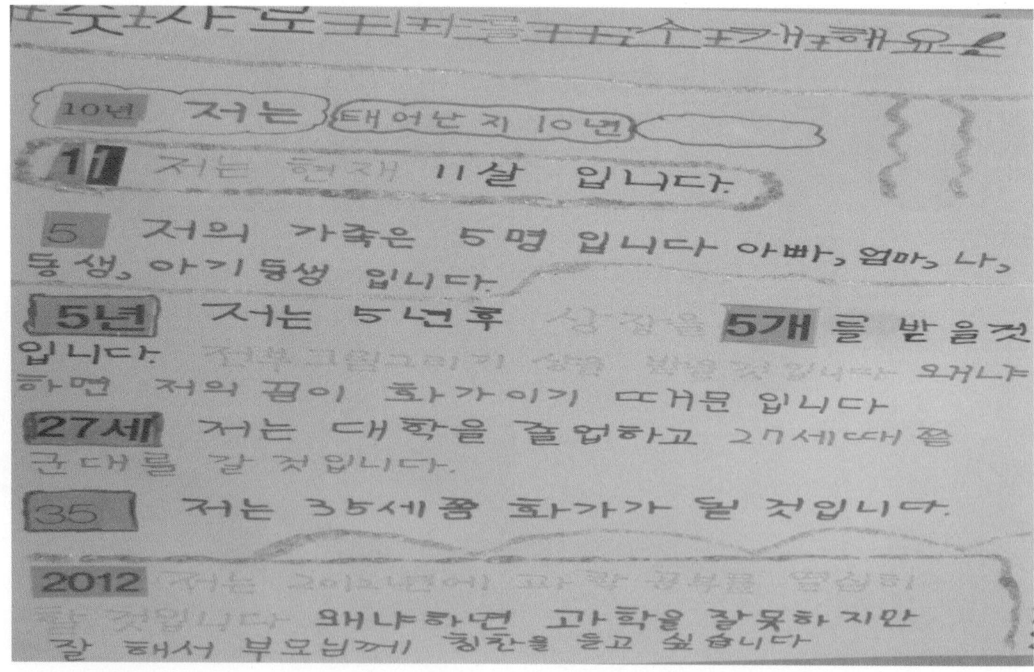

제주 남광초등학교 4학년 고동우 학생의 작품

(3) 신문활용교육은 정보찾기가 기본이다

신문활용교육이 자칫 신문의 사진이나 광고를 오려 붙이고 말 주머니나 넣고 낱말놀이나 하는 것으로 오해하는 경우가 있다. 이는 신문을 활용한 학습에 동기부여를 위한 도입적 측면에서 강조한 것이지 신문활용교육의 전부가 아니다.

엄밀히 말하면 신문활용교육은 정보찾기가 기본 활동이다. 신문에 나온 무수한 정보 중에서 자신에게 필요한 자료를 찾아내 스크랩하고, 이를 독해한 후 자신의 학습에 활용하거나 정신적 자양분으로 삼는 것이 기본 활동이어야 한다.

하루에 발간되는 신문만 보더라도 엄청난 정보가 쏟아지고 있다. 정치·경제·사회·문화·교육·건강·국제·여론 등의 면을 두루두루 읽되, 자신에게 필요하거나 도움을 줄만한 정보를 찾아내거나 정독하는 습관을 길러주는 것이 신문활용교육에서는 기본이며 가장 중요한 활동이라고 할 수 있다. 자칫 기본을 잃고 단순하게 오리고 붙이는 놀이로만 그쳤을 때는 실질적으로 학습에 도움이 되지 못하고 놀이의 한 방편으로만 전락할 가능성이 있다.

이에 NIE 지도자는 정보에 민감해야 하며 자신 또한 스크랩이 일상화 되어야 한다. 신문을 읽지 않고 신문활용교육을 하겠다는 것은 기본도 없이 교육에 임하겠다는 무책임한 태도라는 것을 잊지 말아야 한다.

그리고 정보 습득을 통해 효율적으로 정보를 요약하는 방법도 기본 활동에 포함된다. 책을 읽었으면 책의 내용을 짤막하게 요약할 수 있어야 하듯, 신문의 정보를 읽었으면 단 한 줄로 요약할 수 있어야 한다. 이 또한 신문 활용 초기에 훈련되어야 할 학습의 내용이다.

대부분의 기사는 5~6단락으로 구성되어 있다. 이를 요약하면 5~6문장이 된다. 이를 더 요약하면 한 문장으로 압축할 수 있다. 이것이 표제가 되는 것이다. 결국 기사 한 편은 한 줄의 문장이나 표제 하나로 요약할 수 있다.

2. 신문의 구성 요소별 활용법 개괄

(1) 사진 활용법

신문에 담긴 정보는 크게 문자 정보와 시각 정보로 나눌 수 있다. 시각 정보 가운데 가장 큰 부피를 차지하면서 중요한 정보를 담고 있는 게 사진 기사와 광고이다. 보도 사진은 독자로 하여금 사건의 실제를 이해하는 데 도움이 될 뿐만 아니라 문자가 말해주지 못하는 다양한 이면을 간접적으로 알려준다. 따라서 보도 사진을 볼 때는 사실의 확인과 더불어 그 이면까지 잘 따져보는 훈련을 하는 게 바른 독해에 도움이 될 것이다.

① 사진을 활용한 관찰력·상상력·논리력 기르기 기초훈련

사진 활용법에서 가장 손쉽게 해볼 수 있는 활동은 관찰력 기르기 활동이다. 관찰은 모든 학습의 기본이다. 사진 기사 가운데 관찰하기에 좋은 사진 자료를 선택해 관찰하기 활동을 하다 보면 무언가를 주의 집중해서 보는 습관이 생긴다. 처음에는 신문에서 찾기놀이부터 하는 것이 좋다.

예를 들어 움직이는 모습이 나온 사진 찾기, 소리가 들리는 듯한 사진 찾기, 무거움이 느껴지는 사진 찾기, 색깔이 있는 사진 찾기, 표정을 알 수 있는 사진 찾기, 대화를 하는 사진 찾기, 냄새가 나는 사진 찾기 등 주제를 제시하고 정해진 시간 안에 찾기놀이를 할 수 있다. 그러고나서 찾은 자료를 가지고 관찰 훈련을 해보는 것이다.

무엇이 보이는지, 무엇을 하고 있는지, 어떤 소리가 들리는지, 어떤 색깔이 보이는지 등의 물음을 던지면서 관찰한 것을 발표하는 활동을 통해 무언가를 주의 집중해서 살펴보는 습관이 생길 수 있다. 그런 다음에 오감훈련을 해보는 것이 좋다.

아래의 활동은 사진을 보며 연상되는 단어 쓰기, 사진을 보며 사실인 문장과 의견인 문장 만들어보기, 기사의 내용 중 모르는 낱말의 뜻 알아보기, 사진 속 주인공이 되어 상상일기 쓰기로 마무리를 해 본 활동이다.

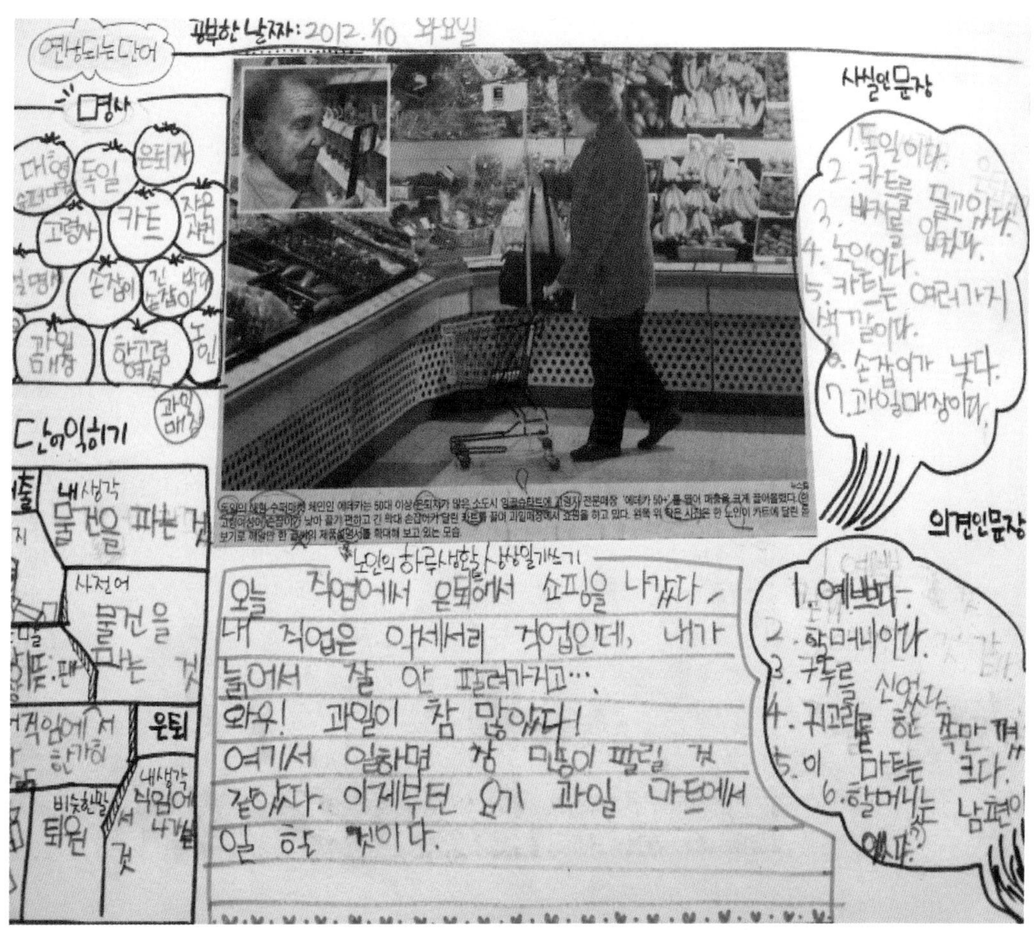

제주 백록초등학교 2학년 이다희 학생 작품

② 사진 속 주인공 되어 보면서 상상력 기르기

어린이들은 상상하기를 좋아한다. 상상 속에서 마음껏 자신의 속내를 털어낼 수도 있고, 신나게 놀 수 있으며, 미래를 꿈꿀 수도 있기 때문이다. 또한 현실의 어려움을 상상 속에서는 충분히 보상받을 수도 있다. 그만큼 상상력은 현실을 더욱 풍부하게 가꾸어주는 마음의 재산이라고 할 수 있다.

신문 속 사진을 잘 관찰하다 보면 한 편의 이야기가 연상되는 사진들이 참 많다. 신문에 나온 사진을 몇 컷 꺼내고 이어서 이야기를 꾸며보거나 사진 속 주인공이 되어 보면 어떨까? 어른들보다 어린이들은 사진만 보고도 이야기를 잘 꾸며낸다. 이때 교사의 역할은 상상을 자극하는 발문만 해주면 된다.

신문 속 사진을 보면서 다음과 같은 발문을 해보면 좋겠다.

"오른쪽의 사진 속에는 무엇이 보이나요?"
"어떤 소리가 들리나요?"
"저 사람이 들고 있는 가방 속에는 무엇이 들어 있을 것 같나요?"
"왜 그렇게 생각하나요?"
"서로 무슨 대화를 주고 받고 있을까요?"
"저 사람의 표정에서 느껴지는 감정은 무엇일까요?"
"사진을 보니 어떤 일이 있었던 것 같나요?"
"그래서 어떻게 됐을까요?"
"여러분이라면 저 상황에서 어떻게 했을까요?"
"왜 그렇게 해야 한다고 생각하나요?"
"그렇게 했을 때 무엇이, 어떤 변화가 있나요?"

■ 관찰 학습의 중요성

관찰은 생각의 기초이고 학습의 기초이다. 관찰을 잘하면 우리 주변 사물, 상황, 처지들이 면밀하게 보인다. 보인다는 것은 알게 된다는 것이며 생각하게 된다는 것이다. '무엇을 안다'라고 했을 때 관찰에 기초를 두지 않은 경우는 거의 없다. 따라서 관찰 학습은 그 어떤 학습에 있어서 기초가 되어야 하며, 관찰의 대상은 우리 주변의 사물 관찰하기, 내 주변의 인물 관찰하기, 동·식물 관찰하기, 사진이나 그림 관찰하기, 과학실험 관찰하기 등이 있다.

여기서 관찰이란 크게 세 가지 의미를 가진다.*

첫째, 관찰은 관찰된 어떤 것 혹은 감관(感官)에 의해서 직접적으로 주어진 것을 말한다. 둘째, 첫째 의미의 관찰을 표현하는 문장이나 주장을 지칭하기도 하는데, 이 관찰 결과를 기록한 진술을 우리는 '관찰 보고' 혹은 '관찰 진술' 이라 부른다. 셋째, 물리학과 같은 엄밀한 과학에서의 관찰은 측정 장비를 이용한 측정 결과라고 말할 수 있다. 관찰은 기본적으로 우리의 감각기관에 의한 것이지만, 우리 감각기관에 의한 관찰은 같은 자극에 대해서도 반응이 다를 수 있다.

* 『철학으로 과학하라』, 2008, 웅진지식하우스, 최종덕 · 김시천 엮음, p.66 참조

처음엔 어떻게 해야 할 지 망설이던 어린이들도 교사의 자연스러운 발문에 하나씩 답하다 보면 생각의 실마리가 풀리기 시작한다. 그리고 묻지 않아도 자신과 관련된 이야기를 쏟아놓게 마련이다. 시작만 하면 곧잘 이야기를 그럴 듯하게 쏟아내는 걸 보면 아이들은 이야기하기를 좋아하고, 상상 속의 세계 하나를 더 갖고 있음이 분명하다.

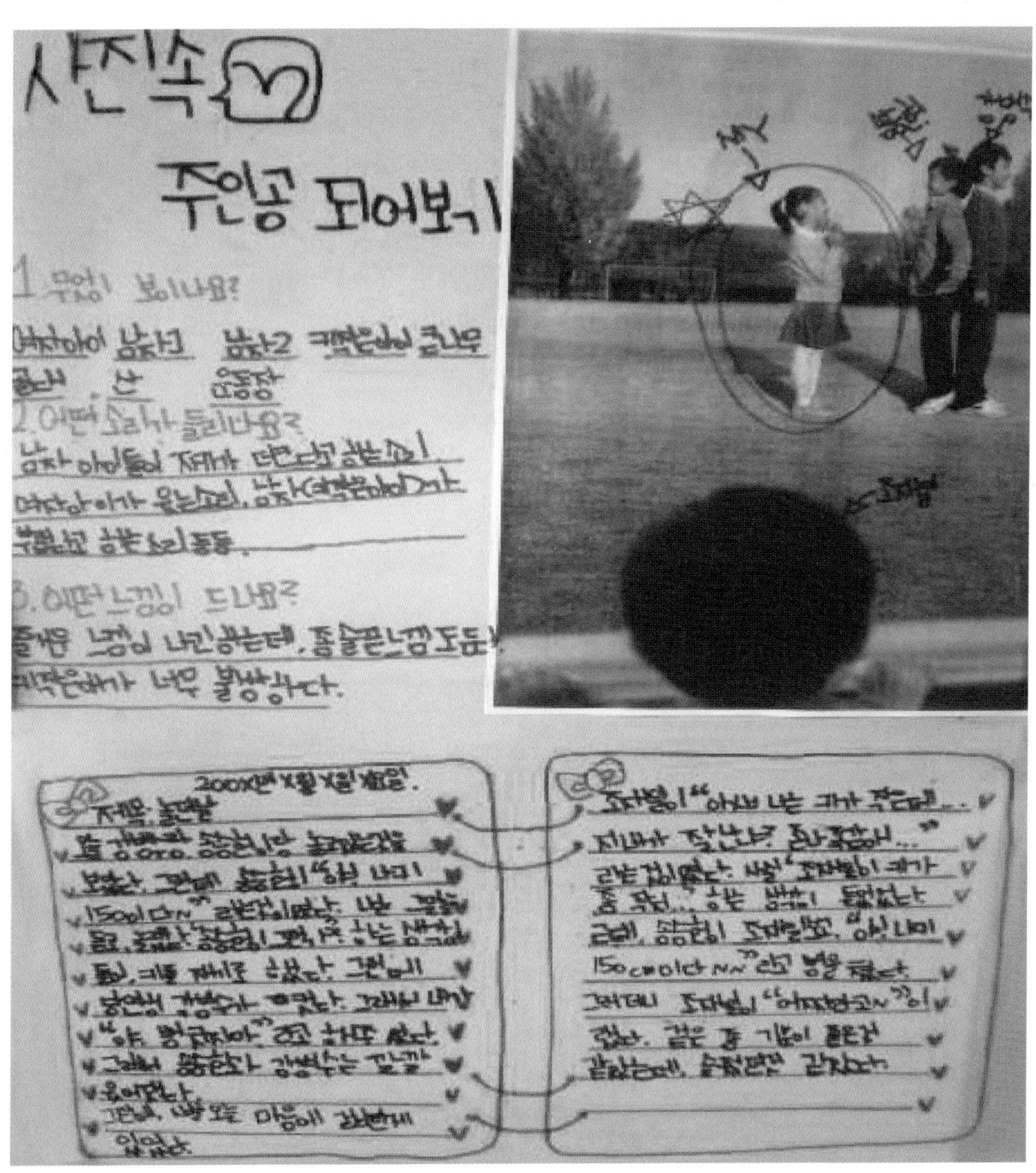

제주 영평초등학교 겨울NIE교실, 2009년

③ 사진 내용을 이어 이야기 꾸미면서 창의력 기르기

신문에 나와 있는 사진을 무작위로 세 장 정도 골라 기차 모양이나 액자 모양, 사진 틀 모양에 오려 붙인다. 그러고나서 서로의 사진 내용이 이어지게 이야기를 꾸며보는 것이다.

이는 '사진 뜨개질'이라는 이름으로 불리는 활동인데, 이야기를 뜨개질하듯이 이어가는 것을 말한다. 사진을 세 장 정도 준비해서 일단 이야기의 전체 흐름을 어떻게 이어가야 할지 생각해 본다. 그러고나서 한 장 한 장마다의 이야기 개요를 구상해 보는 것이다.

이때 교사나 학부모는 이야기가 자연스럽게 이어질 수 있도록 중간 발문을 해준다. 예를 들어 "지금 여기는 어디야?" "이 사람은 무엇을 하고 있어?" "서로 어떤 대화를 나누고 있을까?" "왜 이런 표정을 짓고 있을까?" "그 다음 무슨 일이 일어났을까?" "그래서 어떻게 되었어?" 등과 같은 발문이다.

◆ 사진 세 장을 고르게 하여 이야기 꾸미기한 활동자료

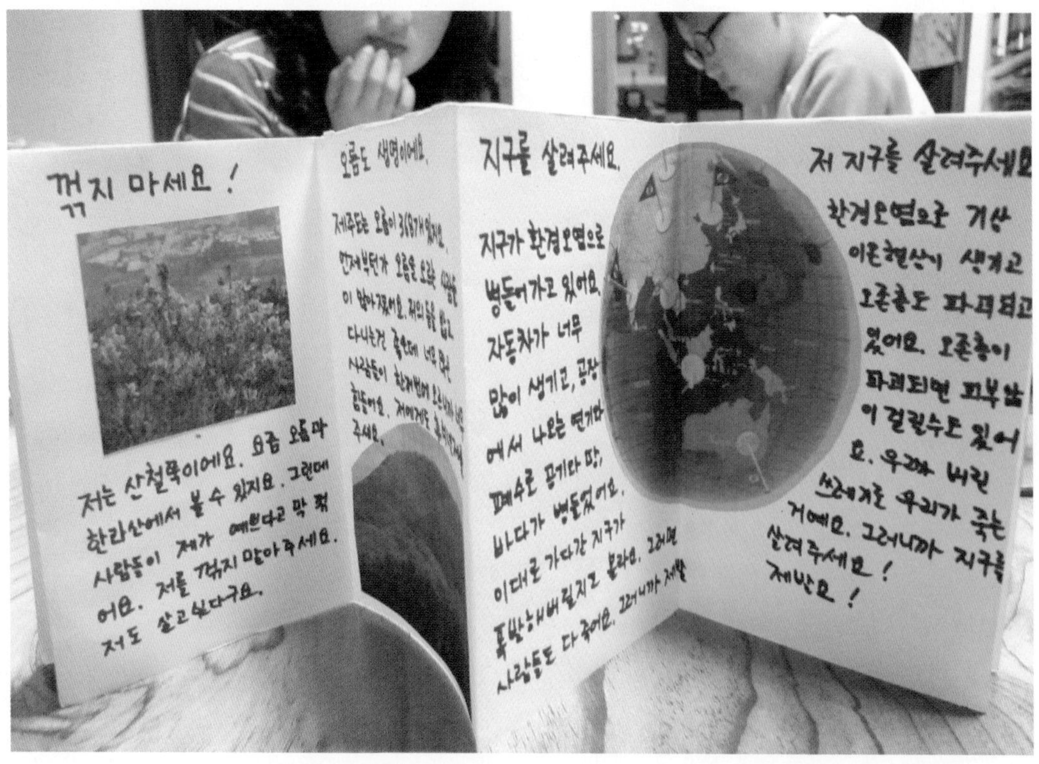

이런 발문을 충분히 하지 않으면 학생들은 이야기 꾸미기 활동이 막막하게 느껴지고, 어렵다는 생각에 흥미를 잃거나 포기하게 된다. 따라서 생각의 물꼬를 터주는 발문은 교사 역할을 하는 이의 아주 중요한 조력 활동이다.

■ 이 밖에 할 수 있는 재미있는 사진 활용법 10가지

1. 사진의 안 보이는 부분 상상해서 채워보기
2. 사진에서 떠오르는 말 이어 이야기 꾸미기
3. 사진을 일부분 오려내어 균형 맞춰 완성하기
4. 사진에서 들려오는 소리 흉내내기
5. 사진에서 보여주는 몸짓 따라하기
6. 사진의 일부분을 오려 붙여서 피카소 작품 따라하기
   (예 : 피카소의 그림 '얼굴'을 따라 표현해보기)
7. 사진 속에서 문제, 원인과 결과 찾아보기
8. 사진 속 주인공이 되어 호소문 쓰기
9. 사진의 내용을 설명하는 글쓰기
10. 사진의 현장을 알려주는 뉴스 원고 쓰기

(2) 기사 활용법

기사 속 정보 재료로 한 편의 글 완성
"신문 매일 읽다보면 지역에 대한 관심 커져"

"오늘 용담해안 자전거도로에 관한 기사를 봤다. 자전거도로가 있다고 듣기만 했을 뿐, 이용해 본 적은 없었다. 간판이 있어 지나가기 힘들다는 것은 알고 있었지만 훼손이 심해 누더기가 돼 있다는 건 처음 알았다. 별 생각없이 시멘트로 땜질해 놓은 도로를 지나다녔는데 기사를 통해 다시 생각해보게 됐다.

여기 기사에 나온 결론처럼 빨리 보수해서 관광객과 동네 사람이 많이 이용해서 다시는 유명무실한 자전거도로가 되지 않았으면 좋겠다."(제주서초 5학년 1반 신문일기 중)

교실 안에서 신문이 제 역할을 찾았다. 그날그날의 소식을 제공하고 각종 정보를 확인하는 창구로 아이들에게 친숙한 '일기'의 소재가 됐다.

어울리지 않을 것 같은 신문과 일기를 만난 아이들의 눈이 빛난다.

26일~27일 이틀에 걸쳐 제주서초등학교(교장 강영구) 3개 반 어린이들을 대상으로 실시되는 제민일보의 신문활용교육(NIE, Newspaper In Education) 중 첫 시간이 시작된 5학년 1반 어린이들의 표정은 사뭇 진지했다.

주제는 '신문일기'다. 신문일기는 생활 속에

서 일어난 사건들에 대한 생활일기나 책을 읽고 쓰는 독서일기와 달리 신문기사를 다양한 활동의 재료로 삼아 논리적 사고력과 창의력을 키우는 데 목적을 두고 있다.

또 지역 신문의 특성을 살려 매일매일 '우리동네'에서 어떤 일이 벌어지고 있는지 알아보고, 비판적 분석과 대안 제시를 통해 지역에 대해 관심을 갖는 계기로 활용할 수 있다는 장점도 있다.

이번 교육에서는 특히 학교와 가까운 해안도로 문제(10월 26일자 2면 기사 '용담해안자전거도로 유명무실')를 다뤄 그 의미를 더했다.

강은미 NIE 강사(제주대 평생교육원)는 정보찾기→ 기사읽기→ 내용 파악하기→ 핵심어 적고 한 문장으로 요약하기→ 새롭게 알게 된 낱말의 뜻 알아보기→ 일기 형식으로 소감 적기 등의 과정으로 어린이들이 자연스럽게 신문일기 쓰는 법을 터득할 수 있도록 했다.

먼저 기사를 읽으며 내용을 파악한 뒤, 가장 중요하다고 생각하는 말을 오른쪽에 적는다. '용담해안 자전거도로' '파손' '지반 침하' '유명무실' '땜질식 보수' '누더기 도로' '예산' '정비' 등 핵심어를 적고 나면, 이를 연결해 한두 문장으로 만들도록 했다.

"용담해안 자전거도로가 파손과 지반 침하가 심해 유명무실해졌는데도 땜질식 보수로 누더기 도로가 됐어요. 정비가 필요해요." 이미 써놓은 단어를 잇는 것이기 때문에 문장이 막힘없이 술술 나온다. 강사는 이런 과정을 통해 어린이들이 자연스럽게 전체 내용을 요약하는 능력을 키울 수 있도록 유도한다.

기사 중 '유명무실' '이면도로' '지장물' 등 어려운 말은 옆에 적어두고 사전이나 인터넷 등을 통해 뜻을 알아낸다. 이처럼 스스로 뜻을 찾게 할 경우, 직접 가르쳐주는 것에 비해 오랫동안 기억에 남는다고 한다.

마지막은 기사를 통해 알게 된 사실에 자신의 느낌과 생각을 더해 일기를 완성하는 과정이다. 아이들은 글을 써내려가다 곧 신기한 사실을 발견하고 깜짝 놀란다. 평소 일기를 쓸 때는 단 세 줄 쓰는 것도 어려웠는데, 이번에는 몇 분 걸리지 않아 하나의 글을 완성한 것이다.

주제에 대한 요점을 파악하고 몰랐던 부분까지 완벽하게 알아낸다면 글 쓰는 일도 생각만큼 어려운 일이 아니라는 것을 한 번의 경험으로 깨닫게 된다.

이은수 어린이는 "전에는 무작정 보기만 해 읽고 나서도 무슨 말인지 모를 때가 있었는데, 이번에는 핵심어를 통해 접근하면서 어려운 내용도 쉽게 이해할 수 있었다"며, "또 일기를 쓰면서 한 번 더 꼼꼼하게 생각하게 된 점도 새로웠다"고 소감을 전했다.

[제민일보 2011. 10. 27 기사]

"초등학생도 신문을 읽을 수 있나요?"라는 질문을 많이 한다. 물론 어려운 낱말이 많고 글자가 작아서 책 읽기에 비해 익숙지 않고 어렵게 느껴지는 건 사실이다.

이때 교사나 학부모는 신문을 읽으라고 하는 것보다 함께 읽어보자며 읽어주는 자세가 필요하다. 처음엔 읽어주기부터 시작해서 "찾아보자, 알아보자"로 더욱 확대해 나가는 것이다.

기사의 종류는 보도 기사(스트레이트 기사), 해설 기사, 기획 기사, 논설 기사, 인터뷰 기사, 르포 기사, 스케치 기사, 가십 기사, 프로필 기사, 평론, 좌담 기사, 사진 기사 등이 있다.

초등학교 저학년인 경우는 사진과 짤막한 기사 글로 되어 있는 사진 기사로부터 시작하는 게 좋다. 사진 기사는 주로 육하원칙의 내용만 기사로 요약되어 있어서 사진의 내용이 잘 정리되어 있고, 육하원칙을 익히는 데도 효과적이다.

읽기 능력에 따라 다르겠지만 성인들이 보는 신문을 그대로 볼 수 있는 연령은 고학년은 되어야 가능한 경우가 많다. 따라서 초등학생인 경우 어린이 신문의 기사가 난이도상으로는 적절하다고 할 수 있으나 자료의 다양성 면에서는 어린이 신문의 한계가 있다. 따라서 성인

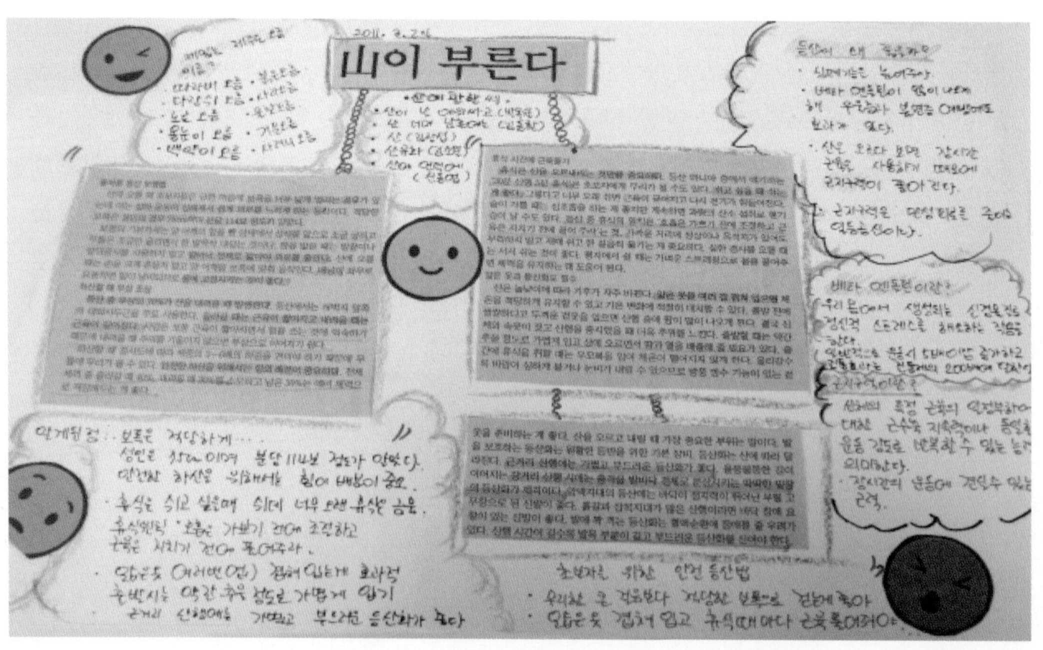

용 신문과 어린이 신문을 동시에 스크랩하면서 적절한 자료를 모아 두는 것이 효과적이다.

NIE를 꾸준히 한 학생인 경우 읽기 능력이 향상되면서 성인 신문도 읽을 수 있는 수준이 되기도 한다. 또한 신문에는 기사만 있는 것이 아니라 광고를 비롯한 시각적 자료가 무궁무진하기 때문에 이를 보는 재미와 그 속에서 생각의 보물을 찾아보는 것도 여러 가지 교육적 효과를 거둘 수 있는 활동이다. 기사를 읽을 수 있어야 다양한 학습을 효율적으로 할 수 있는 건 사실이다.

첫째, 기사를 읽을 때 사실을 찾으며 읽는 것이 중요하다. 기사는 대부분 '누가, 언제, 어디서, 무엇을, 어떻게, 왜'라는 육하원칙으로 구성된 경우가 많다.

처음부터 긴 기사를 읽게 하려는 욕심을 버리고, 사진 기사부터 읽으면서 알게 된 사실을 육하원칙에 맞게 정리해보는 것이다.

사진 기사의 대부분은 육하원칙에 맞게 문장이 정리되어 있다. 육하원칙 중에 '왜'라는 질문에 답하기 어려운 기사도 있으나 이 경우는 '왜'에 대해서 다양한 생각을 나눠보면 된다. 기초 정보를 가지고 논리적으로 생각하게 하는 경험이 될 것이다.

제주 백록초등학교 6학년 이은지 학생 작품

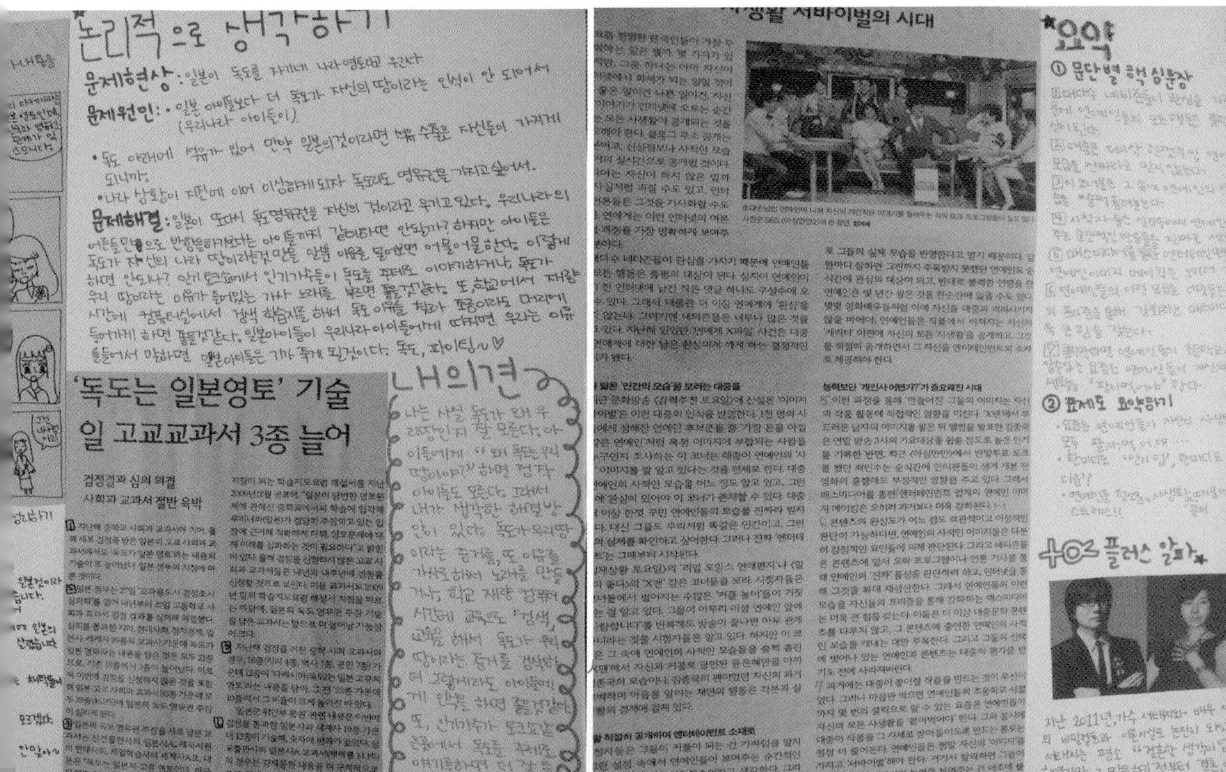
논리적으로 생각하기

문제현상: 일본이 독도를 자기네 나라 영토라고 우긴다

'독도는 일본영토' 기술
일 고교교과서 3종 늘어

검정결과 심의 의결
사회과 교과서 절반 육박

내의견

...생활 서바이벌의 시대

요약

① 문단별 핵심문장

② 표제도 요약하기

플러스 알파

둘째, 원인과 결과를 추론하며 읽는다. 기사 내용을 하나하나 정리하고 정리된 내용을 모아 결론을 추론해본다. 대부분의 기사는 사실 정보만을 알려준다. 사실 정보를 바탕으로 사실의 원인과 결과를 추론해보는 것이다. 논리력 훈련에 가장 적합한 방식이다.

셋째, 기자의 의도와 중심 생각을 찾으며 읽는다. 기사는 사실을 다루고 있지만 은근슬쩍 기자의 의도를 포함하거나 신문사의 의도를 삽입하기도 한다. 숨어있는 기자의 의도를 찾으며 읽는 재미도 신문 읽기의 묘미라 할 수 있다.

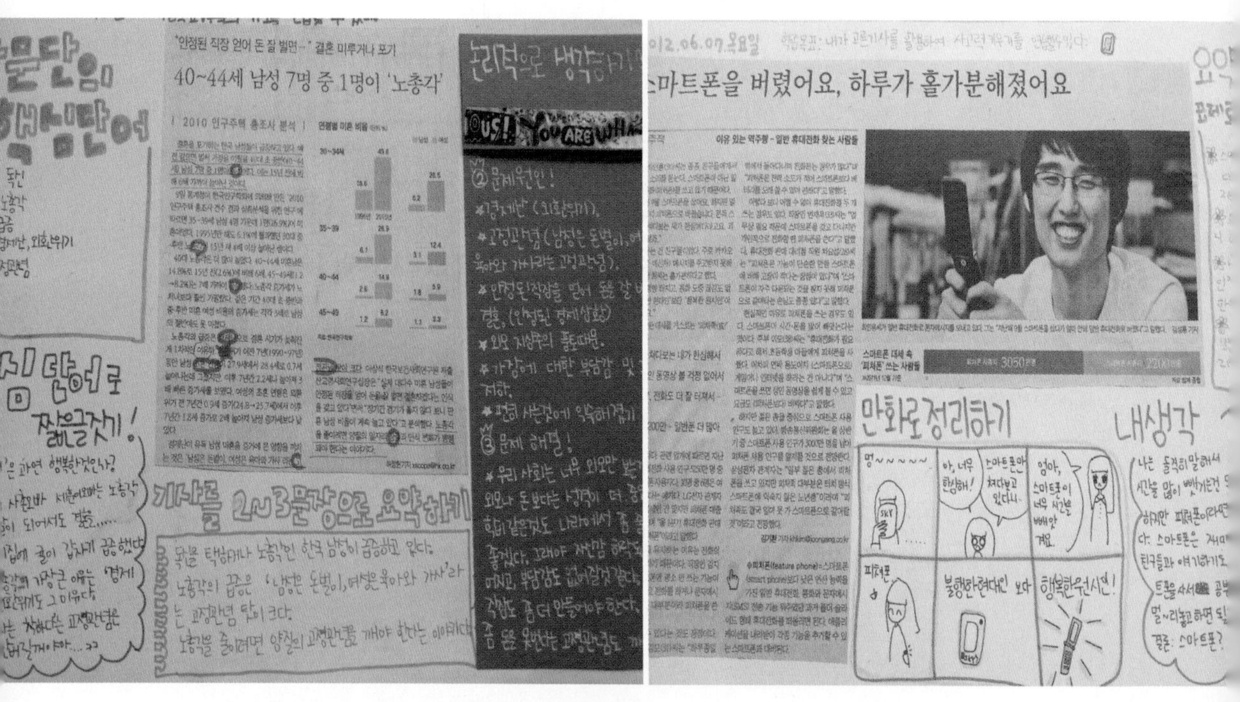

넷째, 동일한 사건을 서로 비교하며 읽는다. 동일한 사건을 각 신문사마다 다르게 다루는 경우가 있다. 이때 신문사의 관점 또는 이익과 관련해 개별 의견이 개입된 경우가 많다.

동일 사건을 다룬 다른 신문의 기사와 비교해 읽다 보면 무엇이 옳고 그른지 좀 더 논리적으로 따지게 된다. 그러면서 비판력이 형성되는 것이라 할 수 있다.

■ 다음 두 편의 사설을 비교하며 읽어보자

[한겨레 2011. 9. 2. 사설]

"해군기지 갈등, 물리력 대신 대화 해법 모색해야"

제주도 강정마을에 해군기지를 건설하는 문제를 둘러싸고 긴장이 높아지고 있다. 해군은 법원의 공사방해 금지 가처분 결정을 토대로, 조만간 반대 농성을 강제로 해산시킬 태세다. 경찰은 서울과 경기도 경찰력을 제주도에 늘려 배치했다.

시민단체들은 내일 해군기지 반대 국민행동 차원에서 '평화비행기' 행사를 하기로 했다. 물리력 동원보다는 대화로 갈등을 풀어내려는 노력이 필요한 상황이다.

갈등이 악화되는 것은 일차적으로 군 당국의 그릇된 인식 때문이다. 그제 발표된 국방부·국토해양부 장관의 담화문을 보면, "외부 반대단체가 중심이 되어 뚜렷한 이유 없이 공사현장을 무단 점거"하는 것으로 규정하고 있다.

마치 제주도민이나 마을 주민들의 의사와 관계없이 외부 세력이 평화로운 마을을 휘젓고 농성을 선동하고 있다는 투다.

하지만 제주도민들의 대표기관인 도의회가 얼마 전 해군기지 공사 중단을 공식적으로 요구했다. 해군기지 논쟁에 걸린 안보와 평화 문제는 어차피 마을 주민들만의 관심사도 아니다. 군 당국은 내부와 외부를 굳이 가르려는 편협한 발상을 버리기 바란다.

군 당국이 가처분 결정을 토대로 행정대집행을 밀어붙이려는 것도 문제다. 당국은 공사 현장에서 농성자들을 몰아내고 나면, 철책을 둘러치고 공사를 계속할 수 있을 것으로 생각하는 듯하다. 하지만 지금 상황에서 경찰력을 투입하면 불상사가 빚어질 수 있다.

설령 현장 밖으로 농성자들을 몰아내더라도 이들이 반대 운동을 그칠 리 없다. 이런 와중에 해군과 제주도민들 사이에 갈등의 골이 깊어지기 십상이다. 민군 화합이 무너진다면 설령 기지를 짓더라도 그것을 원활하게 운영하기 어려울 것이다.

국회 예결위가 제주 해군기지 소위를 구성해 막 활동을 시작했다. 도의회는 주민투표라는 해법을 제시했다. 이쯤 되면 정부도 물리력 동원보다는 대화로 문제를 푸는 방안을 고민해야 마땅하다.

우리 사회에는 대형 국책사업을 둘러싼 갈등을 다양한 형식의 대화로 풀어본 경험이 적지 않다. 방사성폐기물처분장, 천성산 문제를 해결한 기억도 그리 오래된 게 아니다. 지금은 여러 관련 주체들로 사회적 논의기구를 가동하는 방식도 검토해 볼 만하다.

정부 차원에선 해군한테만 맡길 게 아니라 청와대나 국무총리실 등이 좀더 넓은 안목을 갖고 조정에 나설 필요도 있다.

[매일경제 2011. 9. 2. 사설]

"강정마을 불법 시위에 강제금 철저히 부과하라"

제주지법이 제주 해군기지 강정마을 등 모두 6곳에 대해 공사 방해를 해선 안 된다는 금지 결정문을 그저께 고시했다. 앞서 정부와 해군이 강동균 강정마을회장 등을 상대로 낸 공사방해 금지 등 가처분 신청에 대해 일부 인용 결정을 내린 데 따른 것이다.

법원은 해군기지 내 용지 또는 공유수면에 들어가거나 출입구를 점거하는 행위, 공사차량을 가로막는 행위 등을 금지하고, 위반하면 1회당 200만원을 신청인에게 지급하도록 했다.

그러나 법원 결정에도 불구하고 반대 단체들은 결코 물러설 기세가 아니다. "강제연행과 벌금 등을 감내하면서 막아낼 것"이라며 억지를 부리고 있다.

3일에는 서울에서 '평화비행기' 를 타고 강정마을을 찾는 170여 명 등 2000여 명이 참석하는 대규모 행사까지 예정돼 있다.

겉으로는 문화제를 표방하고 있지만 해군기지 건설을 반대하는 플래카드와 피켓이 등장하는 집회와 시위로 변질될 가능성이 있다.

경찰청이 15일까지 강정마을에서 열리는 집회를 모두 불허한 상황이니 이는 불법집회가 될 수밖에 없다.

정부는 무법천지를 더 이상 방치해서는 안 된다. 공사가 즉각 재개될 수 있도록 법을 엄중하게 집행해야 한다. 공사 방해 행위와 불법집회에 단호하게 대응하고, 특히 위반행위 1건당 200만원씩 강제금을 물리도록 한 법원 결정을 엄격하게 적용해야 할 것이다.

관할 지자체인 서귀포시도 반대 단체들이 설치한 현수막 등 각종 불법 게시물과 천막, 컨테이너 박스 등 불법 시설물을 깨끗이 철거함으로써 법질서 문란 행위를 막아야 한다.

제주 해군기지 건설은 우리나라 핵심 해상교통로를 지키고 국가 안보를 튼튼히 하려는 목적으로 추진된 것이다.

당초 제주도 내 3곳이 입지로 검토됐으나 주민 여론조사 결과 찬성이 56%(반대 34.4%)로 가장 많았던 강정마을로 낙착됐다.

해군기지 건설에 적극적인 김태환 당시 제주도지사를 몰아내겠다며 2009년 8월 치러진 주민소환투표도 투표율 미달(11%)로 무산됨으로써 제주도민 민의도 확인됐다.

이런 민주적 절차를 거쳐 진행되고 있는 국책사업 현장이 방해받는 선례를 남겨선 안 된다. 무작정 떼쓰고 폭력을 행사하는 반대단체들은 민주주의는 다수결에 대한 존중임을 망각하지 말라.

다섯째, 한 편의 기사를 읽고 핵심어를 정리해보고, 모르는 용어는 찾아본다. 기사에는 새로운 정보가 많으므로 새롭게 알게 된 용어들을 모아 정리하면 더 정확하고 바르게 읽을 수 있으며 어휘력 향상에도 도움이 된다.

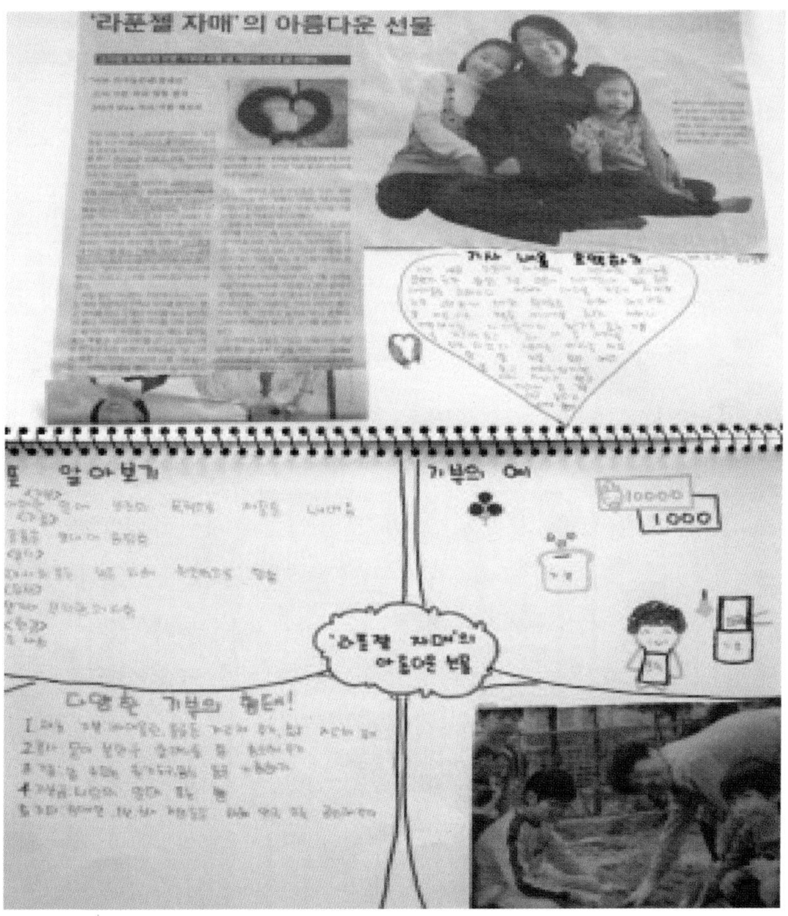

마지막으로, 기사 재구성하기가 있다. 내가 읽은 기사를 새롭게 재구성해보는 것이다. 내가 기자가 되어 기사 재구성하기를 할 때는 인터뷰 대상을 바꾼다든지 전문가 의견을 바꾸는 방식이 있다. 하나의 사건도 입장이나 관점에 따라 의견이 달라지기 때문이다.

기자가 되어 기사 재구성하기를 하다보면 기사의 내용을 확실히 알 수 있을 뿐만 아니라 새로운 각도로 기사의 내용을 조명해 볼 수 있어 논리적이면서도 비판적인 생각을 기를 수 있게 된다.

■ 신문, 이렇게 읽어보세요

① 누구에게, 무엇에 도움이 되는 정보인지 생각하며 읽어라.
② 무엇을 알 수 있는 기사인지 사실을 찾으며 읽어라.
③ 어떤 사실에 대해 '왜' '어떻게'를 생각하며 읽어라
④ 결국 무엇을 말해주는 기사인지 중심 생각을 찾으며 읽어라.
⑤ 사건 또는 현상의 원인과 결과를 찾으며 읽어라.
⑥ 사설은 한 신문에 의존하지 말고 다른 신문과 비교하며 읽어라.
⑦ 핵심어, 중심 생각은 메모하며 읽어라.
⑧ 모르는 어휘는 꼭 찾아보면서 읽어라.

■ 이 밖에 할 수 있는 재미있는 기사 활용법 10가지

1. 기사에서 핵심어를 찾아 동그라미 하기
2. 단락의 내용이나 알게 된 사실을 그림으로 표현하기
3. 전체 기사에서 한 단락 없애고 내가 기자가 되어 단락 완성하기
4. 단락을 마구 섞어 한 편의 기사 완성하기
5. 기사에 대한 반박 글 써보기
6. 기사를 만평으로 바꿔보기
7. 기사를 뉴스 원고로 바꿔 써보기
8. 그래프가 있는 기사로 바꿔보기
9. 기사의 주인공에게 편지 쓰기
10. 기사의 주인공 인터뷰하기

언어능력·사고력도 어느새 '쑥쑥'

▲무릉초 어린이들이 자연을 지키기 위한 1인 시위를 상상하며 쓴 카피들.

"제주에는 아름답고 소중한 것들이 많아요. 사라지지 않도록 꼭 지켰으면 하는 것에는 어떤 것이 있을까요?"

제민일보의 여섯 번째 신문활용교육(NIE, Newspaper In Education)이 29일 무릉초등학교(교장 김희중) 6학년 어린이들을 대상으로 열렸다.

이번 신문활용교육의 소재는 신문 속의 '주장하는 글'이다. 강은미 NIE 강사(제주대 평생교육원)는 신문 속에는 스트레이트 기사뿐만 아니라 사설과 칼럼, 독자 기고, 신문고 등을 통해 자신의 주장을 담은 글도 있음을 설명하고 그 속에 어떤 주장을 하고 있는지, 또 그 이유는 무엇인지 알아보도록 했다.

특히 이번 교육에서는 제주의 아름다운 자연과 문화가 난개발로 사라지고 있는 현실을 지적하며 아이들에게 생각해 볼 기회를 마련했다.

9월 29일자 제민일보 도민기자마당에 실린 이은자 도민기자의 '제주, 우리 손으로 지켜야' 제목의 글을 소개하면서 자연스럽게 아이들의 호기심을 이끌어냈다.

돌담 사이로 불어오는 가을바람이 들판을 춤추게 하고, 물에 선 채 다리 사이로 지나는 '코생이'와 '어랭이'를 보던 옛 제주의 풍광이 난개발과 악취로 사라지고 있다는 내용에 아이들도 몇 번이고 밑줄을 그어가며 진지한 표정을 지었다.

기사를 읽고, 제주에서 꼭 지키고 싶은 것을

묻는 강사의 질문에 아이들의 대답이 꼬리를 이었다.

"한라산과 오름에 너무 많은 사람이 들어가서 희귀식물이 점점 사라지는 것 같아요."

"제주의 용암동굴은 세계에서도 찾아보기 힘든 독특한 동굴이래요. 훼손되지 않도록 잘 지켜야 해요."

아이들은 또 학교 인근의 수월봉과 무릉 곶자왈에 대한 이야기로 지역에 대한 애정을 드러내는 한편, 제주어와 초가집, 돌하르방, 신화·전설 등 제주 전통문화의 보전 중요성에도 입을 모았다.

다양하게 쏟아진 의견들은 있는 그대로의 자연을 지키기 위해 '할 수 있는 것'을 찾는 것으로 모아졌다.

"여러분이 자연을 지키기 위해 직접 거리에서 1인 시위를 하고 있다고 생각해 보세요. 피켓에 어떤 내용을 써야 할까요?"

강사는 아이들의 상상력을 더욱 자극하며 각각의 생각을 작은 종이에 직접 구성해 보도록 했다.

'제주의 아름다운 숲과 바다, 내가 먼저 지킵시다.' '화산학의 교과서 수월봉으로 오세요.' '올레길은 나를 찾는 여행입니다.' 등 제법 그럴 듯한 카피와 정성들여 그린 그림이 하나하나 완성됐고, 발표를 통해 친구들과 생각을 교환하는 기회도 가졌다.

박진우 담임교사는 "6학년과 4학년 어린이들을 대상으로 매일 아침 30분간 제민일보를 읽는 시간을 마련, 사고력을 키울 수 있도록 지도하고 있다"며, "어린이들이 신문을 꾸준히 본 후로 언어능력이 향상됐을 뿐만 아니라, 사회 전반적인 문제에 대한 질문도 곧잘 해와 깜짝 놀랄 때가 많다"며 신문 예찬론을 펼쳤다.

박혜미 어린이는 "국어 듣기·말하기·쓰기 시간에 신문기사와 취재에 대한 내용을 배웠는데 오늘 직접 신문을 보며 적용해보고 여러 가지 생각을 할 수 있어 좋았다"고 수업에 대한 감상을 전했다.

[제민일보 2011. 9. 29 기사]

(3) 광고 활용법

자본주의의 꽃이 '광고'라고 하는 사람도 있다. 그만큼 광고는 그 어떤 매체보다 화려하고 자극적이며 자본과 직접적인 연관성을 맺고 있다. 신문에서 광고가 지면을 차지하는 비중도 기사 못지 않게 높다.

광고는 사람들로 하여금 상품 구매의 욕구를 증강시킨다. 상품을 구입하고자 할 때 광고에 의존하게 되는 이유는 광고에 대한 믿음과 더불어 광고 기술이 주는 유혹도 만만치 않다. 광고가 무조건 좋은 점만 있는 것은 아니다. 광고는 사람을 현혹시킨다.

예를 들어 커피 광고는 커피에 대해 말하지 않는다.* 그 회사의 커피가 어떤 특징을 가지고 있다거나 어떤 차별적인 맛을 지니고 있는지를 부각시키기 보다는 아름답고 멋있는 연예인을 내세워 그 사람에게 관심을 끌게 한다. 내가 좋아하는 연예인이 그 광고를 한다면 아무런 문제의식 없이 '그 커피가 좋은 거구나'라고 생각한다. 소비자의 관심을 상품 그 자체로부터 다른 곳으로 이전시키는 것이다. 이런 의미에서 광고 활용 수업은 '광고 읽기'에서부터 '광고 제대로 읽기'로 옮겨 가야 한다.

광고 중에는 좋은 광고도 있고 나쁜 광고도 있다. 광고 활용에서 가장 중요시해야 하는 것은 광고를 보는 시력을 키우는 것이다. 좋은 광고, 나쁜 광고 찾기 활동을 통해서 광고 속 거짓과 진실을 구분하는 능력을 기르는 일은 논리적 비판력과 더불어 소비자의 권리와 책임을 터득하는 일이기도 하다.

① 광고의 개념

광고란 기업이나 개인, 단체가 상품·서비스·이념·신조·정책 등을 세상에 알려 소기의 목적을 거두기 위해 투자하는 정보 활동으로서 글·그림·음성 등 시청각 매체가 동원된다. 광고의 정의는 다양하나 미국마케팅협회가 1963년에 '광고란 누구인지를 확인할 수 있는 광고주가 하는 일체의 유료 형태에 의한 아이디어, 상품 또는 서비스의 비대개인적(非對個人的 : nonpersonal) 정보 제공 또는 판

* 『키치, 우리들의 행복한 세계』, 2007, 프로네시스, 조중걸, P.83 참조

촉 활동이다' 라고 정의한 바 있다.

신문광고는 '광고주 또는 기업체, 공공기관, 국가기관을 대신해서 소비자를 대상으로 상품이나 생각, 이념을 홍보하고 구매를 유도하는 유료적이고 대중적인 커뮤니케이션' 이다. 광고는 카피, 사진, 미술, 컴퓨터 그래픽을 통해 소비 촉진 활동을 적극적으로 펼친다.

신문은 광고가 주 수입원이기 때문에 광고주가 요구하는 바대로 광고를 게재할 수밖에 없다. 그러므로 독자들은 자칫하면 광고 그 자체를 신빙하는 오류를 범할 수도 있다. 따라서 광고에 대한 맹신을 예방하고 올바른 소비윤리를 가르치기 위해서라도 광고 바로 읽기는 매우 중요한 학습의 영역이라 할 수 있다.

② 광고의 종류

광고 매체는 TV·신문·잡지·라디오·포스터·옥외·교통 광고 등이 있다. 광고의 목적에 따라 구분하면 공익 광고, 상품 광고, 기업 이미지 광고 등으로 크게 나눌 수 있다. 신문에는 주로 상품 광고와 기업 이미지 광고가 많이 실린다. 공익 광고와 기업 이미지 광고는 활용도가 높으므로 스크랩해 두는 게 좋다.

▶ 공익 광고

공익 광고(公益廣告)는 특정 상품의 선전이나 기업의 이미지 등을 나타내는 것을 목적으로 하지 않는, 공공의 이익을 도모하는 것을 목표로 만들어지는 광고들의 총칭이다. 주로 사회의 문제에 초점을 맞추고, 휴머니즘·범국민성·비영리성·비정치성을 지향하고 있어, 직간접적으로 광고주의 이익을 도모하는 '공익성 광고' 와 구별된다.

▶ 상품 광고

상품 광고는 상품 또는 서비스를 소비자에게 팔려고 알리는 광고로 상품의 특징, 가격, 상표 이름 따위를 강조한다. 상품 광고와 대응되는 광고가 기업 광고(企業廣告)인데, 이는 기업 이미지의 창출을 의도하는 광고이다.

광고 중에는 기업 이미지 부각과 함께 상품의 매력성을 호소하는 것도 있는데, 이는 앞의 둘을 혼합한 것으로 절충 광고라고 한다. 종류는 TV나 신문, 라디오 등의 대중 매체를 이용하는 상품 광고 등이 있다.

【 공익 광고 예시 자료 】

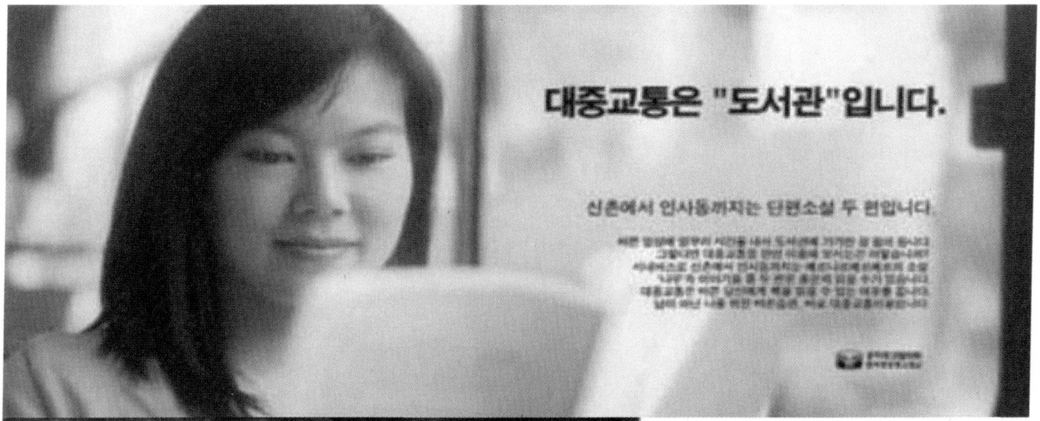

대중교통은 "도서관"입니다.
신촌에서 인사동까지는 단편소설 두 편입니다.

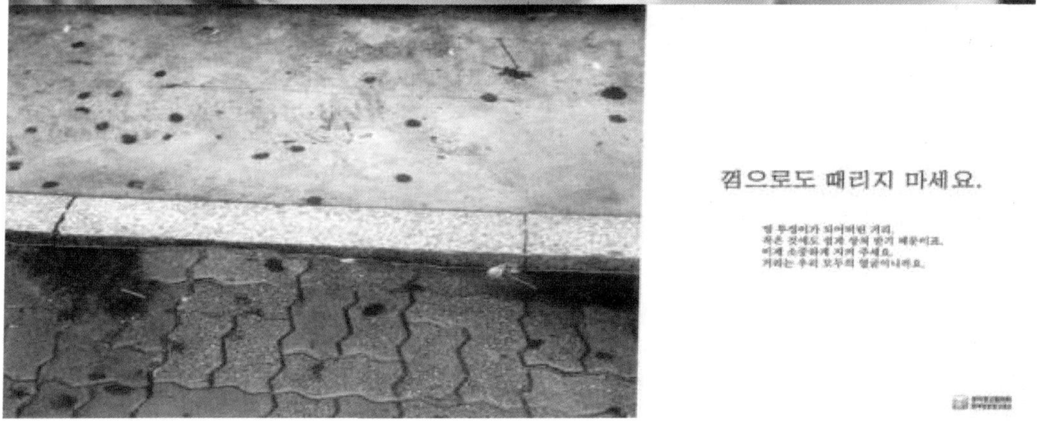

껌으로도 때리지 마세요.

【 상품 광고 예시 자료 】

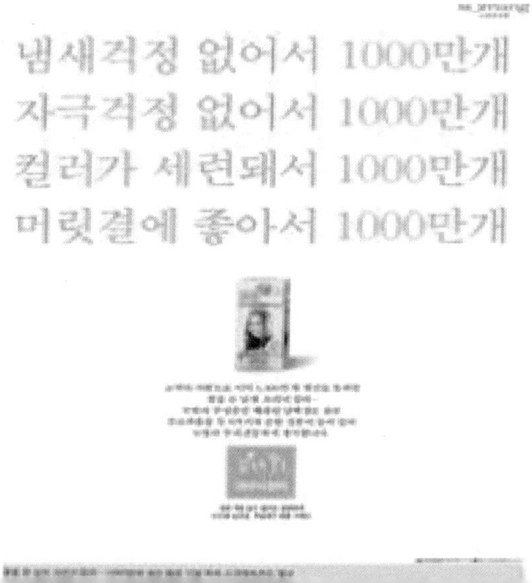

냄새걱정 없어서 1000만개
자극걱정 없어서 1000만개
컬러가 세련돼서 1000만개
머릿결에 좋아서 1000만개

19.8도만
기울이면
그녀 마음을
얻을 수
있을 것 같다

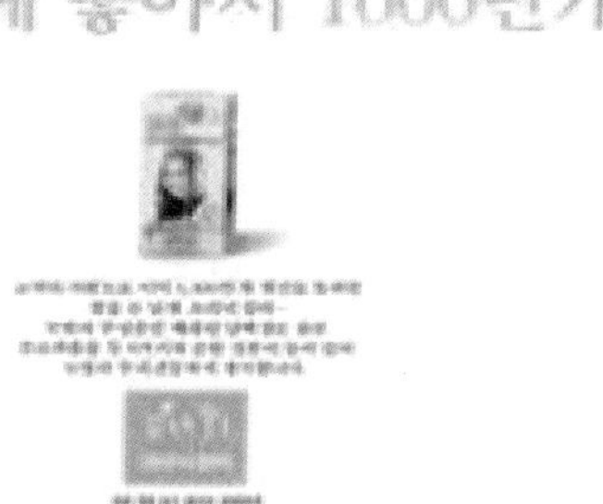

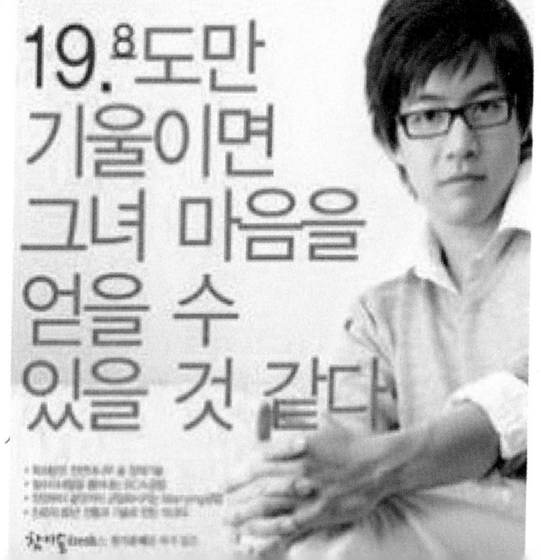

▶ 기업 이미지 광고

기업 이미지 광고는 기업의 특별한 이미지를 형성하고자 하는 목적에 의해 하는 광고를 말한다.

궁극적으로 회사의 이미지를 확립하고 높이는데 그 목적이 있다. 기업 이미지 형성에는 인간의 모든 감각들이 동원되며 논리적이라기보다 감성적 경향이 강한 측면이 있다.

【 삼성의 기업 이미지 광고 】

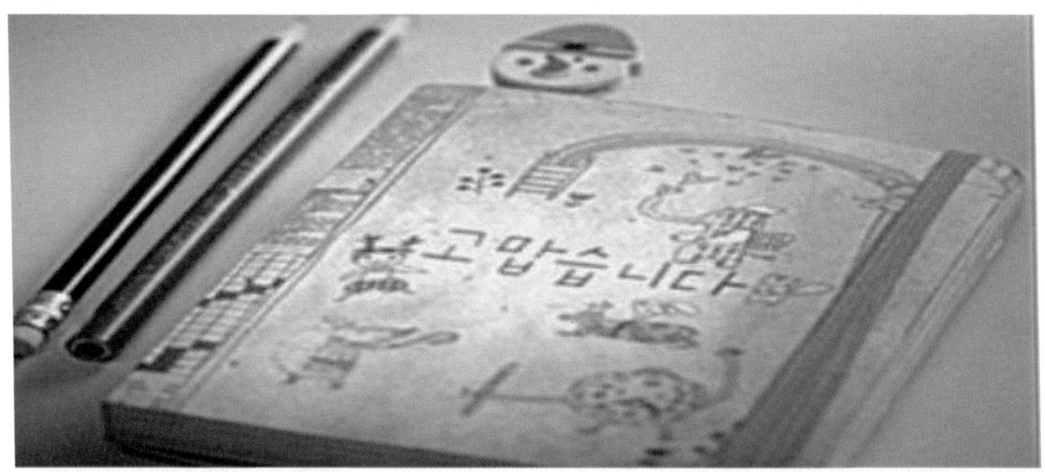

【 SK텔레콤의 기업 이미지 광고 】

③ 광고의 구성 요소

신문의 광고를 활용하려면 광고 읽기가 중요하고, 광고의 구성 요소를 아는 것도 중요하다. 광고 만들기 수업을 할 때는 광고의 구성 요소에 맞게 만들도록 유도할 필요가 있다.

광고의 구성 요소는 다음과 같다.

- 비쥬얼 : 사진, 일러스트(삽화, 도해, 설명화)
- 카피 : 헤드라인, 비주얼 카피, 리드 카피, 본문 카피, 캡션, 슬로건 등
- 회사명 및 브랜드 로고
- 보더라인 : 굵기나 색깔 등에 의해 광고의 성격이나 분위기가 달라질 수 있음
- 기타 : 슬로건, 캡션

④ 광고의 활용

신문광고 활용 수업은 신문광고 그 자체를 전부 활용할 수도 있고, 광고 카피, 바디 카피, 사진만 활용하는 방법도 있다. 광고 그 자체를 활용할 때는 공익 광고인 경우가 적절하고, 광고 분석 또는 비판하기 용도로 적절하다.

그 이외에 카피나 사진만을 활용하고자 할 때는 무엇을 어떻게, 어떤 목적으로 활용할 것인지 교사의 면밀한 검토가 필요하다.

수업 대상이 저학년인 경우 광고 활용 수업은 광고 상품의 쓰임새 알아보기, 좋은 점 찾아내기, 광고에서 말하는 생각 문장으로 적어보기, 나만의 광고 카피 만들어 보기 등이 효과적이다. 즉 생활에 필요한 것들이 어떻게 광고의 형식을 취해 알려지고 있는지, 광고의 장점이 무엇인지 등 광고의 목적과 내용을 아는 것에 초점을 맞춰 진행하는 게 좋다.

중학년 이상인 경우는 광고의 거짓과 진실 알아보기, 광고 서로 비교하며 읽기, 내가 광고하고 싶은 것 광고하기, 내가 읽은 책 광고하기 등 광고를 통한 논리력·비판력·창의력 기르기에 초점을 맞추어 진행하는 게 바람직하다.

■ 광고를 만들 때 주의사항

1. 광고를 접하는 사람의 눈을 빠르게 끌어야 한다(attention).
2. 누가 보더라도 읽기 쉬워야 한다(readability : 가독성).
3. 메시지가 간단하고 쉽게 전달되어야 한다(simple).
4. 짜임새 있는 배열로 전체의 공간미와 구성미가 세련되어야 한다(beauty).
5. 정체성이 있어야 한다(identity).

▶ 광고 속 주인공 되어보기

위 사진 자료는 삼진제약의 '게보린' 광고이다. TV, 신문광고 등을 통해 시청자나 독자들에게 '한국인의 두통약'으로 각인된 게보린은 최근 주요 성분 부작용 때문에 안전성 논란에 휩싸이기도 하였다. 따라서 이런 광고를 활용하고자 할 때는 게보린을 강조하는 게 아니라 머리가 아픈 사람들, 정신적인 약이 필요한 사람들에 대해 생각하는 시간을 가져보는 게 좋겠다.

'우리가 살고 있는 이 세상 주변에서 정신적으로 힘들고 아픈 사람들은 누구일까? 그 사람들이 힘을 내려면 무엇이 필요할까?'에 초점을 맞춰 이야기를 한다면, 상품 광고에서 가치로운 생각을 이끌어내는 논리적이면서도 창의적인 생각 나누기 수업이 될 것이다. 그러기 위해서는 먼저 광고 읽기가 선행되어야 한다.

다음은 위와 같은 결과를 얻기 위해 교사가 학생들에게 한 발문의 순서이다.

① 이 광고에서 사람들이 하나씩 들고 있는 게 무엇인가요?
② 왜 사람들은 그것을 들고 있을까요?
③ 게보린을 먹으면 무엇이 좋다는 얘기인가요?
④ 광고 카피 내용을 한 번 읽어 볼까요?
⑤ 광고 본문 내용을 요약해 볼까요?
⑥ 광고 본문 내용 중에 '머리 아픈 일이 많을 때' 라는 표현이 있는데 사람들은 어떤 때 머리가 아플까요?
⑦ 여러분은 어떤 때 머리가 아프나요?
⑧ '걱정과 근심거리가 없어지고 머리가 맑아지는 날'을 위해서 게보린을 먹으라는 말인데, 그것만이 최선의 방법일까요? 아니라면 어떤 방법이 있을까요?
⑨ 사람들이 밝고 건강한 생활을 하기 위해서는 어떻게 하는 게 좋을까요?
⑩ 나만의 건강백서를 작성해 보세요.

▶ 광고 패러디하기

광고 카피에는 정말 좋은 생각을 담은 표현들이 많다. 광고에서 주는 메시지 전체를 받아들일 필요는 없지만 좋은 생각을 표현한 문구는 활용의 가치가 높다.

광고의 문구를 활용해서 문장 바꾸기를 하기도 하고, 카피의 일부만 없애서 다른 낱말 집어넣기 게임도 재미있다. 또 의미 있는 생각을 전달하는 카피에 '왜냐하면' 을 뒤로 넣어서 문장 늘리기를 해 볼 수 있다. 그 문장을 넣은 이유를 설명하다 보면 논리력이 생기기도 한다.

예를 들어 다음의 카피에 '왜냐하면' 을 붙여 문장을 만들어보고, ( ) 안에 적절한 낱말을 넣어보자.

① 가슴이 따뜻한 사람과 만나고 싶다. (맥심) 왜냐하면

② 같은 모습으로 살지 않는다. (한국화장품) 왜냐하면

③ 깨끗한 사람만이 과감한 개혁을 할 수 있습니다. (민주자유당) 왜냐하면

④ 건강한 몸과 사회는 우리의 소중한 자산입니다. (국민건강협회) 왜냐하면

⑤ (　　)이라면 남기시겠습니까? 음식도 결국 (　　)입니다. (공익광고협의회)

⑥ (　　)보다 (　　)으로 돕겠습니다. (럭키금성)

⑦ 세상 모든 것이 (　　)이 문제다. (　　)을 보라! (대우자동차)

광고 패러디하기 방법에는 신문에 나온 광고의 일부를 본떠서 광고 재구성하기, 카피의 일부를 바꾸어서 새로운 광고 만들기, 사진은 살리고 카피만 바꾸기, 카피는 남기고 사진만 바꾸기, 리드 카피는 남기고 본문 카피만 바꾸기 등의 방법이 있다.

▶ 광고 만들기

광고 활용 수업의 진미는 광고 만들기에 있다. 내가 읽은 책을 광고하기, 내가 알리고 싶은 행사를 광고하기, 다른 사람을 설득하고 싶은 생각을 광고로 만들기 등 광고 만들기 수업은 어휘력·논리력·창의력·종합 구성력 등이 총동원되는 활동이다.

카피를 만들기 위해서는 가장 적절한 어휘를 생각해야 하고, 광고하고자 하는 것에 가장 적절한 사진이나 캐릭터, 사물 등을 선택하려면

왜 그게 적절한 지에 대한 스스로의 논리가 성립되어야 한다.

그리고 광고란 게 다른 사람을 설득하고 관심을 끌어야 한다는 본래의 목적을 달성하기 위해서는 시각적 요소와 전체 구성미도 중요하다. 이에 충족되는 광고 만들기 수업은 여러 모로 사고력이 활성화되고 학습적 효과도 탁월하다고 할 수 있다.

【 기사 읽고 느낀 점을 광고로 만들기한 작품 】

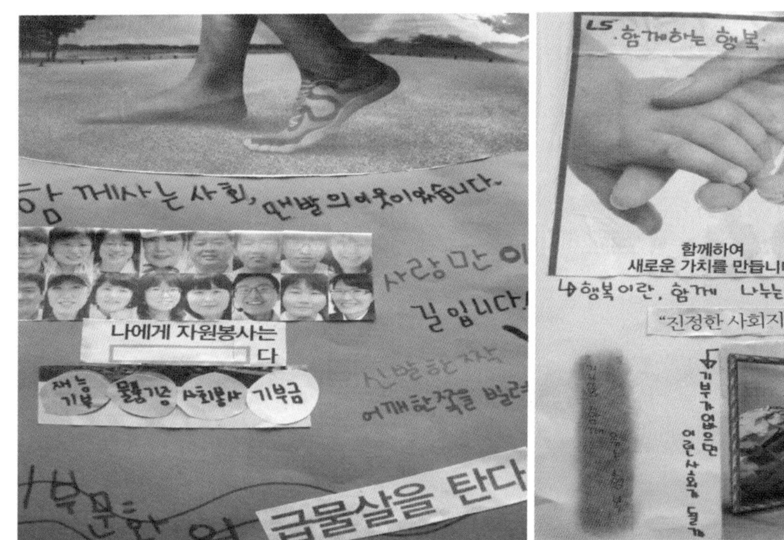

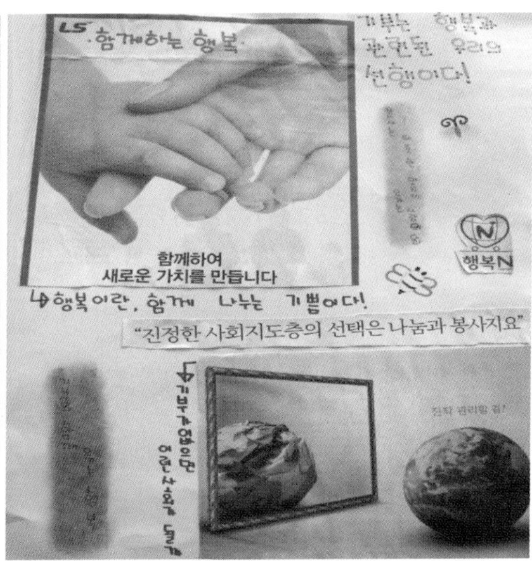

【 광고 카피와 사진을 활용해 광고를 재구성한 작품 】

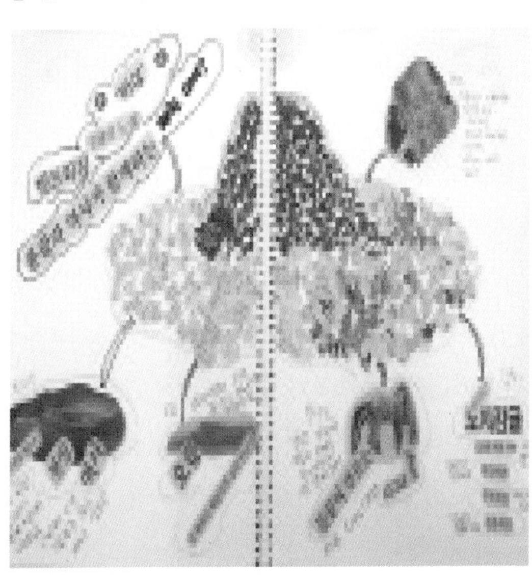

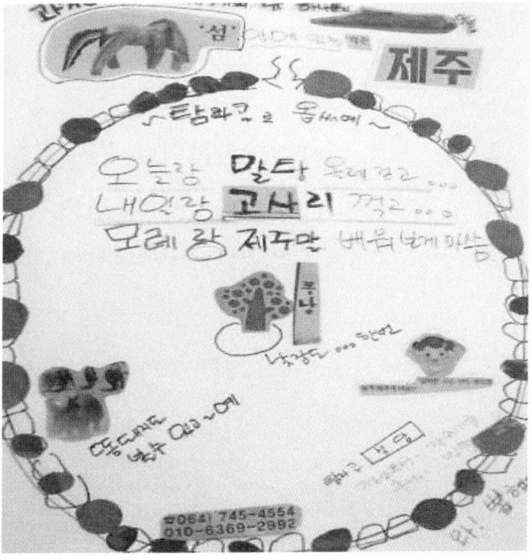

이 밖에도 오늘의 광고대상을 선정해보기 활동도 재미있다. 1년에 한 번씩 신문에 광고대상을 차지한 광고들이 실린다. 이 때 잘 스크랩을 해두었다가 광고대상 작품을 분석해보는 활동도 의미 있다. 광고대상을 차지한 작품이기 때문에 시각적·내용적·가치적 차원에서 따져보고 평가해 볼 수 있다.

■ 이 밖에 할 수 있는 재미있는 광고 활용법 10가지

1. 광고 속 주인공이 되어 상품 소개하기
2. 내가 뽑은 광고대상 심사평 하기
3. 상품 광고에 어울리는 카피 만들어 보기
4. 내가 뽑은 광고 카피와 심사평 하기
5. 내가 회사 사장이 되어 모집 광고 내보기
6. 내가 하고 싶은 광고 만들어 보기
7. 나를 광고해 보기
8. 광고 모델 따라해 보기
9. 같은 상품 다른 광고 비교 분석해 보기
10. 광고 기획자가 되어 광고 계획서 작성해 보기

(4) 만화·만평 활용법

① 만화란?

신문이나 잡지 또는 책에 수록된, 줄거리를 가진 여러 컷짜리 그림을 만화라 한다. 글을 함께 쓰는 것이 보통이지만 전혀 없을 때도 있다. 서양에서는 사람이나 동물의 특징을 과장해서 그린 캐리커처(caricature)와 어떤 사건 또는 정치적·사회적인 풍조를 풍자하여 그린 1장짜리 그림 카툰(cartoon), 줄거리가 있는 만화(comic strip : comic book도 포함)를 구분해 생각하지만, 한국에서는 카툰과 만화가 혼합되어 거의 한 개념으로 통용되고 있다. 이들 모두 드로잉과 판화를 그 표현 수단으로 하며 대체로 풍자적인 요소를 담고 있다.

② 신문에 실린 만화의 예

▲ 일요신문 만화–〈쌕쌕이〉

▲ 소년조선일보에 실린 만화–〈뚱딴지〉

▼ 한겨레에 실린 만화–〈비빔툰〉

antage@hanmail.net

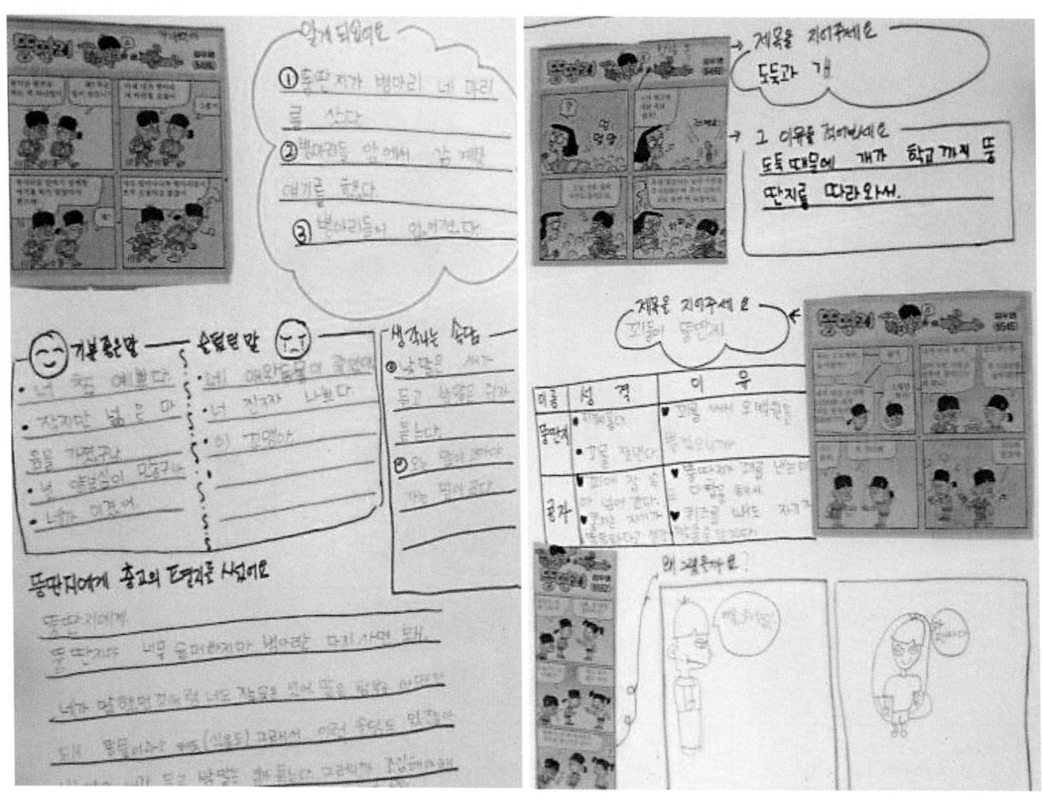

제주 백록초등학교 3학년 김예진 학생의 〈뚱딴지〉 만화 활용 사례

신문에 나와 있는 만화는 시사만화와 일반만화로 구분할 수 있다. 또한 성인을 대상으로 하는 만화가 있고, 아동을 대상으로 한 만화가 있다.

신문 만화 활용의 대상이 주로 학생들이라면 만화의 내용을 잘 살펴보고 대상에 맞는 자료를 선택하여야 할 것이다.

《한겨레》의 '비빔툰'이나 《소년조선일보》의 '뚱딴지'는 주로 아이들의 일상과 가족의 일상에서 생기는 문제를 다루고 있기 때문에 자료를 바탕으로 이야기 나누고 글쓰기에 적합한 만화들이 많다.

신문에서 만화 활용법은 주로 만화를 읽고 이야기 나누기, 만화의 말 주머니 넣기, 만화 속 주인공이 되어 일기쓰기, 만화 속 주인공과 유사한 경험 나누고 글쓰기, 만화의 뒷이야기 꾸미기, 만화 읽고 주제 토론하기 등을 할 수 있다.

③ 만화 활용법 예시

다음은 만화를 읽고 학생들과 함께 이야기를 나눈 후 활동한 자료의 예이다. 대상은 초등 3·4학년 학생들이다.

▶ 만화 읽기 자료 : 한겨레에 연재된 〈비빔툰〉 만화

ⓒ홍승우 antage@hanmail.net

▶ 만화 내용 확인하며 이야기 나누기

- 만화 속 주인공은 누구인가요? 이름을 지어줘도 좋을 것 같아요.
- 이름을 지었나요? 뭐라고 지었나요? 예를 들어 왼쪽의 친구를 수정이, 오른쪽의 친구를 현주라고 합시다.
- 만화 속 두 친구의 대화 주제는 무엇인가요?
- 만화에서 수정이는 주로 무슨 놀이를 하며 놀고 있나요?
- 수정이의 놀이 친구는 누구인가요?
- 여러분은 수정이를 보면서 어떤 생각이 드나요?
- 현주의 표정을 보세요. 어떤 감정인가요?
- 만화의 마지막 장면에 말 주머니를 채워보세요.
- '자기 도취'라는 말이 무슨 뜻인가요?
- '가장 중요한 건 완벽하게 자기 도취에 빠져야 한다'는 말은 어떤 의미일까요?

▶ 활동하기

- 여러분은 만화 속의 누구와 닮았나요? 어떤 점에서 그렇다고 생각하나요?
- 만화의 다음 장면을 생각해 보세요. 어떤 장면이 떠오르나요?
- 여러분이 만화 속 주인공이라고 생각하고 다음 2편을 완성해 볼까요? 우선 누구를 주인공으로 할까 먼저 정하는 게 좋겠어요.
- 2편에 나오는 인물, 장소, 사건 등을 미리 생각해 보세요.
- 그럼 지금부터 만화 그리기를 해 보세요.
- 만화의 제목도 달아 볼까요?
- 완성한 만화를 발표해 보세요.

▶ 활동 결과물 예시

제주 남광초등학교 4학년 김기연 학생의 작품

④ 만평이란?

만평은 대중을 전제로 제작되며, 작가 또는 메시지 송신자의 의도를 그림으로 간결히 압축·정리하여 수신자인 대중에게 전달한다. 또한 수신자가 불특정 다수인 대중에게 인쇄라는 대량 복제 과정을 통하여 전달되므로 엄연히 매스미디어이다.

우리가 알고 있는 매스미디어는 신문·잡지·도서 등의 출판 매체와 TV·영화와 같은 영상 매체로 대별되는데, 만평은 출판 매체가 가지고 있는 문자와 영상 매체가 지니고 있는 그림을 통하여 메시지를 전달해주는 영상 매체의 특징 또한 지니고 있다.

만평은 인쇄 매체의 약점을 그림으로 완전히 극복하면서 영상 매체가 지닌 약점 또한 인쇄 매체적 특성으로 보완함으로써 어떤 미디어보다도 저렴하면서도 강력한 메시지 전달 능력을 지니게 되었다.

【 내일신문 만평의 예 】(김경수)

【 시사터치 만평의 예 】(김경수)

이 점이 오늘날 전 세계적으로 크게 인정되어 만평의 매스미디어로서의 역할과 영역은 인터넷의 발달과 네트워크의 발달로 매체의 파급성까지 가지게 되었다.

우리가 흔히 보고 있는 만평의 특징은 한눈에 작가의 의도를 알아차릴 수 있다는 것과 만평이 가지고 있는 비판성이다. 만평에 비판성이 없다면 캐리커처나 카툰이나 다를 바 없을 것이다.

잘 그린 만평은 군더더기가 없다. 복잡하게 텍스트를 나열하지도 않고 카툰이나 캐리커처처럼 그림으로써 의미 전달만 해서도 안된다.

만평은 최근 이슈가 되는 주제를 표현하고 있는 경우가 많다. 어떻게 보면 가장 중요한 주제를 최대한 압축해서 독자들에게 알리는 기사가 바로 만평이다. 따라서 만평은 어떤 기사를 다루고 있는지 그 내용을 파악하는 것이 가장 중요하다.

그리고 만평의 내용이나 주제에 대해 어떻게 생각하는지 자기 생각을 정리하는 시간을 가져보는 게 좋다. 또한 '나도 만평가'가 되어 가장 중요하다고 판단되는 이슈를 만평으로 그려보는 것도 좋겠다. 그러기 위해서는 기사를 찾아봐야 하고, 그것을 효과적으로 잘 표현하려면 어떤 캐릭터가 등장해야 하는지, 그것의 특징은 무엇인지 면밀히 살펴보게 된다.

그 과정 자체가 사물이나 사건에 대한 핵심을 파악하는 훈련이며, 설득력 있게 전달하기 위해 특징을 추출해봄으로써 논리력과 창의력을 훈련하는 기회가 되는 것이다.

▶ '나도 만평가'가 되어 만평 그리기

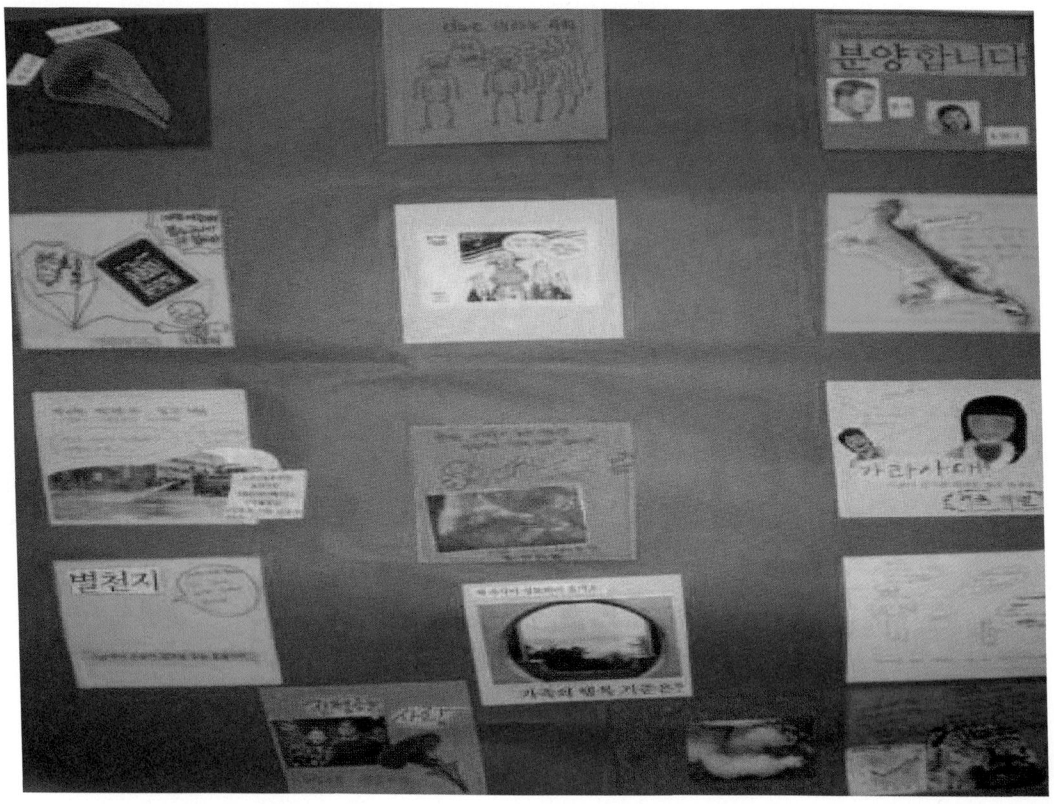

■ 이 밖에 할 수 있는 재미있는 만화·만평 활용법 10가지

1. 만화의 앞뒤 장면 상상해서 채워보기
2. 만화의 주인공 바꿔보기
3. 만화 속 주인공이 되어 오늘의 뉴스 써보기
4. 우리집 소식을 만화로 표현해 보기
5. 내가 뽑은 오늘의 기사를 만화로 그려보기
6. 만평의 내용 해설해 보기
7. 만평의 주인공이 되어 주장글 쓰기
8. 내가 뽑은 만평 심사평 하기
9. 만평의 주인공 대담해 보기
10. 기사에 자주 등장하는 주인공, 캐릭터 그려보기

(5) 일기예보 활용법

① 일기예보란?

일기예보는 대기 현상 자체에 대한 예보와 함께 대기 상태의 변화에 따른 지면에서의 변화(예를 들면 적설량과 얼음의 양, 폭풍, 파랑, 홍수 등)를 예보한다. 과학적인 일기예보는 기온·기압·습도를 측정하는 기구를 사용한 이후에 발달했다.

일기예보는 기상 실황 파악, 자료 처리·분석 및 예보 과정을 거쳐 통보하게 된다. 지상과 상층에서 관측된 모든 자료들이 전산통신망을 통하여 수집되어 각 지점별로 기온, 이슬점 온도, 기압, 바람, 구름, 일기 상태 등을 숫자나 기호로 일기도에 기입하게 된다. 기입된 일기도에서 기압·기온 등을 연결하여 등치선을 그리고 고기압과 저기압의 위치, 전선의 종류와 위치 등을 일기도에 표시하는 묘화라는 작업을 거치게 된다.

묘화까지 끝나게 되면 예보관이 각종 일기도를 분석하게 된다. 국내·외에서 수집된 관측 자료를 이용하는데 고기압과 저기압의 위치 및 이동 경로, 기압과 고도의 변화 경향, 전선의 발생 및 소멸과 이동 추적, 날씨 변화, 대기의 연직 구조 등이 그것이다.

이렇게 분석된 자료에 특수기상관측 자료인 기상레이더에 의한 강수 구역 추적, 기상위성에 의한 구름사진 분석, 자동기상관측 자료 등을 분석하여 앞으로의 날씨 변화를 예상하게 된다.

분석한 각종 예보 자료를 토대로 각 지방관서의 예보관들과도 충분한 의견 교환을 거친 후 예보를 결정하게 되는데, 예보관의 오랜 기간 축적된 경험이 필요하다. 이렇게 결정된 예보는 언론기관과 방재기관에 통보되어 우리가 보고 들을 수 있게 된다.

② 일기도 읽기

일기도란 넓은 범위에 걸쳐 일정한 시각의 날씨 상태를 숫자, 기호 등을 사용하여 나타낸 지도이다.

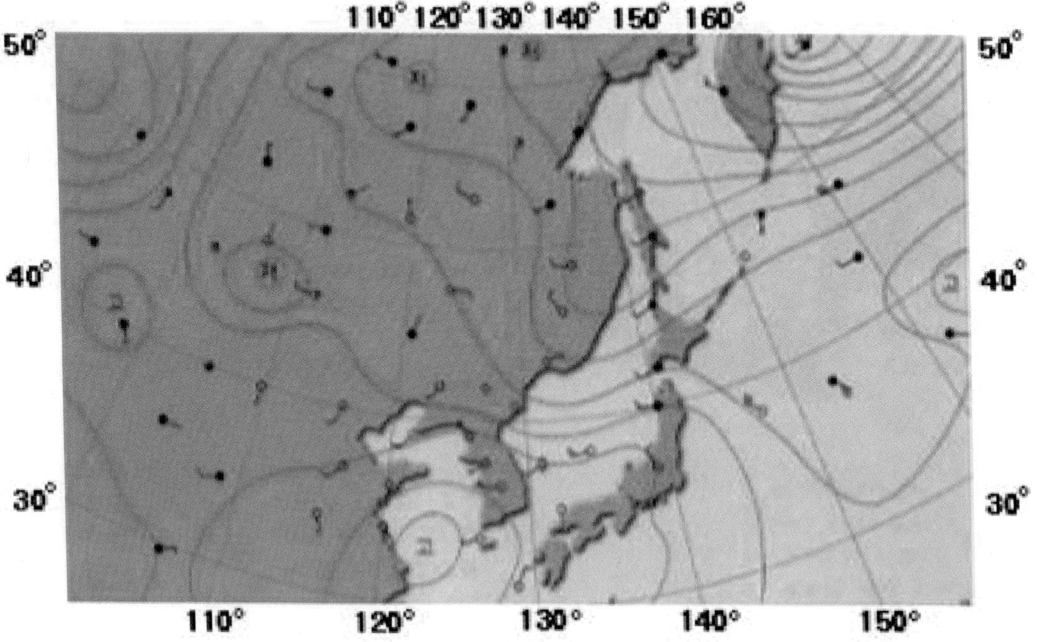

▶ 퀴즈로 알아보는 일기도

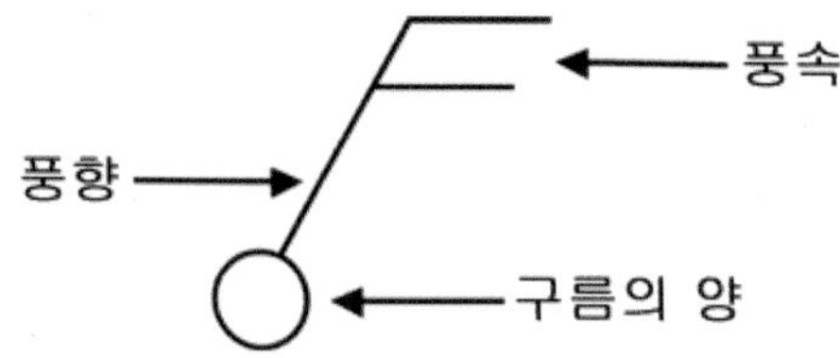

– 는 무엇을 나타내는가?

–고·저는 무엇을 의미할까요?

–일기도에 그려진 곡선은 무엇을 의미할까요?

③ 신문 속 일기예보 예시

일기예보 활용은 일기예보를 읽어내는 것에 우선 초점이 맞춰져야 한다. 신문에는 매일 일기예보가 실리는데 전국 지도에 각 지역의 날씨와 예상 기온을 비롯해 바다 날씨, 오늘의 생활지수까지 꼼꼼하게 알려주고 있다.

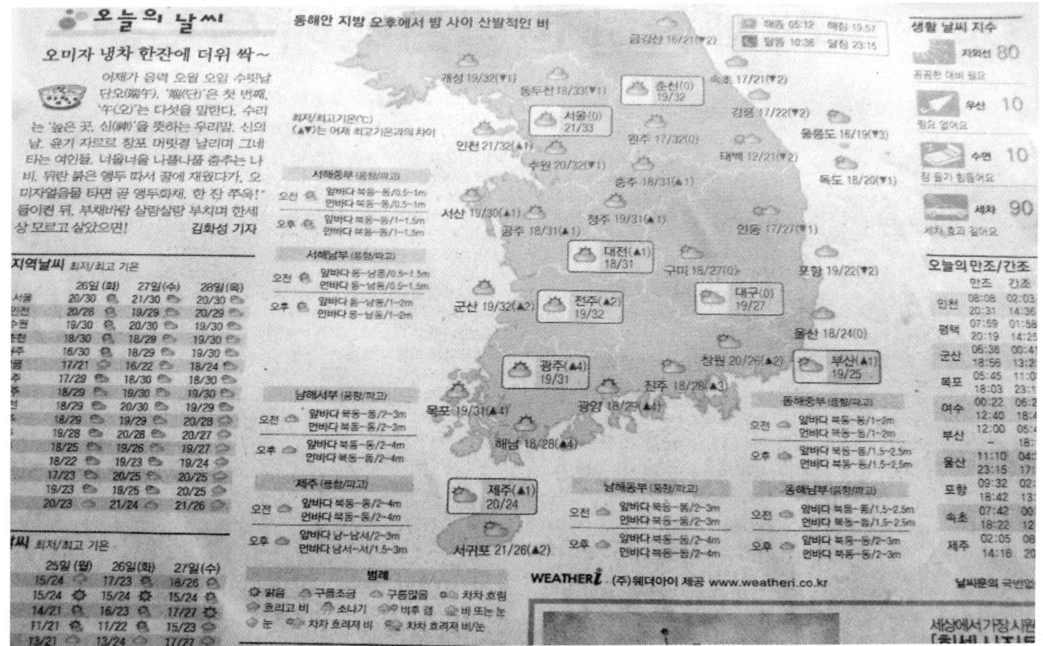

오늘의 날씨

오미자 냉차 한잔에 더위 싹~

어제가 음력 오월 오일 수릿날 단오(端午). '端(단)'은 첫 번째, '午(오)'는 다섯을 말한다. 수리는 '높은 곳, 신(神)'을 뜻하는 우리말. 신의 날. 윤기 자르르 창포 머릿결 날리며 그네 타는 여인들. 너울너울 나풀나풀 춤추는 나비. 뒤란 붉은 앵두 따서 꿀에 재웠다가, 오미자얼음물 타면 곧 앵두화채. 한 잔 주욱!" 들이켠 뒤, 부채바람 살랑살랑 부치며 한세상 모르고 살았으면! 김화성 기자

지역날씨 최저/최고 기온

	26일(화)	27일(수)	28일(목)
서울	20/30	21/30	20/30
인천	20/28	19/29	20/29
수원	19/30	20/30	19/30
춘천	18/30	18/29	19/30
	16/30	18/29	19/30
	17/21	16/22	18/24
	17/29	18/30	18/30
	18/29	19/30	19/30
	18/29	20/30	19/29
	18/29	19/29	20/28
	19/28	20/28	20/27
	18/25	19/26	19/27
	18/22	19/23	19/24
	17/23	20/25	20/25
	19/23	19/25	20/25
	20/23	21/24	21/26

씨 최저/최고 기온

	25일(월)	26일(화)	27일(수)
	15/24	17/23	18/26
	15/24	15/24	15/24
	14/21	16/23	17/27
	11/21	11/22	15/23
	13/21	13/24	17/27

동해안 지방 오후에서 밤 사이 산발적인 비

최저/최고기온(℃)
(▲▼)는 어제 최고기온과의 차이

해뜸 05:12 해짐 19:57
달뜸 10:36 달짐 23:15

금강산 16/21(▼2)
개성 19/32(▼1)
동두천 18/33(▼1)
춘천(0) 19/32
속초 17/21(▼2)
서울(0) 21/33
강릉 17/22(▼2)
울릉도 16/19(▼3)
인천 21/32(▲1)
원주 17/32(0)
태백 12/21(▼2)
수원 20/32(▼1)
충주 18/31(▲1)
독도 18/20(▼1)
서산 19/30(▲1)
청주 19/31(▲1)
공주 18/31(▲1)
안동 17/27(▼1)
대전(▲1) 18/31
구미 18/27(0)
포항 19/22(▼2)
군산 19/32(▲2)
전주(▲2) 19/32
대구(0) 19/27
울산 18/24(0)
창원 20/26(▲2)
광주(▲4) 19/31
부산(▲1) 19/25
진주 18/28(▲3)
목포 19/31(▲4)
광양 18/29(▲4)
해남 18/28(▲4)
제주(▲1) 20/24
서귀포 21/26(▲2)

서해중부(풍향/파고)
오전 앞바다 북동~동/0.5~1m 먼바다 북동~동/0.5~1m
오후 앞바다 북동~동/1~1.5m 먼바다 북동~동/1~1.5m

서해남부(풍향/파고)
오전 앞바다 동~남동/0.5~1.5m 먼바다 동~남동/0.5~1.5m
오후 앞바다 동~남동/1~2m 먼바다 동~남동/1~2m

남해서부(풍향/파고)
오전 앞바다 북동~동/2~3m 먼바다 북동~동/2~3m
오후 앞바다 북동~동/2~4m 먼바다 북동~동/2~4m

제주(풍향/파고)
오전 앞바다 북동~동/2~4m 먼바다 북동~동/2~4m
오후 앞바다 남~남서/2~3m 먼바다 남서~서/1.5~3m

남해동부(풍향/파고)
오전 앞바다 북동~동/2~3m 먼바다 북동~동/2~3m
오후 앞바다 북동~동/2~4m 먼바다 북동~동/2~4m

동해중부(풍향/파고)
오전 앞바다 북동~동/1~2m 먼바다 북동~동/1~2m
오후 앞바다 북동~동/1.5~2.5m 먼바다 북동~동/1.5~2.5m

동해남부(풍향/파고)
오전 앞바다 북동~동/1.5~2.5m 먼바다 북동~동/1.5~2.5m
오후 앞바다 북동~동/2~3m 먼바다 북동~동/2~3m

범례
맑음 구름조금 구름많음 차차 흐림 흐리고 비 소나기 비후 갬 비 또는 눈 눈 차차 흐려져 비 차차 흐려져 비/눈

WEATHERi (주)웨더아이 제공 www.weatheri.co.kr

생활 날씨 지수
자외선 80 꼼꼼한 대비 필요
우산 10 필요 없어요
수면 10 잠 들기 힘들어요
세차 90 세차 효과 길어요

오늘의 만조/간조

	만조	간조
인천	08:08 20:31	02:03 14:36
평택	07:59 20:19	01:58 14:25
군산	06:38 18:56	00:4 13:2
목포	05:45 18:03	11:0 23:1
여수	00:22 12:40	06:2 18:4
부산	12:00 –	05: 18:
울산	11:10 23:15	04: 17:
포항	09:32 18:42	02: 13:
속초	07:42 18:22	00 12
제주	02:05 14:16	08 20

26일은 남해상을 지나는 저기압의 영향으로 전국에서 비(서울, 경기도와 강원도는 비 또는 눈)가 시작되어, 27일 오전까지 이어진 후, 오후에 중서부 지방부터 점차 개겠습니다. 그 밖의 날은 고기압 가장자리에서 구름 많겠습니다. 기온은 전반에 평년(최저기온: −7~4도, 최고기온: 4~11도)보다 높겠으나, 후반에는 비슷하겠습니다. 강수량은 평년(강수량 : 0~4mm)보다 많겠습니다.

일기예보를 자주 들여다보게 되면 지도도 자연스럽게 읽히게 되고, 날씨와 기온에 따른 생활 설계도 해 볼 수 있다. 또한 기상캐스터가 되어 일기예보하는 역할놀이를 하다 보면 어휘력·문장력도 키울 수 있다. 왜냐하면 기상캐스터는 날씨를 예보하기 위해 먼저 원고를 써야 한다. 원고를 쓰기 위해서는 일기도를 읽을 수 있어야 하며, 다른 사람이 이해하기 쉽게 문장을 완성해야 한다.

일기예보 활용 수업은 도표와 기호에 대한 친밀도를 높이고, 지리·사회·과학 교과 학습과 연계해 수업해도 좋은 자료이다. 의외로 아이들이 좋아하는 활동이 일기예보 활용 수업이다.

다음은 일기예보 활동 자료 예시이다. 초등학교 4학년 학생의 작품으로 일기예보를 보면서 알게 된 사실을 정리, 비교·분석한 후 확인, '우리 가족 날씨'를 주제로 표현한 활동이다.

이 학생은 신문 속 일기예보를 읽으면서 일기예보에는 각 지역의 기

<일기예보 NIE>

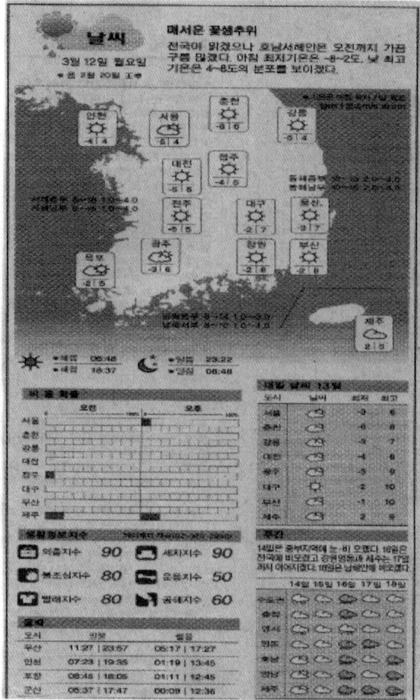

날씨

3월 12일 월요일

매서운 꽃샘추위

전국이 맑겠으나 호남서해안은 오전까지 가끔 구름 많겠다. 아침 최저기온은 -8~2도, 낮 최고기온은 4~8도의 분포를 보이겠다.

1. 알게된 사실

일기예보에는 '비올확률', '생활정보지수', '내일 날씨', '주간', '물때', '해뜸', '해짐', '달뜸', '달짐' 등 알게된 사실이 많다.

2. 비교·분석하기

1. 가장 추운곳: 춘천
2. 가장 따뜻한곳: 제주
3. 오전 오후 기온차가 심한곳: 대전

=> 북쪽 추워진다. 대전을 비롯해 춘천권이 기온차가 심하다.

3. 오감으로 표현하는 제주의 날씨

오늘 제주의 날씨는 맑으나 한라산 쪽으로 검은구름이 몰려오고 있다. 꽃샘추위가 시도 때도 없이 불어닥치면서 꽃망울들이 잔뜩 움추린체 피어날 생각을 못하고 있다. 사람들은 어깨를 움츠리고 빠른 걸음을 내딛고 있다. 거리의 나무들은 새싹을 틔우려고 준비중이다. 뽀얀 새싹에 눈망울들이 삐쭉삐쭉 고개를 내밀고 있다.

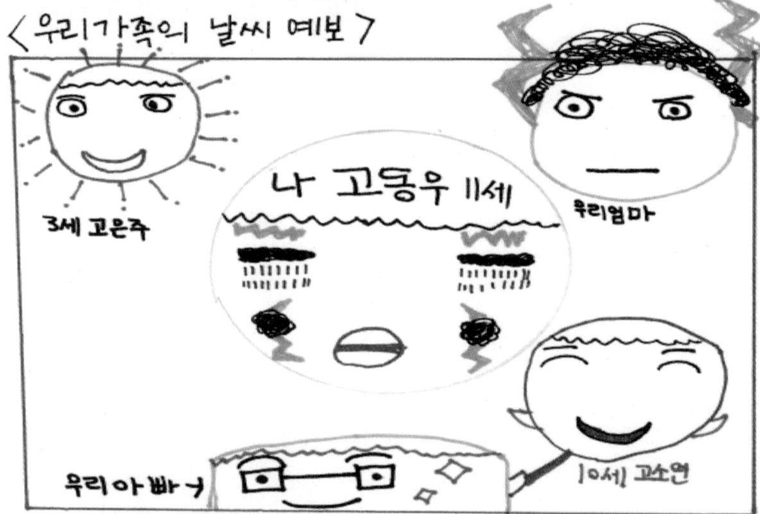

<우리가족의 날씨 예보>

나 고동우의 날씨는 새학기에 들어 꿀꿀하다. 고은주의 날씨는 새장난감이 생겨서 태양처럼 밝다. 우리아빠와 소연이는 짝꿍이 되어 번쩍번쩍이다. 마지막으로 우리엄마는 번개처럼 야단치지만 마음속은 따뜻하다. 이상으로 우리 가족의 날씨 예보를 끝내겠습니다. 시청해주신 여러분 감사합니다.

제주 남광초등학교 4학년 고동우 학생의 작품

온, 비 올 확률, 생활정보지수, 물때, 해 뜨는 시각, 달 뜨는 시각 등 알려주는 정보가 많다는 것을 확인하였다. 그리고 각 지역별 기온을 보면서 추운 지역, 따뜻한 지역 찾기를 통해 기온차가 벌어지는 이유 등을 생각해보는 시간을 가졌다.

또한 오늘의 우리 지역 날씨를 보면서 신문에서 예보한 기온이 어느 정도인지를 실감해보며 주변의 풍경, 사람들의 표정을 묘사하는 오감 글쓰기를 해보았다. 무심코 지나가는 오늘의 일상을 오감 글쓰기를 통해 예민하게 감지해보는 의미 있는 시간이었다고 평가해본다.

■ 이 밖에 할 수 있는 재미있는 일기예보 활용법 10가지

1. 일기예보를 보고 알게 된 사실 적어보기
2. 일기예보를 위한 날씨 기호 만들어보기
3. 기상캐스터가 되어 일기예보하기
4. 내 마음의 날씨 예보하기
5. 오늘의 생활 날씨 추측하기
6. 우리 가족의 감정 날씨 예보하기
7. 오늘 날씨에 어울리는 옷차림 꾸며보기
8. 우리나라 지도에 오늘의 날씨 표시해 보기
9. 세계 지도에 오늘의 날씨 표시해 보기
10. 가장 추운 곳, 가장 더운 곳, 우리나라와 유사한 날씨를 가진 나라 표시해 보기

(6) 표제 활용법

독자들이 기사를 읽을 때 먼저 표제를 보고 읽을 것인지의 여부를 결정한다는 점에서 표제가 신문기사에서 차지하는 비중은 매우 높다. 표제는 제목 혹은 헤드라인(headline)이라고도 불리는데, 대제목과 소제목으로 구성된다. 기사의 구성 요소는 표제, 부제, 전문, 본문, 기자명, 기자 이메일 주소 등으로 구성된다.

기사의 표제도 꽤 활용도가 높다. 유아들에게는 글자를 읽히는 도구가 될 수 있고, 짧은 글짓기나 낱말을 활용한 이야기 꾸미기할 때 표제에 나온 낱말을 활용하면 좋다.

또한 표제의 일부 낱말을 바꾸어서 뜻이 다른 문장 만들기 훈련을 하는 데도 유용하게 쓰인다. 표제의 문장부호를 달리하면 문장의 뜻이 달라진다. 이 때 달라진 문장의 뜻, 의미에 대해 알아보는 것도 의미 있는 수업이다.

다음은 표제를 활용한 수업 사례 자료이다.

【 표제의 낱말로 짧은 글짓기 】

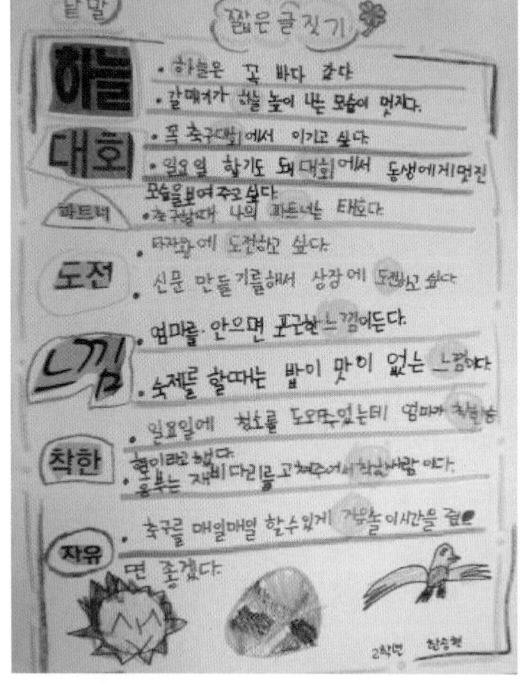

【 표제의 낱말로 이야기 꾸미기 】

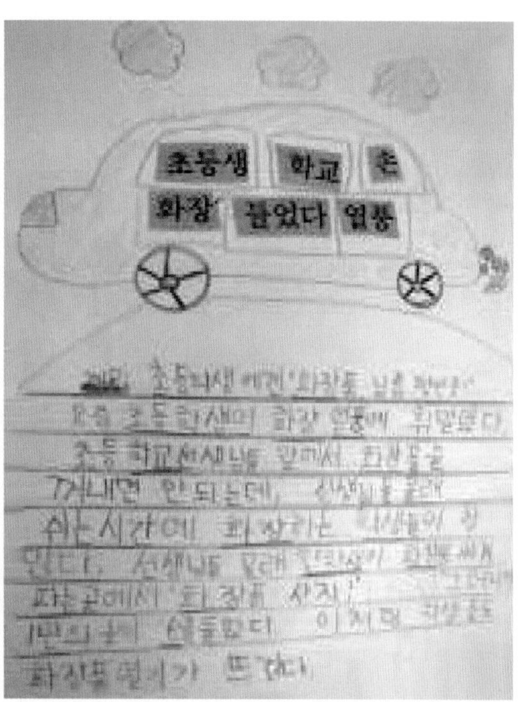

표제 활용은 어휘력 기르기 수업으로서도 효과적이다. 신문기사에는 수많은 어휘가 쓰여 있는데 이를 활용해 재미있는 낱말놀이나 문장 만들기, 이야기 꾸미기 활동을 하다 보면 자연스럽게 어휘를 익히고 사용하게 되어 자신의 어휘가 될 가능성이 크다. 어휘는 실제로 활용해 써보았을 때 비로소 자신의 어휘가 된다는 사실을 잊지 말자.

【 표제의 낱말로 짧은 글짓기 】 【 표제의 낱말로 이야기 꾸미기 】

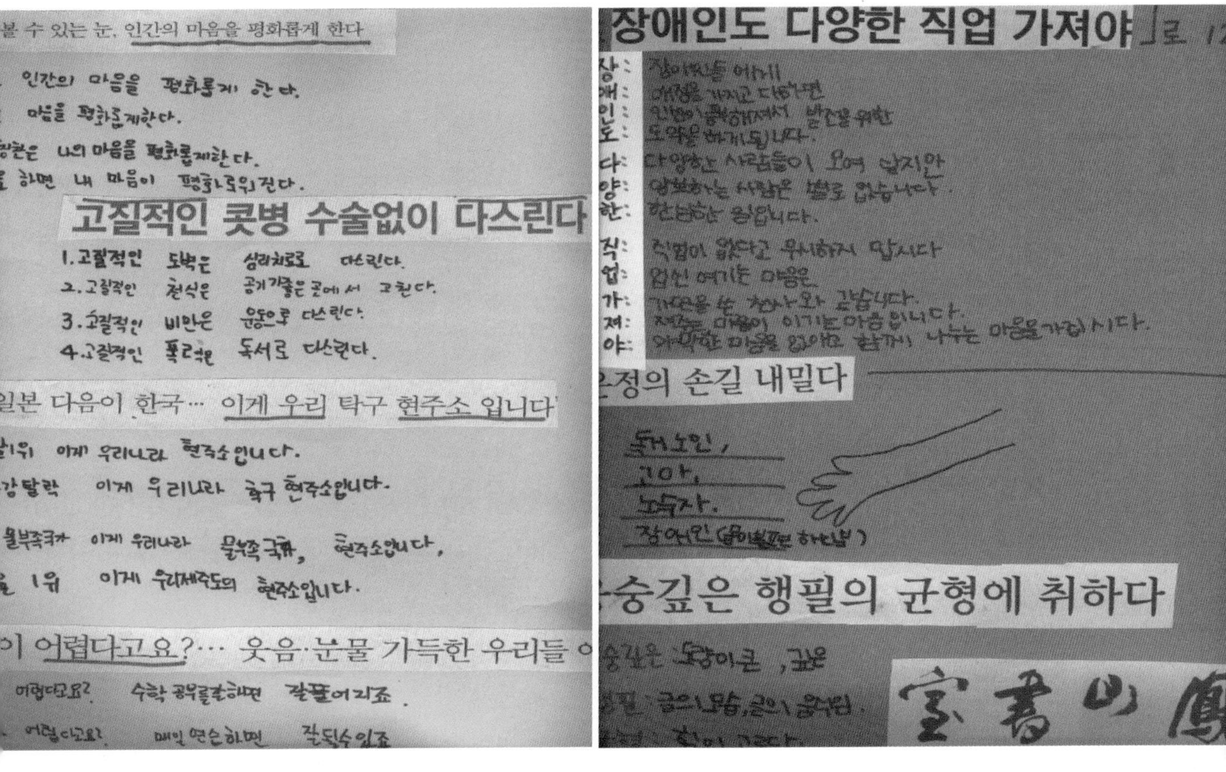

■ 표제를 활용한 재미있는 수업 방법 11가지

1. 표제의 낱말로 짧은 글짓기 하기
2. 표제에 나온 어휘의 뜻 알아보기
3. 표제의 문장부호 바꾸어서 문장 만들기
4. 표제에 나온 낱말을 그림으로 표현하기
5. 표제에 나온 낱말로 끝말잇기 놀이하기
6. 표제에 나온 낱말을 이어 이야기 기차 만들기
7. 표제와 표제 이어 이야기 꾸미기
8. 표제의 일부 낱말 바꾸어서 다른 뜻의 문장 만들기
9. 표제에 이어 '왜냐하면' 이라는 말을 넣어 문장 잇기
10. 표제에 나온 글자 전부 오려서 새로운 낱말 만들기
11. 표제의 문장을 글씨체를 달리해서 써보기

04 SECTION 찾아가는 NIE 교실

NIE의 효과와 장점들이 알려지면서 각 학교와 도서관, 문화의 집 등 다양한 교육기관에서 NIE 교육이 활성화되고 있다. 필자가 일 년 동안 찾아간 곳만 10여 곳에 이른다. 대표적인 사례를 소개한다.

1. 제주 아라중학교 아침NIE교실

제주 아라중학교는 2009년~2010년 동안 한 학기당 아침 시간 50분씩 20차시에 걸쳐 '아침NIE교실'을 운영하였다.

학습 시간은 아침 재량활동 시간을 이용해 실시하였으며, 1~2학년 학생 중 신청자 약 20여 명의 학생들을 대상으로 도서관에서 프로그램이 진행되었다. '아침NIE교실'은 신문 속 정보를 요약·적용·활용의 능력을 기르는 데 그 목적을 두고 진행되었다.

매일 아침 기사·광고·만화·사설 등을 읽고 내용을 파악한 후 제공된 활동지에 요약, 의견 쓰기를 비롯한 자유로운 표현 활동으로 마무리하는 형식으로 진행되었다.

다음은 아라중학교 아침NIE교실에서 진행된 학습 계획안이다.

(1) 프로그램 개요

◆ 프로그램명 : 아침NIE교실

◆ 학습목표 : • 신문을 활용한 정보 습득의 방법을 배울 수 있다.
• 신문을 활용해 다양한 문제에 대해 논리적으로 생각해 볼 수 있다.
• 주어진 문제에 대해 자신이 생각하는 바를 글로 정리해 볼 수 있다.

◆ 학습계획

차 시	학 습 내 용
1차시	활동 : 신문의 구성과 형식 이해
2차시	기사 읽고 알게 된 사실 정리하기
3차시	사실 기사 읽고 핵심어 찾기, 찾은 핵심어로 기사 내용 요약하기
4차시	기사 읽고 내 의견 쓰기
5차시	사진 기사를 보며 상상글 쓰기
6차시	인물 기사 읽고 주인공이 되어 글쓰기
7차시	신문광고 해석하기, 광고의 구성 요소 알기
8차시	신문광고에서 말하고자 하는 바를 줄글로 써보기(본문 카피 바꾸기)
9차시	기사를 광고로 표현하기
10차시	의견 기사 읽고 핵심어 찾기, 문단 요약하기
11차시	칼럼 읽고 내 의견 쓰기
12차시	만화 읽고 주제에 대한 내 생각 글쓰기
13차시	기사 읽고 알게 된 사실을 만화로 표현하기
14차시	기사를 읽고 만평으로 꾸미기
15차시	기사 읽고 원인, 결과 파악하기
16차시	사설 읽고 서론, 본론, 결론 개요짜기
17차시	사건 기사와 관련한 의견을 사설로 쓰기
18차시	내 주변의 소식을 기사 글로 쓰기
19차시	주제 신문 만들기 1
20차시	주제 신문 만들기 2
준비물	스케치북 1권, 풀, 가위, 사인펜 등(신문은 교사가 별도로 준비)

(2) 함께 읽은 기사와 활동지의 예

■ 기사 ① : 악플과 선플 [제민일보 2009. 7. 6]

악플(악의적 댓글)로 시달리던 연예인 C, Y, J씨 등의 잇따른 자살사건이 있은 후 비슷한 사건이 이어지더니 며칠 전 매스컴에 악플로 인해 3년간 연예 활동을 중단했던 J탤런트가 다시 자신에 대한 악플이 등장하자 법에 호소하고 있다는 보도를 접한다.

기회가 있어 모 단체가 주관한 선플(선의적 댓글)달기운동 세미나에 참석하게 되었다. 예상했던 대로 인터넷의 순기능과 역기능에 대한 논란의 주를 이루었다.

선플(善+reply)의 용어는 악플(惡+reply)의 반대되는 개념으로 영어 단어를 합성시켜 선플(sunfull : full of sun)로 이미지화시켜 사용되어지기도 하고 있는데, 일부 단체에서는 선플달기운동을 하나의 주요 이슈로 내걸어 캠페인을 벌이기도 한다.

말의 언어와 글의 언어는 비슷한 효력을 발휘한다. 데이는 '세 황금문' 이라는 책에서 사람의 말에는 3문이 통과되는 말을 사용해야 한다고 역설한다. 즉 참말인가, 필요한 말인가, 친절한 말인가를 신중히 생각해서 사용해야 한다는 것이다. 이러한 황금문을 지날 수 있다면 좋은 씨가 되어 좋은 열매를 맛보게 된다는 이야기다.

이러한 말에는 위로하는 말, 격려하는 말, 용기를 주는 말, 칭찬하는 말, 용서하고 받아들이는 말, 사랑하는 말, 애정 어린 충고의 말 등이 있을 수 있겠다.

정부, 지자체와 교육기관, 각종 단체, 단위학교 등에서도 선플달기운동의 중요성을 인식하여 이-클린(e-clean)운동, 정보윤리 교육, 선플달기운동, 전면교육, 칭찬·자아존중 교육, 기타 다양한 관련 교육이 활발히 이루어지고 있다.

민주주의에서 표현의 자유를 악용하여 현대문명의 이기인 인터넷이 비생산적이고 악의적인 도구로 활용되어서는 안 된다고 생각한다.

요즘 국내뿐만 아니라 지구촌 전체가 총체적으로 난국이라 한다. 인터넷의 역기능 중 가장 피해를 줄 수 있는 것 중의 하나가 악의적 댓글이라고 할 수 있다.

이렇게 어려운 시기일수록 사회에서의 적극적인 관심과 감동과 도움을 주는 세 황금문을 통과한 선의적인 댓글로 상대를 배려하고 희망과 용기의 새싹을 키우게 하는 아름다운 문화 정착이 필요한 때이다.

우리나라 청소년의 99%가 인터넷을 사용한다고 한다. 이번 세미나에서 시의성 있는 현안 과제인 인터넷 역기능의 심각성에 대해서 머리를 맞대고 참여하는 학부모들의 적극적인 관심과 열의를 보면서, 다시 한 번 무거운 책무감을 느끼면서도 한결 가벼운(?) 발걸음을 학교 현장으로 옮길 수 있었다.

강덕수 (제주중앙여자고등학교 교장)

【 내용 확인 및 생각 나누기 】

1. 무엇에 대해 주장하고 있는 기사인가요?

2. 선플, 악플의 뜻이 무엇인가요?

3. 글쓴이가 말하는 좋은 말과 글의 예는 어떤 게 있나요?

4. 악플로 인한 피해 사례를 들어 보세요.

5. 기사를 참고로 하여 악플을 달지 말아야 하는 이유를 말해 보세요.

6. 선플의 긍정적인 효과는 무엇일까요?

7. 신문을 활용해 '선플을 달자'는 메시지를 담은 포스터를 꾸며 보세요.

■ 기사 ② : 김연아 선수의 성공 비결 [아시아경제신문 2009. 5. 10]

김연아 '나를 피겨여왕으로 만들어준 3인' 전격 공개

김연아가 최고의 피겨선수가 되는데 결정적인 영향을 미친 사람이 3명 있다고 고백했다.

김연아는 8일 오후 9시 55분 방영된 MBC '섹션TV 연예통신'의 한 코너 'S다이어리'에서 그동안 고마웠던 사람들을 다시 한 번 회상했다.

김연아의 첫번째 은인은 그녀에게 피겨 선수가 되라고 종용했던 유종현 코치다. 유 코치는 김연아를 처음 봤을 때 피겨 선수로 자질이 있을 것 같다고 판단해 그녀에게 훈련을 시켰다.

초등학교 1학년 때부터 스파르타 교육을 실시한 유 코치는 "(김)연아를 보면서 이 아이는 잘 될 것 같다. 정말 어린 애가 너무 독하다는 생각이 들었다며", "초등학교 1학년생이 매일 10km를 연습했다고 하니까 정말 대단하다는 느낌이 든다"고 말했다.

또한 유 코치는 김연아가 100년에 한 명 나올까 말까하는 인물이라고 추켜세웠다. 이에 김연아는 "그 때는 어떻게 해야 하는지도 모르고, 그렇게 해야되는 줄 알았다"고 언급했다.

김연아의 두 번째 은인은 일본의 피겨선수인 아사다 마오다. 김연아와 아사다 마오는 동갑내기 피겨선수로 처음에는 아사다 마오가 실력이 뛰어났지만, 어느 순간부터 김연아가 우위를 선점하며 두각을 나타냈다.

마지막으로는 현재의 김연아를 있게 해준 장본인, 다름 아닌 그녀의 어머니였다. 김연아의 어머니는 그녀의 초등학교 시절부터 스케이트장을 함께 따라다니며 늘 모니터했다.

'웬만한 스케이트 수리는 할 수 있다'고 말하는 김연아의 어머니는 "딸이 운동하다가 다칠까봐 불안해서 늘 지켜본다"며, "나중에 딸이 나를 원망하지 않을까, 그런 것이 걱정됐다"고 전했다.

[강승훈 기자 tarophine@asiae.co.kr]

【 내용 확인 및 생각 나누기 】

1. 누구에 관한 기사인가요?

2. 유종현 코치가 말하는 김연아 선수는 어떤 선수인가요?

3. 김연아 선수가 말하는 은인은 누구누구인가요?

4. '은인'을 다른 말로 표현하면 뭐라고 할 수 있을까요?

5. 기사를 읽으면서 김연아 선수에 대해 느낀 것은 무엇인가요?

6. 여러분이 '은인'이라고 소개할 수 있는 사람은 누구인가요?

7. 내 인생의 은인에 대해 소개글을 써 보세요.

■ 기사 ③ : 스리랑카 피의 대학살 [강원일보 2009. 5. 14]

"표류 9일째 아내는 빈 젖을 물린 채 숨을…"

스리랑카 피의 대학살 민간인 6500여명 희생
피난 오른 보트 피플도 바다서 죽거나 실종

더 피난할 곳도 없는 막바지의 공간. 총성과 포탄에 포위된 작은 땅덩이에서 본 바다 저 너머는 자유의 땅이었다.

시바다사 자와디스와란 씨의 가족이 스리랑카 정부군과 타밀반군의 교전을 피해 피난길에 오른 것은 10개월 전. 침대 시트나 야자수 잎으로 만든 난민촌 천막 속 삶에 지친 그에게 선장은 "9시간이면 안전한 인도 해안가로 데려다 줄 수 있다"고 호언했다.

하지만 길이가 6m도 안 되는 작고 낡은 배는 4월 중순 스리랑카 동북부의 마탈란 마을을 출발한 지 몇 시간 만에 엔진이 멈춰버렸다.

마실 물도 음식도 전혀 없는 배 위로 타는 듯한 태양이 작열했다. 사람들이 설사를 하기 시작했다. 타는 갈증을 이기지 못해 바닷물을 마신 사람들이 하나씩 죽어갔다.

자와디스와란 씨의 네 살배기 첫째 아들이 죽었다. 시체는 바다에 버렸다. 이어 장인이 눈을 감았고, 처남 2명은 땡볕 속 환각 상태에서 바다에 뛰어든 뒤 실종됐다.

9일째 되던 날 그의 아내는 생후 8개월의 둘째 아들에게 빈 젖을 물리다가 숨을 거뒀다. 표류하던 배가 인도의 한 어선에 발견되기 직전이었다. 당초 21명이 배에 탔으나 10명만이 겨우 목숨을 건졌다.

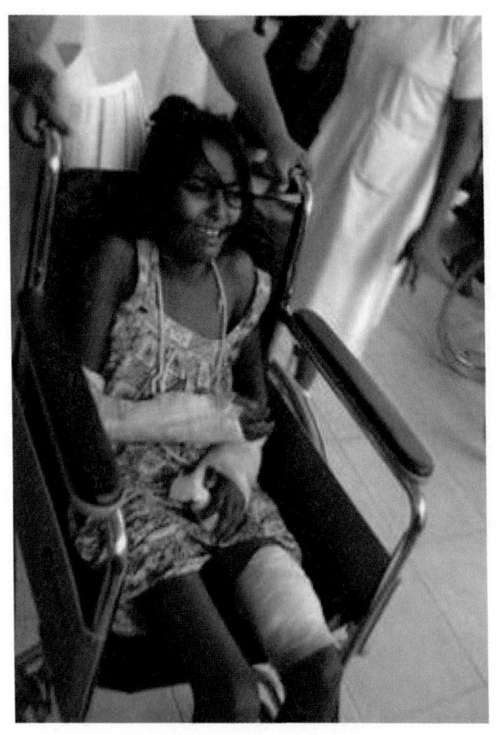

"민간인 학살은 범죄"

최근 뉴욕타임스가 전한 이 '21세기 보트 피플(boat people)'의 비극은 스리랑카를 미처 떠나지 못한 민간인들에 비하면 그나마 나은 편인지도 모른다. 오랜 내전에 시달려온 스리랑카에서 정부군이 타밀반군 진압에 나서면서 교전이 격해지고 있다.

AFP통신에 따르면 9, 10일 정부군의 소탕 작전으로 물라이티부 지역에서 106명의 어린이를 포함해 최소 430명의 민간인이 목숨을 잃은 것으로 확인됐다. 현지 의료진에 따르면 사망자는 이틀간 1000명을 넘어선 것으로 추산된다.

자원봉사자들이 시체를 묻어주기 위해 판 구덩이에는 50~60구의 시체가 한꺼번에 매장됐다.

부상자를 치료 중인 샨무가라야 박사는 11일 AP통신에 "1300명이 넘는 환자가 병원으로 몰려왔다"며, "중환자들도 치료를 거의 받지 못하고 있어 사망자는 계속 늘어날 것"이라고 말했다.

유엔은 이날 "스리랑카에서 민간인을 상대로 피의 대학살(bloodbath)이 자행되고 있다"고 비난했다.

반기문 유엔 사무총장은 "수백 명의 민간인 학살 규모에 경악했다"며 강한 우려를 표명했고, 미 국무부도 "민간인 희생이 용납할 수 없는 수준까지 이르렀다"고 비판했다.

데이비드 밀리밴드 영국 외교장관과 베르나르 쿠슈네르 프랑스 외교장관을 비롯한 주요국 장관들은 긴급 유엔 안전보장이사회 소집을 요청한 상태다.

왜 죄 없는 아기까지…

스리랑카는 30년 가까운 내전으로 이미 7만 명이 희생당한 아픈 역사를 갖고 있다. 새 정부가 분리 독립을 주장해온 '타밀엘람해방호랑이(LTTE)'를 상대로 최근 본격적인 소탕 작전을 펼치면서 반군은 동북부 물라이티부 항구까지 밀린 상태.

이번 기회에 국제 테러단체로 낙인찍힌 LTTE를 궤멸해 버리겠다는 것이 스리랑카 정부의 목표다. 문제는 무기를 잡지 않은 민간인들까지 양측의 싸움에 희생되고 있는 것. "공격하지 않겠다"는 상호 협정을 맺었던 난민촌 지역까지 무차별 공격을 당하고 있다.

LTTE도 민간인을 방패로 이용하는가 하면 탈로를 봉쇄한 채 전투를 강요한 정황이 포착됐다. 뉴욕의 센트럴파크보다도 작은 $3km^2$의 땅에 갇힌 5만 명은 양측의 공격에 속수무책이다. 유엔에 따르면 지난 석 달간 6500명의 민간인이 목숨을 잃었다.

[이정은 기자 lightee@donga.com]

【 내용 확인 및 생각 나누기 】

1. 스리랑카 난민 발생의 원인은 무엇인가요?

2. 기사를 읽고 알게 된 사실을 말해 보세요.

3. '21세기 보트 피플(boat people)'의 비극이라고 일컫는 스리랑카 난민들의 고통을 말해 보세요.

4. 난민들을 위한 구호활동을 하는 단체는 어떤 곳이 있을까요?

5. '속수무책'이라는 말의 뜻은 무엇인가요?

6. 스리랑카 난민들의 실상을 알리는 글을 써 보세요.

■ 기사 ④ : 의녀 김만덕 나눔 정신 전국으로 [제민일보 2009. 9. 30]

▲ 김만덕기념사업회 관계자들이 30일 제주특별자치도교육청 기자실을 찾아 동영상 교육자료에 대해 설명하고 있다.

제주 출신 의녀 김만덕의 나눔과 봉사 정신이 전국의 초·중·고등학생들에게 전파된다.

사단법인 김만덕기념사업회는 의녀 김만덕의 일대기를 그린 동영상을 제작해 전국 초·중·고교에 교육 자료로 배포된다고 30일 밝혔다.

이번에 제작·배포되는 동영상은 조선 영조 때 관기에서 여류 사업가로 제주 제일의 부호로 성장한 후 제주에 흉년이 들어 많은 백성이 굶주릴 때 자신의 전 재산을 내놓아 백성을 먹여 살린 의녀 김만덕의 일대기를 조명했다.

동영상의 내레이션은 제주 출신 탤런트 고두심 씨(김만덕 나눔쌀 만섬 쌓기 조직위원장)가 맡았다.

또 동영상에는 이명박 대통령이 의녀 김만덕을 언급한 제64회 8·15경축사, 세계 빈곤퇴치에 앞장서고 있는 반기문 유엔사무총장의 영상 메시지 등 4가지 스토리를 담아 10분 분량으로 제작됐다.

반기문 유엔사무총장은 영상 메시지에서 "김만덕 나눔쌀 만섬 쌓기는 유엔에서 추진하는 세계 10억 명에 달하는 절대 빈곤층을 구제하기 위한 활동과 맥을 같이 하는 대단히 숭고한 사업"이라며, "배고픈 국민들을 위해 자신의 전 재산을 털어 베푼 숭고한 정신이 후손에게 알려져서 서로를 사랑하는, 이웃을 사랑하는 전통이 계승되기를 바란다"고 말했다.

이와 함께 김만덕기념사업회는 유엔이 정한 세계빈곤퇴치의 날에 맞춰 오는 17일 서울 광화문 광장에서 '김만덕 나눔쌀 만섬 쌓기' 행사를 연다. 김만덕기념사업회는 김만덕 나눔쌀 만섬 쌓기의 쌀 모집 목표를 당초 1만 섬에서 각계각층의 관심을 이끌어내며 최근 2만 섬으로 상향했다.

김만덕기념사업회 관계자는 "의녀 김만덕 할머니의 나눔과 봉사의 정신이 세대를 넘어 자라나는 청소년들에게 새로운 삶의 지표가 될 수 있도록 하기 위해 손쉽게 접할 수 있는 동영상을 제작하게 됐다"며, "이 동영상은 청소년들의 교육적 가치는 물론, 김만덕 이야기를 교과서에 채택하려는 움직임에도 많은 도움을 줄 것으로 기대한다"고 말했다.

【 내용 확인 및 생각 나누기 】

1. 무엇에 관한 기사인가요?

2. '김만덕' 이 누구인가요? 아는 대로 말해 보세요.

3. 김만덕기념사업회가 추진하고 있는 사업의 내용은 무엇이라고 소개하고 있나요?

4. '김만덕 나눔쌀 만섬 쌓기' 의미에 대해 반기문 유엔사무총장은 무엇이라고 하였나요?

5. '세계빈곤퇴치의날' 에 대해 조사해서 소개해 보세요.

6. '김만덕의 일대기를 그린 동영상' 은 어떤 내용으로 구성해야 할지 모둠별로 토의하여 스토리 보드를 짜 보세요.

■ 기사 ⑤ : 강수진 씨의 발레 이야기 [조선일보 2009. 4. 28]

"노력 또 노력… 작은 것에서 행복 찾아"

강수진 씨, 초·중·고교생 대상 '발레이야기'

▲ 26일 '발레이야기' 강연에 나선 강수진은 "오늘 하루 열심히 사는 것이 내 인생의 목표"라며 "그렇게 살다 보니 상도 받고 예상치 못한 결과도 있었다"고 말했다. 한국문화예술교육진흥원 제공

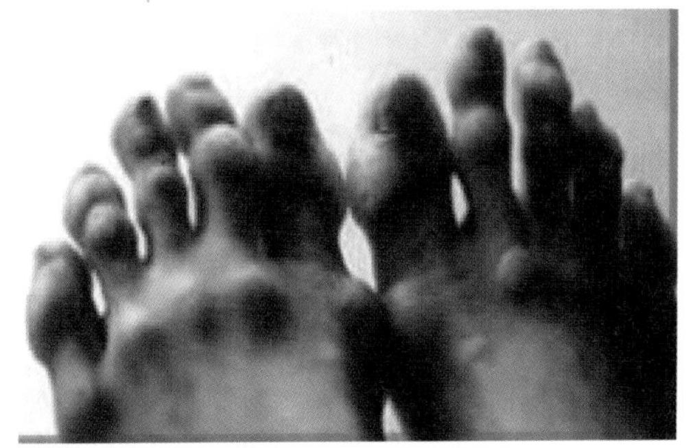

▲ 강수진의 발

"저는 중학교 때 새벽 4시에 일어나 남산 도서관에서 공부하고, 점심시간에는 5분 안에 밥 먹고 남들 쉴 때 연습했어요. 그리고 오후 5시까지 공부하고, 다시 밤 10시까지 발레 연습을 했어요."

26일 오후 '강수진의 발레 이야기' 강연이 열린 성남아트센터 앙상블 시어터. 제3회 성남국제무용제 '월드스타갈라' 공연을 마치고 350여 명의 초·중·고교 학생들의 명예교사로 나선 발레리나 강수진(42세)은 '꾸준한 노력'을 강조했다. 그는 "매일 꾸준한 노력으로 살고, 자신과 경쟁해서 조금 더 발전하는 것이 제일 중요하고 기쁘다"고 말했다.

강수진은 '언제 행복하냐'는 학생들의 질문에도 "매일 매일"이라고 답했다.

"제가 마흔이 넘은 나이까지 발레를 할 수 있는 것은 매일 매일 작은 데서 행복을 얻기 때문이에요. 강아지를 보면서, 신랑이 해준 맛있는 음식을 먹으면서, 부모님의 건강하신 모습을 보면서, 이런 작은 것들에서 행복을 느끼거든요. 여러분도 친구들과 떡볶이 먹으면서 행복해하고, 부모님이 해주시는 것에 감사하세요."

학생들은 강수진이 힘들 때 어떻게 극복하는지에 대해서도 궁금해했다.

그는 "사는 건 원래 힘든 것"이라며 "발레를 하는 나에겐 몸이 아픈 게 일상이고 힘들지 않다는 것이 더 희한한 일"이라고 말했다. "힘들게 안 살면 나중에 행복할 때 그게 얼마나 소중한 건지 잘 몰라요. 힘들 땐 이 악물고 하던 일을 계속 하는 거예요. 전 '쨍하고 해 뜰 날 돌아온단다'고 노래를 부르며 춤을 춰요."

강연을 마친 강수진은 "학생들과의 대화는 항상 재미있고 저에게도 많은 기쁨을 준다"고 말했다. 이날 강연은 문화체육관광부와 교육과학기술부가 17명의 저명한 예술가들을 명예교사로 위촉해 마련한 프로그램의 일환으로 열렸다.

[김아림 기자 cf1024@chosun.com]

【 내용 확인 및 생각 나누기 】

1. 누구에 관한 기사인가요?

2. 강수진 씨가 세계적인 발레리나가 되기까지 어떤 노력을 했는지 예를 들어 보세요.

3. 강수진 씨가 가장 행복할 때는 언제라고 말했나요?

4. 강수진 씨의 이야기를 읽으면서 마음에 와닿는 구절은 어디인가요?

5. 강수진 씨가 학생들에게 강조한 말은 무엇인가요?

6. 여러분은 어떤 때 가장 행복한가요? 그 이유는요?

7. 기사의 내용을 의견 기사로 바꿔 써 보세요.

(3) 기사를 읽고 난 후 표현활동 사례 보기

① 기사 읽기

■ [제주잠녀] 잠녀를 만나다-구좌읍 고이화 할머니 [제민일보 2010. 6. 30]

제주 해녀 항쟁 산증인… 2000년 항일운동기념사업위 제1회 제주해녀상 수상

'펑데기'에서 대상군으로, 저절로 배워진 물질에 한평생 바다 의지해 살아 80년 품은 일제 수탈 상처, 4·3으로 시댁 식구에 남편까지 잃어

▲ 1930년대 물질 나가는 잠녀들. '사진으로 보는 제주 역사 발췌'

바다가 좋았던 '펑데기'

일제 하 최대 여성운동으로 평가받는 제주해녀항쟁(1932년)의 산증인인 고이화 할머니(93)를 만났다.

역사의 한복판에서 목소리를 높였던 고 할머니지만 한 세대를 꼬박 채우는 시간 동안 약해진 기색이 역력하다. 그만 맘이 급해진다.

뜻밖의 사람 기척에 반가워하시는 할머니의 마음을 뒤로 하고 자꾸만 옛날을 묻는 일이 무슨 큰 죄나 짓는 것처럼 가슴이 답답하다.

지난 2000년 항일운동기념사업위원회에서 제1회 제주해녀상을 수상한 고 할머니의 이력은 책으로 몇 권을 써도 모자랄 만큼 파란만장

▲ 고이화 할머니

하다. 제주 잠녀의 살아있는 기록으로 할머니의 이야기가 조심스레 펜 끝으로 옮겨진다. “아이고, 어머니…” 덥썩 하고 잡은 손 외에는 어떤 말도 나오지 않는다.

우도 대상군인 어머니의 4남매 중 막내딸이던 고 할머니는 그 때는 누구나 그랬듯 바다에서 컸다. 8살에 개창에서 헤엄을 배우고 6월에는 넙미역을 조물러 바다로 갔다.

고 할머니는 “족쉐눈을 하고 물에 들어가면 그게 신천지였다”고 당시를 회상했다. 바다가 불렀던 때문이리라. 누가 가르쳐주지 않아도 물건을 구분하고 빗창 등을 능숙하게 사용하게 됐다. 물건이 좋은 바다며 지형을 익히고 더 오래 숨을 참는 것도 스스로 깨우쳤다.

또래보다 체격이 좋아 ‘펑데기’라 불렸지만 물질을 하는 데는 오히려 유리했다. 같이 물질을 하던 언니들보다 물건을 더 잘 골라냈다. 막내였지만 가계를 책임져야 했던 고 할머니는 “물질을 해서 번 돈으로 제숙 준비를 해서 기제사도 걱정 없이 치렀다”고 말했다. 잘해야 열네다섯 살 때 일이다.

열다섯부터 일본 츠시마 뿐만 아니라 경남 일대와 백령도 등 전국 각지로 바깥물질을 다녔다. 그렇게 모은 돈으로 집을 마련했다.

고향과 집을 떠나 고된 작업을 하는 바깥물질은 나이 많은 잠녀들에게도 쉽지 않은 일이었다. ‘애기상군’ 소리를 들었다 하더라도 아직 어린 나이에 타지살이가 녹록치는 않았다. 당시 향수와 힘겨움을 이겨내게 했던 것이 해녀 노래였다.

그래서일까. 고 할머니의 해녀 노래는 바깥물질을 했던 바다마다 조금씩 다르다.

군산 갈매기 섬으로 가는 길 불렀던 노래에는 “…군산바당은 전깃불만/반짝반짝 혼져가건/해녀들고 매기알을/주워다근 앙먹엉…”한다. 장목 박섬으로 가는 길목에선 “충남은 생복하고/해삼은 엇는듸/여기는 고동셔도/충남은 깅이호곡 다싱거/해녀들은 그거 잡으레간다…”했다. 뭍에서도 턱턱 숨이 막히는 가락에 저절로 숨비소리가 새어나온다.

온 몸으로 역사를 기억하다

열여섯이던 1932년을 고 할머니는 절대 잊을 수 없다. 고 할머니는 일제의 해산물 갈취 등에 맞서 북제주군 구좌읍 일대에서 벌어졌던 제주해녀항쟁의 살아있는 증인이다.

1931·32년 관제 어업조합의 수탈에 맞서 연인원 1만 7000여 명에 이르는 제주 동부지역 잠녀들이 238차례에 걸쳐 시위를 벌였던 역사적 현장에 있었다.

고 할머니는 1932년 3월 우도 잠녀 270여 명과 함께 10여 척의 풍선에 나눠 타고 구좌읍 종달리 두문포 모래사장에 내려 시위를 벌이다 일본 경찰로부터 고초를 치렀다.

고 할머니는 "일본 순사들이 헛총을 쏘며 으름장을 놓기도 하고 자기들 말을 듣지 않으면 허리띠를 풀어 마구잡이로 때렸다"고 그 때의 아픈 기억을 풀어냈다.

할머니의 가슴에는 아직도 당시 구타로 인한 흉터가 남아있다.

제주 근·현대사 소용돌이 속에 제주 여인이 가져야 했던 상처도 고스란하다. 일제 착취에 이어 해방 후 4·3 때 시집 식구 6명이 희생됐고 그 여파로 남편까지 잃었다. 그 뒤 혼자 4남 1녀를 키우며 끈질기게 바다를 붙잡았다.

'대상군'이 된 것은 저절로도, 원해서도 아니었다. 삶이 할머니를 그렇게 만들었다. 뭍보다는 더 익숙한 바다를 지척에 두고 하루에도 몇 번씩 바다 바라기를 한다.

더디기는 하지만 그런 할머니 옆으로 시간은 간다. '조심해 가라'며 내젓는 손이 "또 언제 오냐"는 질문으로 들린다. 할머니의 바다는 여전히 푸른색이다. 시나브로 열어지는 기억도 푸른색이다. 기억하는 우리에게도 푸른색으로 남을 수 있기를 바라는 마음이 간절해진다.

특별취재반=김대생 교육체육부장·
고미 문화부장·해녀박물관

【 내용 확인 및 생각 나누기 】

1. 기사를 읽고, 고이화 할머니에 대해 알게 된 사실을 말해 보세요.

2. 고이화 할머니가 부르는 해녀 노래의 뜻을 한 번 알아 볼까요?

"…군산바당은 전깃불만/반짝반짝 혼저가건/해녀들고 매기알을/주워다근 앙먹엉…"

☞

"충남은 생복하고/해삼은 엇는듸/여기는 고동셔도/

☞

"충남은 깅이호곡 다싱거/해녀들은 그거 잡으레간다…"

☞

3. 제주해녀항쟁은 어떤 역사적 사건인가요?

4. '애기상군' '대상군'이 무슨 뜻인가요?

5. 고이화 할머니 이야기 중에서 가장 기억에 남는 부분은 어느 부분인가요?

6. 제주 잠녀들이 제주 역사에 미친 영향은 어떤 게 있을까요?

7. 제주 잠녀들이 사라져가고 있다고 합니다. 이들의 정신을 보존하고 기리는 방법은 어떤 게 있을까요?

■ 표현활동 사례

【'라면의 역사'를 설명글로 쓰기】 【기사를 읽고 알게 된 사실을 만화로 표현하기】

② '제주 해녀 문제'에 대한 기사를 읽고

■ 기사 읽기

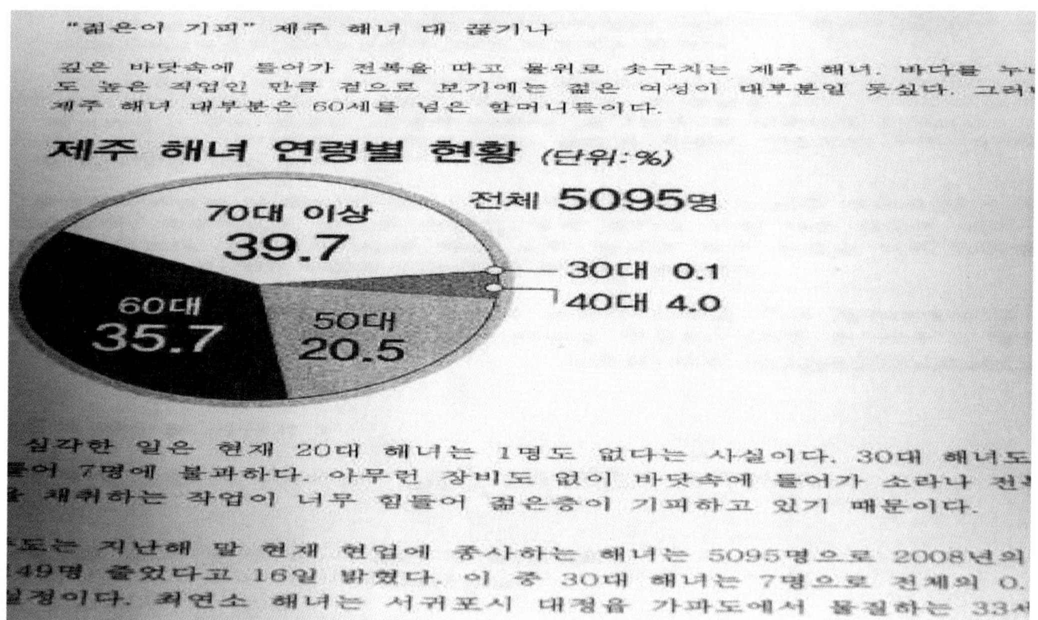

"젊은이 기피" 제주 해녀 대 끊기나

깊은 바닷속에 들어가 전복을 따고 물위로 솟구치는 제주 해녀. 바다를 누
도 높은 작업인 만큼 겉으로 보기에는 젊은 여성이 대부분일 듯싶다. 그러
제주 해녀 대부분은 60세를 넘은 할머니들이다.

제주 해녀 연령별 현황 (단위:%)

전체 5095명

연령	비율
70대 이상	39.7
60대	35.7
50대	20.5
40대	4.0
30대	0.1

심각한 일은 현재 20대 해녀는 1명도 없다는 사실이다. 30대 해녀도
들어 7명에 불과하다. 아무런 장비도 없이 바닷속에 들어가 소라나 전
를 채취하는 작업이 너무 힘들어 젊은층이 기피하고 있기 때문이다.

도는 지난해 말 현재 현업에 종사하는 해녀는 5095명으로 2008년의
149명 줄었다고 16일 밝혔다. 이 중 30대 해녀는 7명으로 전체의 0.
일정이다. 최연소 해녀는 서귀포시 대정읍 가파도에서 물질하는 33세

경향신문 2010. 2. 16. 참고

■ 표현활동 사례지를 통하여 내용 확인하고 내 의견 쓰기

【 기사를 읽고 공익광고 만들기 】

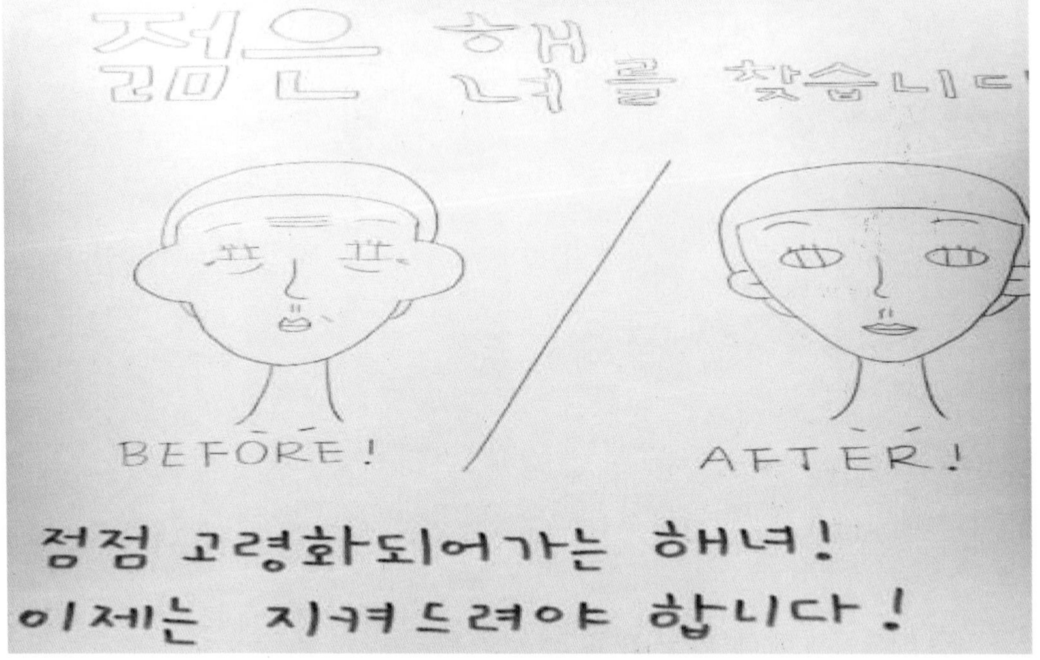

③ 기사를 읽고 내용 요약, 의견 쓰기

'남태평양 일본군 식인사건' 규명

강제동원희생 보고서 "조선인들 항의하다 학살당해"

일제강점기 중서태평양 남양군도 밀리환초에 강제동원된 조선인에 대한 일본군의 식인사건이 있었음이 공식적으로 규명됐다.

'대일항쟁기 강제동원 피해조사 및 국외 강제동원 희생자 등 지원위원회'(위원장 오병주)는 5일 '밀리환초 조선인 저항사건과 일본군의 탄압 진상조사' 보고서를 내어 "고립과 기아, 공포 등 극심한 전쟁 스트레스와 일본군대 내 억압적인 정신주의가 중첩돼 식인사건과 조선인 학살이 일어났다"고 밝혔다. 밀리환초에서의 조선인 저항과 일본군의 학살은 생존자 진술로 알려져 있으나, 공식적인 조사를 통해 진상이 밝혀진 것은 이번이 처음이다.

중일전쟁에 이어 미국과 전면전이 시작된 1940년 이후 800~1000명의 조선인이 비행장 건설 등 군사시설 확충을 위해 밀리환초에 동원됐으나, 44년 6월부터 일본에서의 보급이 중단돼 '현지자활'이 시작됐다. 514명이던 밀리환초 인구는 44년 당시 5300여명에 이르렀고, 식수문제와 농작물 생육이 어려워 극심한 기아에 시달렸다. 이런 상황에서 일본군이 밀리환초의 작은 섬 체르본에서 조선인들에게 '고래고기'라고 준 것이 사람임을 알게 된 조선인들은 45년 2월 28일 섬에 있던 일본인 11명 중 7명을 유인해 살해했다. 다음날 체르본에 온 일본군 토벌대 15명은 100여명의 조선인을 학살한 것으로 위원회 조사결과 밝혀졌다. 위원회는 일본 쪽 관련 기록과 생존자 증언 등을 통해 이런 사실을 확인했다.

위원회는 보고서에서 "정황자료와 증언 등이 있지만 식인사건 자체는 객관적으로 실증하는 데 어려움이 있다"며 "일제의 침략전쟁과 그로 인한 모순이 반인륜적이고 변태적인 행동으로 드러난 상징적 사건 가운데 하나"라고 평가했다.

김민경 기자 salmat@hani.co.kr

④ 기사의 주인공이 되어 글쓰기

■ 읽기 자료 : 〈현장 노래꾼 송천규 씨〉 [한국일보 2010. 11. 8]

2010/11/8 (월)

사랑이든 메시지든 노래가 사람들과 호응할 때 가장 행복해요"

한국일보 31

사람과 희망 〈18〉 현장 노래꾼 송천규씨

젊음의 열기 담은 록이 좋아 고교때부터 밴드 활동

아름다운가게 헌책방서 일하며 사회문제에 눈 떠

용산참사 등 사회적 이슈 있는 곳 찾아다니며 공연

"노래가 힘 보탤수 있다면 어디든지 달려갈 것"

"저는 이 사회를 음악으로 소통하며 살아가는 시민입니다"

(출처 한국일보, 박광희 편집위원)

11.8

아라중학교 2학년 김예지 학생의 활동자료

(4) 수업 후 교사 평가 및 학생 소감

아침NIE교실은 학생들로 하여금 다양한 정보를 수집하고, 수집한 정보를 요약, 내 생활에 적용해보는 활동을 통해 정보 습득의 습관과 정보 요약, 사고력 훈련의 기초를 다지는 데 그 목적이 있었다.

아침 시간 약 50여 분을 할애해 진행된 아침 NIE교실은 학생들에게 아침 시간에 뭔가 의미 있는 내용 하나쯤 알고 시작한다는 뿌듯함과 활동지가 차곡차곡 쌓여가는 것을 보면서 생각도 그만큼 자라는 듯한 성취감을 제공했다.

또한 정보를 알면 알수록 더욱 알고 싶어지는, 후속 정보에 대한 기대감 또는 앎의 욕구가 생겨나며 세상의 변화와 흐름, 시대의 키워드까지 읽어낼 수 있는 사고력이 생겨나기 시작했다.

짧은 시간이지만 아침NIE교실을 지속적으로 한다면 정보에 대한 민감성, 정보 요약 능력 향상, 논리적 비판력과 창의력이 생기고, 함께 사는 것이 어떤 것인지를 자연스럽게 익힐 수 있어 인성교육도 동시에 가능하다고 여겨진다.

다음은 수업 소감으로 학생들이 제출한 평가이다.

① 기사를 요약할 수 있는 힘이 생겼어요.
② 세상사에 관심이 많아졌어요.
③ 아름다운 사람들의 이야기를 많이 알게 되었어요.
④ 논리적으로 생각하는 훈련이 된 것 같아요.
⑤ 신문을 읽게 되었어요.
⑥ 글쓰기가 편안해졌어요.

2. 제주 신엄중학교 토요재량활동 NIE통합논술교실

제주 신엄중학교 1~2학년 토요재량활동 NIE통합논술교실 수업 장면

신문활용교육을 요약하면 '신문에 대해 알아보는, 신문을 활용한, 신문을 만드는 교육'이라고 할 수 있다. 지금까지의 신문활용교육이 신문에 나온 정보를 어떻게 활용할 수 있는가에 초점이 맞추어진 교육이라면, 이제부터는 신문에 대해 알아보는 공부와 신문을 만드는 교육에 좀 더 집중할 필요가 있다.

다음은 신문에 나온 정보를 읽고, 토의·토론을 거친 후 신문 제작으로 마무리를 하고 있는 제주 신엄중학교 NIE논술반의 사례를 소개하고자 한다. 신엄중학교는 2010년부터 '토요재량활동시간'을 활용해 NIE논술반을 운영해오고 있다.

2010년에는 15차시에 걸쳐 45시간 NIE교실이 진행되었다. 토요일 4교시에 걸쳐 진행된 NIE 수업으로 신문기사만이 아니라 동영상 자료와 인터넷 자료 등을 통합해 진행된 NIE통합논술교실이었다.

2010년에 이어 2011년에는 신문과 동영상 자료를 통합한 미디어

활용 논술로 매체 활용의 범위를 확대하고, 매체 간 통합을 통해 논술교육에 있어 좀 더 총체적인 접근을 시도하였다. 물론 주 매체로 신문이 활용되었고, 결과물도 신문 만들기로 종합하였다. 총 10회에 걸쳐 진행되었으며 발행 부수 8호까지의 신문 제작을 완료, 학교 전시회까지 가졌다. 신문을 비롯한 다매체를 활용한 신문 제작 학습의 과정은 다음과 같다.

① 정보 습득하기(기사 읽기, 관련 동영상 시청하기)
② 정보 분석하기(기사를 통해 알게 된 사실 정리하기, 문제의 현상 정리하기, 관점에 따른 의견 정리하기, 오류 찾기)
③ 정보 활용하기(알게 된 정보, 다양한 의견을 종합하여 신문 제작하기)

위와 같은 학습의 과정을 통해 학생들이 제작해내는 신문의 형식은 2절지 크기의 지면에다 사실 기사, 의견 기사, 광고, 만화, 공고 등과 같은 일반 신문의 주된 형식을 따르고 있고, 그 내용 또한 기존 신문사에서 보도된 내용을 재구성하거나 재편집하는 방식을 취했다.

하지만 의견 기사, 광고, 만화 등은 스스로 창작해야 한다는 조건을 주어 자신의 생각을 논리적으로 전개함과 아울러 다양한 방법으로 표현하는 능력을 신장하는데 주안점을 두어 진행하였다.

■ 신엄중 NIE통합논술반 신문 제목과 주제

호	제호	신문의 주제
신엄 제1호	눈 밖의 세상	우리 사회의 이기주의 현상, 〈님비와 핌피〉
신엄 제2호	등잔 밑 세상	우리 사회의 교육열, 〈호랑이 엄마, 고양이 엄마〉
신엄 제3호	영화로 보는 세상	영화 속 전쟁, 〈보리밭을 흔드는 바람〉
신엄 제4호	그늘·빛·세상	세계의 고통, 〈재난, 빈곤, 질병과 전쟁〉
신엄 제5호	바람 타고 가는 세상	한류 열풍, 〈K-POP의 점령〉
신엄 제6호	그들이 창조해낸 세상	노벨상 특집호
신엄 제7호	자연으로 만나는 세상	세계 7대 자연경관 특집
신엄 제8호	책으로 여는 세상	따뜻한 세상을 만드는 책 이야기

또한 각 구성원은 한 사람도 빠짐없이 역할을 맡아 제작에 힘써야 하며, 회기마다 역할을 다르게 함으로써 다양한 표현 체험에 적극적으로 임하도록 유도하였다. 그동안 신엄중 NIE통합논술반 학생들이 만들어낸 신문의 제목과 주제는 앞의 표와 같다.

■ 수업 엿보기

'토요재량활동시간' 에 논술반 학생들은 '세계인이 겪는 고통' 이란 주제를 다루고 있는 기사를 함께 읽었다. 함께 읽은 기사는 한국일보의 「아프리카의 뿔 살인 가뭄에 절규」(7월 13일자), 조선일보의 「900만 명이 죽어가고 있어요」(7월 5일자), 연합뉴스의 「스리랑카 콜롬보에 18년새 최고 폭우, 구호품 전달」(2월 24일자) 등이다.

기사를 읽고 나서 알게 된 사실과 주제에 대한 의견을 나누는 시간을 가졌다. 학생들의 의견은 "세계에는 정말 고통받는 사람들이 많다는 것을 알게 되었다." "남의 일 같지 않다. 우리나라도 전쟁과 기아로 허덕이던 때가 있었다." "죽어가는 아이들을 보니 끔찍하고 속상하다." "UN 차원에서 지원, 구호활동을 펼쳐야 한다고 생각한다." 등의 의견이 나왔다.

세계인들이 겪는 고통의 근원에 대한 의견에는, "권력을 가진 나라가 힘이 약한 나라를 지배하려고 하고 있어요." "그를 통해 부를 축적하려고 하고 있어요." "미국의 패권주의가 전 세계를 재앙으로 몰아 가고 있어요." "지금 케냐를 비롯해 소말리아 국민들이 죽어가고 있어요. 세계인이 힘을 모아야 해요." "가뭄, 대지진, 홍수, 쓰나미 등 자연 재해가 무서워요."와 같은 의견이 나왔다.

기사에 관한 이야기 나누기를 한 다음 동영상을 시청했다. YTN 뉴스, 국경없는의사회 봉사 장면, 구호 요청을 담은 인터뷰 동영상이었다. 동영상을 시청한 후 소감 나누기를 하였다. 동영상은 정보를 생생하게 전달해준다는 장점이 있다. 세계의 고통을 실감하면서 좋은 의견들이 많이 쏟아져 나왔다. 고통의 근원이 무엇인지에 대해 아무리 생각해도 이해가 되지 않는다면서 안타까움을 토로하는 학생도 있었다.

동영상 시청과 소감 나누기를 한 후 모둠별 추가 정보 찾기로 세계 여러 나라에서 겪고 있는 고통의 사례들을 찾아보았다. 학생들이 찾은 사례는 '일본의 대지진' '투발루의 쓰나미' '이라크 전쟁 후의 고통' '우리나라의 베트남 전쟁 용사의 아픔' 등이었다.

이 문제의 해결을 묻는 질문에는 "국제구호활동을 활발히 펼쳐야 해요." "국경없는의사회와 같은 활동단체가 많아져야 해요." "우리나라도 도움을 받았던 적이 있는 만큼 도와줘야 해요." "고엽제로 시달리고 있는 우리나라 사람들에게 충분히 치료해주고 보상해줘야 해요." 등의 의견이 나왔다.

회를 거듭할수록 의견들이 풍부해지고 깊어지고 있음을 확인한다. 이는 다양한 정보를 통합적으로 구성해봄으로써 얻게 되는 배경 지식을 바탕으로 토의·토론을 여러 차례 경험해본 결과라고 여겨진다. 이와 같은 정보를 선별하여 독해하고, 습득한 정보를 모아 신문을 제작하는 시간을 가졌다. 다음은 신문 제작 결과물의 예이다.

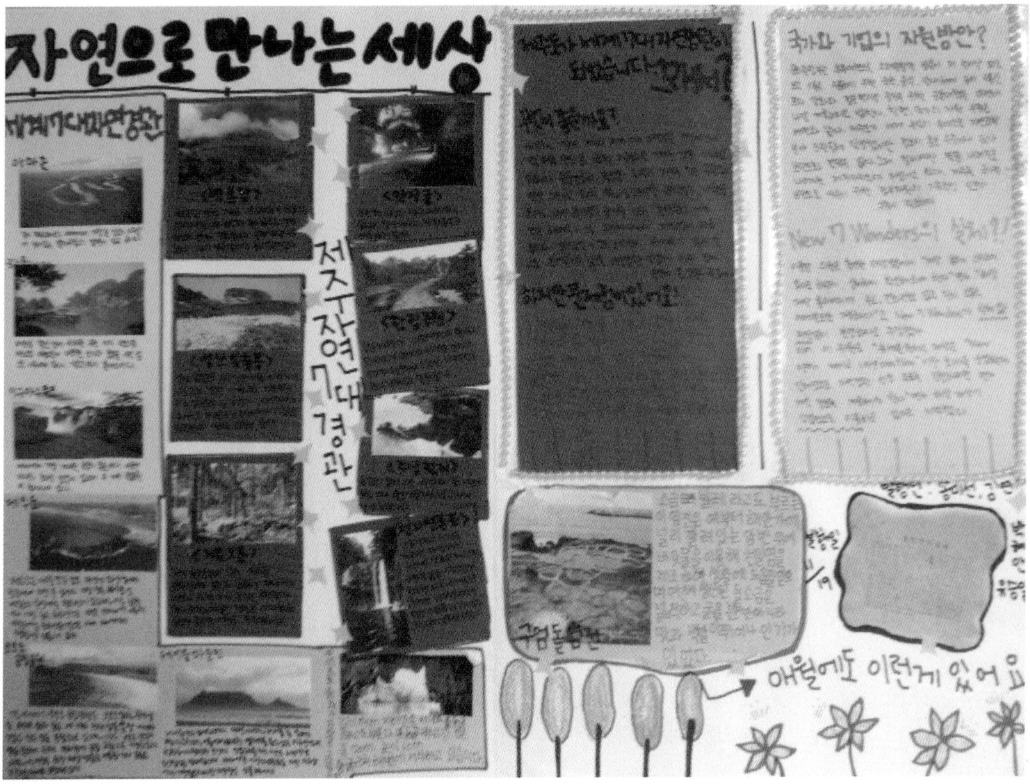

자연으로 만나는 세상

제주 자연 7대 경관

국가와 기업의 지원방안?

New 7 Wonders의 실체?!

애월에도 이런게 있어요

신문기사 읽기 → 읽은 자료 내용 정리하기 → 기사 내용과 관련된 동영상 시청하기 → 동영상 시청 후 시청 소감 또는 의견 나누기 → 모둠별 주제에 맞는 추가 정보 찾기 → 주제 토의·토론하기 → 지금까지의 자료와 의견 종합하여 신문 만들기(기사, 만화, 사설, 광고, 만평 등) → 신문 제작 발표하기 → 수업 소감 및 평가하기(자기 평가, 교사에게 바라는 말)

3. 대정 천사의집 수요NIE교실

대정 천사의집에서는 매주 수요일마다 NIE교실을 운영하였다. 기관의 특성상 학년별 운영이 불가능하고 저학년과 고학년 두 그룹으로 나누어 진행되었다.

가벼운 신문 읽기에서 시작해 신문 속 정보 찾기, 찾은 정보 요약하기, 신문기사를 주제로 이야기 나누기, 자신의 생각을 글과 그림, 광고로 표현하기, 책 만들기, 기사 글쓰기 등 점차적으로 수준을 높여 다양한 활동으로 30차시에 걸쳐 운영되었다.

(1) 프로그램 개요

◆ 프로그램명 : 수요NIE교실

◆ 학습목표 : • 신문 읽기의 습관을 기를 수 있다.
• 신문 속 다양한 자료들을 관찰하고 읽으면서 알게 된 사실과 의견을 정리할 수 있다.
• 주어진 문제에 대해 자신이 생각하는 것을 글을 비롯한 다양한 방법으로 표현할 수 있다.
• 다양한 삶의 이야기를 나누고 표현하는 활동을 통해 자연스럽게 자기 마음 치유의 체험을 할 수 있다.

◆ 학습 계획

차 시	학습 주제	학습 내용
1차시	신문을 이용해 나를 소개해 보아요	신문에 있는 그림이나 사진, 글자, 숫자를 활용해 자신을 소개해 본다.
2차시	신문 속에 무엇이 있나 자세히 살펴 보아요	신문 속에서 인상 깊은 글자, 사진, 사람, 광고, 숫자 등을 오리고 붙여 찾은 이유를 써 본다.
3차시	내가 아는 글자로 문장을 만들어 보아요	신문지에 있는 글자를 찾아 오려 붙이고 문장 만들기를 해 본다.
4차시	어려운 낱말의 뜻을 알아 보아요	사진 기사 속 어려운 낱말의 뜻을 알아보고, 나만의 사전을 만들어 본다. (어휘사전 만들기)
5차시	사진 속 사람들의 이야기를 엿들어 보아요	신문지에서 마음에 드는 사진을 골라 사진 속 주인공이 주고받는 대화를 상상해서 적어보고 이야기를 만들어 본다.
6차시	사진 속 주인공이 되어 보아요	사진이 들어있는 기사를 읽고 어떤 내용인지 파악한 후, 사진 기사 속의 주인공이 되어 일기쓰기를 해 본다.
7차시	낱말놀이를 해 보아요	신문지에서 흉내말, 비슷한 말, 재미있는 말을 찾아 그룹지어보기, 그 중에서 마음에 드는 낱말을 골라 짧은 이야기 쓰기를 해 본다.
8차시	그림을 완성해 보아요	사진을 골라 중앙에 붙이고, 나머지 부분을 상상해서 스케치북 한가득 꾸며 본다.
9차시	나만의 광고를 만들어 보아요	신문에서 광고를 찾아 광고의 내용을 확인한 후, 내용을 바꾸어 나만의 광고를 만들어 본다.
10차시	만화를 완성해 보아요	신문 속에 있는 만화를 읽고 다음 장면을 상상해서 후편을 만들어 본다.
11차시	사진을 이어 이야기 뜨개질을 해 보아요	마음에 드는 사진을 오려서 붙이고 연결시켜 뜨개질을 하듯 이야기를 만들어 본다.
12차시	물건의 쓰임새를 바꾸어 보아요	물건의 그림을 오려 원래의 쓰임새를 알아본 후 재활용하기, 다른 용도로 사용하는 방법을 알아 본다.
13차시	기사 읽고 광고 만들어 보아요	신문기사를 읽고 공익광고를 만들어 본다.
14차시	오감훈련을 해 보아요	사진을 자세히 관찰하고 보이는 것, 들리는 소리, 냄새, 맛, 느낌 등을 알아 본다.
15차시	같은 점, 다른 점을 찾아요	광고 속 사물을 오려 붙이고 사물의 속성찾기를 한 후 공통점, 차이점 찾기를 해 본다.
16차시	아주 작게, 아주 크게	신문에서 사물 사진을 찾아 아주 작게, 아주 크게 한다면 무엇이 될까 알아 본다.
17차시	계절 사진전을 열어요	계절 사진만을 수집하여 사진전을 연다. (미리 안내)
18차시	추상어를 구체어로 바꾸어 보아요	추상어를 찾아 구체어로 바꾸어 보고, 감성사전을 만들어 본다.
19차시	여행가방을 꾸며 보아요	신문에서 사진이나 예쁜 글씨 등을 오려 가방을 만들어 보고, 가고 싶은 곳에 대해 이야기 나누기를 한다.
20차시	사람을 찾아 보아요	신문 속 인물 사진을 탐색하여 관심 있는 사람, 나와 비슷한 사람, 내가 좋아하는 사람 등을 찾아 이름, 직업, 고른 이유 등을 말해 본다.

21차시	기사를 읽고 알게 된 사실을 정리해 보아요	기사를 읽고 알게 된 사실을 정리해 본다.
22차시	기사 속 주인공을 소개해 보아요	관심 있는 인물 기사를 골라 기사의 주인공을 소개하는 글쓰기를 해 본다.
23차시	기사 속 주인공을 만화로 그려 보아요	인물 기사를 읽고 주인공의 특징, 매력, 훌륭한 점을 만화로 표현해 본다.
24차시	다른 사람의 인생을 그려 보아요	인물 기사를 읽고 주인공의 인생 곡선을 그려 본다.
25차시	기사의 주인공에게 편지쓰기를 해 보아요	인물 기사를 읽고 기사의 주인공에게 편지쓰기를 해 본다.
26차시	나의 흥미와 적성을 생각해 보아요	내가 좋아하는 것, 잘하는 것, 하고 싶은 것 등을 신문의 자료를 활용해 표현해 본다.
27차시	내가 생각하는 미래상을 그려 보아요	내가 원하는 미래의 모습을 신문 자료를 활용해 표현해 본다.
28차시	책 속의 주인공이 신문에 나온다면…	책 속의 주인공을 신문기사의 주인공으로 기사 글을 써 본다.
29차시	나도 신문의 주인공!	내가 신문기사의 주인공이 된다면 어떤 내용으로 실릴지 상상해 보고 기사 글을 써 본다.
30차시	전시회를 열어요	지금까지 한 NIE 활동을 모아 전시회를 연다.
준비물	스케치북 1권, 색지, 색종이, 풀, 가위, 사인펜 등 (신문은 교사가 별도로 준비할 것)	

(2) 활동 사례 보기

■ 활동 사례 1 : 사진 기사를 활용한 오감 훈련

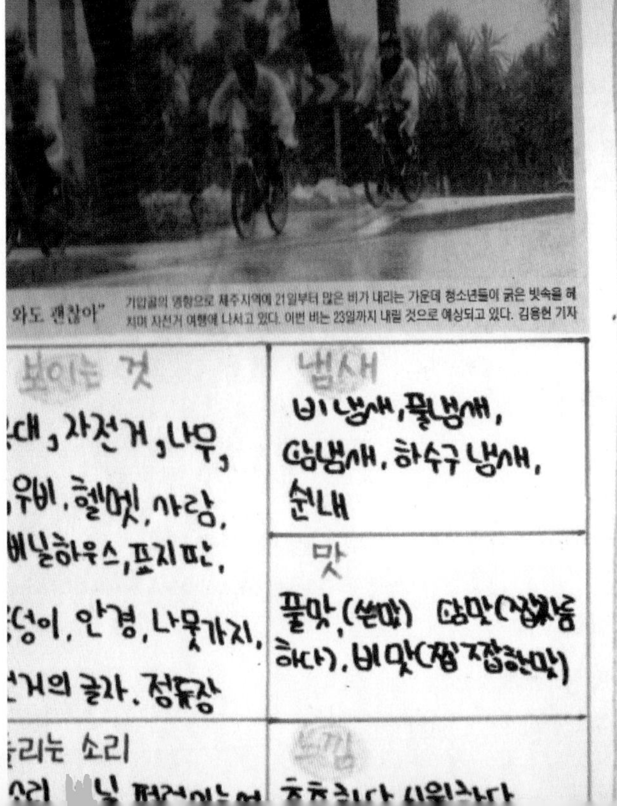

제목: "비가 와도 괜찮아"
지난달 계획했던 자전거 여행
그런데 오늘부터 비가 내리기 시
할수 없이 우리는 우비를 입고, 제주
한림을 지나는데 빗방울이 굵어
근처에 있는 정류장에서 잠시 휴
땀과 비로 옷은 흠뻑 젖었고, 몸에
나는것같았다. 조금 휴식후 우리는 다
비록 비는 맞지만 달리는 기분
지나가는 풍경들이 아름다웠다.
전해오는 바다냄새도 짭조름하
계속 달리다 보니 출출해져서

① 마음에 드는 사진 기사 찾기
② 사진 기사 내용 읽기
③ 내용 확인하기
④ 사진 관찰하여 오감각으로 표현하기
⑤ 기사 속 주인공이 되어 상상 글쓰기 : 오감각 표현에서 나온 낱말을 활용하기

위의 활동은 사진 기사를 활용해 오감훈련을 한 후 상상 글쓰기를 한 작품이다. 기사를 고른 학생은 '빗속에 자전거 여행'을 하는 사진 기사를 골랐다. 먼저 기사 내용을 읽게 한 후 어떤 내용인지 소개하는 시간을 가졌다. 그러고나서 사진을 관찰하게 하였다. "사진을 잘 관찰하다보면 보이는 것이 많고 들리는 소리도 있을 것이다"는 것을 안내한 후 사진 관찰을 집중해서 할 것을 지시하였다.

청각·미각·후각·촉각은 눈을 감고 미세하게 느껴보려고 애쓰는 것이 중요하다. 눈으로 볼 때는 민감하게 알아차리지 못했던 것들이 눈을 감으면 오히려 잘 떠오를 때가 있다. 그래서 민감성을 발달시키는 데도 위와 같은 오감훈련이 효과가 있다. 민감성이란 관찰력이 뛰어나 감각이 매우 발달된 것으로 창의를 발휘할 수 있는 기초능력이라 할 수 있다. 특히 오감이 뛰어나서 남들은 그냥 지나치는 것을 예민한 감각으로 포착하여 새로운 아이디어를 낼 수 있게 되는 것이다. 그러므로 평소 오감이 민감하도록 항상 훈련을 해야 두뇌가 좋아진다.

관찰한 것을 바탕으로 오감각 표현하기 활동을 하면서 맛과 냄새를 구분하는데 다소 어려움이 있었다. 이 때 교사는 미리 준비해간 감각 단어들을 예시로 보여줄 필요가 있다. 감각을 표현하는 어휘를 학생들은 잘 모르기 때문에 이런 활동을 통해 어휘력을 길러줄 수 있어야 한다. 자신이 찾고 생각한 감각 표현을 충분히 연습한 후 상상 글 쓰기로 들어갔다. 사진 속 주인공이라고 가정하되, 글의 내용은 기사 내용을 참고하기로 하였다. 그리고 글의 내용 중에는 오감훈련을 하면서 생각한 낱말이 들어가게 써보라고 권유하였다.

또한 전체 내용은 육하원칙에 맞게 미리 설정한 후 상상글 쓰기에

들었을 때 좀 더 자연스럽고 안정적인 흐름의 글이 쓰여질 수 있기 때문에 교사는 미리 개요 짜기를 연습시키는 것도 좋다.

위와 같은 활동은 관찰하기, 상상하기, 어휘력 기르기에 좋은 활동이다. 어떤 활동이 더 중요하거나 순서가 정해진 것은 아니나 수업에 임하기 전 오늘의 학습 목표가 무엇인지 정확히 인지하고, 체계적인 수업을 계획한 후 수업에 임했을 때 학생들 또한 오늘의 학습 목표를 스스로 인지하고 진지한 자세로 수업에 임함으로써 기대하는 목표를 달성할 수 있다.

■ 활동 사례 2 : 기사 읽고 사실과 의견 구분하여 글쓰기

① 마음에 드는 기사 찾기
② 기사 내용 읽기
③ 내용 확인하기
④ 기사를 읽고 알게 된 사실 말하기
⑤ 말한 내용 요약해서 정리하기
⑥ 기사를 읽고 난 생각 나누기
⑦ 생각 정리하는 글쓰기
⑧ 발표하기

'장수의 섬' 제주 '건강의 섬' 먼길

기대수명 79.3세 2위
병치레 9.7년 가장 길어
여성 병치레 12년 '최고'
검진 참여율 53% 최저

제주도가 장수의 섬으로 알려진 것과 달리 건강수명은 짧고 병치레기간이 긴 것으로 분석됐다.

한국보건사회연구원이 최근 발표한 '지역별 건강수명 분석 결과'에 따르면 제주지역 기대수명(0세부터 생존할 수 있는 기간)은 79.3세로 전국 16개 시도 가운데 서울(80.4세)에 이어 두 번째로 높았고, 전국 평균 78.6세보다 상회했다.

제주여성은 83.3명으로 전국에서 최상위를 기록한 반면 제주남성은 74.4세로 전국에서 7번째인 것으로 분석됐다.

도민 기대수명은 전국 대비 긴 것으로 조사된 데 반해 건강수명은 짧은 것으로 분석됐다.

제주지역 건강수명(전체수명에서 노후병치레기간을 제외한 기간)은 69.5세로 전국평균 71.2세를 밑돌았으며 전국 16개 시·도 중 13위에 머물렀다.

특히 기대수명이 가장 긴 제주여성의 건강수명은 71.3세로 전국 14위에 그쳤고, 전국평균 72.9세에 미치지 못했다.

제주남성의 건강수명은 67.5세로 14위에 그쳤고, 전국평균 69.5세보다 짧았다.

더구나 병치레 기간 분석에서는 제주도민의 병치레 기간은 평균 9.7년으로 전국에서 가장 길었고, 대도시권 6.3~6.7년과 비교할 때 상대적으로 질병 치료에 많은 시간을 소요하고 있는 것으로 분석됐다.

특히 제주여성의 병치레 기간은 12년으로 전국에서 가장 길었고, 의학계 통상 병치레기간 7년과도 큰 차이를 보였다.

보건사회연구원은 "건강수명은 의료접근성과 생활수준·생활환경이 좌우한다"며 "건강수명이 하위권인 제주·경북·강원·전남 등 모두 농·어촌지역으로 대도시권보다 모든 여건에서 열악하다"고 밝혔다.

건강수명에 큰 영향을 미치는 주요 원인인 건강검진 참여율의 경우 대도시권은 60%대를 넘는 반면 제주는 53%로 전국에서 가장 낮았다.

김용현 기자

게된 사실 요약하기.
주도가 장수의 섬으로 알려진 것과 달리 건강수명은
, 병치레기간이 긴것으로 분석 되었다고 한다. 제주
에서 0세부터 생존할 수 있는 기간은 79.3세로 전국

전국 평균 72.9세에 미치지 못하였다고 한
건강수명은 67.5세로 14위에 그쳤고, 전
짧았다고 한다. 병치레 기간도 길어서 보건 사
은 의료 접근성과 생활수준·생활 환경이 좌
모든 여건에서 열악했다고 했다.
2. 기사를 읽고 내 생각쓰기.
원래 '장수·건강의 섬'이었는데 건강수명은
은 늘어났다고 하니 조금 걱정이 된다. 그럼
어떻게 해결할수 있을까? 보건 사회 연구
의료접근성과 생활수준·생활환경이 좌우한다
제주도에 병원이랑 다른 의료기관 및 연구소를
좋을것이다. 또, 공공기관이나 거주하고
위생관리를 철저히 하고 사람들에게 항상
중요성을 강조하는 교육을 하는것도 어떨까?
수명이 늘어날지도 모른다.

"우리 건강 챙기려면

위의 활동은 기사를 읽고 알게 된 사실과 의견을 나누는 활동이었다. 기사를 읽을 때 알게 된 사실에 밑줄을 그으면서 읽으라고 했더니, 모든 부분에 밑줄을 친 학생도 있었다. 그것은 아직 중요한 것을 추려내는 능력이 모자란 것으로 판단할 수 있다. 그런 경우에는 교사와 함께 중요한 내용이 무엇인지 점검하는 시간이 필요하다.

그리고 대부분 기사에서 가장 중요한 내용은 기사의 첫 단락과 마무리 단락에 있다는 것을 염두에 둔다면 기사 내용 파악하기가 훨씬 수월해질 것이다. 단, 그 사실을 미리 알려주면 일부러 기사를 읽지 않고도 내용 파악을 다 한 것처럼 꾀를 내는 경우가 있어, 이를 방지하기 위해서는 교사가 수시로 발문을 함으로써 기사를 좀 더 꼼꼼히 읽을 수 있도록 지도할 수 있다.

위와 같은 활동은 기사를 읽으면서 새롭게 알게 되는 사실이 많다는 것을 알게 함이 목적이며, 그 사실을 바탕으로 다양한 생각을 나누기에 좋은 활동이다. 기사 내용 안에도 의견이 있을 수 있어 의견 부분에는 다른 색깔을 이용해 밑줄을 치라고 하는 것도 좋다. 학생들의 생각이 진전이 없을 때는 교사의 발문이 더욱 중요하다. 좀 더 생각할 수 있도록 유도하는 발문은 미리 준비하거나 즉시성을 발휘하여 발문을 던짐으로써 학생들의 생각의 질을 강화시킬 수 있을 것이다.

NIE 수업에 있어 교사의 즉시성, 즉 순발력은 매우 중요하다. 계획한 대로 수업이 진행되지 않거나 학생들에게 맞지 않은 주제가 던져졌을 때 즉시성을 발휘하여 학생들이 생각하기 쉽도록 실제적 예를 들어가면서 발문을 했을 때 이야기 나누기에 적극적으로 임하게 된다.

■ 활동 사례 3 : 기사 읽고 광고 만들기

① 마음에 드는 기사 찾기
② 기사 내용 읽고 요약하기
③ 요약한 내용 발표하기
④ 기사에서 주제를 뽑아 내 생각 말하기
⑤ 내 생각 광고로 표현하기
⑥ 발표하기

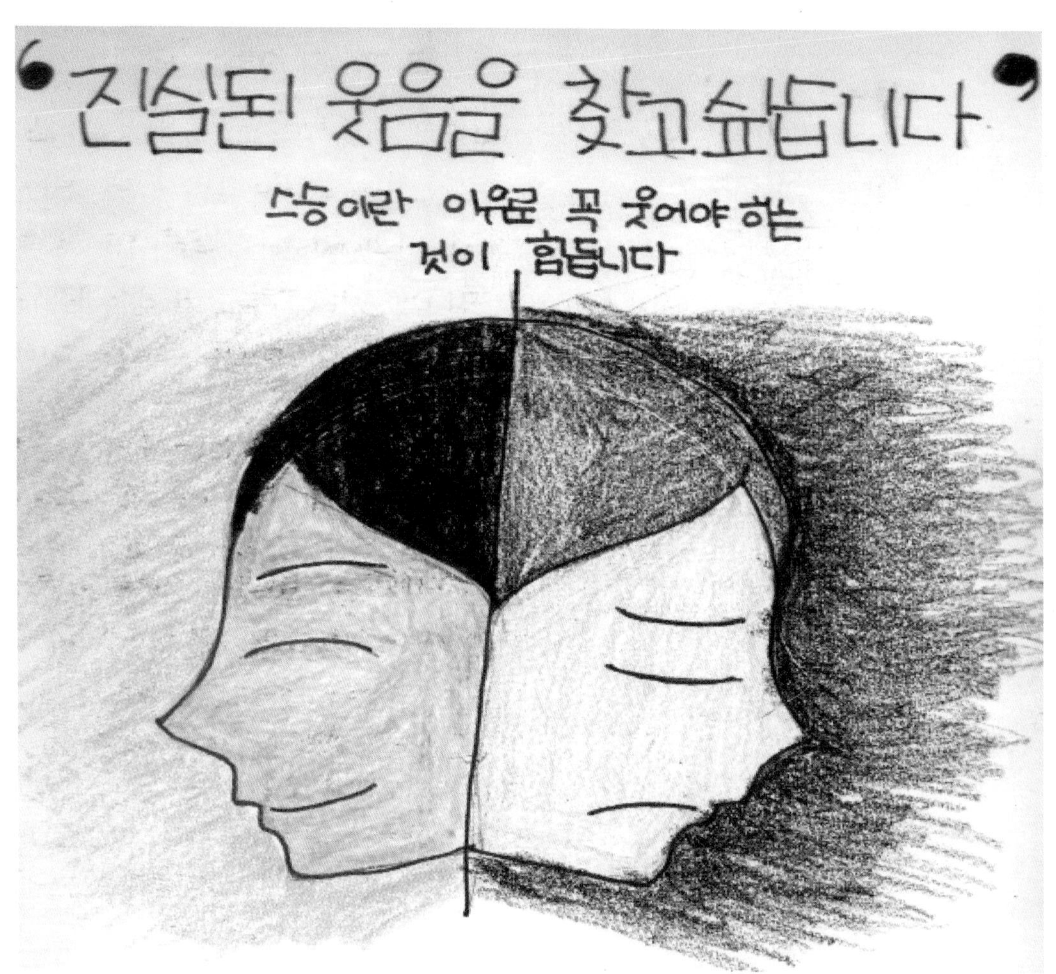

위의 활동은 기사를 읽고 서로 나눈 생각을 광고로 마무리한 활동이다. 기사 내용은 교사들이 스트레스로 시달리고 있다는 것이었다. 학생들을 가르치기 위해 학부모 상담, 장학지도 대비 등에 시달리면서도 웃음을 잃지 않아야 한다는 의무감으로 시달리고 있다는 기사 내용을 읽고, 학생으로서의 고달픔도 있지만 교사로서의 고충도 있다는 것을 공감하는 시간이었다.

기사에서 주제를 뽑아 이야기를 나눈 후 선생님의 마음을 헤아릴 필요가 있다는 생각이 모아지면서 공익광고 만들기를 하였다.

위 작품을 만든 학생은 그림을 아주 잘 그리는 학생인데, 공익광고 만들기에 재능이 있음을 발견하고 광고 관련 직업을 가져보는 게 어떻겠느냐는 조언을 했더니 으쓱한 모습을 보이기도 하였다.

■ 수업 후 평가 및 소감

대정 천사의집 아동들은 대부분 부모와 떨어져 천사의집 보육원에서 양육되는 아동들이다. 학교 생활 이외에 방과 후 프로그램에 참여하는 등 과외 활동을 하긴 하지만, 주어진 현실상 책을 읽는 활동도 익숙하지 않은 아동들이 많았다.

따라서 NIE 활동의 주요 목적을 신문 읽기를 통해 읽기 능력 향상에 주안점을 두었다. 또한 신문과 친해짐으로써 정보에 대한 민감성을 길러주고, NIE 활동을 통해 자신의 감정과 생각을 자연스럽게 표현함으로써 의사 전달 및 마음 치유에 그 목적을 두었다.

처음에는 사진 관찰하기, 광고 찾아보기, 익숙한 낱말 찾기 등의 놀이로 시작하였다. 점차적으로 주어진 정보에서 알게 된 사실을 정리하고, 떠오르는 생각과 내 경험을 글과 그림으로 표현하기 등의 활동으로 이어졌고, 자신이 찾은 정보를 다른 사람에게 말과 글로 알려주는 활동을 하였다. 또한 독서 자료와 접맥해서 주인공이 되어보기, 신문을 활용해 주인공 소개하기, 주인공을 닮은 사람 신문에서 찾아보기 등의 활동을 통해 읽는 즐거움과 적용하여 생각하고 느껴보는 즐거움을 주려고 노력하였다.

30차시에 걸친 NIE 교실을 통해 아동들은 자료 찾기에 대한 거부감이 사라지고, 다른 사람에게 자신의 생각을 전달하는 것을 두려워하지 않게 되었으며, 알게 된 정보를 신문이라는 형식으로 종합해서 표현하는 능력도 생겼다. 보조강사로 참여한 천사의집 교사는 "아동들이 그동안 많이 밝아졌고, 글쓰기 능력도 부쩍 늘었다"고 평가하였다. 마무리를 하면서 아동들에게 설문지를 조사했더니 다음과 같은 평가를 얻을 수 있었다.

① NIE가 재미있어졌어요.
② 신문에는 정말 재미있는 정보가 많다는 걸 알게 되었어요.
③ 글쓰기를 잘 할 수 있을 것 같아요.
④ 신문도 만들 수 있어요.
⑤ 발표에 자신감이 생겼어요.

05 SECTION 사고력 훈련을 위한 NIE

1. 사고력의 개념

살아가는 데 가장 필요한 능력이 사고력이라고 해도 과언이 아니다. 갈수록 복잡해져 가는 현대사회에서는 사고력이 관건이 되고 있다. 학습을 하는 데도, 현실 문제를 파악하는 데도, 문화예술 작품을 창작하는 데도 사고력이 관건이다.

그럼, 사고력이란 무엇인가.

(1) 사고력이란 무엇인가?

인간의 사고란 궁극적으로 문제 상황이나 장면에 직면하여 문제를 해결해 나가는 인간 고유의 지적 활동이다. 즉 인간의 사고란 합리적으로 문제를 규정하고 거기에 대처해 나가는 의도적인 정신 활동인 것이다.

사고력이란 주어진 문제를 해결하는 데 요구되는 기본적인 지식이 있다는 것이고, 어떤 문제를 해결해 보고자 다양하게 접근해 보는 인지적 조작이 가능하다는 뜻이다.

인지적 조작 능력은 주어진 문제의 해결 방안을 탐색하고자 알고 있는 지식을 활용하여 마음대로 생각을 해 보는 사고 활동 또는 사고 과정을 말한다. 물론 인지적 조작은 맹목적으로 이루어지는 것이 아니라 해결하고자 하는 목표에 가장 효과적으로 도달하기 위하여 독특한 유형의 인지-정보처리 과정이 이루어지는 것을 말한다.

사고력은 타고난 능력이라기보다는 학습의 과정을 통하여 길러지는 능력이라고 보아야 한다. 사고력은 크게 저급 사고력과 고급 사고력으로 나눌 수 있다.

고급 사고력이라는 용어는 1980년대 후반 암기나 이해력 이외에 비판적 사고력이나 문제 해결력을 묶어서 고급 차원의 사고력이라는 이름으로 부르기 시작했다. 즉 고급 사고력은 암기나 단순한 이해를 넘어 문제를 해결하려는 사고력을 의미한다.

고급 사고력은 복잡한 정신적 작용이며, 다양성과 상황에 대한 적합성을 중요시 하고 있기 때문에 학습자의 능동적이고 독창적인 정신적 작용으로 극복해 나가는 특징을 지닌다.

이러한 도전적이고 확장적인 정신 작용은 과거에 학습한 지식의 통상적인 응용으로는 문제가 해결되지 않기 때문에 새롭게 해석하고, 분석하고, 정보를 조정할 때 일어난다.

이에 반해 저급 사고력은 일상적이고 기계적·제한적인 정신의 사용이며 기억한 정보의 제시, 이미 학습한 공식에의 숫자 삽입 등 일반적으로 통상적인 절차의 반복을 뜻한다.

현대사회는 그 복잡성과 불확실성이 가중됨에 따라 고급 사고력이 더욱 강조되고 있다. 미래에 대한 예측이 어려울 정도로 사회 변화는 급속하게 일어난다. 또한 국제화 및 세계화 현상으로 세계적 경쟁시대가 도래함에 따라 미래를 이끌어 나가는 지도력과 창의력을 중시하게 되었고, 이런 능력은 높은 차원의 사고력을 요구하고 있는 것이다.

고급 사고력은 질문·설명·조직·해석과 같이 학습자의 주도적이고 능동적인 참여를 필수로 하며, 문제 해결이나 창조적 사고, 비판적 사고, 의사 결정 등을 포함하는 광범위한 의미와 기능을 뜻한다. 따라서 체계적이고 지속적인 훈련을 통해서만 계발이 가능하다고 할 수 있다. 이에 NIE를 통해 고급 사고력의 기초를 다지는 데 어떤 방법이 가능할지 모색해 보고자 한다.

(2) 고급 사고력의 구체적인 형태

① 탐구력

탐구력은 문제가 무엇인지 발견하고, 그 문제 해결을 위한 가설을 설정하고, 자료를 수집·분석하여 해결 방법을 스스로 찾아내는 사고력이다. 흔히 문제 해결력을 위한 능력과 같은 뜻으로 쓰인다.

탐구력은 논리성과 과학성을 기본으로 한다. 또한 문제를 자기 스스로 해결해 나가는 것이므로 학습자의 능동적이고 적극적인 학습 활동을 요구하는 데 그 본질이 있다.

② 의사 결정력

의사 결정력(decision making)은 선택이 가능한 여러 개의 대안 중에서 자기가 추구하는 바람직한 목표에 적합하도록 어느 하나를 선택하는 것을 말한다.

의사 결정이 이루어지기 위해서는 충분히 필요한 정보 습득 → 바람직한 가치를 무엇으로 보느냐 → 가능한 대안을 모두 나열하여 그러한 대안을 선택하였을 때 나타나는 결과를 충분히 예측하고 그 장단점을 검토하여 결정하고 행동으로 실천한다. 의사 결정 과정에서 대안의 검토와 예측은 특히 중요하다.

③ 비판적 사고력

비판적 사고력은 어떤 사물이나 상황, 지식 등의 순수성이나 정확성 여부, 어떤 지식이 허위인가 진실인가 등을 평가하는 정신적 능력이며, 그것은 곧 이성적인 판단을 의미한다는 점에서 다른 고급 사고력과 구분된다. 진정한 비판적 사고력은 단순히 단점을 지적하는 것이 아니라 완전성과 진리를 추구하는 데 있으며, 개방사회의 사회과 교육에서 매우 중요한 인지적 능력의 하나이다.

④ 창조력 사고력

창조적 사고력(creative thinking)은 어떤 문제에 부딪히거나 자기가 경험하지 않은 새로운 상황에 직면했을 때 과거와는 다른 새로운 방법으로 문제를 해결하거나 상황을 변화시키려고 하는 지적인 작용이다.

창조적 사고력은 새로운 것과 독창성이 그 본질이며, 우리 사회가 급격한 산업화로 인하여 많은 사회 문제가 발생하고 있는 상황에서 이러한 문제를 해결하고, 바람직한 사회 건설을 위해 창조적인 사고력을 기르는 것은 매우 중요한 의미가 있다.

(3) 고급 사고력을 키우려면?

① 이야기를 듣거나 정보를 읽었을 때 질문하는 습관을 갖는다.
② 기초 정보에 이어 후속 정보 찾기를 습관화 한다.
③ 알게 된 정보를 다른 사람 앞에서 발표하는 기회를 많이 갖는다.
④ 주어진 문제를 가지고 토의·토론하는 기회를 많이 갖는다.
⑤ 한 가지 주제에 대한 자기 생각을 갖기 위하여 다양한 정보를 찾아보고, 다양한 입장과 다각적인 눈으로 해석해 판단하고자 노력한다.

2. 고급 사고력을 기르기 위한 NIE의 실제

(1) 비판적 논리력을 키우기 위한 NIE 프로그램

■ 프로그램 계획안 예시

◆ 학습목표 : • 신문기사를 읽고 토의·토론 훈련을 통해 비판적 논리력을 기를 수 있다.
• 주어진 정보와 자료에서 문제의 확인, 논리적 추론, 문제 해결점을 찾아보는 훈련을 할 수 있다.
• 기본 정보를 바탕으로 심화된 정보 습득의 필요성을 느끼고, 스스로 탐구하고 정리하는 습관을 익힐 수 있다.

◆ 프로그램 계획

차시	주제	학습 목표 해설	신문을 활용한 구체적인 활동
1차시	질문 만들기	질문은 생각하도록 하는 첫 단계이다. 무엇일까? 왜 그럴까? 어떻게 해야 할까?와 같은 질문을 하다 보면 스스로 답을 얻으려고 사고 활동이 작동하게 된다. 또한 알고자 하는 욕구에 의해 학습 동기가 자연스럽게 생성되기도 한다.	1. 관심 있는 사진이나 기사를 고른다. 2. 선택한 자료를 잘 관찰하고(읽고) 질문지를 만들어 본다. (질문지 예시) 3. 짝 지어 작성한 질문지를 바꿔 답을 적어보게 하는 것도 좋다. 4. 이때 의문이 드는 질문이나 좀 더 알아보아야 할 점은 추가 정보 찾기를 해 본다. 5. 질문지 만들기를 해 본 소감 나누기를 한다.
2차시	상상하기	자료를 보고 자유롭게 떠올려지는 것을 마음으로 그려보고 생각해 본 것을 표현하는 사고기술이다. 사고의 기본은 무언가를 보고 듣고 읽었을 때 무의식에 저장된 정보나 경험, 느낌 등이 수면 위로 떠오르게 하는 과정에서 인지 작용이 이루어진다.	1. 신문에서 관심 있는 사진이나 기사를 골라 오려 붙인다. (사람이 등장하는 자료가 좋다) 2. 사진을 잘 관찰하여 오감훈련을 해 본다. 3. 주인공들에게 무슨 일이 일어났는지, 무슨 생각을 하고 있는지 상상해서 표현해 보게 한다. 4. 상상한 내용을 육하원칙에 맞게 적어 본다. 5. 기사 속 주인공이 되어 상상일기를 써 본다.
3차시	추론하기	추론은 나타나 있지 않은 정보나 글의 내용을 근거, 문맥을 통하여 알아내는 것을 말한다. 추론하기 기능은 일상 생활에서 겪는 문제의 해결의 실마리를 제공해준다는 점에서 중요하고 의미 있는 사고 기능이다.	1. 신문에서 사진 기사 하나를 고른다. 2. 사진 속 문제 상황을 관찰한다. 3. 문제의 앞 상황이 어떠했을지 추론해 본다. 4. 그렇게 생각하는 근거를 찾아 설명해 본다. 5. 결과를 예측해 본다. 6. 그렇게 생각하는 이유나 근거를 제시해 본다. 7. 사진 속 현장을 취재하는 기자가 되어 사실을 바탕으로 한 기사 글을 써 본다.
4차시	공통점·차이점 찾기	사물, 상황, 의미 등의 같은 점과 다른 점을 찾는 사고 기술을 말한다. 우리가 알고 있는 거의 모든 것에서 공통점과 차이점을 찾을 수 있다. 공통점과 차이점 찾기를 통해서 사물, 상황, 의미 사이의 관계를 찾을 수 있고 구별하는 능력을 길러준다.	1. 신문에서 사진 기사 두 장을 오려 붙인다. 2. 사진에서 보이는 것들을 모두 나열하게 한다. 3. 사진에서 느껴지는 감정을 단어로 나열해 본다. 4. 두 사진의 공통점과 차이점을 표에 작성하게 한다. 5. 사진을 보며 떠오르는 나의 경험을 그림으로 표현해 보게 한다. 6. 떠오르는 나의 경험을 생활글 쓰기로 마무리해 본다
5차시	이유 찾기	어떤 생각이나 행동의 이유를 대거나 어떤 일의 원인을 찾아보는 사고기술이다. ▥이유의 종류 1. 이유 : "배가 엄청 고파서 밥을 두 그릇이나 먹었어." -구체적인 행동의 이유는 보통 우리가 흔히 말하듯이 '이유'라는 말을 쓴다. 2. 근거 : "나는 방학숙제가 필요하다고 생각해 왜냐하면 숙제가 없으면 심심하거든." -의견을 말하거나 주장을 말할 때의 의견을 '근거'라고 한다. 3. 증거 : "길이 젖었잖아요. 이건 바로 어제 비가 왔다는 증거지요." -확실하게 주장이나 결론을 증명할 수 있는 것	1. 신문에서 주장하는 글(사설, 칼럼, 독자 의견)을 골라 읽는다. 2. 주장과 의견을 구분한다. 3. 주장하는 이유나 근거를 기사 글에서 찾아보게 한다. 4. 찾은 이유나 근거 중에 타당하지 못한 것을 찾아보자. 5. 왜 타당한 이유나 근거가 아닌지를 설명해 본다. 6. 내가 생각하는 타당한 근거나 이유가 무엇인지 말해보자. 이때 정확한 근거 제시가 필요하다. 7. 같은 주제에 대해 내가 주장하는 글을 다시 써본다. 8. 다른 사람의 발표를 들으면서 내가 찾지 못한 이유를 기록하자.
6차시	결과 예측하기	어떤 일의 결과를 미리 추측해보는 사고기술이다. 주어진 경험이나 지식 등 여러 가지 정보를 근거로 추측한다.	1. 신문에서 이슈가 되는 사건 기사를 오려 붙인다. 2. 어떤 사건을 다룬 기사인지 요약해 본다. 3. 그 사건으로 어떤 결과가 벌어졌는지 말해 본다. 4. 사건으로 인한 영향, 결과 등을 '예측해 본다. (좋은 영향/나쁜 영향, 좋은 결과/나쁜 결과)

		1. 원인과 결과의 관계 알기 2. 원인에 대한 결과 예측하기 : 가능한 결과 생각하기 3. 좋은 결과, 나쁜 결과 찾기	5. 만약에 ~한다면 어떻게 될까? 결과 예측 게임을 해 보자. 예를 들어, ① 우리가 학교에 등교하지 않는다면? ② 우리 동네에 지진이 일어난다면? ③ 내 동생이 사라진다면? ④ 내가 하버드 대학에 입학을 한다면? 6. 후속 기사를 찾아 내가 예측한 것과 비교해 보자.
7차시	예 들기 / 반례 들기	■예 들기 : 어떤 집합이나 사실, 의견 등에 대한 구체적인 사례를 들어보는 사고기술이다. 1. 예는 이해하기 어려운 것을 이해하기 쉽게 해준다. 2. 구체적인 예를 찾는 연습을 실생활에서 많이 연습해 본다. ■반례 들기 : 어떤 말이나 사실, 의견이 옳지 않다는 것을 보여주는 구체적인 사례를 이야기해 주는 것이다. 1. 다른 사람의 의견이 잘못되었다는 것을 증명할 때 아주 중요하다. 2. 구체적인 사례를 많이 들어 설명할수록 설득력이 있다.	1. 신문에서 어떤 문제에 대해 주장하는 두 편의 기사를 찾아보자. (상반된 주장 글이 좋다) 2. 주장과 이유, 근거를 찾아본다. 3. 어떤 예를 들어 주장을 펴고 있는지 확인해 본다. 4. 이 밖에도 어떤 예가 있을 수 있는지 찾아본다. 5. 반대의 예는 어떤 게 있는지 찾아본다. 6. 같은 문제에 대해 어떤 주장이 가능한지 생각해 본다. 7. 각 주장마다 들 수 있는 예를 찾아보자. 8. 반례도 찾아보자 9. 어떤 주장이 더 설득력이 있는지 말해보자. 그 이유도 설명해 보자. 10. 육단논법에 따라 내 주장 글을 써 보자.
8차시	비유하기	표현하고자 하는 대상을 다른 대상에 빗대어 표현하는 기법이다. 핵심, 상징을 읽어내는 사고기술이기도 하다. ■비유하기를 훈련하면 좋은 점 ① 느낌을 생생하게 표현하게 할 수 있고 ② 간결하지만 풍부하게 의미를 표현할 수 있고 ③ 추상적이거나 어려운 내용도 다른 사람이 알아듣기 쉽게 설명할 수 있고 ④ 낯선 대상이나 현상을 이미 알고 있는 것에 비유하여 쉽게 설명하는 법을 배울 수 있다.	1. 신문에서 큰 글자로 된 낱말 10개만 오려 붙인다. 2. 낱말마다 연상되는 것들을 약 5개씩 적어보게 한다. 3. 한 낱말에 한 문장씩 비유가 들어간 문장을 만들어 본다. 예를 들어, '신문은 거울이다' '유행은 수돗물이다' 등이다. 4. 사진을 보며 떠오르는 낱말을 나열해본다. 5. 나열한 낱말을 활용해 사진 묘사 글을 써본다(비유법을 써서).
9차시	대안 찾기	생활에서 예기치 않던 문제가 생겼을 때 어떻게 해야 할까? 문제 해결을 위한 여러 가지 방법을 찾아보고 적절한 방법을 찾아내야 한다. 1. 제일 먼저 부딪힌 문제가 무엇인지, 해결해서 얻고자 하는 목표가 무엇인지 분명하게 생각해 본다. 2. 가능한 대안들을 있는 대로 찾아본다. 3. 찾은 것 중에 가장 적절한 것을 선택한다. 4. 효과적인 방법은 가장 적절하지 않은 것부터 하나씩 지워나가는 방법이다. 5. 선택한 대안을 실행하고 그 대안이 적절했는지 생각해 본다.	1. 이슈가 되는 사건기사를 고른다. 2. 어떤 문제가 생긴 것인지 한 문장으로 진술한다. 3. 무엇을 해결하고자 하는 것인지 해결의 목표를 진술한다. 4. 사건 해결을 위해 무엇(어떤 방법)이 필요한지 생각해서 나열한다. 5. 내가 문제 해결의 당사자라고 생각하고 문제 해결을 위한 호소문을 써 본다.
10차시	다양한 관점을 고려하기	대상을 한쪽에서만이 아닌 여러 면에서 바라보는 사고기술이다. 1. 대부분의 물건은 보는 위치에 따라 달라 보인다. 2. 의견이나 주장도 어떤 쪽에서 보느냐에 따라 생각이 달라질 수 있다. 3. 어떤 문제에 대해 여러 가지 입장, 관점을 가지고 생각하다 보면 다른 사람을 더 잘 이해하게 된다. 또한 문제 해결의 실마리가 효과적으로 풀리기도 한다.	1. 사물이나 사람을 보는 것도 시각에 따라 달라질 수 있다는 것을 실험해 본다. (예를 들어 교사를 볼 때도 학생의 입장, 학부모의 입장, 가족의 입장에 따라서 다르게 평가할 수 있다는 것을 예로 든다) 2. 예시 자료를 통해 사물과 사람, 상황을 바라보는 시각에 따라 입장 차이, 관점의 차이가 있다는 것을 확인한다. 3. 신문에서 찬·반론 주장이 엇갈리는 기사를 하나 선택해 오려 붙인다. 4. 기사에서 다루고 있는 문제에 대한 여러 가지 관점, 입장, 측면에 따른 의견 차이를 생각해 보자. (경찰 입장, 피해자 입장, 시민 입장 등) 5. 같은 질문에 사람들은 어떻게 말할까? 각기 입장과 의견 차가 있는 인터뷰 기사를 써 보자. (역할을 달리해 글쓰기를 한 후 비교해 보는 게 좋다)

(2) 프로그램 실행 후 표현 결과물 예시

① 질문 만들기

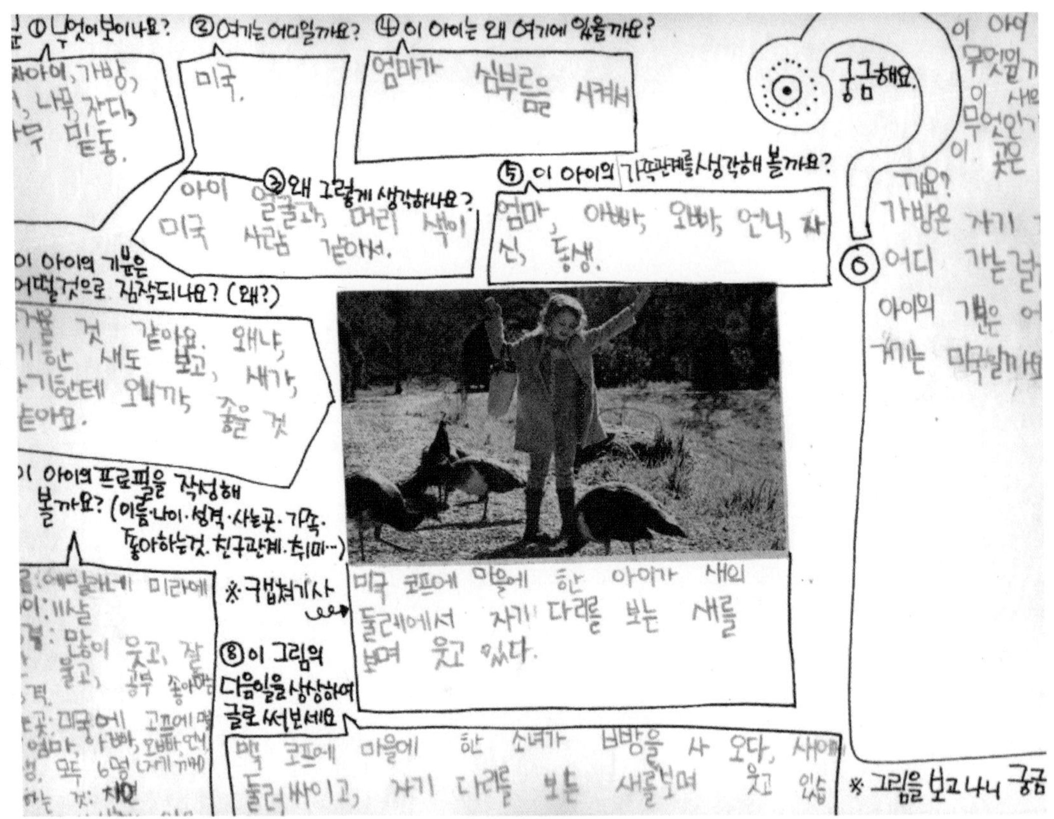

제주 백록초등학교 2학년 이다희 학생의 활동자료

위의 활동자료는 초등학교 2학년생이 엄마와 함께한 질문 만들기 활동자료이다. 엄마가 질문을 만들고 아이가 답을 적어보는 형식을 취하고 있다. 원래 사진 밑에 짤막한 기사가 있다. 이 내용을 바탕으로 사실 확인과 더불어 상상력을 자극하는 발문을 함으로써 기사화되지 않은 부분까지 생각하게 해보는 효과가 있다.

또한 궁금한 점을 질문하게 하여 관련 정보를 찾아봄으로써 궁금증을 즉시 해소하고 정보 탐색의 기회가 될 수 있어 더욱 효과적이다. 예를 들어 위 사진 자료에서는 새의 이름이 무엇인지, 미국의 코프 마을이 어떤 곳인지를 찾아볼 수 있다.

② 공통점 • 차이점 찾기

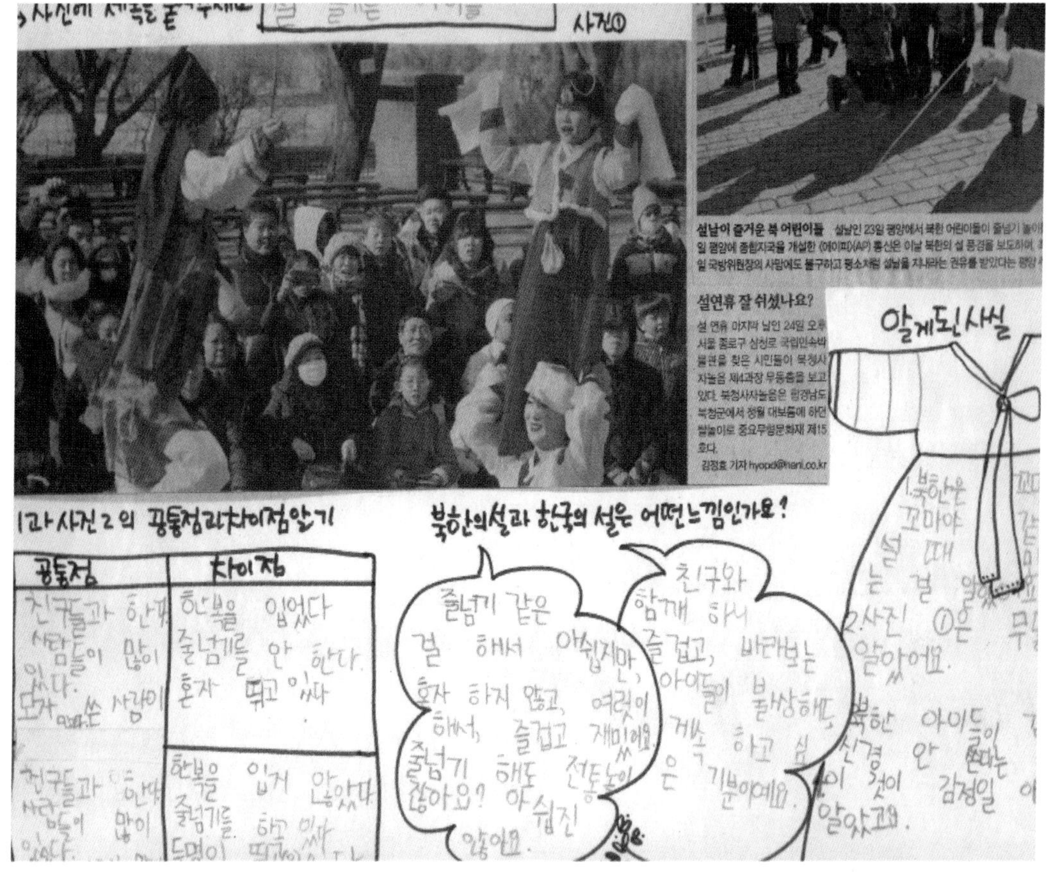

위의 활동은 사진 기사 두 편을 읽고, 공통점·차이점 찾기를 해 본 활동이다. 공통점·차이점 찾기는 비판적인 사고를 기르는 기초 훈련법이다. 비판적 사고라는 것은 어떤 문제나 상황에 대해 옳고 그름을 판별하는 능력이라고 할 수 있다.

옳고 그름을 판별할 수 있으려면 문제의 원인과 결과의 논리적 구조를 타당성 있게 연결지음과 동시에 긍정적인 문제 해결의 실마리를 제공할 수 있어야 한다. 문제 해결의 실마리는 대립되는 두 관점이나 입장의 차이를 분별해내고 욕구를 충족시키기 위한 공통점을 찾는 데서 그 실마리가 풀릴 수 있다.

이런 점에서 공통점·차이점 찾기 훈련은 문제를 해결하기 위한 대안찾기에도 유용한 훈련 방법이다.

③ 같은 주제 다른 의견

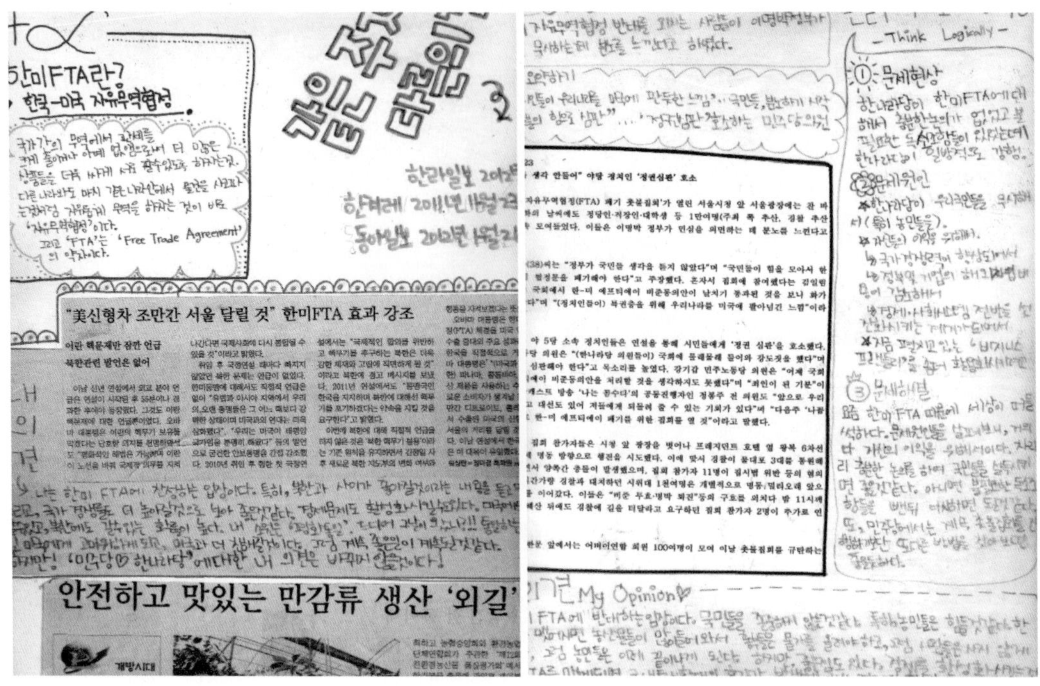

제주 백록초등학교 6학년 이은지 학생의 활동자료

위의 활동은 '한·미 FTA'와 관련하여 찬성측 의견과 반대측 의견을 정리해본 활동이다. 학생의 입장에서 입장 정리를 하기에는 어려운 주제이다. 하지만 신문기사에 나온 의견을 통해 논란이 되는 입장에 대해 정리해 볼 수 있는 기회가 되었을 것이다. 기사를 한두 문장으로 요약하고, 대립이 되는 내용을 문제 현상, 문제 원인, 문제 해결책 제시 등으로 요약해 보고, 의견 정리를 하는 방법으로 한 문제에 대해 논리적인 접근이 어떤 것인지를 확인하는 시간이 되었다.

④ 입장과 측면에 따른 의견 정리하기

다음의 활동 ①은 '주5일 수업제'에 대한 찬반 의견을 입장에 따라 의견을 정리해본 활동자료이다. 주5일제가 실시되면서 학생, 학부모, 학원가, 교사 등의 입장에 따라 의견이 찬·반으로 엇갈리면서 팽팽한 의견 대립을 보일 수 있음을 확인하는 시간이었다.

그리고 활동 ②는 한·미 FTA 문제를 정치적·경제적·문화적·산업

▶ 활동 자료 ①

▶ 활동 자료 ②

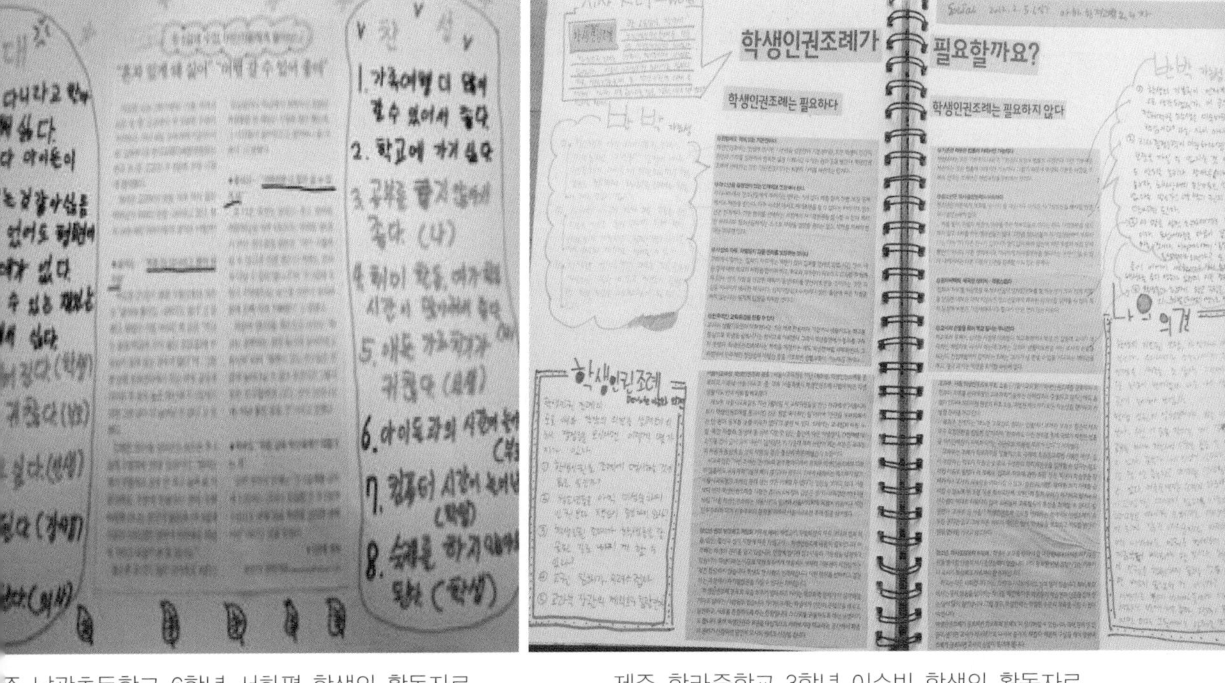

주 남광초등학교 6학년 서화평 학생의 활동자료

제주 한라중학교 3학년 이수빈 학생의 활동자료

적 측면에서 생각해보고 의견 정리를 해본 활동자료이다. 무조건 찬성이거나 무조건 반대가 문제 해결에 아무런 도움이 되지 않기에 여러 각도로 문제를 바라보는 것이 문제 해결에 좋은 대안을 도출해낼 수 있으며, 이로 인한 합의에 이르렀을 때 책임 있는 결과가 나올 수 있다는 것을 확인하는 시간이었다.

(3) 신문을 활용한 창의성 훈련

■ 프로그램 계획 예시

◆ 학습 목표 : • 신문에 나온 다양한 자료를 활용해 창의적인 사고를 훈련하는 기회를 가질 수 있다.
- 신문 자료에 대해 민감성을 기를 수 있다.
- 창의성의 개념에 대해 실제로 익히고 체험하는 기회가 될 수 있다.

◆ 프로그램 계획

차 시	수업 주제	구체적인 학습 내용
1차시	관찰하기 민감성 훈련 1	1. 신문에 나온 자료 중 계절과 어울리는 사진 한 장을 골라 오려 붙인다. 2. 오려 붙인 사진을 자세히 관찰하여 보이는 것들의 이름을 적어본다. 3. 사진이 주는 느낌을 오감각으로 표현해본다 : 색깔, 냄새, 촉감, 소리, 맛 4. 시각을 미각으로, 촉각을 미각으로, 청각을 촉각으로, 미각을 시각으로 결합하여 표현해 본다. 예) 보라색 향기, 촉촉한 목소리, 상큼한 머릿결 등 5. 사진 속의 풍경을 오감각이 드러나도록 표현하는 글쓰기를 해 본다.
2차시	관찰하기 민감성 훈련 2	1. 신문에서 인물의 다양한 표정을 오려 붙인다(5~6개 정도). 2. 표정에 어울리는 말 주머니를 채워본다. 3. 표정에 어울리는 감정 단어를 써본다. 예) 화사하다, 우울하다, 짜증난다, 통쾌하다 등 4. 각 표정을 짓게 되는 경우가 어떤 경우인지 생각해보고 표정 밑에 자세한 상황을 상상해서 나열해 본다. 예) 시험 성적이 떨어져서 엄마한테 혼났다. 엄마가 용돈을 올려주셔서 신이 났다. 5. 여러 표정 중에서 자신이 가장 많이 짓게 되는 표정과 그 이유를 말해 본다. 6. 떠오르는 경험을 생활 글 또는 주장 글로 써 본다.
3차시	유창성 훈련	1. 신문에서 마음에 드는 사진 기사를 오려 붙인다. 2. 사진을 보며 떠오른 낱말을 나열해 본다(20개 이상). 3. 나열한 낱말을 활용하여 사실인 문장, 의견인 문장을 만들어 본다.
4차시	융통성 훈련	1. 주어진 사진 자료를 보며 급작스런 상황에서 어떻게 해야 할지 최대한 많이 생각해 보자. (이때 사진은 급작스런 상황을 말해주는 사진이어야 한다. 예를 들어 갑자기 비가 와서 피하는 장면, 메뚜기떼가 공격하는 장면, 화재가 난 장면 등) 2. 사진을 보며 떠오르는 사건 또는 유사한 상황의 경험을 이야기해 본다. 3. 그때 어떻게 문제 해결을 하였는지 이야기해 본다. 4. 만약 그때로 돌아간다면 어떻게 문제 해결을 하고 싶은지 생각을 나눈다. 5. 그때의 해결 방법과 지금 제시한 해결 방법의 차이를 비교해 말해 본다.
5차시	강제 결합하기	1. 신문에서 서로 어울리지 않는 낱말을 강제로 결합하여 문장 만들기를 해 본다. 2. 광고에서 광고 카피만 남겨두고 사진을 바꾸어 새로운 광고를 만들어 본다. 3. 서로 어울리지 않는 사물과 사물을 결합시켜 새로운 물건을 만들어 본다. 예) 가방과 바퀴, 수박과 시계, 의자와 우산 등
6차시	대체물 찾기	1. 신문에서 사물의 그림 3~4가지만 찾아 오려 붙인다. (예를 들어 요구르트병, 자동차, 우유곽, 우산, 신발 등) 2. 오려 붙인 사물의 원래 용도와 평소와 다르게 사용한다면 어떤 용도로 사용 가능한지 최대한 많이 써 본다. 3. 떠올려 쓴 것 중에 실제로 사용해도 문제가 발생하지 않은 경험 이야기를 나눈다. 4. 위 3번에서 고안해낸 것을 광고해 본다.
7차시	상상력 정교성 훈련	1. 신문에서 상반신만 나온 사진 한 장을 찾아 오려 붙인다. 2. 하반신의 모습을 떠올려 세밀하게 그려본다. 3. 풍경 사진의 일부만 오려 붙이고, 나머지 부분을 상상해서 그려본다. 4. 전면 광고를 16등분, 32등분해서 퍼즐 맞추기를 해 본다.

8차시	속성 찾기	1. 신문에서 사물의 사진 5~6개 정도를 찾아 붙인다. 2. 사물의 이름, 속성을 나열해 써 보자. 3. 같은 속성끼리 짝을 지어보자. 예) 가방과 병, 난로와 옷 등 4. 사진을 오려 붙이고 떠오르는 낱말을 적어 본다. 5. 나열한 낱말을 다른 어떤 것에 비유해 비유문장을 만들어 본다. 예) 나무는 엄마다, 가방은 친구다, 신발은 시인이다 등
9차시	생략된 것 찾아내기 기호화 하기	1. 신문에 나온 기호 10개만 찾아본다. 2. 기호들이 암시하는 뜻을 나열해 본다. 3. 신문에서 낱말 4~6개만 오려 붙인다. 4. 위에 붙인 낱말을 상징하는 이미지나 기호를 그려 본다.
10차시	책 만들기	1. 신문에 나온 사진이나 낱말, 숫자 등을 활용하여 그림책을 만들어보는 시간이다. 1) 우선 어떤 그림책을 만들지 주제를 정한다. 2) 면 구성을 어떻게 할지 스토리 보드판을 만든다. 3) 그림책에 필요한 사진이나 글자, 숫자 등을 오린다. 4) 정해진 면에 모은 자료를 붙이고 문장을 완성한다. 5) 앞표지, 뒤표지도 예쁘게 꾸민다. 6) 만들어진 그림책을 발표 또는 전시회를 한다. 2. 이때 책의 종류는 기본책, 얼굴책, 병풍책, 계단책 등 다양한 방법으로 만들어도 좋다.
준비물	스케치북, 신문 1부, 풀, 가위, 색사인펜, 색연필 등은 기본 준비물	

21세기의 교육적 화두는 '창의성 교육'이다. 급격한 사회의 변화에 따라 변화하는 시대에 맞는 문제 해결력과 창조력을 지닌 인재 육성을 교육의 목표로 삼고 있는 것이다. 이에 학교 교육에서도 창의성 교육이 강조되고 있는 반면에 실제적인 방법에 대해서는 그 계발의 정도가 미미한 점이 많고, 실행 가능성을 위한 준비도가 미약한 편이다. 이를 보완하기 위해 사교육 현장에서는 창의 수학이나 창의 과학, 창의 미술이라는 이름으로 다양한 상품이 계발되고 있는 현실이다.

하지만 교육이 상품화 되면 진정한 의미에서 그 순수성을 잃을 확률이 높다. 교육은 결과 못지않게 과정이 중요하다. 창의성을 기르기 위해서는 주변 사물에서부터 정보 자료까지 충분한 관찰과 탐색의 과정이 필요하며, 문제 해결을 위한 다양한 실험이 반복적으로 훈련되어야 한다.

그 어떤 결과만을 위해 시간을 앞당기는 교육은 체화되지 않은 지식을 습득할 뿐 실제적으로 문제 해결에 도움이 되지 않는 것이다. 이에 신문을 활용한 창의성 훈련 프로그램은 학습자가 주어진 자료나 과제에 대해 충분히 탐색할 수 있는 시간을 할애해야 한다.

교사의 일방적인 자료 제시보다는 스스로 찾아보는 게 더욱 소중하며, 이를 활용해 생각의 도구로 삼는 과정이 점차적으로 이어져야 한다. 또한 생각의 결과나 문제 해결의 방법을 도출해낼 때도 충분한 대화나 토의·실험이 필요하다.

위에서 제시한 프로그램 계획 그대로를 순서적으로 따라하는 것은 아무런 의미가 없다. 찾기·관찰하기·읽기·생각하기·해결하기의 과정이 섬세하게 진행되어야 하며, 자기 주도적인 학습의 기초에 바탕을 둔 협동 학습이 통합적으로 이루어졌을 때 의미 있는 학습의 결과가 도출되리라 생각한다.

■ 프로그램 실행 후 결과물 예시

【 낱말 강제 결합해서 문장 만들기 】

〈 두낱말 이어 문장 만들기 〉

1. 제주도, 쉽게 : 제주도에서는 바람, 귤, 오름을 쉽게 볼수있다. 옛날에는 제주도를 삼무가 있다고 했는데 요즘은 도둑도 있고 대문도 쉽게 볼수있다.

2. 하반기, 잇자 : 하반기에는 책읽기 경주를 잇자고 결심했다. 하반기에는 책읽기를 잇자고 말하였다.

3. 해안가, 못해요. : 해안가에서는 수영을 못해요. 해안가에서는 고기잡이를 못해요.

4. 기회, 싸움만 : 우리자매는 기회가있으면 싸움만한다. 그래서엄마한테 꾸중을듣는다.

5. 위기, 모두가 : 우리에게 위기가닥치면 모두가 힘을합쳐해결해야합니다.

6. 관광, 살립니다. : 관광으로 멍든 우리제주도를 힘을합쳐살립시다

7. 판가름, 꿈을 이룬 : 나의 과거로 나를 판가름 할 수가 없다. 꿈을 이룬 후에 판가름 해야 한다.

제주 삼성초등학교 5학년 김효정 학생의 작품

【 광고 문구와 사진 자료 합성해서 광고 만들

제주 삼성초등학교 5학년 변지은 학생의 작품

【 사진 속 사물을 다른 용도로 사용하기 】

<다른 용도로 사용하기>

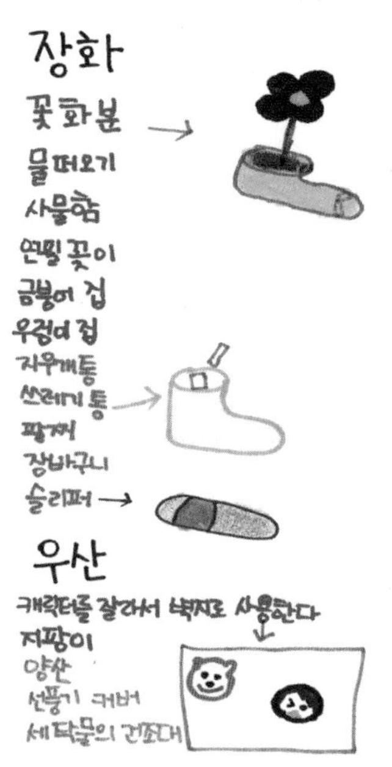

장화
꽃화분
물떠오기
사물함
연필꽂이
금붕어 집
우렁이 집
지우개통
쓰레기 통
장바구니
슬리퍼
우산
캐릭터를 잘라서 벽지로 사용한다
지팡이
양산
선풍기 커버
세탁물의 건조대

캐릭터 장화로 장마 대비하세요 지난 주말 장마전선 북상으로 전국적으로 많은 비가 내린 가운데 1일 롯데마트 서울역점에서 어린이 모델들이 아동용 장화를 선보이고 있다. 이호정기자 hojeong@seoul.co.kr

장난감 기차

pencil case

주머니 만들기

제주 남광초등학교 6학년 방주희 학생의 작품

【 사진 보며 오감 훈련 후 시 쓰기 】

<사진을보며 시쓰기>

7월의 모내기 바싹 말라붙은 대지를 적시는 반가운 단비가 스쳐 지나간 1일 전남 담양군 무정면에서 한 농민이 미뤄뒀던 모내기를 하기 위해 모판에서 훌쩍 자라 버린 모를 옮기고 있다. ▶기사 9면 담양 연합뉴스

기다리고 기다리던
단비가 내리네.
할머니 모내기가
하나도 힘들지 않아.
하나님 말씀보다

단비가 내리네.

제주 삼성초등학교 5학년 강제윤 학생의 작품

■ 창의적 사고를 길러주는 기법

가. 브레인 스토밍 : 짧은 시간 내에 특정한 주제에 대해 생각나는 아이디어를 최대한 많이 산출하는 것

나. 속성 연결법 : 특별한 물품이나 상황에 대한 특징을 목록으로 만들어 각각의 특징에서 새로운 아이디어를 만들어내는 것

다. 강제 결합법 : 둘 이상의 아무 관련 없어 보이는 것들을 강제로 결합시켜 새로운 아이디어를 창출하는 방법으로 양자의 공통점과 차이점을 분석하여 상대 사물의 특징적 속성을 도입하여 결합시켜 보면 기발한 아이디어가 나올 수 있다.

라. SCAMPER : 체크 리스트를 이용하는 방법으로 특정 대상을 변형시키는 방법을 도출해내는 사고 기능

ⓐ S(substitute) : 대체물 찾기-이것 대신 사용할 수 있는 것이 없을까?

ⓑ C(combine) : 결합하기-이것과 결합할 수 있는 것이 없을까?

ⓒ A(adapt) : 적용하기-조건이나 목적이 맞도록 바꿀 수 있을까?

ⓓ M(modity) : 수정하기-색, 모양, 더 작게, 더 크게 바꿀 수 없을까?

ⓔ P(put to other uses) : 다르게 활용하기-다른 용도로 활용할 수 없을까?

ⓕ E(eliminate) : 제거하기-무엇을 없애거나 떼어낼 수 없을까?

ⓖ R(reverse) : 거꾸로 하기-원위치나 반대되는 곳에 놓을 수 없을까?

06 SECTION 인성교육을 위한 NIE

인성의 위기라는 말은 어제 오늘의 이야기가 아니다. '학교 붕괴', '인간성 상실', '도적적 해이', '인격 장애' 등의 표현으로 대변되는 인성의 문제는 개인뿐만 아니라 사회 전체를 흔들리게 할 수도 있는 정신적 재앙이다.

이에 우리 사회에서 인성교육의 필요성과 그 중요성이 갈수록 강조되고 있음에도 학교 교육 안에서는 인성교육이 역부족이거나 상대적으로 소홀히 다루어지고 있는 게 사실이다. 학교 교육이 지적 교육을 위한 장으로 전락되고, 수능 대비를 위한 고된 경쟁의 훈련장이 되고 있는 한 인성교육의 소외는 필연적이라 할 수 있다.

인성교육의 문제를 이야기할 때 그 근본적인 원인으로는 과학 발전과 산업화, 물질문명의 발달로 인한 정신적 가치 하락 등을 지적한다. 물질에 대한 맹신이 산업화를 부추겼고, 자본주의 사회로 접어들면서 돈이면 다 되는, 돈을 벌기 위해서라면 어떤 수단과 방법을 가리지 않는 것을 암묵적으로 허락하는 도덕적 가치관의 해이가 여러 가지 병폐 현상으로 나타나고 있는 것이다.

신문 지상에 오르내리는 기사들만 보더라도 잇단 유명인의 자살, 권력층의 도덕적 해이, 학교 폭력 사태, 가족 살인 등 인간의 이성으로는 불가능하다고 여겨지는 사건들이 비일비재하게 벌어지고 있는 상황이다.

이에 어렸을 때부터 바른 심성을 기르고, 건강한 가치관을 형성하기 위한 교육이 체계적이면서도 지속적으로 이루어져 한다는 게 교육 전문가들의 의견이다.

1. 인성의 개념

인성 교육의 뜻은 말 그대로 인성을 함양시키기 위하여 실시하는 교육이다. 즉 교육 목적은 마음의 바탕을 올바르게 하고, 사람 됨됨이를 바로 세우려는 교육의 일부이다. 더 자세한 의미를 살펴보자면 마음의 바탕을 교육한다는 것은 마음의 구성 요소인 지·정·의를 교육하는 것이며, 사람 됨됨이를 교육한다는 것은 인간으로서 바람직하고 보편타당한 가치를 추구하며 그 가치를 완성할 수 있도록 교육한다는 의미이다.

마음의 바탕인 지·정·의를 조화롭게 발달시키는 마음의 교육과 개인적인 자아 실현을 위한 가치 교육, 그리고 사회적인 도덕적 삶을 추구하기 위한 도덕 교육 등 세 가지로 구성되어 있다. 심성 교육의 목표는 가정과 학교, 사회를 포함한 모든 사회 조직에서 지식 교육과 정서 교육, 행동 교육(실천 교육)이 균형을 이룰 수 있도록 실시되는 것이다.

한편 가치 교육은 올바른 가치 판단 능력을 갖추도록 할 수 있게 하며, 도덕 교육은 공동생활의 기본 원칙과 원리를 교육시키고 도덕적인 행위를 실천할 수 있도록 하는 목표를 가지고 있다.

인성은 타고나기도 하고 환경에 따라 변화하기도 한다. 여러 가지 요소들에 의해 인성은 바뀔 수 있기 때문에 한 개인의 바른 인간성을 기르고, 인격을 함양하여 사람을 사람답게 기르기 위함이 바로 인성 교육의 필요성이다.

인성 교육은 크게 두 가지 축으로 이루어질 수 있다. 한 개인의 바른 인간성을 기르고, 인격을 함양하여 사람을 사람답게 기르는 것이다. 그것이 인성 교육의 목표라면 사람답게 살기 위해서는 자기 자신을 잘 알아야 한다. 그래야 후회 없는 삶을 살 수 있을 뿐만 아니라 타인을 이해하고 공감할 수 있으며, 타인과의 긴밀한 유대 관계 안에서 서로 도우며 잘 살 수 있는 것이다. 따라서 인성 교육의 내용에서 자기 이해, 자기 탐색 프로그램은 매우 중요한 의미를 지니는 것이다.

이와 더불어 타인 이해, 타인 공감, 평등·평화 추구, 서로 협력하는 자세를 배우는 등 공동체를 위한 올바른 인성을 기르는 교육도 필수적이다. 그래야만 지·정·의가 조화로운 인성의 소유자가 되어 한 사회에서 한 몫을 담당하는 사회인으로 성장할 수 있는 것이다.

성장기 아동·청소년은 그 특성상 불안하고 옳고 그름을 이성적으로 구분할 수 없다. 다분히 감정적으로 행동하며 자기중심성을 완전히 벗어나지 못한 단계이다. 하지만 그렇다고 해서 무조건 허용하고 방치하는 것은 위험한 일이다. 아동·청소년 시기에 옳고 그름에 대한 판단력을 기르지 않으면 성인이 되어서도 사회생활을 바르게 할 수 없으며 사회 생활에 실패하기 쉽다.

21세기의 사회는 다양한 문화적 가치가 공존한다. 문화와 국가의 장벽이 없는 미래사회에서 사람들은 옳고 그름의 분별력이 지금보다 더 어려워진다. 그래서 어려서부터 옳고 그름을 분별할 줄 아는 능력을 기르는 것이 중요하다.

2. 신문을 활용한 인성 교육의 실제

(1) 신문을 활용한 자아 탐색 프로그램

신문을 활용한 자아 탐색 프로그램은 일종의 '나를 찾아 떠나는 여행' 이라고 할 수 있다. 자신에 대한 이해 없이 미래가 없으며 타인에 대한 이해와 공감도 불가능하다. 따라서 자라나는 아동·청소년들을 위한 자아 탐색 프로그램은 성장기 과정에서 반드시 필요하며 좀 더 건강하고 밝은 미래를 그려나가기 위한 의미 있고 가치로운 탐색 프로그램이다.

◆ 프로그램명 : 자아 탐색을 위한 NIE

◆ 학습목표 : • 신문을 활용해 나에 대해 탐색해 볼 수 있다.
• 신문을 활용한 자기 탐색을 통해 내가 원하는 삶, 꿈꾸는 삶이 어떤 것인지 생각해볼 수 있다.
• 다양한 형식으로 '나'를 표현해 볼 수 있다.

◆ 학습계획 :

• 신문을 활용한 인성 교육 프로그램 실제—자기 탐색

대주제	소주제	신문을 활용한 활동 내용
나	마음 열기	1. 신문에서 나를 상징하는 것(사진, 낱말, 기호 등)을 찾아 중앙에 붙인다. 2. 주변으로 가지를 뻗어 나의 다양한 면을 표현할 수 있는 자료를 찾아 오려 붙인다. 3. 붙인 내용들을 알아듣기 쉽도록 설명하면서 자신에 대해 소개하는 시간을 갖는다. 4. 소개를 받은 사람은 궁금한 점을 물어보고, 발표자는 이해를 돕는 설명으로 서로를 아는 시간을 갖자. 5. 일반적인 소개 형식과 신문을 활용해 자기 소개를 해 본 소감을 나눈다.
	내가 아는 나, 남이 보는 나	1. '내가 생각하는 나와 남이 생각하는 나는 어떻게 다를까' 를 생각해보는 시간이다. 친구가 보는 나, 선생님이 보는 나, 부모님이 보는 나, 형제가 보는 나가 다를 것이다. 스케치북 중앙에 자신의 이미지를 붙인다. 2. 나를 보는 사람을 누구로 할 것인지 정하고, 나를 중심으로 가지를 뻗어 그 사람의 이미지를 신문에서 찾아 오려 붙인다. (표도 괜찮다) 3. 그 사람들이 나를 어떻게 볼 것 같은지를 생각해보고, 그 사람의 입장에서 나에 대한 알맞은 낱말이나 문구를 찾아 붙이고 설명하는 글을 써본다. (이때 서로 짝을 바꿔 돌아가면서 서로 써주는 활동도 좋다). 4. 왜 그렇게 생각하는지 이유도 적어보자. 5. 다른 사람의 입장에서 또는 다른 사람이 써준 말을 읽으면서 어떤 기분, 어떤 생각이 드는지 소감 나누기를 한다.
	내가 좋아하는 것들	1. 내가 좋아하는 것들에 대해 생각해보는 시간이다. 내가 좋아하는 것들이 어떤 게 있는지 항목을 먼저 정한다. (예-음식, 과목, 사람, 색깔, 놀이, 직업 등) 2. 항목을 정했으면 좋아하는 것들을 신문에서 자료를 찾아 표현해 보도록 한다. 3. 중앙에 중심 이미지를 표현하고 주변으로 가지를 뻗어 다양한 방식으로 표현해 본다. 4. 이 때 자료는 신문에서 찾아 붙이자. (사진, 낱말, 문구, 기호 등) 5. 활동이 마무리되면 발표해 보자. 발표할 때는 그것들을 좋아하는 이유, 좋아하게 된 동기 등도 함께 발표한다. 6. 좋아하는 것들로만 채워진다면 사는 게 행복할까? 좋아하는 것들로만 채워진 하루를 상상하고 일기 쓰기를 해본다. 7. 쓴 내용을 발표하고, 오늘의 활동 소감을 나눈다.
	내가 싫어하는 것들 (사라졌으면 좋겠다고 생각하는 것들)	1. 3차시 활동과 거의 유사하다. (1~5번까지) 2. 표현한 것 중에 나에게 이로운 것과 해로운 것을 구분해보고, 그 이유도 적어본다. 3. 나에게 이로운 것 중에서 싫어하는 것이 어떤 것인지 말해 본다. 4. 이로우면서도 싫어하게 된 이유는 무엇인지, 만약에 그것이 나에게 말을 한다면 뭐라고 말할까? 말 주머니에 적어 본다. 5. 해롭다고 생각하는 것들이 사라지려면 어떻게 하면 좋을지 이야기를 나눈다. 6. 해로운 것이 사라진 하루를 상상해서 그림일기를 써본다. 7. 활동해 본 소감을 나눈다.
	나의 감정	1. 신문에서 감정을 나타내는 표정 사진을 오려 붙인다. (4개 정도) 2. 표정 사진 아래 그 표정에 어울리는 감정 단어, 그런 표정을 짓는 이유, 욕구 등을 적어 본다. 3. 그 중에서 나에게 익숙한 감정, 낯선 감정은 무엇인지 이야기를 나눈다. 4. 익숙한 감정은 어떤 경우, 상황에서 생기는 감정인지 구체적인 경험 나누기를 한다. (육하원칙에 맞게 그때 경험을 적어봐도 좋다) 5. 그때의 나의 욕구, 부탁은 무엇이었는지 생각을 나눈다. 6. 그때의 기분을 회상하며 나의 기분, 욕구, 부탁이 들어간 편지 쓰기를 해본다.

나	감정 이입	1. 기사에서 어려운 처지에 있는 사람의 예를 찾아본다. 2. 어떤 사연인지 요약해서 말해본다. 3. 기사의 주인공이 느끼는 감정, 욕구, 부탁의 말을 생각해서 표현해 본다. 4. 기사의 주인공과 같은 처지, 감정을 느껴본 경험이 있는 이야기를 나눈다. 5. 기사의 주인공이라고 생각하고 호소문을 써본다. (이때 호소문의 예가 필요하다) 6. 활동을 해본 소감을 나눈다.
	나의 장점	1. 내 장점 항목을 만들어 본다. 2. 항목에 어울리는 나의 장점들을 신문에서 자료를 찾아 오려 붙인다. (사진, 낱말, 기호 등) 3. 잘할 수 있게 된 동기, 누구의 도움이 있었는지를 표현해 본다. 4. 그 장점들을 계속 잘 살린다면 무슨 일을 할 수 있을까? 어울리는 직업을 찾아 본다. 5. '성공한 나'를 위한 프로젝트 1단계~4단계를 생각해 본다. (표 작업도 좋다) 6. '성공한 나'의 하루를 상상하며 미래일기를 써 본다. 7. 발표 및 오늘의 활동 소감을 나눈다.
너	나의 인간관계망	1. 나와 관계를 맺고 있는 사람들은 누구일까를 생각해보는 시간이다. 2. 중앙에 나를 표현할 수 있는 중심 이지미를 붙인다. 3. 나를 중심으로 가장 가깝고 우호적인 관계에 속한 사람을 원 안에 적어본다. 4. 바깥으로 원을 그리고 그 다음으로 가까운 사람들의 이름을 적어본다. 5. 가장 가깝지는 않지만 지금보다 더 친하고 싶은 사람이 누구인지 말해본다. 6. 그 사람과 친해지고 싶은 이유, 친할 수 있는 방법 등을 생각해 본다. 7. 내 마음을 표현하는 편지 쓰기를 해 본다. 8. 오늘의 활동은 직접 편지를 전달할 것을 약속하면서 마무리를 한다. 9. 다음 시간에 전달한 소감 나누기를 한다.
	인물 탐색	1. 신문에서 가장 인상 깊은 인물 기사 하나를 찾아 본다. 2. 어떤 사람인지 소개해 본다. 3. 기사에 나온 인물의 좋은 점, 실천한 일, 본받을 점 등을 적어 본다. 4. 기사의 주인공이 한 말이나 행동 중에서 인상 깊은 내용을 적어 본다. 5. 인물을 통해 배우고 얻은 가치로운 생각이 무엇인지 말해본다. 6. 나만의 가치사전을 꾸며본다. (예를 제시해주는 게 좋다) 7. 오늘의 활동 소감을 나눈다.
	나의 꿈나무	1. 2절 색지를 세로를 놓고 큰 나무를 그린다. 2. 나의 꿈이나 이상향을 표현할 수 있는 이미지 사진이나 문구를 오려 붙인다. (시각화) 3. 열매, 기둥, 가지, 뿌리를 구분해 본다. 4. 내가 이루고 싶은 꿈이나 목표를 열매에, 기둥은 그 열매를 얻기 위해 노력해야 할 것들, 뿌리 부분은 절대로 잊지 말아야 할 것들, 살면서 가장 중요한 것들을 표현해 본다. 5. 내 미래를 상상하면서 가상 인터뷰 기사 글을 써보자. 6. 발표 및 소감나누기를 한다.

■ 참고자료 〈나의 인간관계 지수는?〉

나는 상대방을 배려하는 사람인가?
아래 20문항을 통해 타인과 얼마나 원만한 인간관계를 맺고 있는지 스스로 측정해보자.
각 문항을 읽고 ① 아주 그렇다 5점, ② 그렇다 4점, ③ 그저 그렇다 3점, ④ 아니다 2점, ⑤ 전혀 아니다면 1점을 매긴다.

1. 나는 상대방과 이야기할 때 어떤 상황에서도 내 감정을 평온한 상태로 유지하려고 노력한다.
   ① ② ③ ④ ⑤

2. 상대방이 고민이 있거나 심리적으로 불안하거나 감정이 상해 있을 때 나는 상대의 감정 상태를 빠르게 감지하는 편이다.
   ① ② ③ ④ ⑤

3. 상대방이 감정적으로 불안한 상황일 때는 상대에게 비판, 충고, 지시, 조언 등을 하는 것이 별로 도움이 되지 않는다고 생각한다.
   ① ② ③ ④ ⑤

4. 상대방이 어떤 문제를 가지고 있을 때 나는 그가 스스로 자신의 문제를 해결할 수 있다고 믿는다.
   ① ② ③ ④ ⑤

5. 나는 상대방에게 문제가 있을 때 상대의 감정을 상하게 하는 말을 자제하려고 노력한다.
   ① ② ③ ④ ⑤

6. 나는 상대방의 정확한 감정 상태를 파악하기 위해 그의 입장에서 이야기를 듣고 이해하는 것이 필요하다고 생각한다.
   ① ② ③ ④ ⑤

7. 나는 상대방의 이야기를 비교적 잘 들어준다.
   ① ② ③ ④ ⑤

8. 나는 상대방이 말할 때 그의 감정 상태를 잘 읽는 편이다.

① ② ③ ④ ⑤

9. 나는 상대방에게 문제가 있을 때 그를 도와주고 싶은 마음이 들 때가 많다.

① ② ③ ④ ⑤

10. 상대방에게 내 생각과 감정을 솔직하게 표현하는 편이다.

① ② ③ ④ ⑤

11. 상대방이 내 감정을 상하는 말 또는 행동을 했을 때 되도록 상대의 감정을 해치지 않고 내 입장을 전달하려고 노력한다.

① ② ③ ④ ⑤

12. 상대방이 나를 불편하게 만드는 행동을 했을 때 꼭 이야기를 해야 직성이 풀린다.

① ② ③ ④ ⑤

13. 상대방에게 은혜를 입었을 때 반드시 감사 표시를 한다.

① ② ③ ④ ⑤

14. 기분이 나쁘거나 신경이 날카로울 때는 상대방에게 나의 불편한 상황을 미리 말하고 양해를 구하는 편이다.

① ② ③ ④ ⑤

15. 상대방이 나를 불편하게 만드는 행동을 했을 때 "너 때문이야."라고 인식하지 않도록 주의해서 말하는 편이다.

① ② ③ ④ ⑤

16. 나는 적시에 적절하게 갈등에 대처하는 방법을 잘 알고 있다.

① ② ③ ④ ⑤

17. 나는 다른 사람들의 갈등을 잘 중재하는 편이다.

① ② ③ ④ ⑤

18. 상대방이 내게 말하는 문제들을 해결해 주려고 최대한 노력한다.
① ② ③ ④ ⑤

19. 상대방과 갈등 상황에 놓였을 때 양쪽 모두가 만족할 수 있는 해결책을 찾으려고 노력한다.
① ② ③ ④ ⑤

20. 상대방과 가치관이 완전히 다를 때 나는 그 차이점을 인정하고 받아들인다.
① ② ③ ④ ⑤

● 점수 계산

20문항에 대한 각각의 점수를 합산해 총점을 낸다. 이 평가표는 절대적인 것이 아니기 때문에 심각하게 생각할 필요는 없다. 정확한 진단을 위해서는 전문적인 검사기관에서 검사를 받아야 한다.

▲ 100~91점 당신의 인간 관계는 매우 원만하다.
주변 사람들과 훌륭하게 커뮤니케이션하고 있다.
대인 관계 커뮤니케이션 전문가가 될 수 있는 소질이 있다.

▲ 90~81점 주변 사람들과 비교적 원만한 인간 관계를 맺고 있다.
약간만 훈련 받으면 훌륭한 커뮤니케이터가 될 수 있다.

▲ 80~71점 주변 사람들과 마찰 없는 관계를 맺고 있다. 그러나 보다 완벽하게 커뮤니케이션을 수행하려면 약간의 훈련이 필요하다.

▲ 70~61점 대인 관계 커뮤니케이션에 문제를 갖고 있다.
상대방과 대화 중에 종종 갈등 관계에 놓이는 경우가 있다.
원만한 인간 관계를 맺기 위해 전문적인 훈련과 연습으로 커뮤니케이션 방법을 개선할 필요가 있다.

▲ 60점 이하 당신은 대인 관계 커뮤니케이션에 많은 문제를 가지고 있다.
상대방과 갈등을 적절하게 해결하지 못하는 경우가 많다.
대화 상대자의 감정을 불편하게 만들기도 한다.
커뮤니케이션 방법을 몰랐다면 지속적으로 자신의 대화 방법을 개선하려고 노력해야 한다.

■ 감정 표현 단어의 예

분류	낱 말
기쁨 즐거움	가슴 벅차다, 가슴이 뭉클하다, 감격스럽다, 개운하다, 기분 좋다, 기쁘다, 날아갈 듯하다, 뛸 듯하다, 마음이 가볍다, 마음이 확 열리다, 만족스럽다, 멋지다, 명랑하다, 몸 둘 바를 모르다, 반갑다, 뿌듯하다, 산뜻하다, 살 맛 난다, 삼빡하다, 상쾌하다, 상큼하다, 생기 있다, 시원하다, 신나다, 안심되다, 유쾌하다, 자유롭다, 좋다, 즐겁다, 짜릿하다, 쾌활하다, 편안하다, 평온하다, 평화롭다, 행복하다, 활기차다, 황홀하다, 훈훈하다, 흐뭇하다, 흡족하다, 흥겹다
성남 분노/화	분통이 터지다, 성질나다, 속상하다, 속이 부글부글 끓다, 숨 막히다, 신경질 난다, 억울하다, 열 받는다, 울화통이 터지다, 원망스럽다, 유감스럽다, 적개심을 느끼다, 죽겠다, 핏대가 서다, 한이 맺히다, 화나다, 환멸을 느끼다
슬픔 괴로움	가슴이 아프다, 가슴이 저리다, 가슴이 찢어진다, 가엾다, 공허하다, 괴롭다, 마음이 상하다, 막막하다, 먹먹하다, (가슴이) 미어지다, 불쌍하다, 비참하다, 서럽다, 소외감을 느끼다, 속이 썩는 것 같다, 쓰리다, 아련하다, 아리다, 우울하다, 울적하다, 절망스럽다, 좌절감을 느끼다, 착잡하다, 처량하다, 처참하다, 측은하다, 침통하다, 캄캄하다, 한스럽다, 혼란스럽다, 후회스럽다
두려움 걱정/불안	가슴이 답답하다, 걱정스럽다, 겁이 나다, 겁에 질리다, 긴장하다, 놀라다, 당황하다, 두렵다, 떨리다, 무섭다, 무시무시하다, 불안하다, 섬직하다, 소름끼치다, 아슬아슬하다, 아찔하다, 안절부절못하다, 안쓰럽다, 안타깝다, 압박감이 들다, 애간장이 탄다, 애처롭다, 염려스럽다, 조바심이 나다, 주눅이 들다, 질리다, 찜찜하다, 초조하다
의심	걱정스럽다, 기분이 묘하다, 꼬였다, 담담하다, 뒤가 켕기다, 막막하다, 뭐가 뭔지 모르다, 부담스럽다, 불안하다, 생소하다, 아득하다, 아리송하다, 의아하다, 이상하다, 조심스럽다, 캄캄하다, 혼란스럽다, 후회스럽다
외로움	그립다, 쓸쓸하다, 외롭다, 허전하다
놀라움	감격스럽다, 곤혹스럽다, 골치 아프다, 기가 막히다, 기가 죽다, 긴장을 느끼다, 끔찍하다, 놀랍다, 당혹스럽다, 당황스럽다, 대단하다, 막막하다, 머리카락이 곤두서다, 멍해지다, 아찔하다, 어지럽다, 정신이 번쩍 들다, 화끈거리다, 흥분되다, 피가 끓어오르다
사랑 관심 부러움	가까움(친밀감)을 느끼다, 감미롭다, 감사함을 느끼다, 고맙다, 관대하다, 다정하다, 따뜻하다, 따뜻함을 느끼다, 마음이 넓다, 멋있다, 반했다, 보기 좋다, 사랑스럽다, 사랑을 느끼다, 상냥하다, 선하다, 소박하다, 순수하다, 아름답다, 애정이 깊다, 애착이 가다, 열망·애정을 느끼다, 예쁘다, 온화하다, 부럽다
미움 증오	거부감이 들다, 경멸감을 느끼다, 골치 아프다, 괴롭다, 괘씸하다, 구역질이 나다, 귀찮다, 떫다, 미칠 것 같다, 밉다, 반감이 들다, 배반감을 느끼다, 배 아프다, 불만이다, 불쾌하다, 서운하다, 섭섭하다, 성에 안 찬다, 싫다, 심술나다, 쌀쌀하다, 아프다, 안 좋다, 약 오르다, 역겹다, 저주스럽다, 지겹다, 짜증나다, 토할 것 같다, 혐오감을 느끼다
욕심	탐나다
부끄러움 죄책감	마음이 무겁다, 멋쩍다, 미안하다, 부끄럽다, 쑥스럽다, 어이없다, 죄스럽다, 죄책감이 들다, 창피하다, 캄캄하다, 한심하다
자신감 능력	우습다, 당당하다, 든든하다, 뿌듯하다, 신나다, 씩씩하다, 안전하다, 의기양양하다, 자랑스럽다, 자신감을 느끼다, 자신 있다, 자유스럽다, 존경스럽다, 확신감이 들다, 활발하다, 희망차다

(2) 프로그램 실행 후 표현 결과물 예시

① 내가 아는 나, 남이 보는 나

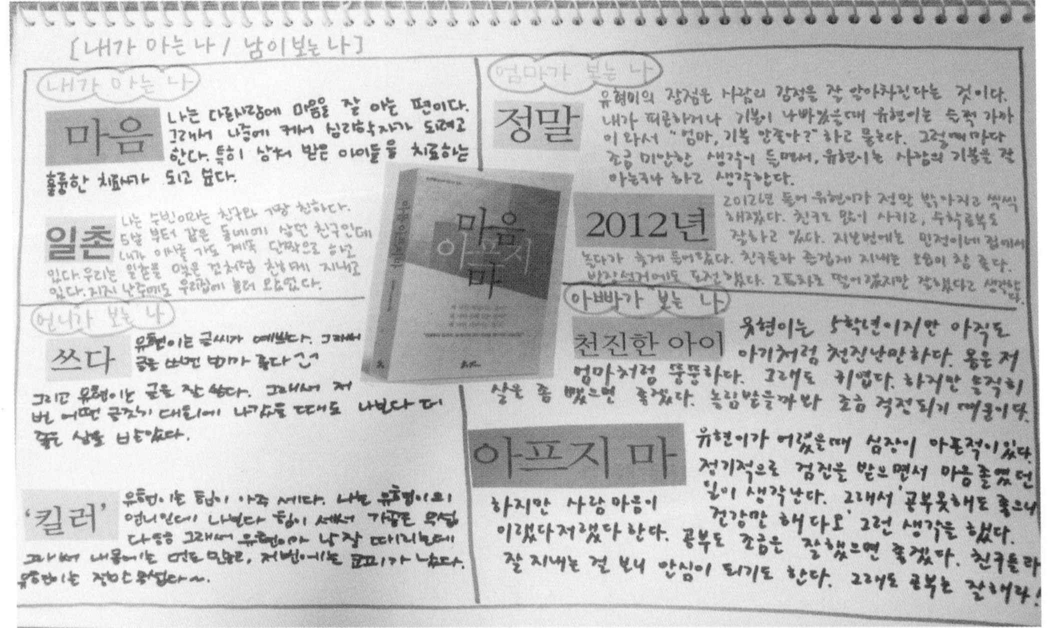

② 내가 잘하는 것, 잘하고 싶은 것 표현하기

③ 인물 탐색 가치사전 만들기

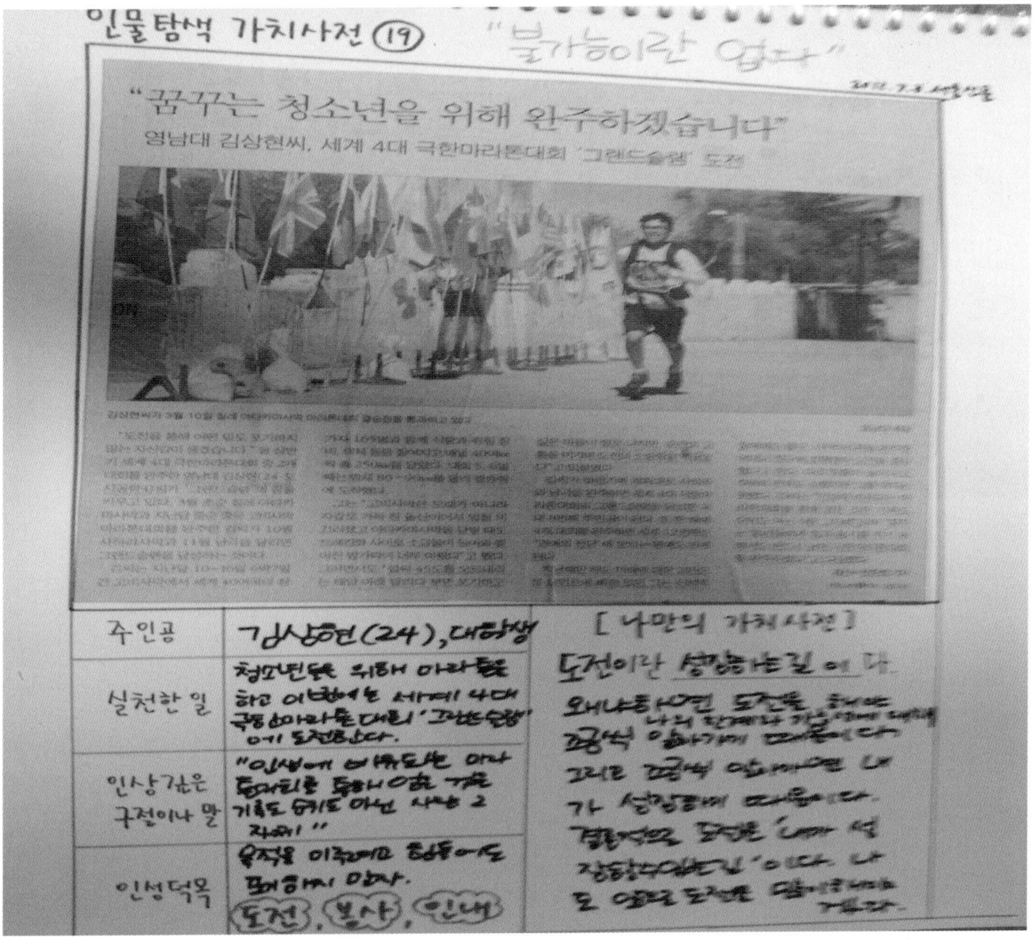

인물탐색 가치사전 19
"불가능이란 없다"
"꿈꾸는 청소년을 위해 완주하겠습니다"
영남대 김상현씨, 세계 4대 극한마라톤대회 '그랜드슬램' 도전
주인공
김상현(24), 대학생
실천한 일
인상깊은 구절이나 말
인성덕목
도전, 봉사, 인내
[나만의 가치사전]

④ 내가 꿈꾸는 미래상 꾸미기

리더십
오은지
자주 웃는다
위험한 도전은 절대 하지 않는다.
아동심리상담
그래도 갖고 싶은 리더십..

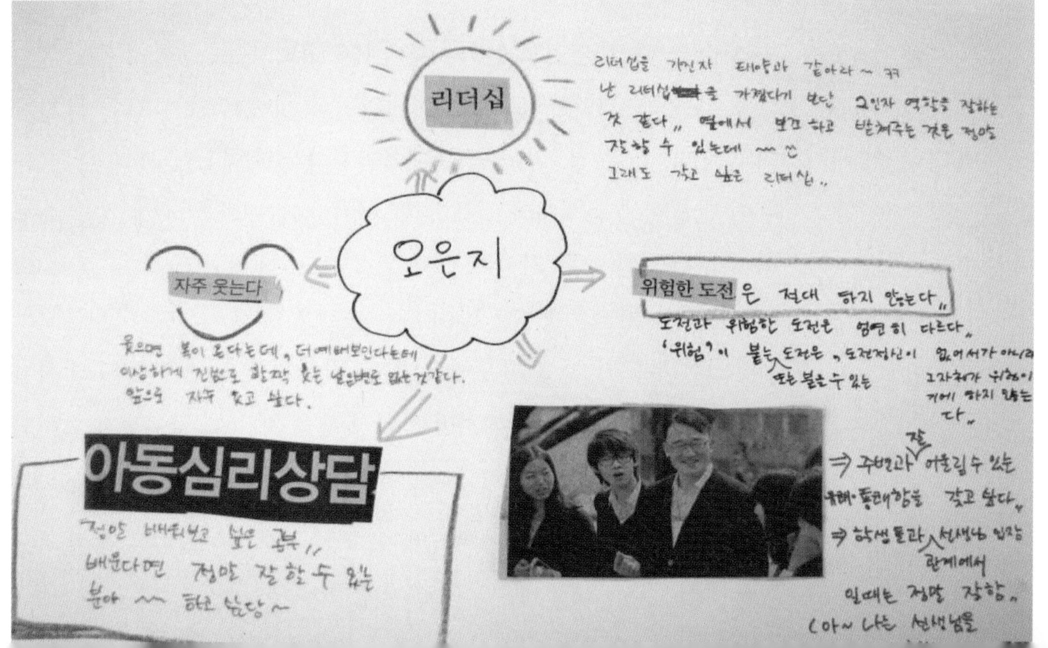

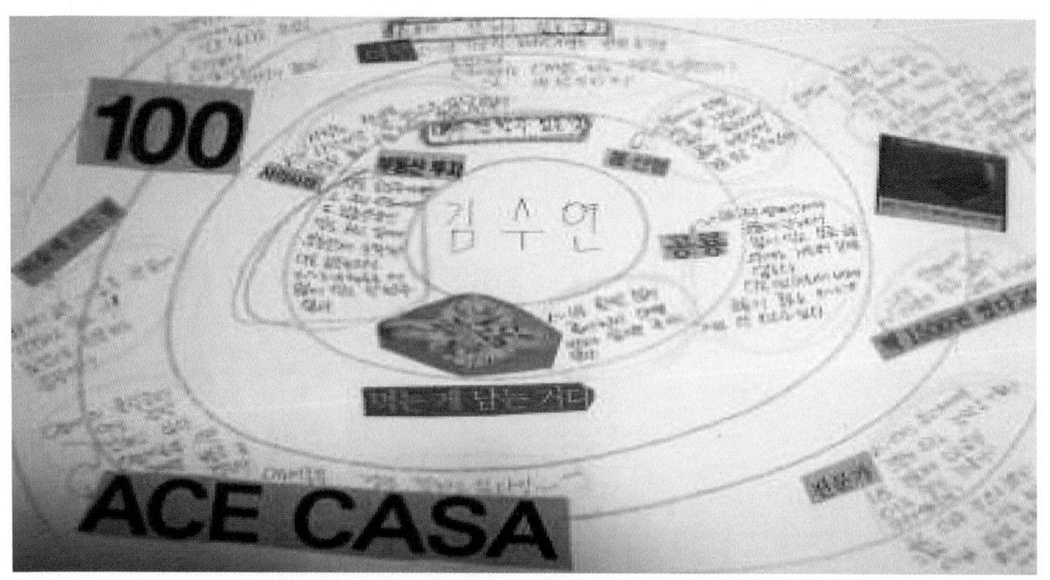

위 작품들은 제주대학교 평생교육원 NIE 지도자 과정 수강생들의 작품이다. 자기 탐색 프로그램은 초등 고학년에서부터 성인에 이르기까지 다양한 대상에게 적용 가능한 프로그램이다.

대부분의 학생들은 학업으로 인해 지쳐 있고 성인들은 사회생활과 일, 자녀 양육 등으로 심신이 피로하다고 호소한다. 하지만 바쁘고 지칠수록 현재의 자신을 돌아볼 필요가 있다. 현재의 내 모습을 객관적으로 들여다 보며 좀 더 건강하고 행복한 내가 되기 위하여 어떻게 할 것인지를 생각해 보는 것은 행복한 생애 설계라는 측면에서도 의미 있고 소중한 시간이 될 것이다.

(3) 신문을 활용한 타인 공감·인성 교육 프로그램의 필요성

청소년들의 개인주의적이고 이기적인 특성들이 크게 사회 문제가 되고 있다. 이는 청소년들의 문제라기보다는 성인들에 의해 보고 배우며 만들어진 품성이라고 해야 할 것이다. 급변하는 사회 흐름 속에서 청소년들은 만족 지연 능력이 부족하고, 예의와 질서, 공동체 의식이 결여되었다는 평가를 많이 받는다.

맞벌이 부모가 늘고 공부만 잘하면 된다는 부모의 잘못된 의식이 자녀에게로 고스란히 전해지면서 인성 교육은 땅에 떨어진지 오래되었다. 일시적인 욕구 충족을 추구하고, 정신의 풍요보다 물질의 풍요를 좇으며, 내용보다는 형식을 추구하는 풍조와 사회 문화가 청소년들의 가치관을 혼란스럽게 하고 있다. 이에 옳고 그름을 판단하는 가치관 교육, 자신도 중요하지만 타인도 그에 못지않게 중요하다는 타인 이해 교육, 함께 사는 사회가 행복하다는 공동체 의식 교육이 무엇보다 중요해진 사회에 우리는 살고 있다.

신문에 있는 자료는 거의 대부분이 인성 교육 자료라고 할 수 있다. 신문을 읽다 보면 자연스럽게 사회 문제에 대한 관심을 갖게 되고, 옳고 그름에 대해 주체적으로 판단하는 능력이 생기며, 타인의 삶이나 감정에 민감성을 발휘하게 된다. 또한 어떤 문제에 대해 합리적인 판단력과 함께 도덕성을 기르는 데 신문활용교육은 크게 기여한다고 할 수 있다.

인성 교육을 위한 자료를 선택할 때는 다양한 자료를 고르되, 되도록 긍정적인 대안을 제시하는 자료가 좋다. 그리고 신문 자료는 아동이나 청소년에게 읽으라고만 하지 말고 부모와 교사가 함께 읽으면서 이야기를 나누거나 토론을 하는 게 바람직하다.

아직 가치관 형성이 덜 되었고, 경험이나 사고 측면에서 부족한 점이 많기 때문에 올바른 가치 판단을 하는 데는 무리가 있어서 성인 교수자가 도움을 주는 것이 바람직하다고 할 수 있다. 하지만 교수자의 편견이나 가치관의 편협성은 금물이다. 최대한 열린 마음과 열린 사고로 대화와 토론에 임하는 것은 교수자의 기본적인 심성과 태도라 할 수 있다.

■ 신문을 활용한 인성교 육을 위한 토론 시 바른 질문법

△ 기사 내용 알기 위한 질문하기
△ 주장하고, 근거를 내놓도록 질문하기
△ 결과 예측하도록 질문하기
△ 반박 질문하기
△ 비슷하거나 반대되는 사례 질문하기
△ 문제 해결법 질문하기

〈정선심·한국인성교육연구소장〉

■ NIE 인성교육의 장점

① 신문은 있는 그대로의 사실을 다루기 때문에 학생들의 흥미를 유발할 수 있다. 따라서 학생들은 문제 해결에 적극적으로 임하는 태도를 갖는다.
② 미담 사례를 통한 교육으로 스스로 미담 사례처럼 행동하고자 하는 실천 의지를 심어줄 수 있고, 부도덕한 사례를 통한 교육으로 사회 문제에 대한 비판적인 안목과 정의감을 기르는 데 도움을 줄 수 있다.
③ 신문의 기사에서 사회 문제에 관심을 갖게 되고 사회 문제에 대해 그냥 지나치지 않고 도덕적으로 민감하게 보는 능력(도덕적 민감성)이 길러진다.
④ 주체적인 인간으로서 자율적으로 의사 결정을 내릴 수 있는 건전한 민주 시민의 자질을 기를 수 있다.
⑤ 신문에 있는 다양한 삶의 모습을 여러 각도에서 생각해 보면서 자연히 어떻게 사는 것이 올바른 것인지를 깨닫게 된다.

■ 미덕의 보석들

인성의 덕목 60가지					
감사	결의	겸손	관용	근면	기뻐함
기지	끈기	너그러움	도움	명예	목적의식
믿음직함	배려	봉사	사랑	사려	열정
상냥함	소신	신뢰	신용	예의	용기
용서	우의	유연성	이상 품기	이해	인내
인정	자율	절도	정돈	정의로움	정직
존중	중용	진실함	창의성	책임감	청결
탁월함	초연	충직	친절	평온함	한결같음
헌신	협동	화합	확신	수용	평화
자유로움	질서	균형	절약	검소	공정

07 SECTION 독후 활동으로서의 NIE

우리는 지금 지식기반사회에 살고 있다. 그래서 우리는 현대에 맞는 지식과 그에 따른 능력을 습득해야 한다. 현재 세계는 그러한 것이 최대의 가치를 창출할 수 있는 시스템으로 변화하였다.

하지만 지식의 습득과 활용의 문제는 하루아침에 되는 것이 아니다. 지식의 습득은 단순하게 책을 읽는 것에 머무르지 않고 책을 비롯한 다양한 매체를 읽어내는 능력과 더불어 그 활용 능력을 포함하는 광의의 의미를 지닌다. 즉 읽기의 자료가 그 어느 때보다 풍부해졌고, 그럼으로 인해 어떤 정보가 더 가치로운가에 대한 논의도 더욱 활발해져야 할 것이다. 그리고 정보 수용자는 무분별한 정보에 노출되기보다는 의미 있고 가치로운 정보를 구분해내는 능력 또한 개발되고 훈련되어야 할 것이다.

이토록 급속하게 변화해가는 시대 흐름 속에서 가치로운 정보에 대한 독서의 필요성이 강조되고 그에 따른 감상과 해석이 더욱 중요해진 시점에서 어떻게 독서하는 것이 바람직한가, 감상의 능력은 어떻게 강화될 수 있는가, 그 감상과 해석은 어떻게 표현되어야 하는가의 문제가 독서 지도의 구체적인 목표가 되고 있다.

독서 지도를 할 때도 체계적인 방법이 제시되지 않고 감상 활동이 원활하지 못한 경우 독서의 본질에 이르지 못할 뿐만 아니라 책이 주는 즐거움과 앎의 기쁨이 반감되기 때문에 체계적인 독서 활동을 비롯, 그에 적절한 독후 활동이 전개되어야 한다.

그렇다면 올바른 독서 지도의 방법과 독후 활동은 어떻게 전개되어야 할까?

책을 잘 읽는다는 것은 책의 내용을 파악하는 것에 머무르지 않고 책이 주는 가치와 의미를 우리 사회의 문제와 결부시켜 생각할 수 있어야 하며, 결국은 내 생활에의 적용이 가능해져야 한다. 말로만 알게 된 점을 확인하고 그걸 적는다고 해서 독서가 잘 이루어졌다고는 볼 수 없다.

그러므로 책의 내용과 상징, 의미, 사회 문제와 연관성 맺기, 내 생활에 적용 가능한 방법을 위하여 책과 신문을 비롯한 매체 그리고 내 생활을 결부시켜 생각하는 훈련이 필요하다.

이를 가능하게 해주는 것은 신문을 비롯한 다양한 매체와의 긴밀한 결합 속에 이루어지는 독서 지도가 이루어졌을 때 그 목표가 달성될 수 있을 것이다.

1. 독서 지도와 NIE의 접목

최근의 독서 교육 동향은 책만을 가지고 하는 독서 지도가 아니라 책과 신문, 노래, 동영상 자료 등 풍부한 매체끼리의 접목을 통한 교육 프로그램이 개발·시행되고 있다.

독서 능력이 책만이 아니라 다매체 텍스트를 종합적으로 이해, 적용시키는 능력을 포함하는 것으로 의미가 확장되면서 이에 대한 연구가 활발해지고 있는 것이다. 따라서 독서 지도 또한 책과 신문의 결합, 신문과 동영상의 결합 등 장르 간 융합이 자연스럽게 이루어지고 있다.

독서 후 감상 능력을 증대시키고 자유로운 표현의 능력을 길러주기 위해서도 단순한 글쓰기를 통한 표현 활동뿐만 아니라 신문을 활용해 자유롭게 자신의 생각을 표현하도록 유도하는 것이 바람직하다고 볼 수 있다.

현대사회는 소통의 도구가 다채널, 다기호화되고 있기 때문이다. 이에 방과후학교, 도서관, 문화의 집 등에서 진행되었던 독서 지도 프로그램에서 독후 활동으로 신문을 활용했던 사례를 공유하고자 한다.

(1) '미래 희망' 아동들을 대상으로 한 독서와 NIE 접목 프로그램

■ 프로그램 개요

◆ 프로그램명 : 나를 찾아 떠나는 독서여행

◆ 학습목표 : • 책 읽는 즐거움을 알 수 있다.

• 책을 통해 주인공의 상황·심정·처지에 대해 공감하고, 나와 비교해 생각해 볼 수 있다.

• 책을 읽은 감동을 신문을 비롯한 다양한 방식으로 표현할 수 있다.

◆ 학습계획

차 시	주 제	활동 내용 / 도서 목록
1차시	나는 세상에서 가장 아름다운 ___이에요	1. 강사 소개 2. 나를 소개하기 3. 향후 수업 준비물 안내 4. 읽기 도서 : 세상에서 가장 아름다운 달걀 5. 세상에서 가장 아름다운 것들 표현해보기 6. 준비물 : 신문이나 잡지, 색지, 풀, 가위, 색연필, 사인펜(색지, 풀, 가위, 색사인펜은 모든 수업에 공통 준비물)
2차시	나는 특별해요!	1. 책 읽기 : 너는 특별하단다 2. 이야기 나누기-활동지 3. 남들이 아는 나, 나만 아는 나 꾸미기 4. 준비물 : 신문이나 잡지, 색지, 풀, 가위, 색연필, 사인펜(색지, 풀, 가위, 색사인펜은 모든 수업에 공통 준비물)
3차시	나도 화날 때가 있어요	1. 책읽기 : 화가 난 아서 2. 이야기 나누기-활동지 3. 나를 화나게 하는 것들 표현하기 4. 화풀이 방법 소개하기 5. 준비물 : 신문, 풍선, 네임펜
4차시	두려운 감정은 싫어요	1. 책읽기 : 칠판 앞에 나가기 싫어 2. 이야기 나누기-활동지 3. 그림 감상하기 4. 그림 보고 글쓰기 5. 준비물 : 신문, 그림이나 사진
5차시	자신감을 갖고 싶어요	1. 책읽기 : 부끄럼쟁이 바이올렛 2. 이야기 나누기-활동지 3. 내가 부끄러울 때 그림으로 표현하기 4. 자신감 훈련 : 처음 해보는 행동하기, 누가누가 ~나? 5. 준비물 : 마이크

6차시	나의 장점을 키워요	1. 책읽기 : 그레이스는 놀라워 2. 이야기 나누기–활동지 3. 그레이스가 텔레비전에 나왔어요. 카메라북 만들기 4. 준비물 : 신문, 색지, 골판지, 사인펜 등
7차시	힘든 때가 있어요	1. 책읽기 : 힘든 때 2. 이야기 나누기–활동지 3. '나도 힘든 때가 있어요' 그림으로 표현하기 4. 내가 나에게 쓰는 편지 5. 준비물 : 신문, 색지, 사인펜
8차시	기다림을 배워요	1. 책읽기 : 엄마의 약속 2. 이야기 나누기–활동지 3. 나도 많이 자랐어요–주인공이 되어 엄마에게 줄 사진첩 만들기 4. 준비물 : 신문이나 잡지, 색지, 사인펜, 풀, 가위 등
9차시	그래도 우리에겐 가족이 있어요	1. 책읽기 : 우리 가족입니다 2. 이야기 나누기–활동지 3. 가족 앨범 꾸미기 4. 준비물 : 가족 사진, 색지, 풀, 가위, 사인펜 등
10차시	희망의 불빛을 보아요	1. 책읽기 : 페페, 가로등을 켜는 아이 2. 이야기 나누기 : 활동지 3. 패러디 하기 : ____, ______를 ____하는 아이 4. 준비물 : 색지, 신문이나 잡지, 사인펜, 풀, 가위 등
11차시	나도 할 수 있어요	1. 책읽기 : 발레리나 벨린다 2. 이야기 나누기–활동지 3. 기사 나누기 4. 주인공 인터뷰 기사 글 쓰기 5. 준비물 : 색지, 사인펜이나 색연필, 풀, 가위 등
12차시	나도 하고 싶은 말은 할래요	1. 책읽기 : 사라, 버스를 타다 2. 이야기 나누기–활동지 3. 주인공을 표현해보기 4. 내가 신문의 주인공이 된다면? 5. 색지, 신문이나 잡지, 사인펜, 풀, 가위 등

■ 프로그램 실행 후 표현 활동 자료 예시

◆ 함께 읽은 책 :
세상에서 가장 아름다운 달걀 / 헬메 하이네 글·그림

독일 출신 그림책 작가의 유아 그림책. 옛날에 아가씨 닭 세 마리가 살았는데 화사깃털 아가씨, 늘씬다리 아가씨, 멋진볏 아가씨, 그들은 자기가 제일 예쁘다고 다투다 임금님에게 찾아가 누가 제일 예쁘냐고 묻는다. 임금님은 예쁜 달걀을 낳으면 공주로 삼겠다 하는데…….

【 책을 읽고 난 후 활동—나를 소개해 보아요 】

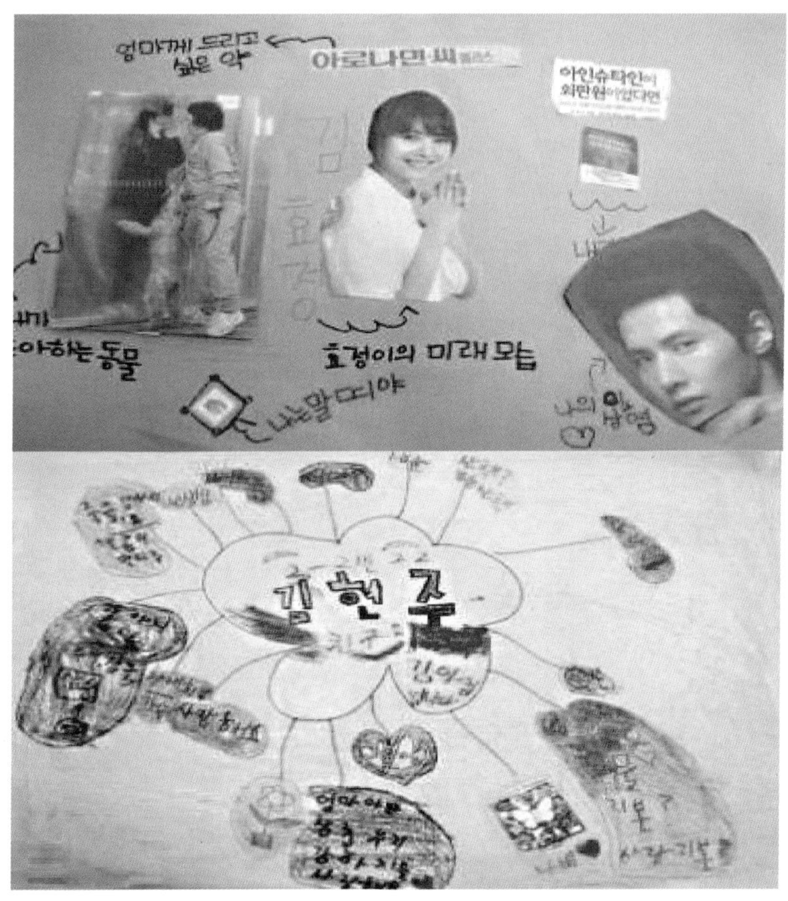

【 세상에서 가장 아름다운 모습을 찾아 보아요 】

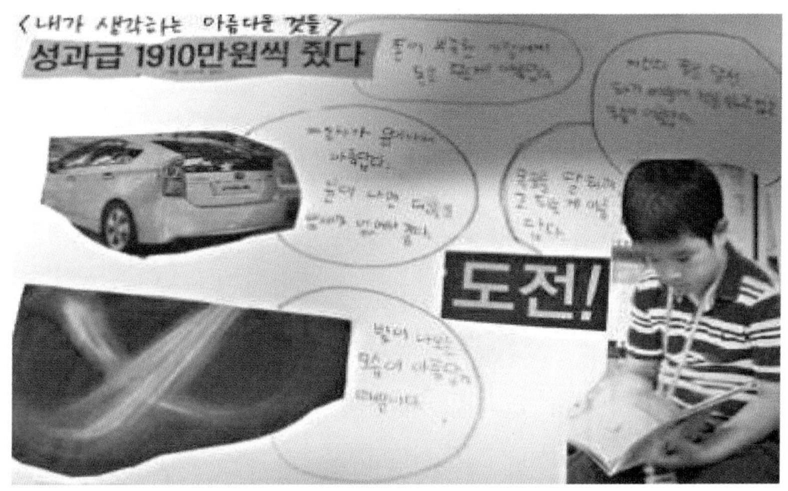

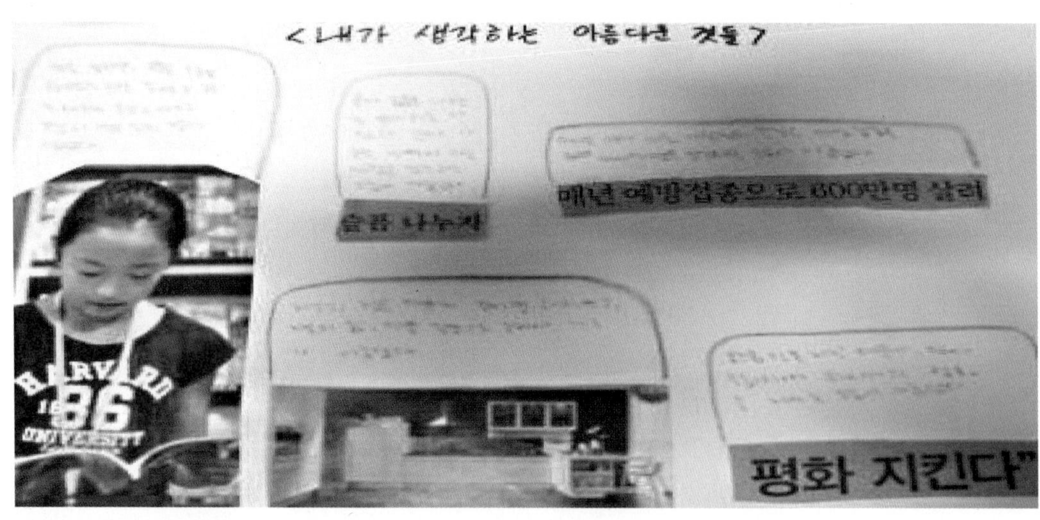

◆ 함께 읽은 책 : 그레이스는 놀라워

이야기를 좋아하는 아이 그레이스가 세상의 고정관념에 맞서 자신이 원하는 것을 찾아가는 과정을 소개합니다. 그레이스는 책으로 읽어주는 이야기, 말로 들려주는 이야기 혹은 할머니가 들려주는 옛날 이야기 등 이야기라면 모두 좋아하지요. 이야기를 다 듣고 나면 그것을 연극으로 표현합니다. 물론 언제나 가장 신나는 역은 그레이스 차지지요. 그런데…….

◆ 책을 읽고 난 후 과정과 표현 활동

【 독서 활동지 하기 】

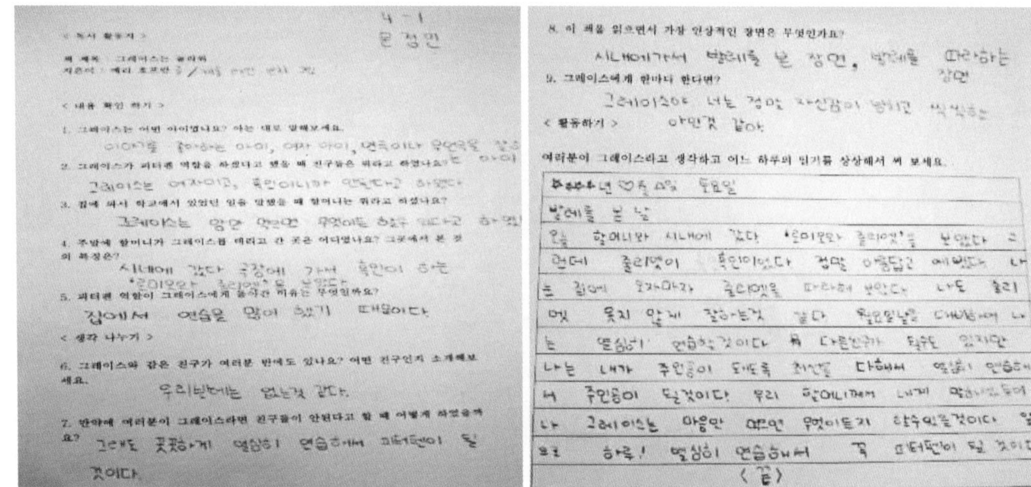

< 독서 활동지 >

4-1 문정민

책 제목 : 그레이스는 놀라워

지은이 : 메리 호프만 글 / 캐롤라인 빈치 그림

< 내용 확인 하기 >

1. 그레이스는 어떤 아이였나요? 아는 대로 말해보세요.

이야기를 좋아하는 아이, 여자 아이, 연극이나 무언극을 잘 하는 아이

2. 그레이스가 피터팬 역할을 하겠다고 했을 때 친구들은 뭐라고 하였나요?

그레이스는 여자이고, 흑인이니까 안된다고 하였다

3. 집에 와서 학교에서 있었던 일을 말했을 때 할머니는 뭐라고 하셨나요?

그레이스는 맘만 먹으면 무엇이든 할수 있다고 하였!

4. 주말에 할머니가 그레이스를 데리고 간 곳은 어디였나요? 그곳에서 본 것의 특징은?

시내에 갔다 극장에 가서 흑인이 하는 '로미오와 줄리엣'을 보았다

5. 피터팬 역할이 그레이스에게 돌아간 이유는 무엇일까요?

집에서 연습을 많이 했기 때문이다

< 생각 나누기 >

6. 그레이스와 같은 친구가 여러분 반에도 있나요? 어떤 친구인지 소개해보세요.

우리반에는 없는것 같다.

7. 만약에 여러분이 그레이스라면 친구들이 안된다고 할 때 어떻게 하였을까요?

그래도 꿋꿋하게 열심히 연습해서 피터팬이 될 것이다.

8. 이 책을 읽으면서 가장 인상적인 장면은 무엇인가요?

시내에가서 발레를 본 장면, 발레를 따라하는 장면

9. 그레이스에게 한마디 한다면?

그레이스야 너는 정말 자신감이 넘치고 씩씩한 아인것 같아.

< 활동하기 >

여러분이 그레이스라고 생각하고 어느 하루의 일기를 상상해서 써 보세요.

년 ♡월 ○일 토요일

발레를 본 날

오늘 할머니와 시내에 갔다 '로미오와 줄리엣'을 보았다 그런데 줄리엣이 흑인이었다 정말 아름답고 예뻤다 나는 집에 오자마자 줄리엣을 따라해 보았다 나도 줄리엣 못지 않게 잘하는것 같다 월요일날을 대비해서 나는 열심히 연습할것이다 다른친구가 될수도 있지만 나는 내가 주인공이 되도록 최선을 다해서 열심히 연습해서 주인공이 될것이다! 우리 할머니께서 내게 말씀하셨듯이 나 그레이스는 마음만 먹으면 무엇이든지 할수있을것이다 앞으로 하루! 열심히 연습해서 꼭 피터팬이 될 것이다!

〈끝〉

【 주인공을 표현해 보아요 】

◆ 함께 읽은 책 :

페페, 가로등을 켜는 아이 / 일라이자 바톤 지음

페페는 멀베리 거리의 가난한 아파트에서 살고 있었어요. 아빠는 아프시고 엄마는 돌아가셔서, 페페는 나이가 어렸지만 일을 해야 했어요. 어린 페페가 할 수 있는 일은 가로등에 불을 켜는 것뿐이었어요. 아빠는 페페가 하는 일이 못마땅했지만 페페는 기쁜 마음으로 가로등을 켰어요. 페페는 가로등을 하나하나 밝힐 때마다 가족의 이름과 행복을 기원하는데…….

◆ 책을 읽고 난 후 표현 활동

【 페페에 대한 내 느낌과 생각을 표현해 보아요 】

◆ 함께 읽은 책 :
사라, 버스를 타다 / 윌리엄 밀러 지음

미국 흑인 민권운동의 촉발점이 된 로사 팍스의 실제 이야기를 바탕으로 한 그림책이다. 1950년대 미국 남부에 사는 사라는 흑인 소녀이다. 날마다 엄마와 함께 버스를 타고 학교에 가는 사라는 항상 뒷자리에 앉아야 한다. 앞자리가 백인들만 앉을 수 있도록 법이 정하고 있기 때문이다. 하지만 사라는 그 법이 옳지 않다고 생각해 어느 날 뒷자리에서 일어나 앞으로 나아가 앞자리에 앉았다. 그런데…….

◆ 책을 읽고 난 후 표현 활동

【 책 속의 주인공이 신문에 나왔어요 】

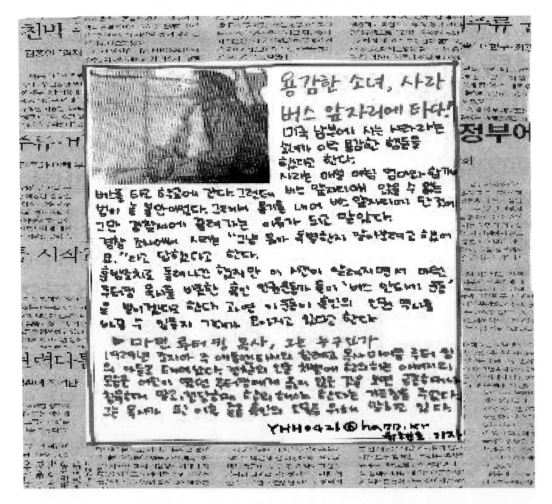

용감한 소녀, 사라 버스 앞자리에 타다!

미국 남부에 사는 사라라는 소녀가 아주 용감한 행동을 했다고 한다.
사라는 매일 아침 엄마와 함께 버스를 타고 학교에 간다. 그런데 버스 앞자리에 앉을 수 없는 법이 늘 불만이었다. 그래서 용기를 내어 버스 앞자리에 탄 것이 그만 경찰서에 끌려가는 사태가 되고 말았다.
경찰 조사에서 사라는 "그냥 왜 차별하는지 알아보려고 했어요."라고 답했다고 한다.
훈방조치로 풀려나긴 했지만 이 사건이 알려지면서 마틴 루터 킹 목사를 비롯한 흑인 인권운동가들이 '버스 안타기 운동'을 벌이겠다고 한다. 과연 이 운동이 흑인의 인권 역사를 바꿀 수 있을지 기대가 모아지고 있다고 한다.

▶ 마틴 루터 킹 목사, 그는 누구인가

[illegible]

[illegible] 기자

■ 신문을 활용한 독서 활동을 하고 난 후 평가와 소감

'미래 희망' 아동들은 맞벌이나 한부모 가정의 아이들로 구성되었으며, 돌보미 교사가 지원되어 돌봄을 받고 있는 아동들이다.

이번 '나를 찾아 떠나는 독서여행'은 국립중앙도서관의 지원을 받아 진행된 프로그램인데, 초등 1~4학년 학생 15명이 집단으로 참여하였다. 구성의 조건상 책읽기 활동을 그림책을 중심으로 하였고, 책을 읽고 난 후 내용 확인, 생각 나누기 활동을 하였다.

독후 활동으로는 주로 주인공에 대해 소개하기, 주인공에 대한 내 느낌과 생각 표현하기, 내가 주인공이 되어 하고 싶은 말을 글과 그림으로 표현하고 발표하기, 나도 책 속의 주인공이 되어보기 등의 활동으로 이어졌다.

스스로 책읽기에 익숙하지 않은 아동들이라 선생님이 책 읽어주는 것을 좋아하였고, 독서 지도를 받은 경험이 없어 더욱 적극적으로 참여하였다. 책을 읽고 난 표현활동을 주로 신문이나 잡지를 활용하여 하도록 유도함으로써 더욱 자유로운 표현활동이 가능해졌으며, 다양한 느낌과 생각들이 표현되어 참여한 아동들 서로에게 새로운 생각과 경험을 나누는 계기가 되었다.

보조교사로 참여한 돌보미 교사들도 적극적으로 변화해가는 아동들을 보면서 독서 지도의 필요성과 함께 다양한 매체를 활용한 표현활동이 창의적인 생각을 끄집어내게 하고, 다양한 표현의 기법과 내용들을 공유할 수 있어 아동을 이해하는 데 도움이 되었다고 평가하였다.

(2) 방과후학교 독서논술반의 매체 활용 프로그램 사례

아동·청소년의 독서논술 교육에 참여하고 있는 필자는 방과후학교 독서논술반 운영을 통해 책 읽는 즐거움과 책읽기를 통한 사고력 향상, 감상 능력의 향상을 위한 프로그램을 진행하고 있다.

다음은 제주 노형초등학교 방과후 독서논술반 5·6학년 학생들이 매체를 활용한 문학 작품 감상 수업을 한 사례를 통해 올바른 독서교육 및 문학 감상 프로그램에 대해 공유하고자 한다.

① 교수·학습 계획안

◆ 교수·학습 계획안 예시

대상 학년	노형초등학교 5~6학년 독서논술반
도서/매체	1. 나비를 잡는 아버지 / 현덕 동화 2. 김주택의 시 「아버지」 외 3. 대중가요 싸이의 〈아버지〉 동영상 4. 김종서의 〈아버지〉 뮤직비디오
학습 목표	1. 작품을 읽고 주인공이 겪는 갈등에 대해 이해한다. 2. 시, 동영상, 뮤직비디오를 감상하고 작품 속의 아버지와 나의 아버지에 대한 이야기를 나눈다. 3. 매체 감상을 통해 느끼고 생각한 것을 글과 그림, 포스터 형식으로 표현해 본다.
도 입	1. 마음 열기 발문 1) '아버지' 하면 떠오르는 것은 무엇인가요? 2) 아버지에 대한 작품, 기억나는 게 있나요? 3) 현덕 선생님의 작품 중 기억에 남는 작품은 무엇인가요? 2. 작가 소개
전 개	1. 그림책 읽기 및 시 감상 : 나비를 잡는 아버지 / 현덕 길벗어린이 초등 2학년의 시 「아버지」 외 2. 내용 확인 발문 3. 동영상 시청 : 싸이 노래 〈아버지〉 김종서의 〈아버지〉 뮤직비디오 4. 생각 나누기 발문 5. 마인드맵으로 작품 정리하기
마무리	1. 독후 활동 : 글, 그림, 신문을 활용해 포스터 만들기 2. 발표 및 감상
평 가	1. 작품 이해가 잘 되었는가 2. 작품 감상을 잘 표현하였는가

② 활동지 예시

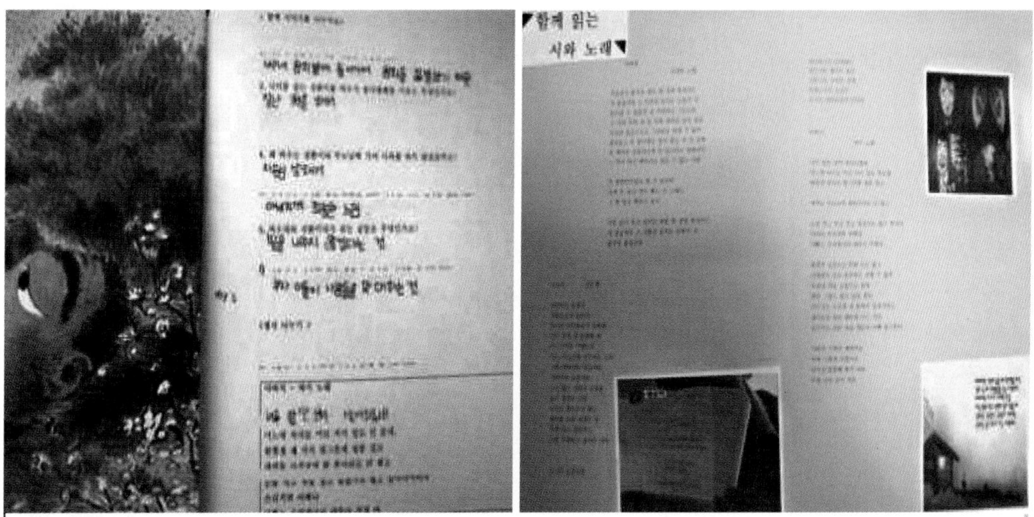

현덕 작품 「나비를 잡는 아버지」 독서 활동지 / 시와 노래 수록 자료

작품 읽기는 그림책으로 출판된 작품이었기에 수월하게 감상할 수 있었고, 활동지를 통해 그 내용을 확인하였다.

동영상 작품으로 감상한 싸이의 노래는 아동과 청소년들에게 익숙한 가수이고, 만화로 된 동영상이었으며, 시는 얼마 전 종영된 인기 오락 프로그램(MBC, 오늘을 즐겨라)에서 선보인 바 있어 더욱 흥미를 보이며 감상하였다.

감상 나누기는 교사의 발문으로 이루어졌는데, 이 때 발문의 내용이 아동과 청소년의 수준에 맞아야 하며 느낌과 생각을 자극하는 열린 발문이어야 한다.

다음은 문학 작품과 동영상 자료를 감상한 후 함께 이야기를 나누고 감상을 표현한 활동 자료이다.

③ 문학 작품 감상 표현의 다양한 사례

【 마인드맵으로 작품의 내용 정리 】

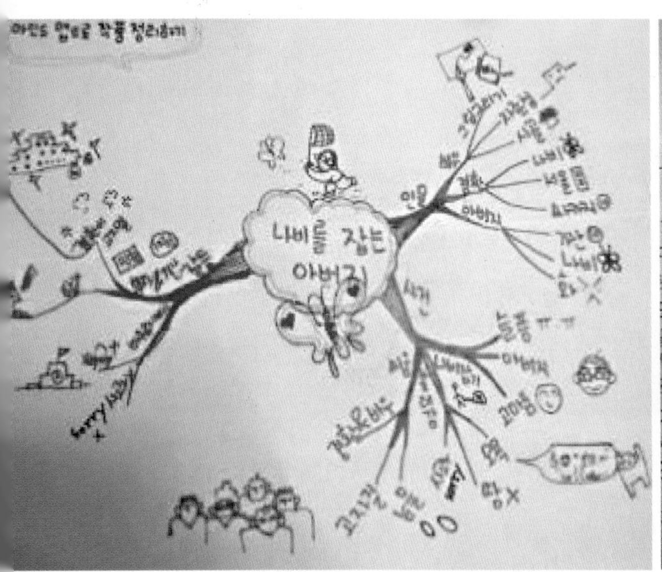

노형초등학교 5학년 양유리 작품

【 나의 아버지에 대한 소개 글 】

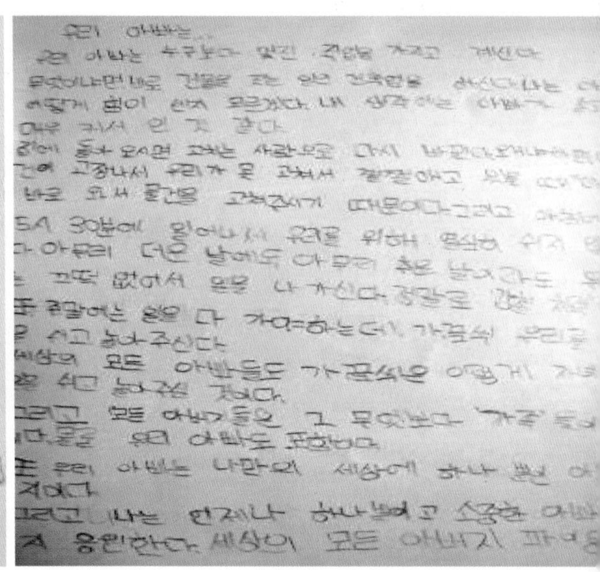
우리 아빠는..
우리 아빠는 누구보다 멋진 직업을 가지고 계신다
무엇이냐면 바로 건물을 짓는 일인 건축업을 하신다 나는
어떻게 힘이 센지 모르겠다 내 생각에는 아빠가
매우 커서 인 것 같다
고치는 사람으로 다시
고장나서 우리가 못 고쳐서 쩔쩔매고
바로 오셔서 물건을 고쳐주시기 때문이다 그리고
5시 30분에 일어나서 우리를 위해 열심히
아무리 더운 날에도 아무리 추운 날이라도
나가신다 정말로
다 가야하는데 가끔씩 우리를
놀아주신다
세상의 모든 아빠들도 가끔씩은 이렇게
놀아줬음 좋겠다
그리고 모든 아버지들은 그 무엇보다 '가족'
우리 아빠도 포함이다
우리 아빠는 나만의 세상에 하나 뿐인
그리고 나는 언제나 하나뿐이고 소중한
응원한다 세상의 모든 아버지

노형초등학교 5학년 김기환 작품

【 작품을 읽고 난 후 신문 활용을 통해 감상을 표현한 작품 】

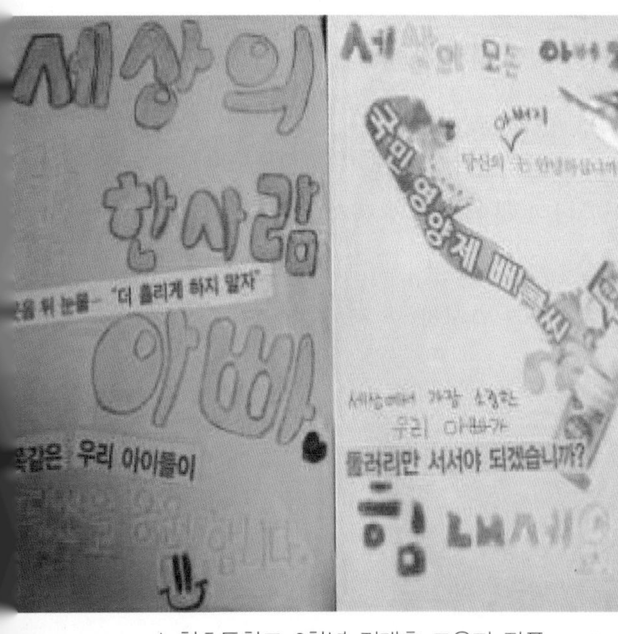

노형초등학교 6학년 김태후·고은지 작품

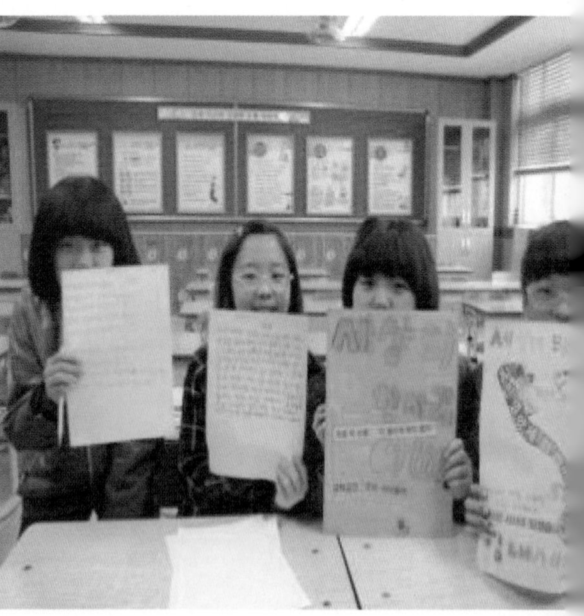

노형초등학교 방과 후 독서논술반

■ 다매체를 활용한 문학 작품 감상 프로그램이 나아갈 길

문학 작품 감상 수업은 작품 안에서 작품의 요소들, 즉 주인공, 주인공의 처지와 상황, 사건, 갈등 등을 관찰하면서 더불어 자아를 발견하게 한다. 또한 사고력 향상을 통해 세계를 인식하며 현실의 문제를 긍정적으로 바라보고 해결점을 찾게 하는 가능성 모색의 가치관 교육이기도 하다. 따라서 문학 작품 감상 수업은 문학 작품의 독자인 아동·청소년들로 하여금 자신의 존재 확인과 자아와 세계 사이의 간극을 더욱 조화롭게 영위해 나갈 수 있는 힘을 기르는 데 그 목적이 있어야 한다. 하지만 지금까지 독서 교육에서의 문학 작품 감상 수업의 현실은 독자가 텍스트의 내용과 숨겨져 있는 의미를 찾아내는 것에 만족하는 소극적 독서를 권장해 왔다.

하지만 문학 작품의 진정한 이해와 감상이 작가-텍스트-독자의 적극적인 만남이어야 한다면 문학 작품 감상 수업은 학습자의 능동적인 해석과 감상, 그에 따른 문학 작품의 향유에 초점이 맞추어져야 할 것이다. 그렇다면 능동적인 독서와 감상은 어떻게 가능하겠는가. 모든 독서 교육은 적기(適期), 적서(適書), 적인(適人)의 원리를 잊지 말아야 한다. 더욱이 문학 작품 감상 교육은 내용 이해와 더불어 감성을 자극시켜야 하기 때문에 적서와 더불어 수준에 맞는 적절한 매체를 통합했을 때 적극적 독서와 감상이 가능하며, 그 감상의 효과는 높아질 수 있다는 점을 강조하고 싶다. 또한 표현활동을 지도할 때 단순하게 글과 그림으로 표현하게 하는 것보다 신문이나 잡지, 자연물을 활용해 표현하게 함으로써 더욱 더 자유롭고 창의적인 생각들이 표현될 수 있도록 유도하는 것이 바람직하다고 할 수 있겠다.

■ 매체를 활용한 문학 작품 감상 후 소감 및 평가

문학 작품 감상에 있어 핵심은 주인공들이 겪는 갈등의 이해와 이의 현실에의 적용이다. 문학 작품은 주인공들이 겪는 무수한 갈등의 양상을 흥미진진한 사건을 통해 보여준다. 현덕의 『나비를 잡는 아버지』는 일제강점기를 시대적 배경으로 한 작품으로서 가난 때문에 상급 학교에 진학하지 못한 바우와 마름 아들 경환이와의 갈등, 계급적 약자라는 이유로 무조건 빌라고 하는 아버지와 자존감의 훼손에 힘겨워하는 아들 바우와의 갈등, 가난 때문에 그림 그리고 싶은 꿈을 포기하고 소 돌보는 일을 해야 하는 바우의 내면적 갈등을 그리고 있는 작품이다. 따라서 이러한 다양한 갈등을 수준에 맞게 이해하고 공감하게 하는 것이 이번 문학 작품 감상 수업에 있어 큰 목표이며, 이 갈등 가운데 가장 공감이 되는 부분에 대해 자신의 현실 문제를 적용해보게 하는 것이 그 두 번째 수업 목표였다. 〈제주특별자치도교육청 발간 《월간제주교육》 2011년 6월호에 게재된 원고임〉

(3) 제주 대정여자고등학교 겨울독서교실 프로그램 사례

제주 대정여자고등학교는 2010년 겨울독서교실, '나를 찾아가는 여행'이라는 제목으로, 박상률의 『나는 아름답다』를 읽고 나에 대해 탐색하는 시간을 가졌다. 대정여자고등학교 2학년 30여 명이 참여하여 이틀간에 걸쳐 이루어졌는데 에니어그램을 통한 자기 이해, 책을 읽고 토론하기, 현재의 나·미래의 나에 대해 표현하기 활동으로 진행되었다. 다음은 그 활동 장면과 표현활동 자료이다.

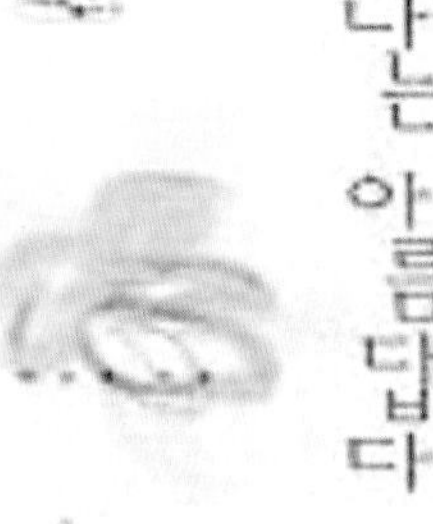

◆ 함께 읽은 책 : 나는 아름답다 / 박상률 지음

청소년을 위한 책. 선우는 고향섬을 떠나 육지의 도시 학교에 다닌다. 선우의 외적 방황과 성적 측면, 사람에게 있어 죽음의 문제 등을 들려준다. 「봄비가 적시는 것들」부터 「나는 아름답다」까지 22개의 장으로 엮어져 있다.

■ 독서 활동의 과정과 표현 활동 사례

【 에니어그램으로 나를 알아보자 】

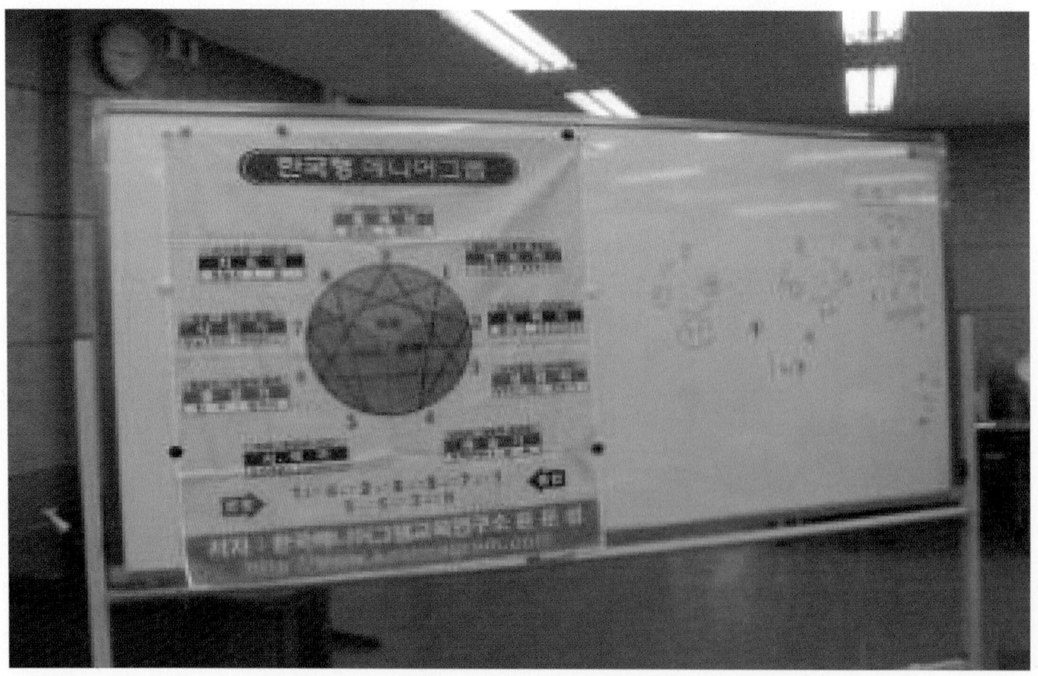

【 책을 읽고 난 후 감상 나누기 : 독서골든벨 장면 】

【 신문을 활용해 내가 생각하는 나의 모습 표현해보기 】

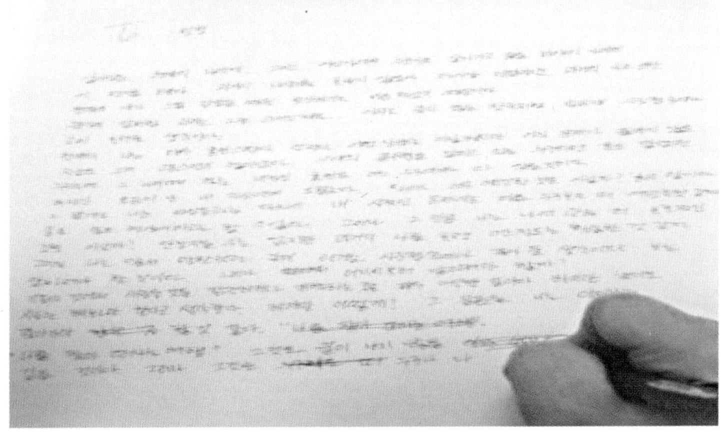

【 내가 나에게 편지 쓰기 】

【 발표 및 감상 나누기 】

■ 활동을 하고 난 후 평가 및 소감

현실적으로 학생들은 책을 읽을 시간이 부족하다. 수능이 바로 코 앞이라 독서에 대한 계획이나 생각을 할 수 없다.

하지만 방학기간을 통해서라도 책을 읽고 나누는 시간을 갖는 것은 나의 진로 설계와 더불어 현재의 나를 돌아보는 데 의미 있는 활동이다.

대정여자고등학교 학생들에게 주어진 이 프로그램 또한 그런 취지와 목적에 의해 진행되었다. 학교 측의 배려로 참여한 모든 학생에게 『나는 아름답다』라는 책을 한 권씩 나눠주고 프로그램 실행 2주 전 읽어오라는 과제를 주었다. 또한 독서 감상의 효과를 높이기 위해서 에니어그램 성격 유형 검사를 실시하였고, 책을 읽고 난 내용 이해 정도를 파악하기 위하여 독서 퀴즈를 풀어보는 시간도 가졌다.

본격 토의·토론에 앞서 나에 대해 생각해보는 시간으로 신문을 활용한 자기 소개 시간을 가졌으며, 이를 바탕으로 감상 나누기 시간을 가졌다. 또한 신문 속의 아름다운 인물 찾기를 하였는데, 이때 학생들이 찾은 인물은 한비야, 김장훈, 안철수, 폐품을 팔아 불우이웃을 도운 환경미화원 정구영 씨 등이다.

마지막으로 자신의 현재 모습, 미래에 대한 꿈을 담아 '나에게 편지 쓰기' 활동을 하여 발표와 소감 나누기를 하며 마무리지었다.

이틀 동안의 짧은 시간이지만 학생들은 자신에 대해 돌아보게 되는 계기가 되었으며, 현재 공부 때문에 힘들어 하는 모습을 극복하고 아름다운 모습으로 당당히 살고 싶다는 소감을 발표하기도 하였다.

08 SECTION

신문 활용과 글쓰기
— 어린이기자단 활동을 중심으로

신문은 그 자체가 글쓰기 지도서이다. 기사 글의 형식이 일정하다지만 요즘은 기사 글의 형식도 다양해지고 있다. 사건의 개요를 설명하는 사실적인 보도 글뿐만 아니라 기사 중 주인공의 일상을 따라가는 일기 형식의 기사 글, 자신의 주장을 논리적으로 쓴 기사 글, 어떤 사실에 대해 알기 쉽도록 서술한 설명 글, 광고의 카피 또한 창의적 글쓰기의 모델이라고 할 수 있다.

기자들도 과거의 기사체로부터 벗어나 새로운 기사체 모델을 시도하고 있고, 실제로 언론재단에서는 기자들을 대상으로 하는 글쓰기 교육도 해마다 실시하고 있다. 신문을 통해서 비평적 글쓰기, 서사적 글쓰기, 문학적 글쓰기의 모델을 볼 수 있다는 점에서 신문 읽기만 잘해도 글쓰기의 기초는 어느 정도 쌓을 수 있다.

신문을 활용해 글쓰기를 배운다면 어떻게 배울 수 있을까?

글쓰기는 하루 아침에 길러지는 능력이 아니다. 글을 쓰려면 우선 글의 재료가 있어야 하는데, 글의 재료는 단순하게 '글감' 만을 의미하지 않는다. 글이란 것을 형식의 측면에서 보면 글감·소재가 무엇인가 하는 것이며, 내용의 측면에서 보면 어휘·사고·지식과 정보 등이다. 이 모두가 글의 목적에 따라 절묘하게 갖추어졌을 때 '글을 잘 썼다' 또는 '글이 좋다' 라고 평가하는 것이다.

신문을 활용한 글쓰기를 훈련하는 방법은 단순하게 기사를 읽고 감상문이나 소개 글쓰기와 같은 것만을 의미하지 않는다. 신문에 나온 어휘들을 사용해서 짧은 글짓기, 사진 보며 관찰 글쓰기, 사진을 잘 관찰하여 묘사와 서사가 어우러진 상상 글쓰기, 기사를 읽고 알게 된 사실을 설명하는 글쓰기, 내가 기자가 되어 인터뷰 기사 글쓰기, 사진을 여러 장 연결하여 상상 글쓰기, 사설을 읽고 반박 글쓰기, 나도 독자투고 써보기 등의 글쓰기 활동들이 신문을 활용한 글쓰기 활동들이라고 할 수 있다.

이와 더불어 자신의 글쓰기가 산 체험이 되기 위해서는 기자단이 되어 보는 것도 좋다고 생각한다.

어린이기자단을 모집하는 신문사가 여러 군데 있다. 어린이 또는 청소년 기자가 되어 활동하다 보면 자연스럽게 아는 것도 많아지고, 글쓰기 실력도 늘게 마련이다.

기사를 쓰기 위해서는 취재를 해야 하고, 다양한 사람, 다양한 일들을 경험하면서 세상을 이해하는 폭이 넓어지고 더불어 감성도 기를 수 있다. 감성이라는 것이 책상머리에 앉아 열심히 책을 읽는다고 길러지는 게 아니라 세상과 만나면서 내 감각과 사고, 마음이 열리면서 길러지는 것이다.

필자는 2009년 1년 동안 지역아동센터 아동을 대상으로 어린이기자단을 운영하였다. 한 달에 한 번 제주의 역사와 문화·생태를 찾아 취재를 하고 와서 기사 글로 써서 신문에 연재하는 방식이었다.

다음은 〈구좌읍 평대리 해바라기지역아동센터 어린이기자단 〉이 1년 동안 체험한 일정과 그 기사 글의 예이다.

■ 2009년 해바라기지역아동센터 생태체험 및 어린이기자단 활동 계획표

▶ 기간 : 2009년 3월 ~ 12월 매월 마지막 주 토요일 (9회)

▶ 시간 : 10:00 ~ 13:00 (월 3시간)

▶ 대상 : 구좌제일교회 해바라기아동센터 4~6학년

▶ 인원 : 15명 내외

▶ 일정표 : 별지 참조

▶ 인솔, 해설 강사 : 김원순 생태전문 해설가

▶ 글쓰기 지도 강사 : 강은미(제주지역사회교육협의회 글쓰기·독서 전문 강사, NIE 강사)

◆ 교육 목적

제주도는 우리나라 유일의 세계자연유산을 갖고 있다. 자라나는 청소년들에게 우리가 살고 있는 고장에 대한 관심을 불러일으키며 환경에 관심을 갖도록 현장 학습을 통하여 일깨워준다. 그리고 동료들과의 현장 체험을 통해 협동심을 익히며, 아름다운 자연을 몸과 마음으로 느끼면서 감수성을 키우는 것이다. 또한 알게 된 정보를 기사 글로 정리해 보는 글쓰기 활동을 통해 학생들의 사고력 증진과 글쓰기 능력을 배양시킨다.

◆ 현장 지도 프로그램 내용

1. 오름과 곶자왈에서는?
   - 오름은 어떻게 태어났는가?—현장에서 이야기
   - 오름은 어떻게 생겼는가?—현장에서 이야기
   - 우리 동네 사람들이 부르는 오름—현장에서 이야기
   - 오름에 얽힌 전설 들려주기—현장에서 이야기
   - 곶자왈이 뭘까요?—현장에서 이야기
   - 왜 곶자왈은 따뜻할까?—현장 체험
   - 곶자왈에서 우리 친구들 찾아보자—돋보기로 본다
   - 숲속의 소리 듣기 체험—명상 체험
   - 눈 감고도 갈 수 있을까?—오감 체험 2인 1조
2. 식물의 세계
   - 꼼지락 꼼지락 아기손 고사리—현장 체험
   - 들꽃들의 세상 엿보기—돋보기로 본다
   - 나뭇잎과 줄기가 하는 일—현장 보기
   - 식물들은 어떻게 살아가나?—현장 체험
   - 소똥·말똥 체험—현장 학습
3. 동물과 곤충 이야기
   - 도롱뇽과 개구리 알 구분하기—현장 학습
   - 곤충이란?—현장 체험
   - 나방과 나비는 어떻게 다를까?—현장에서 이야기

- 맴 맴 맴 매미의 일생—현장에서 이야기
- 자벌레를 찾아보자—어떻게 생겼으며 왜 자벌레인가?

4. 제주 민속과 역사를 찾아
   - 민간신앙 당 문화—오름과 당, 마을 이야기
   - 환해장성과 삼별초—제주 사람들의 아픈 노동
   - 4·3성 찾아보기—4·3 이야기
   - 봉수대와 연대 이야기—조선시대 우리 민족
   - 제주성 걸어보기—제주목의 성길을 걸어본다
   - 돌하르방과 동자복, 서자복—현장을 찾아
   - 바위그늘 집자리 선사인의 삶터—현장 학습
5. 바다 이야기
   - 제주 사람들과 바다—해녀와 잠녀, 잠수, 해남도 있었다
   - 바다 새—현장에서 이야기
   - 바다고동의 생활 엿보기—현장 체험
   - 게는 왜 옆으로 걸을까—현장 체험
   - 괭이갈매기 울음소리—현장에서 이야기
   - 미역을 찾아보자—현장 체험

◆ 세부 일정표

월 일	요 일	시 간	세 부 일 정
3월 28일	토요일	09:30 – 10:00	세화 해바라기아동센터 집결
		10:00 – 10:30	성산 일출봉으로 이동
		10:30 – 12:00	성산 일출봉 자연 체험
		12:00 – 13:00	성산-세화 해안도로 이동하면서 자연 체험
		참고 : 세계자연유산 엿보기 봄꽃들의 생활을 돋보기로 관찰 복장 : 계절에 맞는 복장과 물, 필기구, 반드시 운동화 착용 확인	
4월 25일	토요일	09:30 – 10:00	세화 해바라기아동센터 집결
		10:00 – 10:30	송당 지경 거문오름 입구 이동
		10:30 – 12:30	동거미오름 자연 체험
		12:30 – 13:00	세화리로 이동 해산
		참고 : 고사리 꺾기 체험	

5월 30일	토요일	09:30 – 10:00	세화 해바라기아동센터 집결
		10:00 – 10:30	북촌 바위그늘 집자리로 이동
		10:30 – 11:00	바위그늘 집에서 선사인들의 삶 엿보기
		11:00 – 11:10	북촌 너븐숭이로 이동
		11:10 – 11:40	제주 4·3에 관련된 아기무덤 왜 지금도 이곳에
		11:40 – 11:50	선흘리 낙선동으로 이동
		11:50 – 12:30	낙선동 4·3성에 관련하여
		12:30 – 13:00	세화리로 이동 해산
6월 27일	토요일	09:30 – 10:00	세화 해바라기아동센터 집결
		10:00 – 10:30	선흘 곶자왈로 이동
		10:30 – 12:30	선흘 곶자왈 숲 체험
		12:30 – 13:00	세화리로 이동 해산
7월 25일	토요일	09:30 – 10:00	세화 해바라기아동센터 집결
		10:00 – 10:20	세화, 하도, 평대 지경(1곳 선정) 바닷가로 이동
		10:20 – 12:30	바다 체험하기
		12:30 – 13:00	세화리 도착 후 해녀 할머니 취재 후 해산
9월 26일	토요일	09:30 – 10:00	세화 해바라기아동센터 집결
		10:00 – 10:40	제주시 도착
		10:40 – 12:20	제주목 성 걸어보기, 동자복이 있는 곳
		12:20 – 13:00	세화리 도착 후 해산
		참고 : 돌하르방, 남문성, 우성목로 외	
10월 31일	토요일	09:30 – 10:00	세화 해바라기아동센터 집결
		10:00 – 10:30	제주돌문화공원
		10:30 – 12:30	제주돌문화공원 해설
		12:30 – 13:00	세화리 도착 후 해산
		참고 : 설문대할망과 돌문화공원, 돌박물관에서 자연과학·조상들 생활 엿보기	
11월 28일	토요일	09:30 – 10:00	세화 해바라기아동센터 집결
		10:00 – 10:30	노루공원으로 이동
		10:30 – 10:40	노루공원 영상 보기
		10:40 – 11:40	거친오름 노루들의 생활 들여다보기
		11:40 – 12:30	제주 절물휴양림 자연 체험
		12:30 – 13:00	세화리 도착 후 해산
12월 26일	토요일	09:30 – 10:00	세화 해바라기아동센터 집결
		10:00 – 10:20	하도리 별방진으로 이동
		10:20 – 11:00	성 걸어보기
		11:00 – 11:10	하도리 철새도래지로 이동
		11:10 – 12:40	철새 관찰과 새들의 생활 엿보기
		12:40 – 13:00	세화리 도착 후 해산

■ 한라일보에 실린 어린이기자단의 기사 글 예시

【 기사 예시 1 】

[떴다! NIE 드림어린이기자단]

조상의 삶 아는 기회… 제주돌문화공원 탐방

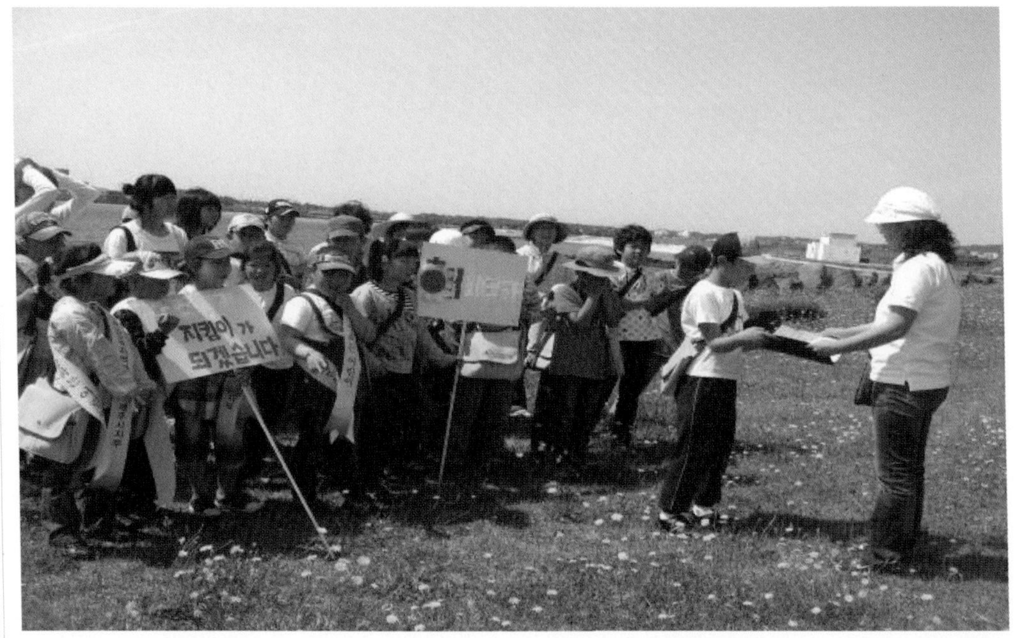

드림어린이기자단은 '제주돌문화공원'에 다녀왔다. 제주돌문화공원은 제주도 제주시 교래리에 있다. 그곳은 제주 역사·문화·생태 박물관이라고 할 수 있다.

제주돌문화공원에 전시된 돌들은 제주의 독특한 자연환경에 의해 생성된 것임을 알 수 있다. 제주 자연석 가운데는 관음상과 장수거북, 지구본 등 진귀한 형상의 돌들이 헤아릴 수 없이 많다.

그리고 제주의 풍속과 생활상을 알 수 있는 것들도 참 많았다. 돌통시, 돌빨래판, 돌절구, 물허벅, 장독, 전통초가 등은 제주 사람들의 생활풍속을 알 수 있는 것들이었다. 조금씩 보긴 했던 것들이지만 한자리에 다 모이니 제주도만의 독특한 생활상을 훨씬 잘 알 수 있어 좋았다. 이곳에 오면 초등학생들의 사회공부에도 도움이 많이 될 것 같았다.

또 그곳에 가면 제주의 옛마을을 본떠 만든 세거리집, 비석거리, 두거리집, 말방앗간 등을 볼 수 있다. 지금은 제주의 전통초가가 거의 사라졌는데 그곳에 있는 전시물을 통해 옛 사람들의 삶을 이해할 수 있다.

그리고 역사 속의 돌문화 전시동에는 선사시대로부터 현대에 이르기까지 제주의 돌문화 역사를 연표로 작성하여 제주의 돌에 관련된 유적과 유물을 알기 쉽게 이해할 수 있도록 했다. 여기에 있는 것만 잘 보아도 역사 공부가 저절로 되겠다는 생각을 했다.

이번 돌문화공원 체험은 우리가 살고 있는 제주도의 역사와 문화, 전설에 대해 정말 자세히 할 수 있는 소중한 시간이 되었다.

[강기쁨·세화초교 5년]

【 기사 예시 2 】

[해바라기기자단-해녀의 삶을 들여다본다]

해녀노래 보유자, 무형문화재 1호 강등자 할머니와 만나

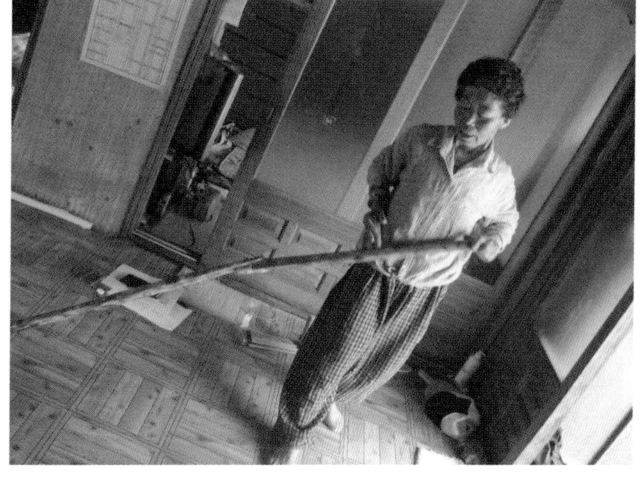

해바라기어린이기자단은 지난 달에는 해녀연구가 좌혜경 박사님을 만나 해녀 이야기, 해녀 역사, 해녀에 대해 연구한 동기는 무엇인지를 들어 보았고, 이번 달에는 해녀 노래 보유자이신 무형문화재 1호 '강등자 할머니(73세)'를 만나 해녀의 삶에 대해 들었다.

놀토였던 26일 우리는 구좌읍 행원리에 사시는 강등자 할머니 집을 찾아갔다. 어렵게 물어 찾아간 우리를 할머니는 무척 반갑게 맞아주셨다.

행원에서 태어나 평생 행원에서 해녀로 사셨다는 강 할머니는 12살 때부터 물질을 시작하셨고 그동안 해녀로 사시면서 어려운 점도 많았지만 물질로 자녀들을 공부시키고 가사를 돌볼 수 있었다고 하시며 해녀로 사신 인생에 대해 자부심을 갖고 계셨다.

물질을 하면서 어머니에게 배운 해녀노래 덕분에 무형문화재가 되고, 학교에서나 지역에서 아이들에게 해녀노래를 가르칠 수 있어 매우 기쁘고 보람이 된다고 하셨다. 9월에는 부천에서 열린 엑스포에 초대받으셨다고 한다.

우리는 할머니의 구수한 목소리로 해녀노래를 듣고, 답가로 그동안 우리가 배운 해녀노래와 춤을 할머니 앞에서 선보여 드렸다.

할머니는는 매우 기뻐하시며 고팡에서 오래된 노를 가지고 나오셔서 '이여도 사나' 노래와 춤을 흥겹게 불러 주셨다.

그리고 우리는 할머니로부터 '이여도 사나'를 한 소절씩 배우는 시간도 가졌다.

아버지가 교장 선생님이셨지만 일찍 돌아가시는 바람에 공부를 끝까지 하지 못해 평생 한이 되셨다는 할머니는 우리에게 학교에서 공부 열심히 하라고 당부하셨다.

평생 해녀로 사셔서 할머니는 지금 여기 저기 매우 아프시다고 한다. 영양제가 없으면 안되고 여기 저기 관절염에 몸은 불편하지만 바다에 갈 때가 제일 행복하시다며 환하게 웃으시는 할머니를 보고 우리의 모습을 보니 부끄러웠다.

강등자 할머니를 보고 가족을 위해 희생하시고 부지런히 열심히 성실히 살아오신 우리 할머니가 생각났다.

우리의 방문을 무척 좋아하신 할머니는 우리가 보이지 않을 때까지 손을 흔들어 주셨다. 우리 할머니를 만나고 온 것 같아 마음이 따뜻해졌다. 그리고 우리도 부지런히 열심히 살아야겠다는 생각을 했다.

제주를 지켜주신 우리 바당의 어멍 해녀의 삶을 들여다 본 우리들은 모두 성숙해진 얼굴빛을 하고 있어 모두 예뻐보였다.

[김소연·세화중 1년]

09 SECTION 신문을 활용한 북아트

북아트가 새로운 예술 장르로 주목받고 있다. 물론 북아트는 창의적인 학습의 자료이기도 하고 도구이기도 하다. 나만의 책을 만들어 본다는 점에서도 의미 있지만 책 속의 내용물을 채우는 과정에서 어휘력과 상상력, 창의력이 길러진다. 그리고 창의적으로 만들어진 북아트 작품을 보고서 스스로 뿌듯함과 성취감을 느끼는 게 북아트의 장점이다. 신문을 활용한 북아트도 새롭게 개발되는 영역이다. 다음은 NIE 전문가 김향란 씨의 신문을 활용한 북아트 수업 사례이다.

■ NIE와 북아트의 달콤한 만남—김향란(제주NIE학회 회원)

하얀색 스케치북에서 NIE를 해온 지 3년. 세 아이를 키우면서 새로운 교육 방법에 목말라하던 차에 NIE를 만나게 되었다. NIE를 만난 건 나에게 행운이다. 세 아이 읽기 교육과 함께 사고력 훈련이 저절로 되었기 때문이다. 신문은 보물창고다. 표제를 비롯해서 사진, 기사, 만화, 일기예보, 도표, 사설에 이르기까지 어느 것 하나 버릴 게 없다.

제주대학교 평생교육원에서 NIE를 배우고, 배운대로 이를 실천해 보려 노력하였다. 배운만큼 열심히 실천해 본다는 자세로 아이들 교육에 임했더니 큰아이 수빈이가 2010년도 전국 NIE 공모전에서 대상을 수상하는 영광도 안았다. 나보다도 우리 세 아이에게 감사할 일이다.

NIE는 하면 할수록 그 매력이 넘친다. 자료별 활용법에 익숙해지니까 다른 매체와 접목해서 지도하는 방법은 없을까 기웃거리게 되었다. 그래서 POP도 배우고 북아트도 배웠다. 북아트를 배우니 단순히 책 만드는 것보다도 그 안에 내용물을 집어넣으면 더욱 알차고 의미 있는 책이 되겠다는 생각을 하게 되었다. 그래서 신문을 활용한 북아트를 시도하게 되었다.

얼마 전부터 NIE와 북아트가 우리집에서 맞선을 보게 되었다. 아이들과 함께 배운대로 하나씩 만들어보는 재미가 쏠쏠하다. 이에 아이들과 함께한 활동과 자료를 첨부한다. 내가 아이들과 만들어 본 책은 다음과 같다.

① 기사를 활용한 아코디언북

② 사진을 활용한 드레스북

③ 만화를 활용한 하우스북

④ 표제를 활용한 지갑북

▶ 아코디언북

아코디언북은 A4 용지 크기의 종이에 기사를 붙인 후 남은 공간에 활동을 하고 나서 하나씩 붙여놓으면 멋진 책이 된다. 책의 면 구성을 입맛대로 늘릴 수 있는 장점이 있으며, 방학숙제로 아주 좋은 모델이 된다.

기사를 활용하여—도표화 시키기, 소개 글 쓰기, 팸플릿 만들기, 인터뷰하기, 상장 만들어주기, 핵심 문장과 핵심 단어 찾기, 설명 글 쓰기, 기사 재구성하기를 하였다.

▶ 드레스북

드레스북은 신문의 사진을 둘씩 짝지어서 4계단으로 내려온다.

사진을 들추면 그 안에 활동을 할 수 있다. 모두 8개의 사진으로 8가지의 활동을 할 수 있으며, 사진으로 이루어져 있기 때문에 벽에 걸어두면 전시 효과도 있다.

사진을 활용하여—겪은 일 쓰기, 사실과 의견 쓰기, 마인드맵, 뒷이야기 쓰기, 사진에서 느껴지는 단어 쓰기, 사람 찾기 문제 내기, 사진 속 주인공에게 편지 쓰기, 사진 기사 써보기를 하였다.

▶ 하우스북

하우스북은 지붕과 대문, 마루로 이루어졌는데 지붕은 다양한 모양으로 만들 수 있다. 대문을 열면 마루가 나오고, 대문 안은 2배로 길어진다. 활동은 대문 밖과 대문 안, 마루에서 할 수 있다. 다른 책에 비해 만들기가 쉬워 저학년에 활용하기가 좋다.

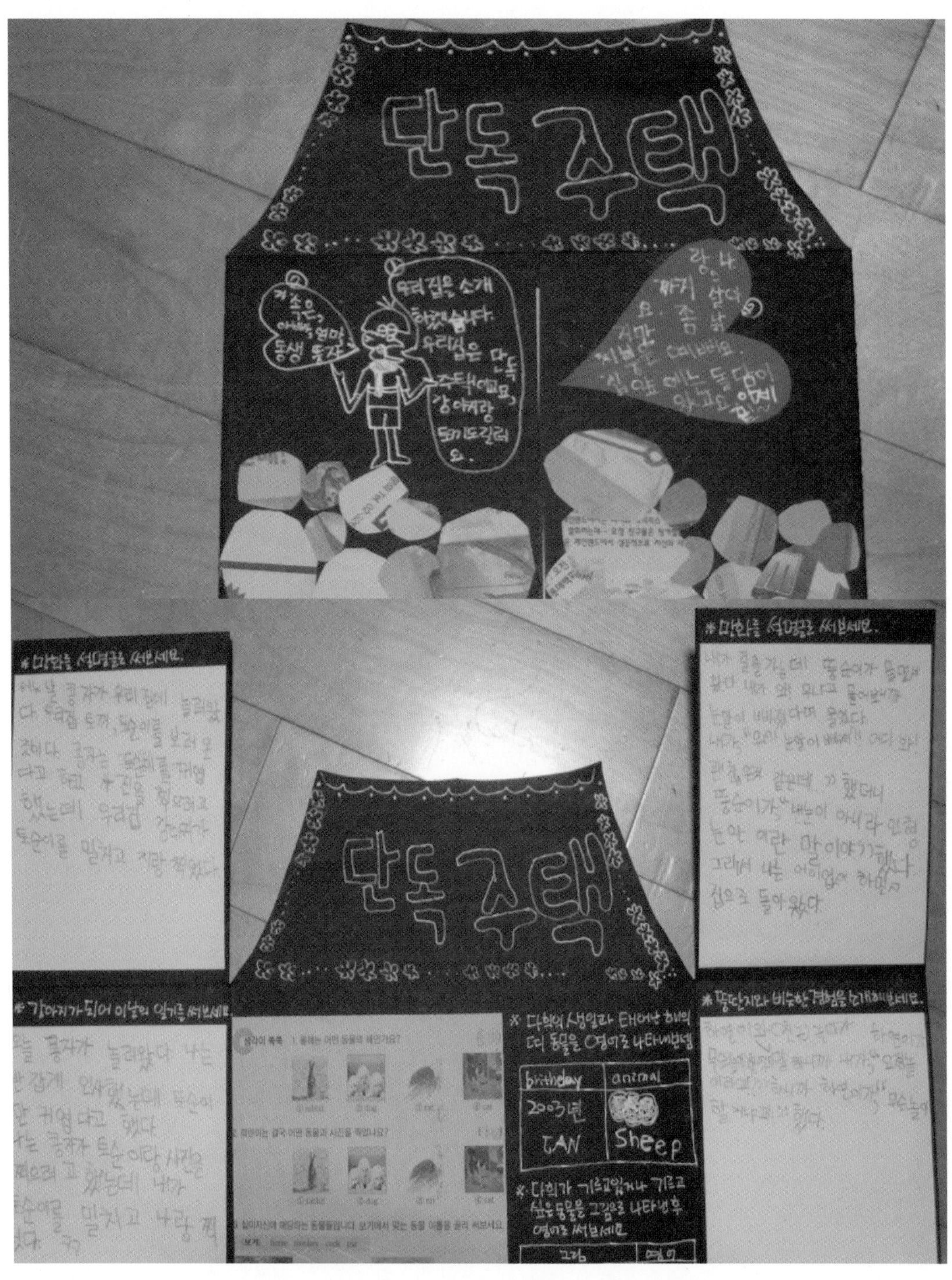

만화를 활용하여—주인공이 되어 일기 쓰기, 등장인물 성격 분석하기, 만화를 설명 글로 쓰기, 강제 결합하기, 우리집 소개하기를 하였다.

◆ 지갑북

지갑북은 지갑처럼 작고 앙증맞은 크기에 비해 지갑을 열었을 때 병풍처럼 펼쳐지는 공간이 있기 때문에 그 안에다 많은 활동을 할 수 있다. 병풍도 자유롭게 길이를 조절할 수 있으며 책가방에 가지고 다니면서 어휘공부도 할 수 있다.

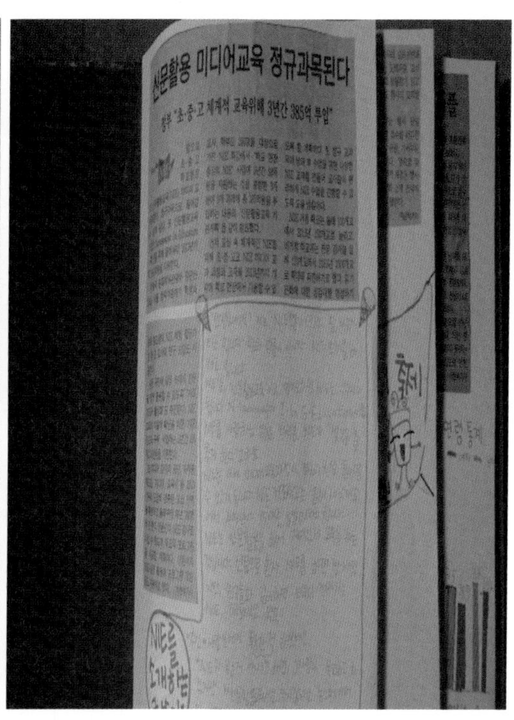

표제를 활용하여—단어를 칸마다 오려 붙이고, 나만의 가치 사전으로 써 보기, 그림으로 표현하기, 시 쓰기, 느껴지는 사건 쓰기, 도형으로 표현하기, 한영사전 만들기, 단어 연상하기, 단어가 답이 되게 퀴즈 만들기를 하였다.

10 SECTION 엄마와 함께하는 NIE

신문활용교육에 있어서 최고의 교사는 엄마다. 아이들과 가장 가까이 있는 사람이 엄마이고, 아이에 대해 가장 잘 알 수 있는 사람이 엄마이기 때문이다.

평생교육원에서 교육을 받고 있는 분들의 대부분은 주부이다. NIE를 통해 아이와 좀 더 가까이 하고 싶고, 아이 공부에 도움을 주고 싶다는 생각에서 NIE를 배우게 되었다는 분들이 많다.

맞는 말이다. NIE를 통해 충분히 아이와 교감을 나눌 수 있고, 아이의 교과 학습에도 도움을 준다. 그 뿐 아니라 기사 또는 광고 등을 읽고 이야기를 나누다 보면 어느 새 생각이 쑥쑥 자라는 것을 볼 수 있다.

일기 쓰기도 NIE 일기를 써 보라고 권하는 것이 좋다. 생활일기와 NIE 일기는 그날 하루 보고, 듣고, 하고 난 일을 쓴다는 점에서는 같다. 하지만 신문을 활용해 일기를 쓴다면 쓰는 재미도 남다를 뿐만 아니라 많은 정보를 얻게 됨으로써 지적 충족감을 함께 맛볼 수 있다.

"학교에 제출했을 때 색다른 일기로 뽑혀 선생님께 칭찬을 많이 받아 아이가 NIE 일기 쓰기를 좋아하더라구요."라고 말하는 학부모도 있었다.

다음은 가정에서 자녀들과 함께 NIE를 통해 한결 가까워지고 교과 학습에도 도움을 주고 인성교육과 사고력 향상에도 크게 도움을 준 사례들을 소개한다.

1. 발로 뛰고 몸으로 실천하는 NIE 전도사 : 김향란 씨 사례

김향란 씨는 2006년 제주대학교 평생교육원에서 NIE 지도자 과정을 이수하고, 작은 도서관에서 NIE 수업 봉사를 하고, 도서관에서도 NIE 수업을 하고 있다. 더 나아가서 NIE를 활용해 장애인 학생들의 인지 능력 향상을 돕는 수업을 하고 있다. 물론 본인의 자녀들을 가르치는 일을 무엇보다도 가장 중요하게 생각하고, 세 아이 모두와 NIE를 통해 만나는 시간을 가지고 있다.

아이들이 불쑥 던지는 질문 중에 "선생님도 일기 쓰세요?"라는 질문이 있었다. 그 말은 "학생들에게만 일기 쓰라고 하지 말고 선생님도 일기 쓰세요."라는 말로 알아들었다. 판에 박힌 교훈적인 얘기만 하면서 정작 책도 읽지 않고, 일기도 안 쓰는 어른들에 대한 질타의 소리다. 이 점은 교사들과 학부모들이 크게 반성해야 할 점이다.

김향란 씨는 배운대로 실천하는 NIE 실천 사례의 가장 모범적인 주부이자 NIE 전문가이다. 신문일기도 아이들에게 쓰라고 하기 이전에 본인이 먼저 실천하였다. 아이들과 좀 더 효과적으로 공부하기 위해서 POP 글씨체도 배웠다. 시각적인 효과가 아이들을 자극시킬 거라고 생각했기 때문이다.

그리고 무엇보다 글씨를 예쁘게 쓸 수 있다는 건 여러 모로 장점으로 작용하게 된다. 신문일기를 쓸 때도 예쁘게 테두리와 글씨체를 꾸미니 스스로 보기에도 좋고, 아이들에게 보여주었을 때 나도 해봐야지 하는 동기 부여가 될 수 있다.

김향란 씨는 그 동안 세 자녀를 키우면서 관찰력 기르기, 상상력과 창의력 기르기, NIE 활동지를 준비해 아이들과 함께 했고, 큰아이 수빈이가 고학년이 되면서부터는 역사와 인물에 대해 좀 더 알아볼 필요가 있다는 생각에서 역사 NIE, 인물 탐방, 지역 문화 알아보기를 했다.

또한 논술력을 키워주기 위해서 기사를 읽고 의견을 정리하고 주장글, 반박 글도 써보게 하는 등 논리와 논술의 기초를 다지는 활동도 함께 했다. 5년 여를 꾸준히 하다보니 이제는 아이들 스스로가 NIE 활동지를 만들어 내기도 하고, 엄마가 준비해 놓은 활동지를 보며 스스로 활동지를 작성해 내기도 한다.

일기 쓰기를 당연시 여기듯이 김향란 씨의 세 자녀도 NIE 활동지 하는 것을 당연시 여긴다. 아무런 부담없이 NIE 활동지를 작성해 내는 모습을 보면서 그 동안 엄마와 함께한 노력의 대가가 그런 결실로 나타나는 것을 확인하게 되었다. 또한 그 노고야말로 진정한 부모로서의 역할이 아닌가 싶으면서도 현실적으로 대부분의 부모들은 그것을 놓치고 있다.

어머니 노력이 가상하였을까. 2010년 한국신문협회에서 주최한 NIE 공모대회에서 김향란 씨의 아들 이수빈 군이 중등부 대상, 2011년 같은 대회에서 중등부 최우상을 수상하는 영예를 안았다. 정말 축하할 일이고 그 어머니에게도 상을 줘야 할 일이다. NIE야말로 처음부터 혼자서 알아서 할 수 있는 공부가 아니기 때문이다. 스스로 학습이 가능해지기까지 엄마의 정성어린 노력과 애정이 있었기에 가능했다. 다음은 이수빈 군의 NIE 일기장이다.

【 NIE 일기장 사진 자료 】

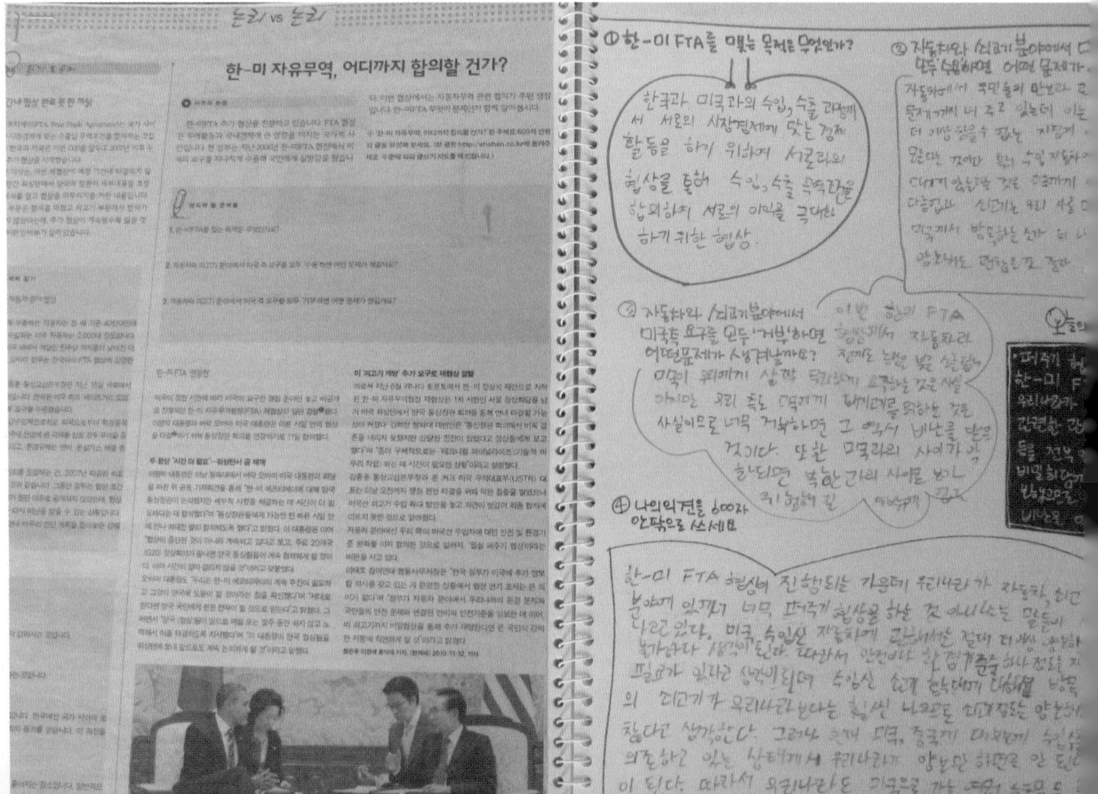

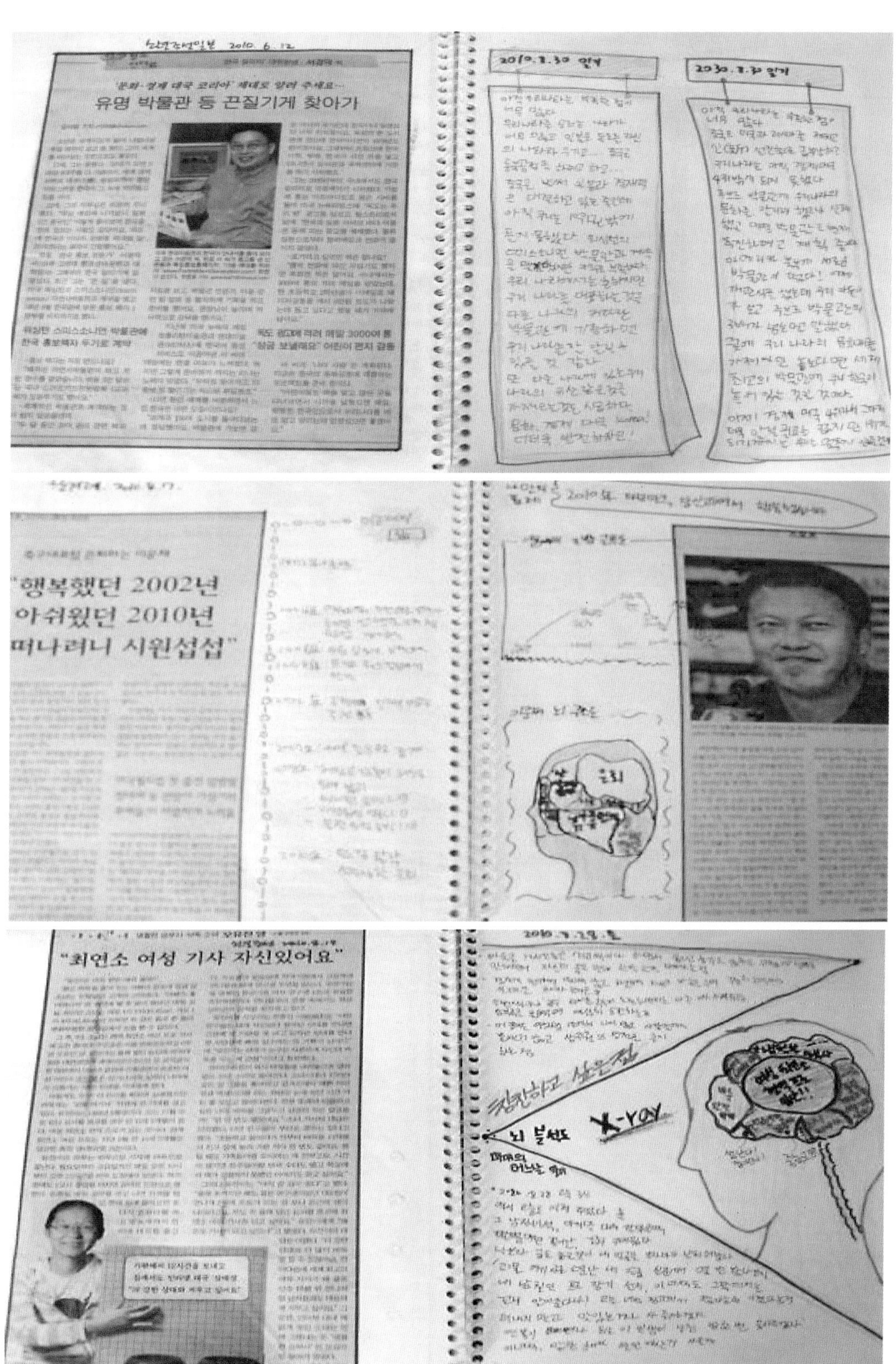
'문화·경제 대국 코리아' 제대로 알려 주세요~
유명 박물관 등 끈질기게 찾아가
"행복했던 2002년
아쉬웠던 2010년
떠나려니 시원섭섭"
"최연소 여성 기사 자신있어요"
뇌 분석도
X-RAY

■ 기사로 보는 이수빈 군(한라중 1년) 이야기 [제주일보 2010. 9. 19]

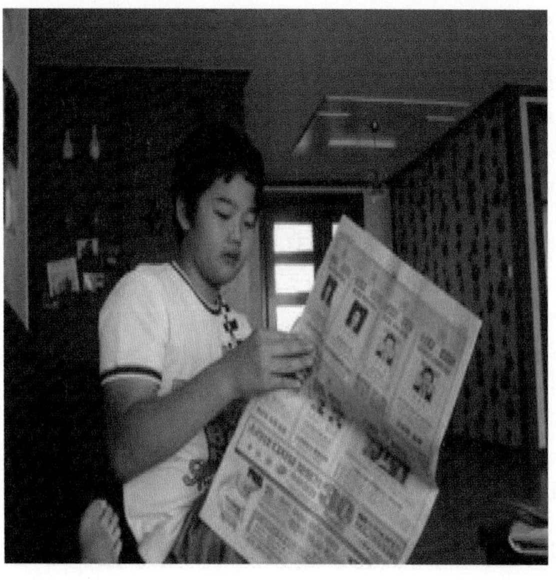

한라중 1년 이수빈 학생이 2010 신문사랑 전국 NIE 공모전에서 영예의 대상을 수상해 화제다.

한국신문협회(회장 김재호)와 한국언론진흥재단(이사장 이성준)이 개최한 이번 공모전에서 이군은 신문 만들기 부문에 '혼저 옵서'를 출품, 당당히 중학부 대상을 거머쥐었다. 제주에서 전국 NIE공모전 대상이 나온 것은 이군이 처음이다.

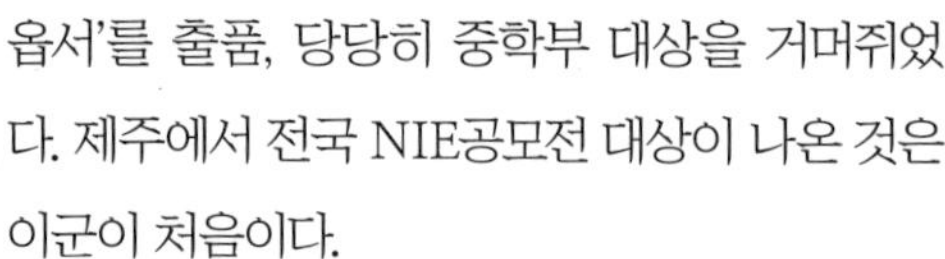

수상작은 "지면 구성 솜씨가 탁월하다. 제주 역사와 명물, 명소, 인물 등 섹션에 따른 배치가 균형감 넘치고, 특히 눈에 쏙 들어오는 기사 편집과 충실한 내용이 돋보인다"는 심사평을 받았다.

제주NIE학회 회원인 이군의 어머니 김향란 씨(39)는 "5년 전 제주대 평생교육원에서 NIE를 배우며 수빈이를 '마루타' 삼아 이론을 적용, 검증하고 연구했다"며, "아이의 창의력과 사고력이 일취월장 신장했다"고 전했다.

그간 일주일에 최소 한 번 이상, 방학 중엔 매일 NIE를 접한 수빈이가 이젠 어떤 기사에 비판적 의견을 제시하되 찬반 논리가 명쾌하다고 언급한 김씨는 어떤 문제가 생기면 아이가 한 가지 해법에 집착하지 않고 다각도로 분석하고 실마리를 찾는 점도 NIE 효과라고 강조했다.

이어 김씨는 "온갖 정보를 전달하고 문제 제기하고 대안까지 모색하는 신문은 매우 유용한 매체"라며, "한마디로 사람이 하루 에너지를 얻는 '아침 밥상'과 같다"고 비유했다.

이 밖에 이번 공모전에서 신성여고 2년 박세련 학생은 신문 만들기 부문의 고등부 우수상을 차지했다. 남광초 4년 양형규 학생은 신문 스크랩 부문에서 최우수상을 받았다.

시상식은 10월 1일 서울프레스센터 20층 국제회의장에서 열리는 2010 대한민국 NIE대회에서 마련된다.

[김현종 기자 tazan@jejunews.com]

2, 인성 교육을 위해 접근한 NIE : 박혜란 씨 사례

"아이와 함께 NIE 활동을 하다보니 아이의 마음을 알 수 있어 좋아요. 그리고 우리 아이 안에 잠재해 있는 창의성을 발견할 때마다 깜짝깜짝 놀라요. 지난 번에는 일본 지진과 관련해서 지진이 폭발하는 과정을 7단계로 설명한 기사가 있었어요. 그 기사를 읽고 우리 아이는 우리 엄마가 폭발하는 7단계를 그리고 있더라구요. 우습기도 하고, 기특하기도 하고 그랬어요."

제주 남광초등학교 4학년 이나연 양의 어머니 박혜란 씨의 말이다. 박혜란 씨는 제주대학교 평생교육원에서 NIE 지도자 과정을 수강하면서 배우는 것을 집에 가서도 적용해 본다. 한 번만 듣는 것으로는 부족하다고 여겨져 기초 과정을 다시 듣고 있다. 들을 때마다 새롭다는 그는 무엇보다도 신문을 통해 아이를 만날 수 있는 게 좋고, 아이의 마음을 알 수 있는 기회가 되어서 너무 좋다고 한다. 뿐만 아니라 키보다 더 자라나는 아이의 생각, 창의성을 발견할 때마다 아이에 대해 너무 몰랐다는 것을 깨닫는다고 한다.

이나연 양은 어릴 때부터 동화 구연, 시 낭송 전국 대회에서 대상을 수상하는 등 언어 영역에서 남다른 재능을 보이기도 하였다. 또래에 비해 의사 표현이 분명하고 자신감이 넘쳐 발표도 잘하는 편인데, 오히려 그런 점이 스스로 자만심을 갖게 한다거나 친구들에게 부담감을 주는 성격이 되지 않을까 염려하던 중에 신문을 활용한 인성 교육에 관심을 갖게 되었다고 한다.

"신문에는 인성 자료가 정말 많은 것 같아요. 친구를 왕따 시킨 이야기, 버스에서 할머니를 폭행한 이야기, 폐품 팔아서 어려운 사람 도와준 이야기, 어린이들이 아나바나 장터를 운영해 백혈병에 걸린 친구를 도와준 이야기 등 함께 살면서 겪는 문제뿐만 아니라 같이 잘 살기 위해 노력하는 미담 기사들을 함께 보면서 서로 도우면서 산다는 게 무엇일까를 생각하게 되는 것 같더군요. 그런지 몰라도 배려하는 마음이 좀 남다르다는 느낌도 있어요."

나연이는 신문일기를 쓰고 있다. 매일매일은 아니지만 주 2~3회 정도 하고 있는데, 할 때마다 새롭고 재미있어 하는 모습을 통해 NIE의 매

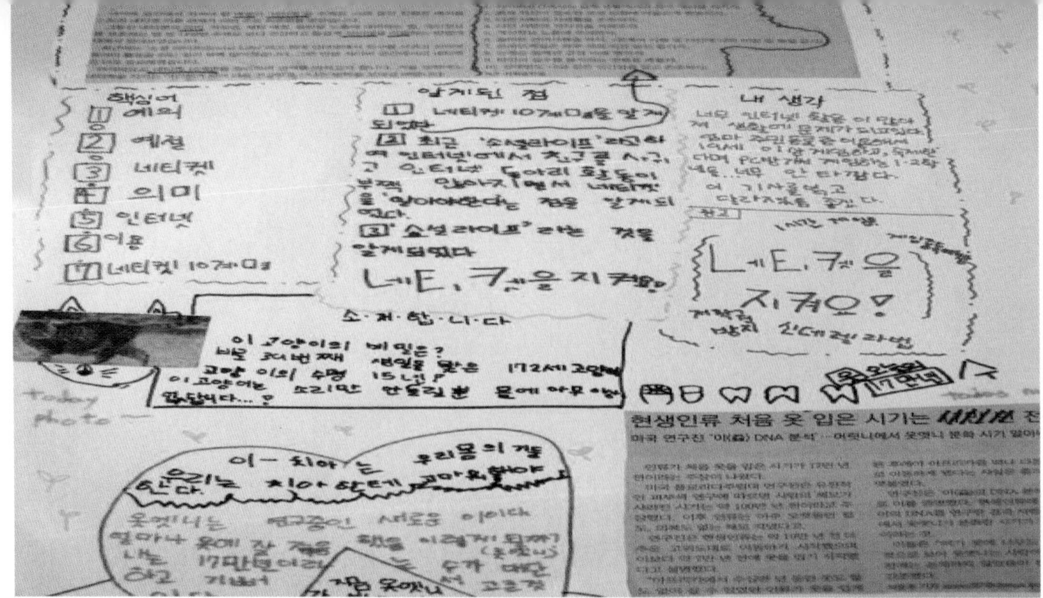

나연의 신문일기 ①

력을 실감하게 된다고 한다. 다음은 이나연 양의 신문일기 사례이다.

나연의 말 ①

'네티켓 실제 생활처럼 예의를 지키자'는 기사를 읽고 핵심어를 정리하고, 알게 된 점을 세 가지 정리하였다. 그리고 엄마의 주민등록번호를 이용해서 몰래 게임을 하는 1, 2학년 아이들이 안타깝게 여겨진다는 내 생각을 쓰고, 네티켓을 잘 지키자는 광고를 만들어보았다.

나연의 말 ②

'피부색 다르고 한국 말 서툴러도 우린 하나'라는 제목의 기사를 읽고 지구촌 학교에서 신입생을 모집한다는 것을 알게 되었고, 다문화가정 이야기를 상상 글로 적어보았다. 또한 한국 사람이라는 의미가 꼭 한 핏줄일 필요는 없다는 내 생각도 적어보았다.

나연의 말 ③

'몸과 마음에 새긴 상처 훌훌 털고 새출발합니다'는 제목의 기사를 읽고 청소년들이 새긴 문신을 제거해주는 기술 사업이 지원된다는 것을 알게 되었고, 마음에 상처 입은 청소년들을 위해서 여러 가지 도움이 많아야겠다는 생각을 하게 되었다. 그리고 무엇보다도 가족의 소중함을 알게 되었다.

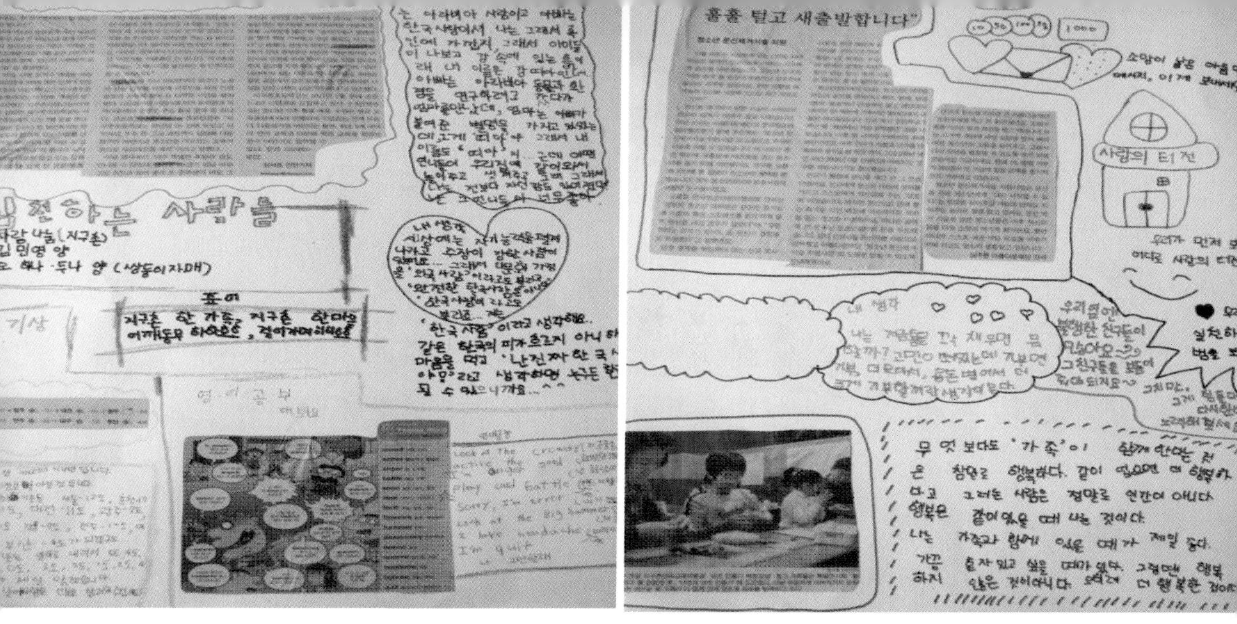

나연의 신문일기 ②

나연의 신문일기 ③

3. 교과 학습에도 크게 도움이 되었어요 : 이영화 씨 사례

신문은 '살아 있는 교과서'라고도 한다. 신문 안에 있는 무수한 정보가 교과서에서 배우는 실제 예가 되고, 교과서가 다루지 못하는 것을 보충 설명해주는 정보도 많다. 책에서 볼 수 없는 정보도 많아 하루치 신문 정보의 양이 책 한 권의 분량과도 맞먹는다고 할 수 있다.

신문 정보가 직접적으로 크게 도움을 주는 교과 학습은 국어·사회·역사·정치·경제·도덕 등이다. 신문 읽기를 잘하고, 더 나아가서 신문을 활용해 꾸준히 정보를 정리하고 내 생각 쓰기를 하다 보면 교과 공부에 시너지 효과를 발휘해 성적에도 크게 긍정적인 영향을 미친다고 할 수 있다.

"교과 공부에 크게 도움이 되는 것 같아요. 실제로 학원도 별로 안 다니고 있는데 교과 공부는 거의 만점을 받고 있어요. 그게 신문활용 공부 덕분이라고 생각하고 있어요. 그리고 아이가 신문일기를 써 가니까 선생님이 다른 애들 앞에서 칭찬을 해주었나 봐요. 아주 색다른 일기를 썼다구요. 그랬더니 아이가 으쓱해져서 신문일기를 부쩍 열심히 쓰고 있어요."

"NIE를 하다 보니까 아이와 서로 얘기할 수 있는 시간이 많아져서 좋아요. 아이의 생각을 들으면서 우리 아이를 객관적으로 보게 되기도 하고, 그동안 몰랐던 아이의 마음을 읽게 됨으로써 관계도 많이 좋아졌어요."

전업주부 이영화 씨의 말이다. 이영화 씨는 피아노 선생님이었다. 우연히 NIE를 배우게 되어 이제는 아이 둘을 키우면서 열심히 신문을 활용한 자기 주도 학습 능력을 키워주고 있다.

평생교육원에서 NIE 지도자 과정에 참여하고 있는데, 둘째 아이가 따라와서는 열심히 스스로 학습을 한다. 엄마가 하는 것을 슬쩍 쳐다보면서 "다했어?"라고 묻는 모습에서 가정에서의 NIE가 자연스럽게 정착되어 있음을 알 수 있었다. 다음은 이영화 씨의 첫째 딸 한라초등학교 5학년 김유민 양의 NIE 활동 사례이다.

유민의 말 ①

우리 이모가 꿈꾸는 집을 꾸며보았다. 신문에 있는 글자, 사진, 캐릭터를 이용했는데 생각보다 좋은 자료가 참 많았다. 그리고 영어일기도 써보았는데, 그냥 노트에 적는 것보다 훨씬 재미있었다.

유민의 신문일기 ①

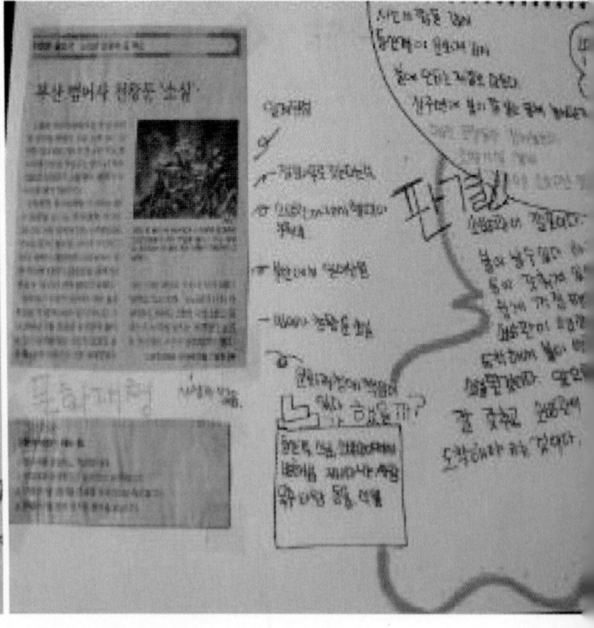

유민의 신문일기 ②

유민의 말 ②

'부산 범어사 천왕문 소실'이라는 기사를 읽고 알게 된 점을 요약하고, 문화재청이 하는 일을 알아보았다. 그리고 천왕문이 소실되게 된 건 소방관들의 잘못된 점도 크다는 내 의견을 적었다. 우리의 소중한 문화재가 잘 보존되었으면 좋겠다.

유민의 말 ③

기사를 읽고 '블랙 컨슈머'란 말의 뜻을 알게 되었다. 또한 기사를 읽으면서 소비자의 권리에 대해서도 내 생각을 정리할 수 있었다. 그리고 우리가 자주 애용하는 뚜레주르와 빠리바게트가 경쟁하면서 생기는 문제점에서 대해서도 생각해 보았다.

유민의 말 ④

'신문에는 역사 관련 기사가 참 많이 나온다'의 기사는 김홍도 그림에 관한 기사인데, 그림을 보면서 그 시대로 들어가 보았다. 옛날로 돌아가 상상해보는 일도 재미있었다. 신문에 나온 역사 관련 기사를 보다 보니 역사 공부가 재미있고 쉬워졌다.

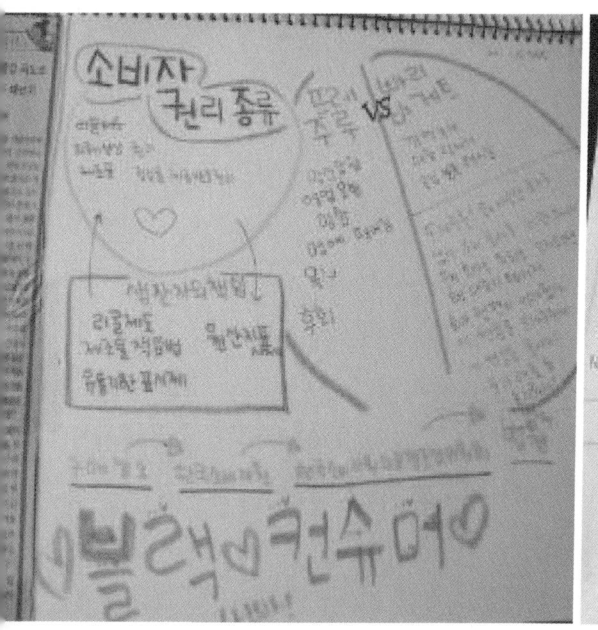

유민의 신문일기 ③

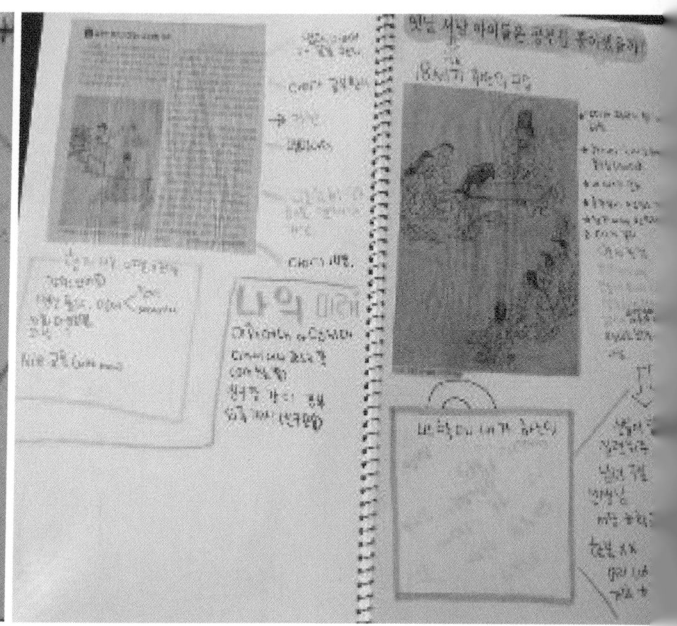
유민의 신문일기 ④

11 SECTION 나만의 정보화 전략, 어떻게 할 것인가

신문은 눈으로 읽는 것도 중요하지만 잘 정리하는 게 더 중요하다. 그리고 무작정 신문을 읽는 것보다 어떤 목적을 갖고 읽을 때 정보가 보다 확실히 다가오고 정리도 잘 된다. 또한 후속 정보에 대한 욕구가 생겨 한층 심도 있고 다각적인 정보 접근이 가능하다. 따라서 더욱 효과적으로 정보를 수집하고 정리해내는 전략이 필요하다.

1. 신문 스크랩 어떻게 하나?

일반적으로 정보를 수집하는 방법 가운데 가장 흔한 방법은 스크랩이다. 자신이 원하는 정보를 정기적으로 수집해 놓는 방법이다. A4 용지나 스크랩 노트, 스케치북에 자신이 알고 싶은 정보의 주제를 정해서 수집해 놓는데 이때 시간과 방법, 과정이 문제가 된다.

현대인은 바쁜 생활 속에 일정한 시간을 내어 책을 읽거나 신문을 읽는 게 힘들다. 따라서 마음먹은 만큼 신문 스크랩을 하기가 쉽지 않은데 동기 부여가 가장 중요하다. 나는 왜 신문 스크랩을 해야 하는가, 무엇이 도움이 되는가, 언제, 어떻게 하고자 하는가의 구체적인 계획을 세울 필요가 있다.

NIE 전문가인 최상희 기자는 "스크랩을 잘하려면 규칙적인 시간, 판단력, 끈기, 집중력, 의제 설정 능력이 요구된다."고 조언하고 있다. 현실적으로 어렵다고 하지만 정보를 얻고자 하는 목적이 뚜렷하다면 일정 기간 동안 인내심을 가지고 스크랩의 습관화를 이루어내야 한다.

신문 스크랩의 형식적인 방법은 A4용지, 노트, 스케치북 등에 원하는 정보를 붙이고, 날짜와 출처를 적어두는 방법이다. 그리고 핵심어에 밑줄을 그어놓든지, 옆 빈 란에 중심 문장이나 주제, 핵심어를 적어두는 방법이다.

내용적으로는 칼럼이나 사설, 인물 이야기, 역사 이야기, 과학 정보, 문화와 생활, 교육과 여성, 일반상식이나 시사용어, 건강 상식 등으로 분류해 스크랩할 수 있다.

본인이 관심 있거나 필요한 주제를 정해서 정기적으로 꾸준히 스크랩을 해보자. 물론 스크랩만 해두고 읽지 않으면 무용지물이다. 스크랩을 하는 이유는 지식과 정보를 습득하여 나의 자산으로 삼고자 하는 목적이 분명한 자기 주도적 학습 활동이기 때문이다.

신문사별로 보면, 정기적으로 연재하거나 기획하는 코너가 있다.

예를 들어 조선일보의 〈신문화의 탄생〉, 한겨레의 〈이 사람〉, 중앙일보의 〈시가 있는 아침〉이나 〈분수대〉, 한국일보의 〈오늘의 명작, 그곳〉, 경향신문의 〈여적〉, 〈고은과의 대화〉 등 관심을 끌만한 주제이면서 우리 사회의 이면을 돌아보게 하고, 자신이 갖고 있는 편견이나 독단을 깨뜨리는 유익하고 가치 있는 기사를 정기적으로 수집해보면 어떨까?

스크랩하기 전과 후의 나를 비교하며 반성하고 성찰해보는 것이야말로 나를 성장시키는 지름길일 것이다.

2. 신문일기 쓰기

필자는 일반인을 대상으로 하는 강의에서도 신문일기 쓰기를 권장하고 있다. 일기를 쓰는 방법에는 여러 가지 방법이 있겠지만, 신문일기를 쓰면서 얻는 유익함이 많기 때문이다.

우선 신문일기를 쓰게 되면 정보를 많이 알게 되어 좋다. 정보 그 자체를 안다는 게 중요한 게 아니라 정보를 정리하면서 나의 사고가 성장하는 듯한 뿌듯함을 느낄 수 있다. 나 스스로가 무언가를 하고 있고, 알고 있다는 뿌듯함은 자신감으로 이어지고 자존감을 크게 향상시켜 준다.

또한 신문일기는 나를 관찰하고, 나를 돌아보게 한다. 세상에서 벌어지는 일들이 나와 무관하지 않으며 나의 하루는, 나의 삶은 어떤지 비교하며 생각하게 된다.

다양한 사람들의 이야기, 해박한 지식을 가진 전문가의 의견, 같은 사안에 대해서도 다른 생각을 갖고 있는 사설 등을 읽으면서 아무것도 아닌 것을 알고 있다고 잘난 척하는 나, 조그만 것에도 속상해 하는 나, 반드시 그렇게 살아야 한다고 강박관념을 갖고 삶을 대하는 나를 발견하면서 어떻게 사는 것이 잘 사는 것인지도 생각하게 된다. 이것이야말로 진정으로 일기를 쓰는 목적이 아닌가.

신문일기는 글쓰기 능력을 향상시켜 준다. 글쓰기 능력은 하루아침에 생기는 것이 아니다. 꾸준한 쓰기 활동이 전제되어야만 하고, 경험과 정보, 사고력이 확장되어야만 글을 잘 쓸 수 있다.

또한 글을 쓰는 데는 어휘도 중요하다. 신문일기는 신문을 읽고 쓰는 일기이기 때문에 알게 된 정보가 많고 알게 되는 어휘도 많다. 잘 읽다보면 생각하는 힘도 길러진다. 따라서 글을 쓸 수 있게 하는 기본 조건이 훈련되는 것이다.

일기의 형식이 다양해지고 있다. 일기의 종류에도 관찰일기, 감상일기, 기행일기, 시 형식의 일기, 마인드맵 형식의 일기, 만화 형식의 일기 등이 있다.

신문일기라고 해서 반드시 일기의 일반 형식을 취할 필요는 없다. 자신만의 독특한 방법으로 정보를 정리하고 느낌과 생각을 표현하면 된다. 알게 된 정보를 도표나 만화로 정리하는 방법도 있고, 그림으로 표현하는 방법도 가능하다.

느낌과 생각은 줄글로 표현하는 게 일반적이나 때로는 그림으로, 다양한 색깔과 캐릭터로, 신문에서 오려 붙인 풍경으로 대신할 수 있다. 오히려 줄글로만 나열하는 것보다 훨씬 쓰는 재미가 있고, 창의성도 개발될 수 있다는 점에서 다양한 형식의 신문일기 쓰기를 권장하고 싶다.

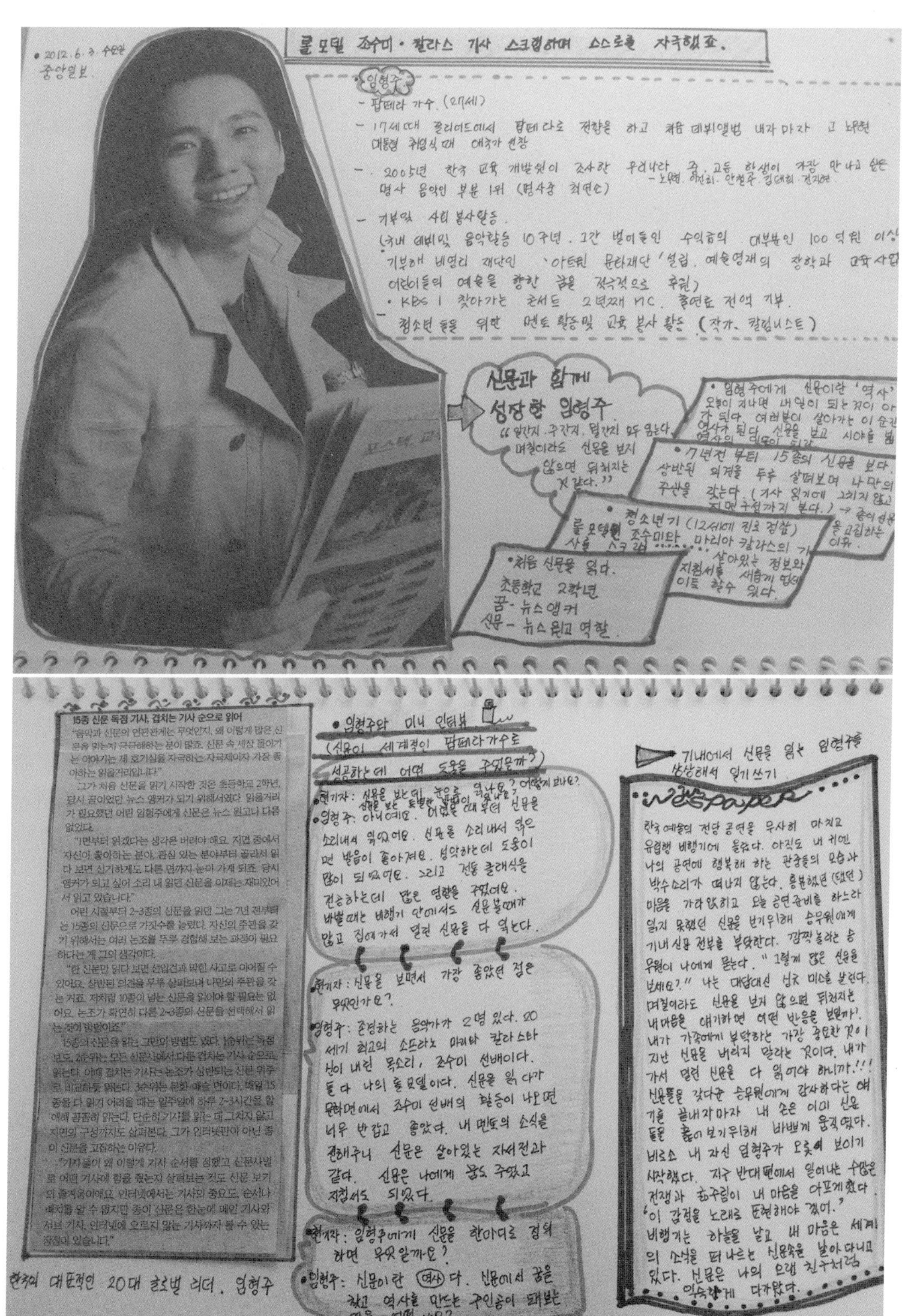

15종 신문 독점 기사, 겹치는 기사 순으로 읽어

"음악과 신문의 연관관계는 무엇인지, 왜 이렇게 많은 신문을 읽는지 궁금해하는 분이 많죠. 신문 속 세상 돌아가는 이야기는 제 호기심을 자극하는 자극제이자 가장 좋아하는 읽을거리입니다."

그가 처음 신문을 읽기 시작한 것은 초등학교 2학년, 당시 꿈이었던 뉴스 앵커가 되기 위해서였다. 읽을거리가 필요했던 어린 임형주에게 신문은 뉴스 원고나 다름없었다.

"1면부터 읽겠다는 생각은 버려야 해요. 지면 중에서 자신이 좋아하는 분야, 관심 있는 분야부터 골라서 읽다 보면 신기하게도 다른 면까지 눈이 가게 되죠. 당시 앵커가 되고 싶어 소리 내 읽던 신문을 이제는 재미있어서 읽고 있습니다."

어린 시절부터 2~3종의 신문을 읽던 그는 7년 전부터는 15종의 신문으로 가짓수를 늘렸다. 자신의 주관을 갖기 위해서는 여러 논조를 두루 경험해 보는 과정이 필요하다는 게 그의 생각이다.

"한 신문만 읽다 보면 선입견과 막힌 사고로 이어질 수 있어요. 상반된 의견을 두루 살펴보며 나만의 주관을 갖는 거죠. 저처럼 10종이 넘는 신문을 읽어야 할 필요는 없어요. 논조가 확연히 다른 2~3종의 신문을 선택해서 읽는 것이 방법이죠."

15종의 신문을 읽는 그만의 방법도 있다. 1순위는 독점 보도, 2순위는 모든 신문사에서 다룬 겹치는 기사 순으로 읽는다. 이때 겹치는 기사는 논조가 상반되는 신문 위주로 비교하듯 읽는다. 3순위는 문화·예술 면이다. 매일 15종을 다 읽기 어려울 때는 일주일에 하루 2~3시간을 할애해 꼼꼼히 읽는다. 단순히 기사를 읽는 데 그치지 않고 지면의 구성까지도 살펴본다. 그가 인터넷판이 아닌 종이 신문을 고집하는 이유다.

"기자들이 왜 이렇게 기사 순서를 정했고 신문사별로 어떤 기사에 힘을 줬는지 살펴보는 것도 신문 보기의 즐거움이에요. 인터넷에서는 기사의 중요도, 순서나 배치를 알 수 없지만 종이 신문은 한눈에 메인 기사와 서브 기사, 인터넷에 오르지 않는 기사까지 볼 수 있는 장점이 있습니다."

2012년 제주대학교 평생교육원 NIE 지도자 과정 수강생 현은자 씨의 신문일기 사례

3. 마인드맵으로 정보 정리하기

정보화 사회가 되면서 쏟아져 나오는 정보를 어떻게 효과적으로 습득·정리할 수 있을 것인가가 관건이 되고 있다. 따라서 정보를 효과적으로 정리하는 방법을 알려주는 '정리의 기술'과 같은 책들도 쏟아지고 있는데, 마인드맵 또한 그의 흐름에 맞춰 새로운 학습의 기법으로 부상하고 있다. 신문 속 정보도 마인드맵으로 정리해두면 훨씬 체계적이면서 효과적으로 정리가 가능하고 사고 확장까지 가능해진다.

(1) 마인드맵이란?*

마인드맵은 1971년 영국의 토니 부잔(Tony Buzan)에 의해 창시된 이래로 지금까지 세계적인 두뇌 관련 석학들로부터 수많은 경외와 찬사를 받아온 학습 이론이다.

엄청난 정보량을 기계적으로 암기해왔던 기존의 학습 방법에서, 어떤 지역의 약도를 종이에 그리는 것처럼 정보의 지도를 그리듯 종이에 정리해 나가는 방법이다.

미국과 유럽에서는 유아에서부터 초·중·고는 물론 대학과 기업에서까지 '배우는 방법을 배우는'(Learning How to Learn) 획기적인 학습도구로서 70년대부터 널리 보급되어 왔고, 옥스퍼드나 케임브리지 대학에서 마인드맵을 정규 과목으로 두었을 만큼 세계적인 공인을 받아왔다.

우리나라에서는 2000년부터 적용된 7차 교육과정 교과서에 마인드맵이 일부 적용되기 시작하였고, 영국 부잔센터의 현지 법인인 부잔코리아가 정식 설립되면서 그동안 BLI 정식 교육과정을 접하기 어려웠던 상황이 해소되었다.

(2) 마인드맵의 원리

마인드맵은 이미지와 키워드(keyword), 색과 부호 등을 사용하여 좌·우 뇌의 기능을 유기적으로 연결하여 기록하는 방사형 노트법이

* 부잔코리아 www.buzankorea.co.kr 참조

다. 이를 바탕으로 두뇌의 기능을 최대한 발휘하도록 해주는 '사고력 중심의 두뇌 계발 프로그램' 으로 21세기 지식정보화사회에 가장 적합한 학습법이다.

인간의 두뇌는 생각이나 느낌 등의 흐름이 중심에서 사방으로 발산되어 퍼져 나오거나, 반대로 사방팔방에서 중심으로 흘러가는 방사구조 형태를 지니고 있다.

우리가 의식적이거나 무의식적으로 받아들이는 모든 시각·청각·미각·촉각 등 감각 흐름의 경우도 마찬가지이다. 마인드맵이란 이러한 인간 두뇌의 자연 현상인 방사사고(Radiant Thinking)를 표현한 것이며, 잠겨있는 두뇌의 잠재력으로 들어갈 수 있게 해주는 마음의 지도(Mind Map)이다.

① 마인드맵은 좌·우 뇌 기능을 고루 사용한다. 색상, 부호, 이미지, 창의력 등의 오른쪽 뇌의 기능과 어휘, 숫자, 분석 등의 왼쪽 뇌의 기능을 균형 있게 사용할 수 있다.

② 마인드맵 식 노트 필기는 처음 노트할 때 두뇌가 이해하는 핵심 단어, 이미지를 가지를 뻗어 연결해 놓은 것이기 때문에 나중에 그 내용이 필요할 때 쉽게 파악할 수 있다.

③ 마인드맵은 한 장의 제한된 지면에 많은 양의 정보를 담을 수 있다. 그러므로 각 내용의 상호·인과·연결 관계를 입체적으로 이해하고 파악할 수 있다.

(3) 마인드맵의 효과

① 마인드맵은 지도의 원리를 이용하므로 세부적인 내용은 물론 전체적인 내용을 파악하는 능력을 키워준다.

② 핵심 단어 사용으로 중요한 내용을 파악할 수 있는 능력이 생기고 어휘력과 독서 능력이 향상된다.

③ 두뇌의 여러 가지 영역을 골고루 사용함으로써 창의력과 사고력이 향상된다.

④ 마인드맵을 활용하여 교과 공부, 독서 기록, 일기, 정보 요약 등 스스로 재미있게 잘 할 수 있도록 해준다.

⑤ 자기 생각을 논리적·창의적으로 표현하는 연습을 통해 토론, 논술 시험에도 도움이 된다.

(4) 마인드맵의 구조와 작성 방법

① 종이는 가로로 놓고 사용한다.

② 생각의 핵심이 되는 중심 내용, 즉 주제는 항상 중심 이미지에서 시작한다.

③ 중심 이미지에 연결되는 주 가지는 나뭇가지의 가지처럼 굵게 시작하여 가늘게 뻗어나간다.

④ 주 가지에서의 연결은 핵심 이미지와 핵심어를 통해 가늘게 연결해 나간다.

⑤ 이어지는 가지들도 나뭇가지의 마디처럼 서로 연결되는 구조로 연결해 나간다.

(5) 마인드맵의 예

마인드맵은 기사와 같은 짧은 정보에서부터 교과서의 단원 내용, 책 한 권을 한 면에 요약할 수 있다. 또한 글쓰기를 할 때도 마인드맵으로 생각을 정리한 후 쓰면 생각의 고리가 체계적으로 연결되어 일목요연하게 논리가 정연하면서도 심도 있는 글을 쓸 수 있다.

요즘은 기업에서도 회의를 하거나 브리핑할 때 마인드맵을 사용하고 있다고 한다. 가장 적은 면에 엄청난 정보를 요약함과 동시에 무한한 생각을 펼쳐나갈 수 있다는 점에서 아주 유익한 요약 기술이다. 자기 소개를 할 때도 마인드맵으로 하면 효과적이다.

다음은 신문기사를 읽고 그 내용을 마인드맵으로 정리한 자료이다.

① 교사가 수업을 하기 전에 학생들에게 마인드맵을 이용해 자기를 소개한 자료이다.

② 책을 읽고 마인드맵으로 정리한 예이다.

③ 신문에서 읽은 정보 또한 마인드맵으로 정리할 수 있다.

① 【 마인드맵으로 자기 소개하기 】

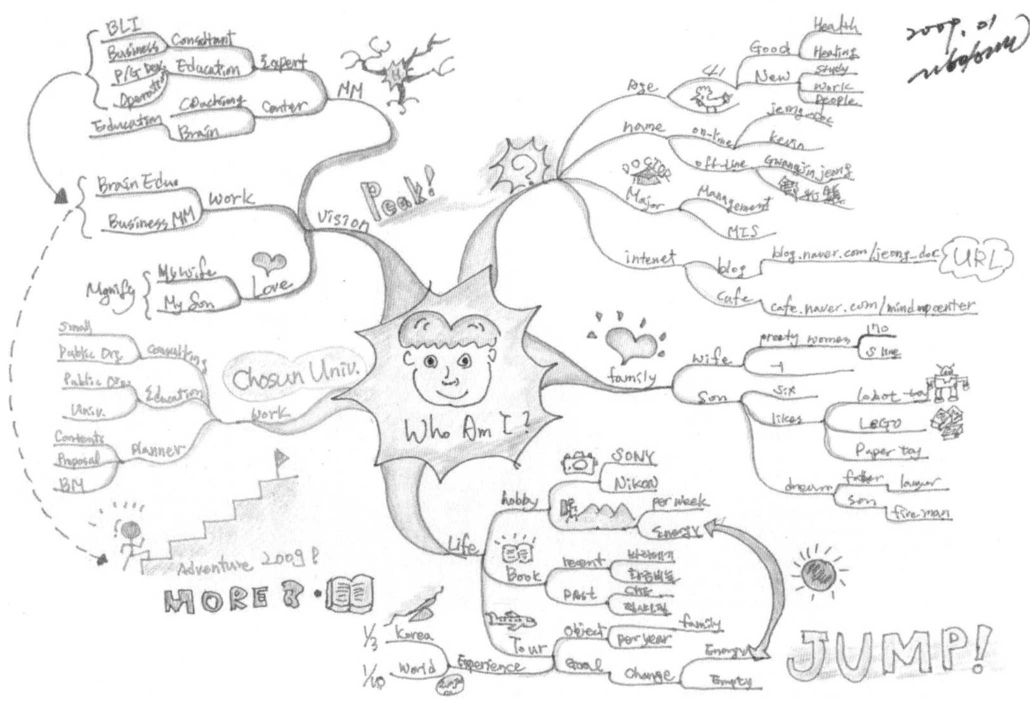

② 【 마인드맵으로 뉴스 요약하기 】

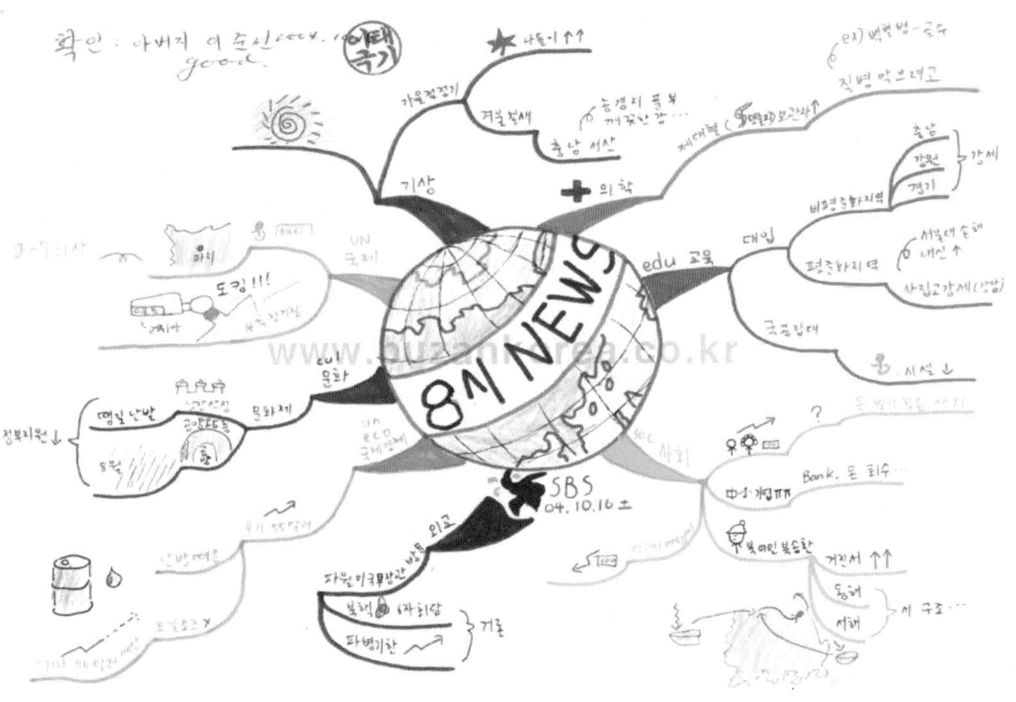

③ 【 방송가의 서바이벌 게임 기사(좌)와 기사를 마인드맵으로 정리한 자료 】

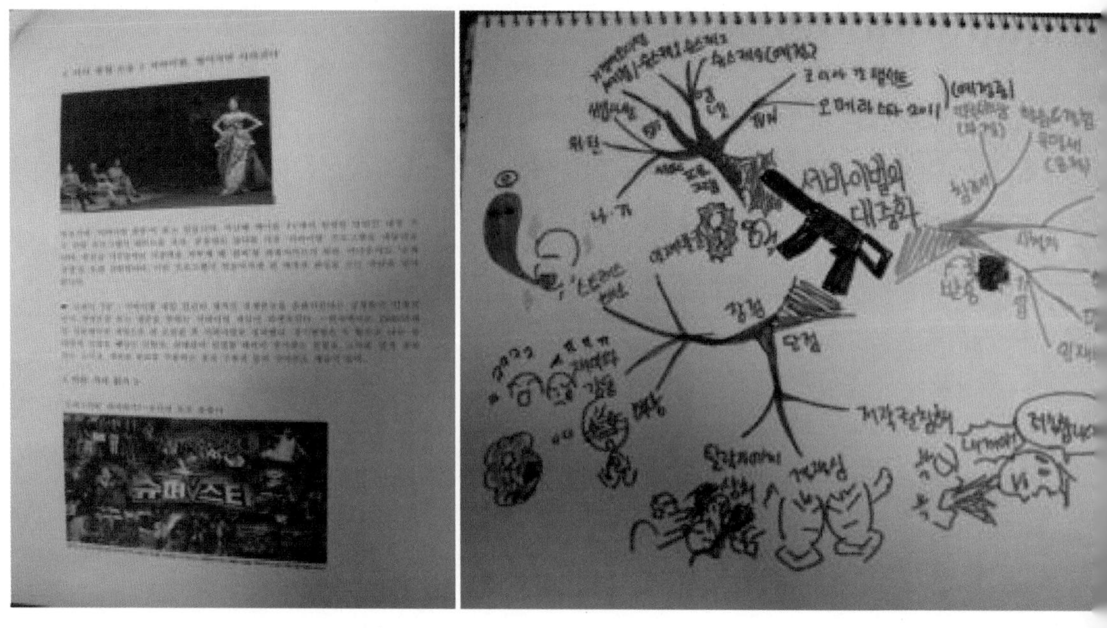

④ 【 만화를 마인드맵으로 정리한 자료 】

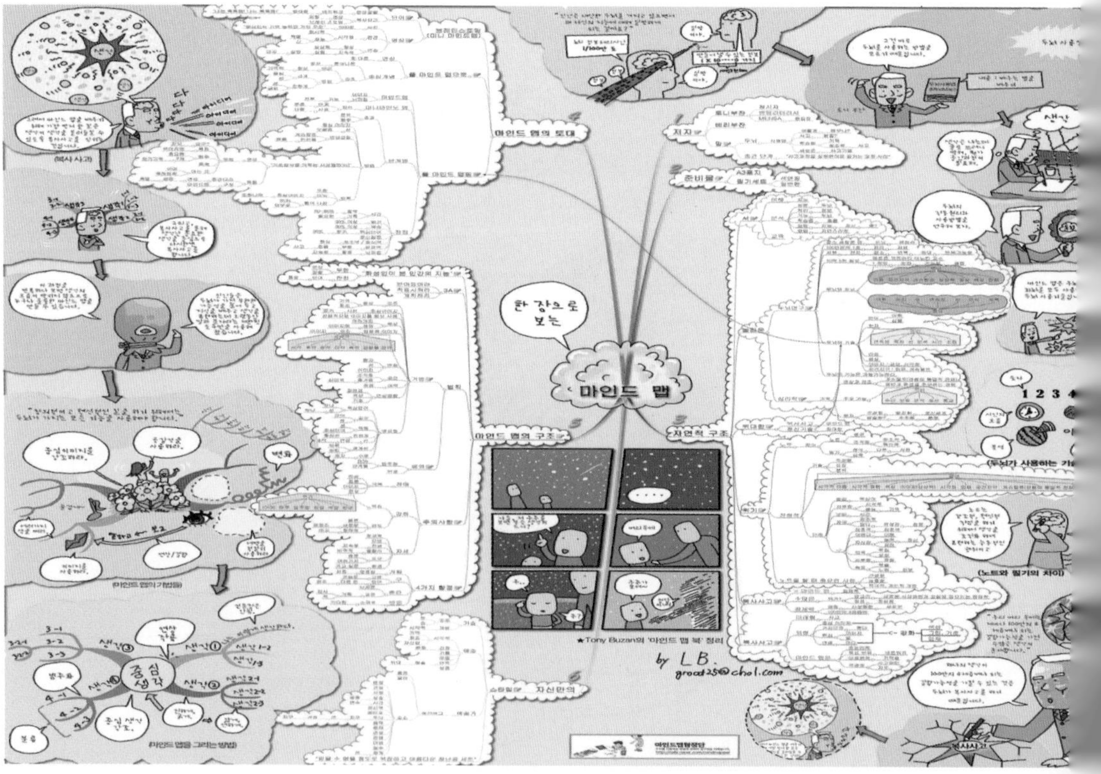

4. 신문 만들기

NIE는 '신문으로 가르치고, 신문을 가르치고, 신문을 만드는' 교육이라 해도 과언이 아니다. 그 가운데서도 신문을 만드는 활동은 정보를 종합적·창의적으로 구성하고 정리하는 능력을 기를 수 있다. 형식은 일반 신문의 형식을 따르되 구성면과 주제는 학생들의 수준과 관심에 맞게 제작하도록 지도하는 게 좋다.

학생들이 만드는 신문의 종류에는 독서신문, 환경신문, 가족신문, 교과신문, 학습신문 등이 있다.

주제별로 세분화하면 독서신문, 환경신문, 인권신문, 역사신문, 민속신문, 인성신문, 고향신문 등으로 다양하게 나눌 수 있다. 그 중에 흔히 과제물로 제시되는 신문은 가족신문과 독서신문 등이다.

신문활용교육의 기본이 신문 스크랩이라면 궁극적인 지향점은 신문 만들기라고 할 수 있다. 그처럼 신문 만들기를 통해 학생들은 정보의 요약·편집·창조가 가능해진다.

(1) 신문 만드는 방법

신문을 만들기 전에 개인이 만드는 신문인지, 모둠이 만드는 신문인지가 중요하다. 개인이 만드는 신문인 경우 시간이 많이 걸리고 정보를 수집·편집·요약·정리하는 절차가 필요하다. 주제를 정해 방학이나 일정 기간 동안 꾸준히 정보 수집이 필요하기 때문이다.

그런 다음 누구를 위한 신문인지에 따라 구성과 내용이 달라진다. 스스로를 위한 신문이라면 목적에 따라 내용을 구성·편집·제작하면 되지만, 특정 대상을 위한 신문이라면 독자에게 유용한 정보로 구성·편집해야 할 것이며, 시각적인 효과 또한 어떻게 할 것인지 고민해야 한다.

모둠끼리 만드는 신문이라면 모둠 회의를 거쳐 주제 정하기, 역할 분담하기, 정보 수집하기, 구성·편집하기 등의 절차를 따르면 된다. 이때 모둠 구성원 모두가 적극적으로 참여하고 역할을 고루 갖는 게 중요하고, 정보의 수준을 고르게 편성하되 모둠원 각 구성원의 재능을 살릴 수 있는 역할을 하는 게 더욱 알차고 유익한 신문을 만들 수 있을 것이다. 자칫 소외되는 사람이 없이 고른 편성의 기회를 제공해야 한다는 점을 신문 만들기 전에 안내하는 것이 좋다.

가족신문을 만드는 경우 부모의 지나친 개입이 문제가 될 수 있다. 부모가 보기에 아이가 하는 게 답답하고 모자란 듯하여도 아이 스스로 하도록 여유롭게 봐주는 게 좋다. 부모의 역할은 전체적인 편집이나 기사 내용 등을 보면서 도움말을 해주는 정도가 적절하다.

■ 신문 만드는 순서

1. 주제를 정한다.
2. 정보를 수집한다.
3. 신문의 제목을 정한다. 가족신문이나 학급신문 등 연속성이 있는 신문을 제작할 때는 '○○네 소식', '□□ 가족신문' 등과 같이 고정된 제호를 쓰는 게 좋다.
4. 역할을 정한다.
5. 레이아웃을 구성한다(이때 A4 용지에 가안을 작성하는 게 좋다).
6. 기사를 쓴다(신문의 크기가 A3 용지라면 기사는 그보다 작은 용지가 좋다).
7. 신문의 제목, 신문을 만든 날짜, 만든 사람 등은 제호 옆에 표시한다.
8. 기사를 배치한다(이때 빈 란이 없도록 한다).
9. 빈 란이 생긴 경우 대체 사진이나 자료를 보충한다.

신문에는 반드시 기사가 들어가기 때문에 기사 쓰기를 어떻게 할 것인가는 사전에 교육할 필요가 있다. 기사를 쓸 때는 육하원칙에 맞춰야 하지만 훈련이 돼 있지 않으면 힘들 수 있다. 그러므로 일기, 소개 글, 광고문, 만화 등 다양한 형태로 적는 것도 무방하다.

신문은 내용도 중요하지만 시각적 효과도 중요하다. 따라서 다양한 색깔의 펜으로 꾸미는 것도 효과적이다. 그래야만 신문 만들기에 참여한 학생들도 재미있어 하고, 예쁘게 완성된 신문을 보고 뿌듯함과 성취감을 느낄 수 있다.

신문을 다 만든 다음에는 구성원들끼리 소감을 나누거나 평가하는 시간을 갖는다. 이때 교사나 부모는 학생들에게 제작 과정의 어려움은 있었지만 스스로 만든 작품에 대해 흡족한 마음이 들도록 충분히 칭찬해 줄 필요가 있다.

(2) 신문 만들기 사례

■ 가족신문의 예 :

독서신문, 여행신문, 복지신문, 독도신문, 환경신문

신문의 형식을 본뜬 가족 독서신문이다. 가족 독서신문의 이름을 '책 먹는 가족'이라 정하고 가족들이 읽거나 추천하는 책을 주로 소개하고 있다. 자신이 읽은 책을 소개하면서 책 내용을 소개하는 것이 아니라 주인공을 소개하고 있다.

또한 가족 중 언니가 추천하는 책은 책 표지와 함께 간단한 줄거리를 소개하고 있다. 그리고 인터뷰 기사로 그림책 작가 〈앤서니 브라운〉을 인터뷰해 소개하고 있으며, 엄마가 추천하는 그림책 베스트의 목록과 함께 추천하는 이유를 밝히고 있다.

제주 노형초등학교 '가족 독서신문 만들기' 대회 수상 작품들

■ 주제 신문의 예

다음의 신문은 평생교육원에서 NIE 지도자 과정을 공부하는 수강생들이 모둠별로 주제 신문을 만든 예이다. 모둠이 정한 주제로는 환경, 복지, 여행, 여성과 교육이 나왔다.

① 여행신문 만들기

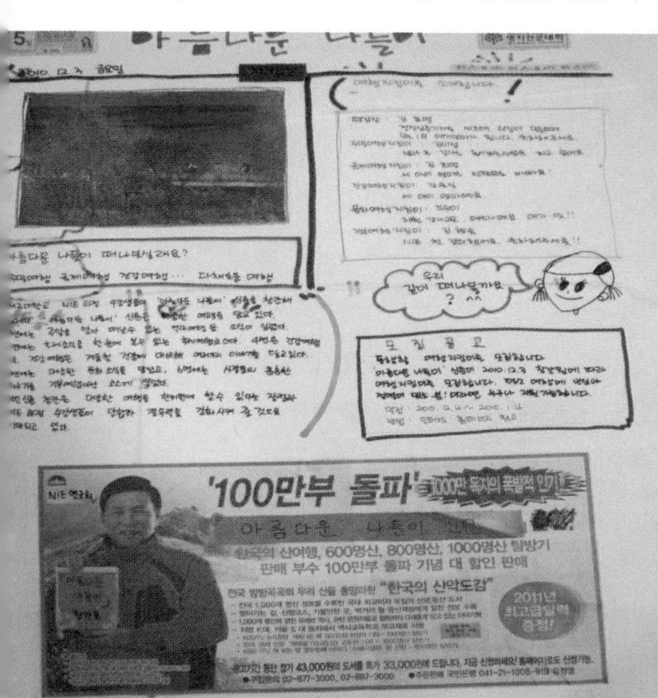

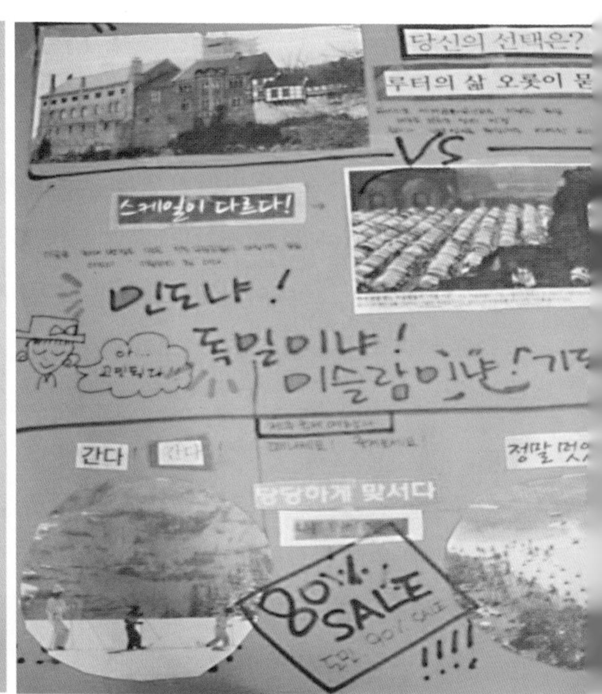

② 복지신문 만들기

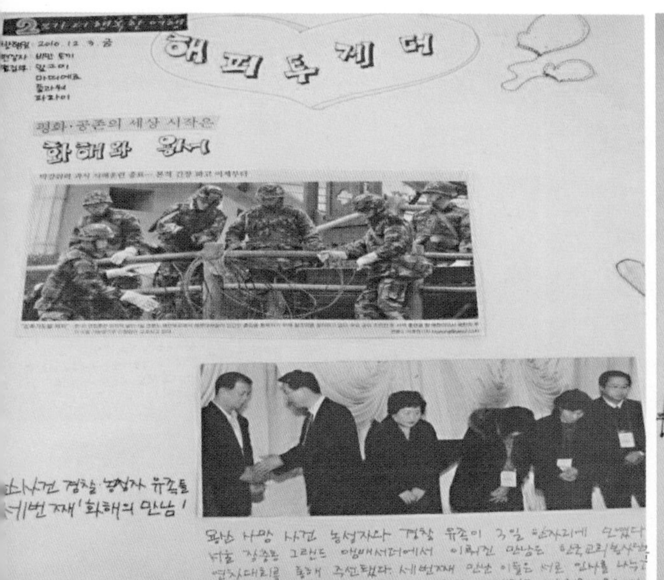

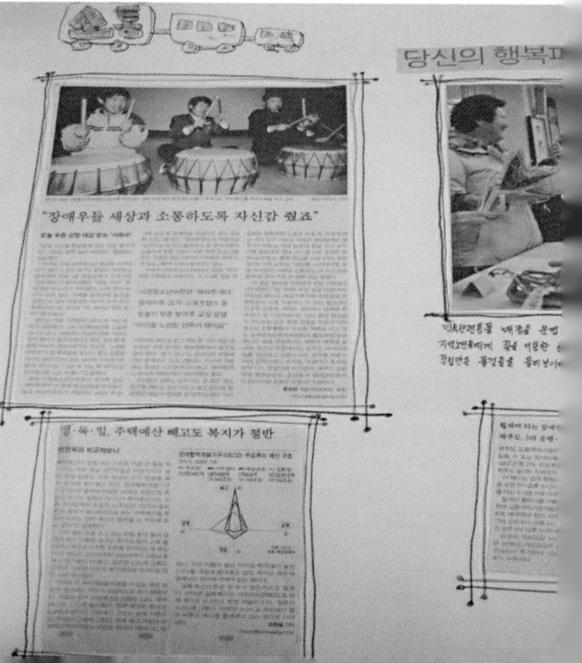

신문 만들기 순서에 맞게 제호를 먼저 정하고, 정보를 수집한 후 주어진 역할에 맞게 정보 정리, 편집 과정을 거쳐 완성한 작품의 일부이다. 주어진 시간 안에 완성하기 위해 다소 미흡한 부분이 있지만 나름대로 주어진 정보 안에서 알차게 꾸며 보려 애쓰는 모습을 엿볼 수 있었고, 만들어진 작품을 감상하면서 뿌듯해하는 모습을 확인할 수 있었다.

이처럼 학생들을 지도하기 전에 신문 만들기 경험을 먼저 하면 실제 지도에서 좀 더 수월하고 효과적으로 지도할 수 있을 것이다. 가르치기 이전에 경험하고 학습하는 게 우선이다.

③ 중학교 1학년 학생들이 만든 독도신문

일본의 독도 영유권에 대해 교과서에 실리는 문제가 불거지면서 독도에 대해 알아보는 시간을 가졌다. 각 신문사에서 기사화된 정보를 조사하고, 독도가 우리 땅일 수밖에 없는 이유에 대해 정리해 보았다.

역사적으로 독도는 어떤 위치에 있었으며, 역사책에 독도는 어떻게 기록되고 있는가? 독도를 지키려는 노력은 어떻게 이루어져 왔는가? 독도를 지키기 위해서 우리는 어떻게 해야 하는가? 등의 내용으로 독도신문을 만들어 보았다.

제목은 '뿌리를 지키는 사람들'이라고 지었다. 뿌리를 지키는 일은 여러 가지가 있다. 우리의 정신, 문화, 언어, 땅 등이 모두 우리의 정체성과 관련 있는 것들이며, 이를 지키려는 노력이 각계 각층에서 전국민적으로 이루어져야 하며, 좀더 적극적인 노력이 구체적으로 실현되어야 한다는 점에 입을 모았다.

신문을 활용해 신문 만들기에 참여한 학생들은 이번 기회로 독도에 대해 정확히 알게 되었으며, 독도를 지키려는 노력이 그동안 너무나 미흡했다는 것을 깨달았다고 소감을 밝혔다.

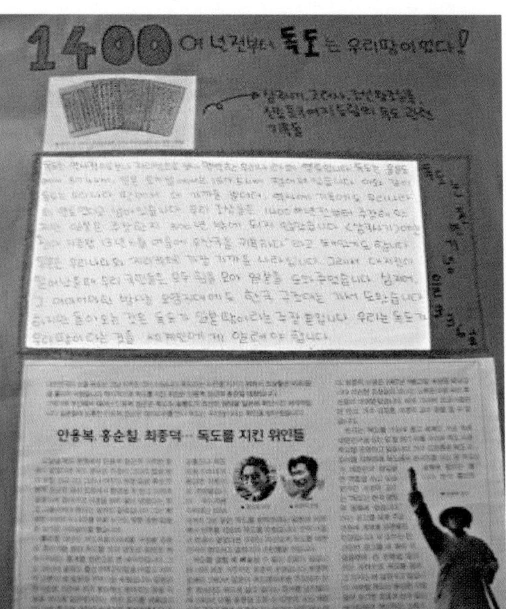

우리의 힘으로 독도를 지킵시다!

모두 한마음으로 뭉쳐 일본에 대응해야

요즘 '독도는 일본의 땅'이라는 문구가 교과서에 실
림으로써 온 나라가 떠들썩하다. 그러나 독도는 엄연
히 우리의 땅이다. 그렇다면 왜 우리는 우리의 땅을 제
대로 지키지, 어떻게 될 때까지 손을 쓰지 못하는 걸까?
'뭉치면 살고, 흩어지면 죽는다'는 유명한 말이 있
다. 사실 이 말은 독도를 지키는 것과 별로 관련이 없을
수도 있겠지만, 지금 우리의 땅을 잘 지키고 있지 못한
것의 가장 중요한 원인이라고 할 수 있다.
우리 대한민국 사람이 모두 같은 마음으로 독도를
지키면 우리 땅이 될 수 있다. 독도를 지키기 위해 뭉
치려면 독도를 널리 알려야 한다. 어린아이들이 좋아
하는 가수들의 노래에도 그런 내용을 담으면 좋을 것
이다.

또한, 독도와 관련한 봉사활동도 많이 했으면 좋겠
다. <독도신문> 집집마다 돌리기, 길거리에서 '독도는
우리 땅!' 이라고 쓰인 플래카드 들고 구호 외치기 같
은 것 말이다.

이렇게 되면 많은 사람들이 독도에
관심을 갖게 될 것이며 모두 한마음으
로 일본에게 더 당당하게 맞설 수 있을
것이다. 대한민국 파이팅!

김나현 학생기자(서울 상일중 1년)

독도 넘보지 못하도록 주민 살게 하자

일본이 우리 땅 독도를 넘보지 못하게 하는 가장 좋
은 방법은 독도에 주민을 살게 하는 것이다. 독도엔 물
이 부족해서 사람이 살기에 적당하지 못하므로 바닷
물을 식수로 만들 수 있는 시설이 필요할 것이다. 그렇
게 해서 주민이 산다면 일본 사람들이 무작정 자신의
땅이라고 우기지 않을 것이고, 독도에 사는 주민은 독
도를 지키기 위해 육지에 있는 우리들보다 더욱 열정적
으로 우리 땅임을 주장할 수 있을 것이다.
다른 방법도 있다. 일본 국민들은 몇몇 극우주의 정
치인들이나 주장하는 독도 영유권 관련 문제를 잘 모
른다고 한다.
왜냐하면 그다지 정치에 관심이 없기 때문이다. 그
렇다면 우리가 그들에게 현재 일어나고 있는 일을 모
두 알려주는 것이다. 어른은 물론, 어린아이에게도 쉽
게 알 수 있도록 일본어로 된 독도를 설명하는 책과 어
린아이를 위한 그림책을 만들어 일본 교과서에 대항
하면 된다.

하지만 무엇보다 우리 스스로 주인의식을 길러야
한다. 어떤 사람은 '그깟 독도'라고 생각할지 모르지만,
우리에게 독도란 옛날부터 중요한 섬
이었기 때문에 우리는 이 독도를 꼭 일
본으로부터 지켜내야 하는 것은 물론,
사랑하고 아껴야 한다.

이효은 학생기자(인천논현중 3년)

실효적 지배 계속 유지하고 일본 망발엔 철저히 무대응

일본은 독도는 법적으로 해결하고, 센카쿠
주먹으로 해결하려는 것처럼 보인다. 만일 법으
결하기 위해 국제사법재판소로 간다면 어떻게 될
가? 우리가 이긴다면 본전이지만 혹시라도 국제
해관계와 일본의 자국이기주의가 결합해 뜻하지
결과가 발생한다면 어떻겠는가? 국제사법재판소
영하는 비용을 일본이 많이 부담하고 있고 재판
지 한 명 있다고 하니 조금 부담스럽기까지 하다.
다면 우리는 법으로 해결하기보다는 지금의 실효
배를 현재 60년에서 100년 이상 유지하고 일본의
에 철저하게 무대응으로 일관하는 것이 좋겠다.
으로 지배하는 방법은 매우 위험하다.

따라서 우리는 유연하고 부드러운 대응이 필
다. 큰 해머로 작은 개미를 잡을 수 없는 것처럼 독
개인에게 매각해 사유지로 만드는 것도 한 방법이
것이다. 이는 일본이 센카쿠 열도를 사유지로 만
놓은 것과 똑같은 원리다.

그리고 독도에는 전투력이 군대보
다 약한 경찰을 계속 주둔시켜야 할 것
이고 쓸데없이 군대를 주둔시켜 분쟁
의 빌미를 만들지 않아야 할 것이다.

조성운 학생기자(강원 강릉고 1년)

우리 국민 힘모아 도와줬더니… 배신감 느껴

일본의 대지진으로 우리국민은 과거사와
상관없이 119구조대원이 복구현장으로
달려가는등 이웃나라에 대한 우정을
유감없이 발휘하였다. 그런데 일본은
대지진의 피해 속에서도 '독도는 자기네
땅'이라는 내용을 중학교 교과서에 싣는
파렴치함을 보여줬다. 있을수 없는일이다.
그동안 우리나라가 미온적으로 대처해온

독도가 우리땅이라는 사실은 1400여년
전부터 <삼국사기>를 비롯한 역사책에
기록되어 있다. 일본이 자기네 땅이라
우기기 시작한 건 300여년 전 부터 다
일본은 남의 땅을 빼앗기 위해서 교묘히
수작을 부리고 있다. 이에 우리는 우리
땅은 보호하기 위해서 좀더 논리적이
체계적인 대응이 필요하다. 반크나 가
김장훈씨가 국서토록 여는등의 노력은 하
[illegible]

■ 신문 만들기를 하면 좋은 점

1. 알게 된 정보를 다각적으로 정리할 수 있다.
2. 정보를 활용해 나만의 창작물이 가능하다는 것을 알 수 있다.
3. 신문이라는 형식을 빌려 정보를 정리·표현하는 것이기 때문에 시각적 효과, 지면의 구성, 효과적인 기사나 사진 등을 선별하는 능력이 생긴다.
4. 기사 글 쓰기를 통해 글쓰기의 능력을 기를 수 있다.

④ 기사로 보는 '찾아가는 NIE 현장'—환경신문 만들기

'더듬이의 세상보는 눈' NIE 활동으로 마무리

자연훼손·환경파괴 실태 접하며 소중함 배워

서귀포시청소년수련관은 상반기에 이어 하반기에도 '더듬이의 세상 보는 눈' 프로그램을 진행하고 있다. '더듬이의 세상보는 눈'은 2009 청소년 활동 우수프로그램으로 선정된 것으로 지난 10월부터 11월까지 두 달 동안 올레 코스와 창고천 등지에서 마련됐다.

자연 훼손 및 환경 파괴 실태를 체험하고 환경의 소중함을 느끼고 생활속 환경운동 실천과 환경 문세에 적극 대처하도록 마련된 프로그램이다. 최근에는 현장 체험을 NIE 활동으로 마무리했다.

상반기에도 서귀포시청소년수련관은 NIE 주제신문을 '청소년 존'에 전시하고 방학 프로그램으로 NIE 교실을 운영하기도 했다.

지난 달 1일 '환경신문' 만들기에 나선 어린이들은 가장 먼저 두 모둠으로 나눠 '신문 제호' 만들기에 들어갔다. 강정헌·강윤정·강윤지·이지윤 어린이는 '올레 아이들'이라고 신문 이름을 붙였다.

실제 올레를 함께 걸었던 어린이들은 기획회의를 거쳐 자신들이 현장에서 찍은 사진과 신문에 게재됐던 환경 관련 기사 등을 스크랩해 신문을 만들기 시작했다.

아이들은 '숲길과 올레 걸으며 지친 삶 재충전 어때요' 표제로 한라일보에 수록됐던 사진과 표제는 그대로 활용하고 기사를 자신들의 이야기로 재구성하기도 했다.

'웰빙 산책로 한 권에 담았다'의 기사는 최근 걷기 열풍에 동참하는 이들의 이야기를 담은 책들을 소개한 기사로 '신문에서 찾은 환경 이야기' 면에 배치하기도 했다.

이밖에도 자신들이 걸었던 안덕계곡을 영어로 소개하는 한라일보 생활영어 코너도 스크랩해 지면에 구성했고, 1개 면은 '현장고발'로 체

험에서 찍었던 환경 훼손 사례를 사진에서 오려 고발하고, 새들의 눈으로 올레를 걷는 이들에게 당부하고 싶은 말도 넣었다.

이지윤 어린이는 '올레 아이들'답게 '제주올레, 침체됐던 골목 상권도 살렸다'의 기사를 스크랩해 '올레 효과'의 단면을 담았다. 또 '우리가 가 본 마을' 코너에서 '넓은 평야·바다·올레가 환상의 조화-안덕면 대평리' 기사도 넣었다.

또 홍민국·변용준·이동윤·이동연 어린이는 '웰빙제주'라고 신문 제호를 정했다. 홍민국 어린이는 '환경 지키는 청소년들이 10월에 올레 코스와 창고천에서 환경 취재를 했다'는 내용으로 작성하는가 하면, 현장에서 생태해설사에게 들었던 내용을 바탕으로 책자에서 찾아낸 생태계 관계도를 오려 붙이고 기사를 쓰기도 했다. 신문광고 속에서 '친환경 이유 있는 감동 마케팅'이라는 광고 문구와 그림을 오려 붙이기도 했다.

홍민국 어린이는 "처음에는 엄마께서 권유하셔서 어쩔 수 없이 환경체험활동에 참여했지만 우리의 소중한 환경을 지켜야겠다는 생각을 했다"며, "그냥 잊어버릴 수 있는데 '환경신문'을 통해 체험활동을 정리해보니 더 좋다"고 말했다.

강지윤 어린이는 "우리 스스로 신문 제호를 만들고 기획회의를 해서 코너를 정하는 것이 힘들었지만 만들고나니 보람이 크다"고 얘기했다.

[이현숙 기자 hslee@hallailbo.co.k]r

12 SECTION

유아 NIE 지도

'유아들도 NIE를 할 수 있나요?' 라는 질문을 많이 받는다. NIE가 기사를 읽고 요약하는 정도라고 알고 있는 부모나 교사들이 많다. 그만큼 NIE에 대한 이해가 부족하다고도 할 수 있고, NIE에 대해 편협한 정보만 소개되고 있기 때문이기도 하다. 유아들도 당연히 NIE 활동을 할 수 있다. 유아기 때에는 호기심이 왕성하여 이를 학습의 성취 동기와 잘 연결시켜 주면 뛰어난 교육적 효과를 얻을 수 있다. 하지만 집중력이 부족하고 활동적이기 때문에 추상적인 사고를 요하는 활동은 할 수 없다.

유아기는 사물을 가지고 직접 다루면서 활동을 익힐 때, 그리고 자신의 감각기관을 활용할 때 교육적 효과가 크다. 즉 신문은 교과서가 아닌 놀잇감으로 삼아 학습할 때 비로소 좋은 자료가 된다.

신문에는 다양한 그림과 재미있는 광고, 인물 사진 등을 볼 수 있다. 이 자료들은 모두 유아들에게 훌륭한 교육자료가 될 수 있다. 예를 들어 신문에는 자동차, 냉장고, 가방, 우유팩, 우산, 신발 등과 같은 사물 사진을 거의 매일 볼 수 있다. 그리고 다양한 사람들의 모습도 볼 수 있다.

이런 자료를 가지고 무엇을 하는 물건인지, 어떤 색깔의 옷을 입었는지, 어떤 기분을 알 수 있는 표정인지, 그것의 이름은 무엇인지를 물어보고, 쓰고, 그리게 할 수 있다. 표정 따라하기도 가능하다. 또한 균형 맞춰 그림 그리기도 할 수 있다.

유아기는 글자와 숫자를 배우고 익히는 시기이기도 하다. 표제나 광고의 글자, 숫자 등을 이용해서 낱말놀이, 사물이나 사람의 수를 세어 숫자 적어보기, 같은 수끼리 짝지어 보기, 같은 글자끼리 짝지어 보기, 낱말 피라미드와 같은 놀이도 할 수 있다.

하지만 유아가 NIE를 함에 있어 무엇보다 중요한 것은 신문과 친해지게 하고, 신문에서 주는 기본 정보를 읽고 알 수 있게 하는데 있다. 기사와 같은 어려운 정보를 주어서 NIE와 멀어지게 하는 실수는 하지 말아야 한다.

1. 유아 대상의 효과적인 신문 활용 방법

(1) 찾기놀이부터 한다

신문을 처음 접하는 어린이들에겐 일단 신문이 부담되지 않도록 쉬운 것부터 찾아보게 한다. 학습이라는 느낌이 들면 아이들은 부담스러워하고 싫어하게 되어 신문에 대한 거부감이 생길 수도 있다. 찾고 오리고 퀴즈 문제 맞추기처럼 재미있게 이야기를 나누면서 놀이하듯 해야 한다. 예를 들어 신문에 나온 글자 중에서 내가 아는 글자 찾기, 글자를 오려 우리 가족의 이름표 만들기, 내가 받고 싶은 선물, 내가 주고 싶은 선물 등을 오리고 붙여서 카드 만들기 등 신문의 자료와 친해지는 연습부터 하는 것이다.

(2) 사진·광고와 같은 시각적인 자료를 많이 활용한다

신문에는 재미있는 사진이나 그림이 아주 많이 나온다. 어린이가 관심 있어 하는 사진, 즉 아이들 사진, 동물 사진, 예쁜 물건이나 풍경 사진 그리고 그림들을 평소에 모아두었다가 이름짓기 놀이를 한다거나 오감훈련, 이야기 기차 만들기나 그림책 만들기를 할 수 있다. 평소에 사진을 오려 수집해두면 다양한 수업의 자료로 활용할 수 있다.

(3) 만들고 그리고 체험한다

신문의 여러 사진이나 그림을 그리기나 만들기에 활용한다. 선이 복잡하지 않은 사진을 선택하여 똑같이 그려보는 활동은 사물을 세밀하게 관찰하는 습관을 키우는 데 좋다.

재미있는 그림을 골라 반쪽은 잘라내고 나머지 반쪽을 상상하여 그려본다든가, 신문을 이용해 딱지 만들기, 종이배 만들기, 고깔모자 만들어 써 보기, 인디언 치마 만들어 입어보기 활동은 문자와 정지된 활동에 익숙한 아이들에게는 색다른 경험이 될 것이다.

(4) 대화를 나누면서 한다

어린이들은 기본적으로 누군가와 함께 노는 것을 좋아한다. 놀잇감이 별로 없어도 친구만 있으면 잘 논다. NIE 활동도 충분히 놀이로 활용한다면 활동 과정에서 서로 얘기를 많이 하게 되고, 서로에 대한 친근감도 더 많이 생길 것이다. 엄마와 함께하는 NIE라면 아이들은 좋아한다. 엄마와 함께 있다는 게 좋고, 신문을 뒤적이며 오리고 붙이면서 얘기를 하다 보면 더욱 서로에 대한 사랑과 믿음이 생겨날 수 있다.

(5) 열린 사고와 풍부한 감성을 느낄 수 있도록 해준다

이 시기의 아이들에게는 인성과 감성교육이 무척 중요하다. 집단생활을 하면서 친구들과 다툼도 있고, 아직은 자기 중심성이 많아 나의 것과 친구의 것을 잘 구분하지 못하기도 한다. 남을 생각하고 배려할 줄 아는 마음을 길러주는 데 신문을 활용할 수 있다.

예를 들어 인물의 표정 사진을 보면서 왜 이런 표정인지, 무엇을 하고 있는지, 어떤 일이 있었는지 이야기를 나누면서 자연스럽게 타인에 대해 이해하고 배려하는 마음에 대해 생각해보게 한다. 또한 '가치 사전' 을 함께 만들어 보면서 좋은 생각, 아름다운 가치에 대해 자연스럽게 익히는 습관을 들이는 것도 좋다.

(6) 스스로 할 수 있도록 참고 기다려준다

유아기의 아이들은 가위질도 서툴다. 그렇다고 엄마나 교사가 다 해주면 안 된다. 아이가 어려워할 때에는 자세하고 구체적으로 도움말을 해주되 스스로 찾아 문제를 해결할 수 있도록 하는 것이 좋다. 자기 주도적 학습 능력은 스스로 해보는 작은 습관에서부터 다져진다고 할 수 있다. 또한 스스로 해냈을 때 얻는 성취감과 만족감은 어린이의 자아 존중감 형성에 크게 기여할 것이다.

2. 유아 NIE의 기대 효과

① 관찰력이 생긴다.
② 숫자나 글자를 익힐 수 있다.
③ 발표력이 향상된다.
④ 부모 또는 친구 관계가 좋아진다.
⑤ 정보 활용 능력의 기초가 다져진다.
⑥ 인성이 길러진다.
⑦ 상상력과 창의력이 계발된다.

3. 유아 NIE 활용의 예

① 아는 글자를 찾아 보아요.
② 우리집에서 볼 수 있는 것들을 찾아 보아요.
③ 재미있는 이름을 지어 주어요.
④ 어떤 소리가 날까요?
⑤ 긴 것/짧은 것, 무거운 것/가벼운 것, 좋은 것/나쁜 것
⑥ 숫자를 읽어 보세요.
⑦ 내가 좋아하는 것을 찾아 보세요.
⑧ 가방 속을 꾸며 보세요.
⑨ 우리 가족을 꾸며 보세요.
⑩ 예쁜 카드를 만들어 보세요.
⑪ 움직이는 것들을 찾아 보세요.
⑫ 내가 할 수 있는 것을 찾아 보세요.
⑬ 숨은 그림을 그려 보세요.

⑭ 더 작게, 더 크게 그려 보세요.

⑮ 무슨 일을 하는 사람들인가요?

⑯ 내가 주고 싶은 선물, 받고 싶은 선물을 꾸며 보세요.

⑰ 시장 놀이를 해요.

⑱ 이야기 기차를 꾸며요.

⑲ 낱말 사다리를 만들어 보세요.

⑳ 재미있는 글자를 찾아 보세요.

㉑ 계절에 맞는 사진이나 낱말을 찾아 보세요.

㉒ 사진을 이용해서 그림책을 만들어 보세요.

㉓ 말 풍선을 달아 보아요.

㉔ 내가 좋아하는 것을 광고해 보세요.

㉕ 우리나라를 소개해 보아요.

㉖ 다른 나라 사람들을 찾아 보세요.

㉗ 지도를 따라 그려 보세요.

㉘ 외래어를 찾아 보세요.

㉙ 글자를 이용해서 편지쓰기를 해 보세요.

㉚ 종이죽을 쑤어서 인형을 만들어 보아요.

4. 유아 NIE 사례 : 7세 신유·나희의 NIE 체험

신유는 유치원에 다니는 7세 어린이다. 엄마가 평생교육원에서 NIE 지도자 과정에 참여하면서 NIE를 시작했다. 처음에는 가위로 오리고 붙이고 하는 것부터 시작해서 이제는 짧은 기사도 읽고 활동을 할 수 있을 정도로 읽기 능력이 많이 향상되었다. 사진에 말 주머니 넣기, 내가 아는 글자로 일기 써보기, 사진에서 보이는 것 낱말로 적어보기, 사진 기사를 읽고 알게 된 사실을 그림으로 그려보고 글로도 써보기, 사진의 일부를 채워서 색칠해보기, 사진의 표정 따라 해보기, 낱말 만들기, 나만의 낱말 사전 만들기, 얼굴 표정에서 감정을 읽고 감정 단어로 써보기, 사진 그대로 따라 그려보기 등 수많은 NIE 활동을 하면서 이제는 스스로도 활동지를 만들어 할 수 있는 수준이 되었다.

나희는 1년 전부터 NIE를 시작했다. 엄마가 NIE를 배우면서 시작한 행운이다. 1년 전만 해도 글자를 떠듬떠듬 아는 수준이었다. 그러나 이제는 신문에 나온 글자도 척척 읽어내고, 스스로 오려 붙이면서 글자를 연결해 기차놀이도 하고, 사진을 오려 붙이고 떠오르는 말 적어보기, 표정 따라 그리기, 오감놀이도 곧잘 한다. 또래에 비해 감수성이 뛰어나서 신문에 나온 사진을 보며 시도 척척 써낸다. 그뿐만 아니라 일기예보를 보며 날씨도 예보하고, TV 편성표에 나온 방송 시간을 시계를 그려가며 설명해주기도 한다.

나희가 NIE를 하면서 어떤 점이 달라졌느냐는 인터뷰 질문에 엄마 박혜란 씨는, "이제는 혼자서 하는 NIE도 재미있나 봐요. 처음엔 함께하다가 이제는 자기가 알아서 해보겠다고 해요. 혼자서 해보고 싶다는 욕구가 생겼나 봐요. 이런 게 자기 주도적 학습 능력의 기초가 아닌가 하는 생각이 드네요."라고 답변하였다.

유아 NIE는 유아들에게 관찰력을 키워주며 읽기 능력을 향상시켜준다. 5~7세는 읽기 자료에도 부쩍 관심을 보이는 연령이다. 이때 NIE 활동을 하면 글자를 쉽게 익힐 수 있고, 사진이나 광고를 보면서 이야기를 나누다보면 상상력이 극대화될 수 있다. 또한 아이의 마음이 자연스럽게 표현되고, 다른 사물이나 사람의 입장이 되는 등 감성훈련도 저절로 될 수 있다. 정보 찾기를 꾸준히 하다보면 자기주도적 학습 능력의 기초가 형성되어 학령기에 들어가서도 스스로 학습과 생활에 적응하는 등의 긍정적 효과를 볼 수 있다.

하지만 유아가 NIE 지도 능력을 기르는 실험용은 되지 말아야 한다. 유능한 지도 능력을 개발하기 위해서는 누군가의 실험이 필요하지만, 그 실험은 이해와 동의가 필요하며 설득력 있는 동기부여와 함께 즐거움이 따라주지 못하면 긍정적인 반응을 기대할 수 없다.

무엇보다도 유아나 아동을 내 학습의 실험 대상으로 삼지 않고, 함께 나누는 대상으로 생각하는 마음, 유아나 아동의 지적·정서적 욕구를 채워주거나 해소해 주는 즐거운 시간으로 NIE 활동이 자리매김하였으면 한다.

■ 신유의 NIE 활동지 엿보기

① 신문 자료를 활용해 나의 꿈 표현하기　　② 내가 아는 글자로 문장 만들기

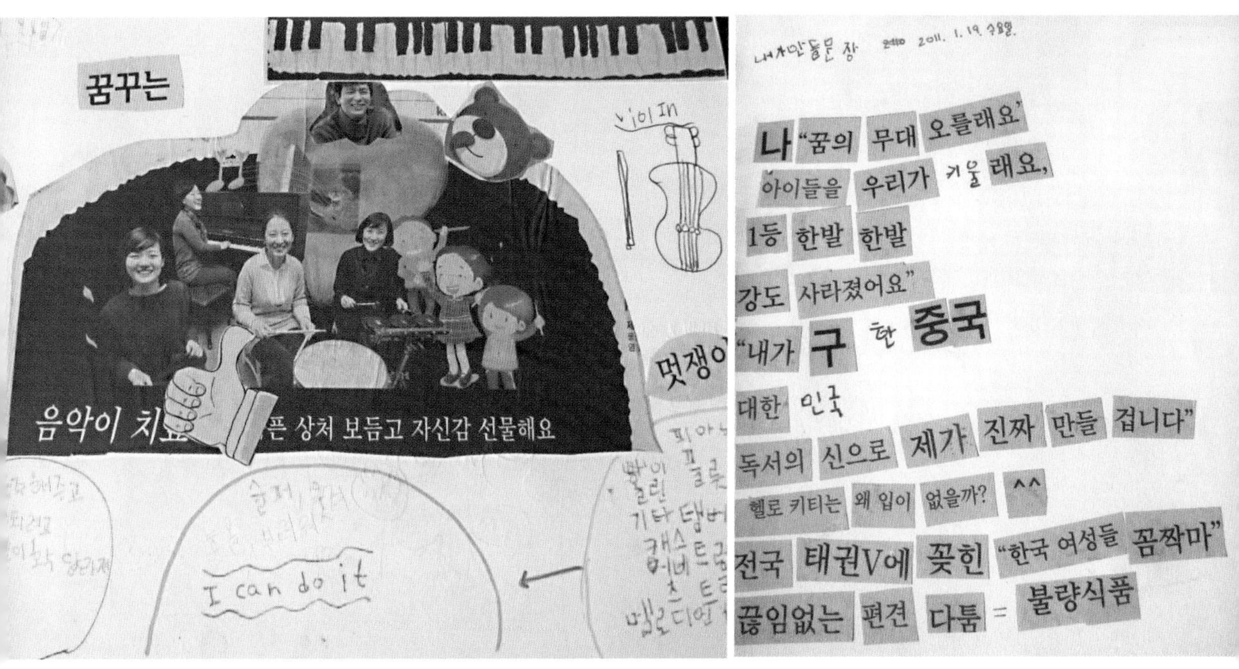

③ 사진 보며 상상한 말 주머니 채우기

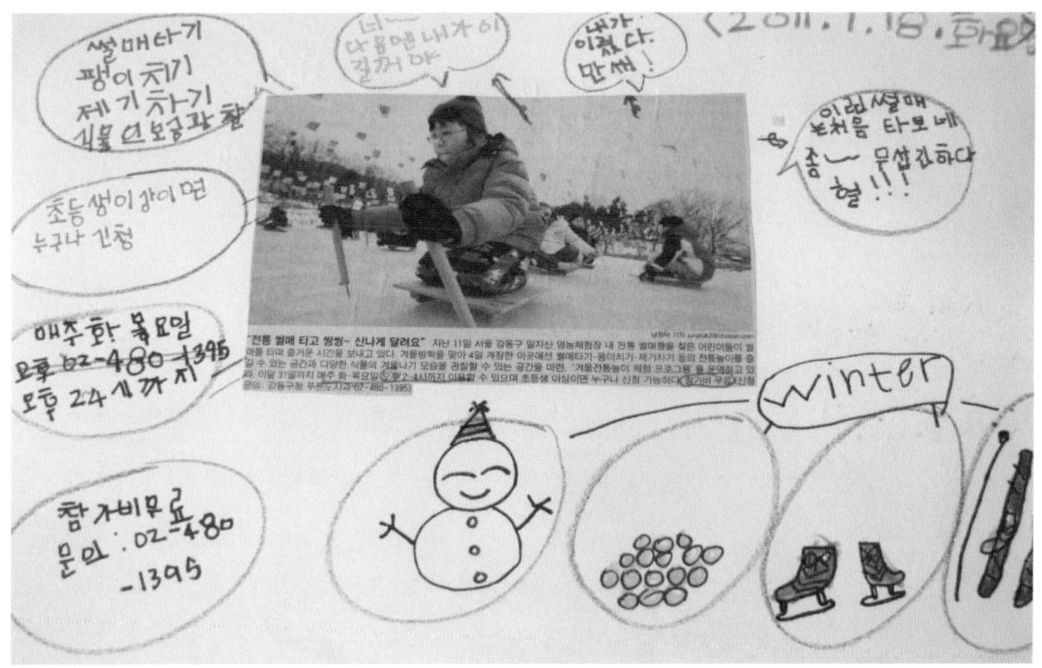

■ 나희의 NIE 활동지 엿보기

① 시계 편성표 보며 시계 그리기 ② 일기예보 보며 날씨 안내하기

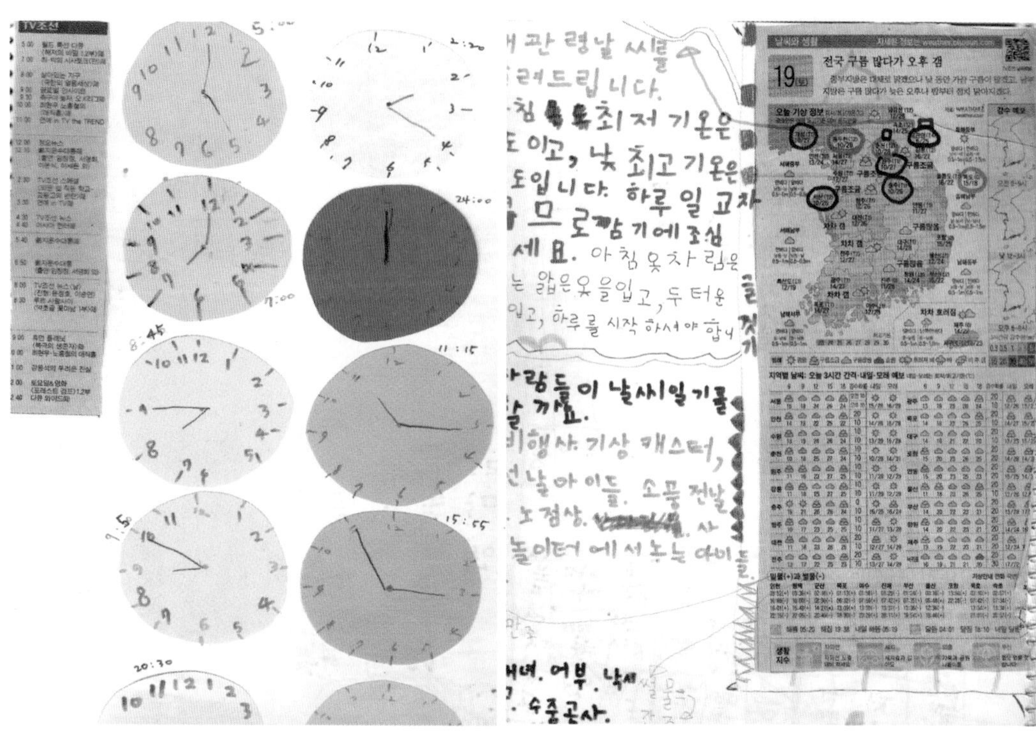

③ 사진을 보며 이야기 상상하기

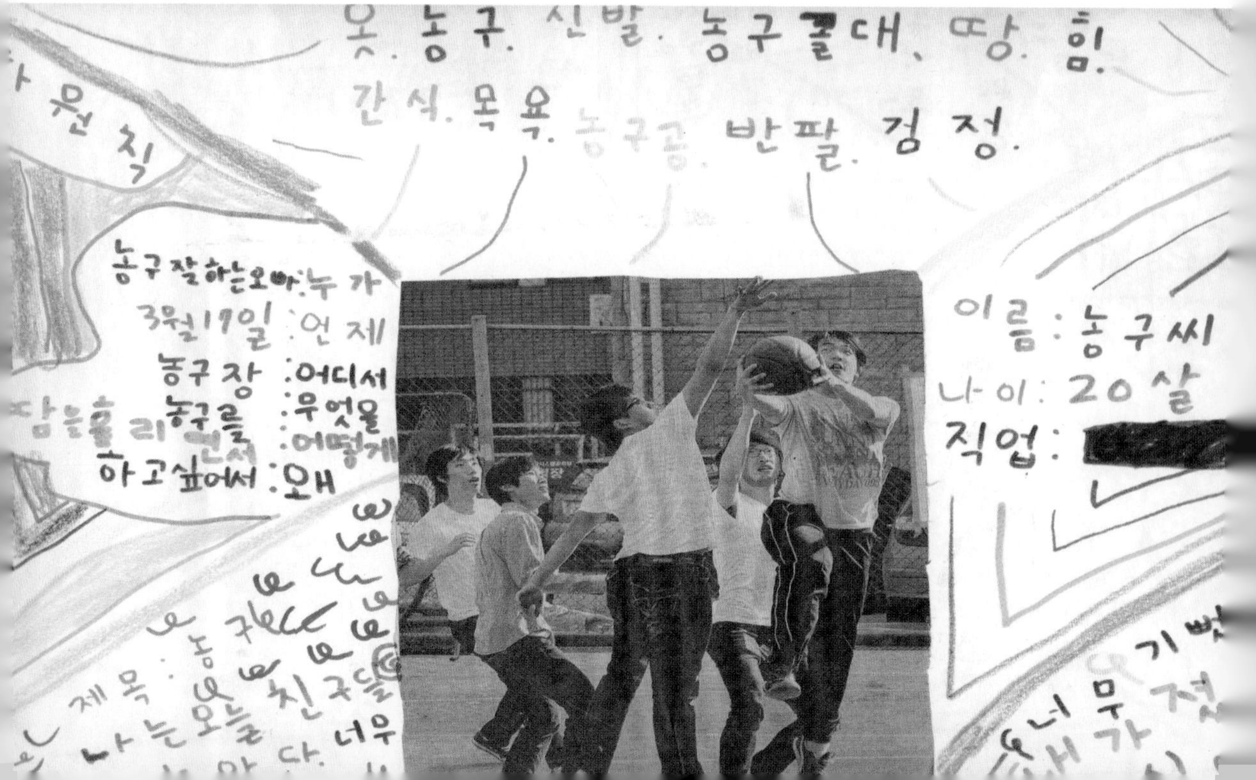

part 3

NIE 통합 논술 전략

13 SECTION 통합논술이란 무엇인가

논술고사의 축소나 폐지를 유도하는 교육과학기술부의 정책 발표가 있었음에도 불구하고 대부분의 주요 대학은 2013학년도에도 기존의 틀이 유지, 강화될 것으로 보고 있다. 논제 형식과 교과 통합이라는 기본적인 틀이 유지되는 가운데, 전문가들은 최근 일부 대학에서 강화하고 있는 인문계열에서의 수리, 과학 영역의 통합 형식도 확산될 가능성이 있다고 예측하고 있다.

우리 사회에서 논술이 강조되는 이유는 시대 변화에 따른 창조적 인재 육성을 위해서이다. 창조적인 사람이란 문제나 사건에 대한 해결 능력을 스스로 판단하여 대응하는 능력을 가진 사람이다. 또한 스스로 문제점을 찾아내고 개선하며 혁신하는 도전적인 사람이다. 초일류 국가나 초일류 기업은 이제 창조적인 인재를 요구하고 있다. 이러한 창조적인 사고력을 길러주는 중요한 동기 부여가 되는 것이 바로 통합논술이라고 할 수 있다.

하지만 수능만을 위해서 논술을 공부하는 것은 아니다. 논술이라는 것이 자칫 수능을 위한 또 하나의 도구로 전락하는 것이 안타깝다. 비판적이며 논증적인 사고 체계와 주체적인 자기 의견을 갖는다는 것은 복잡한 현대사회를 살아가는 데 필수적인 능력이다.

그렇지 않으면 시대의 흐름이나 사회 현상에 매몰되는 삶을 의존적으로 살 수밖에 없기 때문이다. 자신이 판단하고 선택하지 않은 삶에 대해서는 어떤 의무감도 책임감도 없다. 또한 보람이나 의미도 찾아볼 수 없다. 즉 행복한 삶을 기대하기 어렵다는 것이다.

1. 통합논술이 대세다

요즘 논술의 추세는 '통합논술' 또는 '통합교과논술'이 대세다. 통합논술이란 개별 교과 지식 또는 영역, 자료를 통합하여 비판적인 심층적 사고를 바탕으로 주어진 문제를 창의적으로 해결하고 논리적으로 서술하는 글쓰기를 말한다.

대학 입시에서 통합교과 논술고사를 도입하게 된 배경에는 암기된 지식 중심, 결과 중심, 개별 교과 중심, 주입식 학습 중심이라는 기존 논술 교육의 취약점을 보완하기 위한 것이다.

통합교과 논술고사에서는 하나의 논제를 학생이 가진 지식, 정보와 경험으로 관찰하고 판단하여 분석한 자료를 가지고 논제를 풀어가는 논증 능력을 검증한다. 이러한 논거와 논증을 바탕으로 논쟁하는 능력을 가진 학생이 창의적인 학생이며, 이들을 선발하는 것이 통합교과 논술고사의 방향이라고 할 수 있다.

그렇다면 '창의적인 사고 능력'을 가지려면 어떻게 학습·훈련해야 하는 것인가. 창의적인 능력은 하루아침에 생기는 것이 아니다. 다양한 경험과 다양한 읽기, 다른 경험과 다른 사고끼리의 충돌, 비판, 대안을 찾아내는 과정을 수없이 해야 한다. 따라서 책, 교과서, 신문을 비롯한 다양한 매체 읽기, 요약 훈련하기, 비판적 토론하기, 논증적 글쓰기의 훈련을 지속적이고 체계적으로 했을 때 창의적인 사고와 더불어 논증적 글쓰기도 수월히 할 수 있을 것이다.

2. 논술의 단계

(1) 논술의 첫 단계는 요약하기

논술은 주어진 제시문을 비판적으로 읽는 것에서 시작한다. 논제에 대한 답을 쓰기 위해서는 자료에 대한 이해와 요약이 가능해야 한다. 요약이 되어야 제시된 문제에 따라 비교, 대조, 분석, 통합이 가능하다.

요약하기란 필자의 핵심적 주장과 근거를 보여주는 핵심적 내용과 부수적 내용으로 구분하여 핵심적 내용을 중심으로 간략하게 표현하는 것을 말한다.

제시문을 독해하여 정리하는 능력은 대학에서 학업을 계속하는 데 매우 중요한 도구이므로 각 대학의 논술 문제에 꾸준히 등장하고 있다. 따라서 읽기 자료를 꼼꼼히 잘 읽고, 중심 내용이 무엇인지를 판단하고 표현해 보는 훈련이 필요하다.

(2) 비판적 독해

비판적으로 읽는다는 것은 이모저모를 꼼꼼히 따지면서 능동적·반성적으로 읽는 것이다. 비판적으로 읽기 위해서는 그냥 읽는 것이 아니라 스스로 읽고 있는 내용들을 생각하면서 읽어야 한다.

또한 이때, “왜 그렇지?” “어떻게 된 거지?”와 같은 의문을 품으면서 읽으면 훨씬 자료에 몰입하게 되고 비판적 독해가 가능해진다. 따라서 비판적 독해를 위해 ‘왜냐하면’ 게임을 해본다든가, 생각의 꼬리 추적하기 또는 꼬리 물기 등도 재미있으면서 사고력을 확장시켜 준다.

다음은 ‘왜’로 생각의 꼬리 물기, ‘왜냐하면’으로 꼬리 자르기의 예이다.

가희 : 성형수술은 하는 게 좋아.
유현 : 왜?
가희 : 성형수술을 하면 자신이 예뻐졌다고 생각하니까 기분이 좋아지고 자신감이 생기잖아.
유현 : 난 그렇다고 생각하지 않아.
가희 : 왜?
유현 : 왜냐하면…….

(3) 자료 간 비교·분석, 통합하기

대학입시 논술에서 출제되는 논제는 크게 비교 대조형 논제, 비판형 논제, 자료 해석형 논제, 대안 제시형 논제, 분석 평가형 논제 등이 있다. 단순하게 요약, 설명하는 수준을 넘어서 제시문 간 비교·분석하거나 제시문을 독해, 비교·분석한 후 주어진 논제에 대해 대안을 제시하는 등의 고난이도 문제가 출제되고 있다.

이를 수월하게 해결할 수 있으려면 자료 간 비교·분석의 훈련과 더불어 주어진 문제에 대해 창의적으로 대안을 생각하는 훈련이 전제되어야 한다.

최근 논술 시험에서의 제시문은 문학 작품, 비문학 작품, 신문 기사, 그림이나 도표, 만화 등이 출제된다. 한 가지 문제에 대한 다양한 해석이 자료 간 다양한 해석을 가능하게 한다는 점이다. 장르를 넘나들면서 제시된 텍스트의 요지와 핵심, 상징을 파악하고, 같은 맥락이나 주제끼리 묶어내는 것이 가능해야 한다. 따라서 다양한 텍스트에 대한 읽기 경험과 더불어 텍스트의 특성에 따른 읽기도 가능해야 한다.

(4) 창의적 문제 설정 및 해결책 도출

제시문과 논제에 대한 비판적 독해가 끝나면 그 독해 결과에 의거한 창의적 문제 설정 및 문제 해결책을 도출해내야 한다. 이때 창의적인 대안이 관건이다. 그런데 어떻게 창의성을 발휘할 수 있을까? 창의성은 다각성·심층성·영역전이성을 담보한 개념이다.

다각성이란 제시문을 여러 관점에서 바라보는 것이다. 같은 문제라도 여성의 입장, 남성의 입장, 학생의 입장, 교사의 입장, 한국인의 입장, 세계인의 입장에서 보는가에 따라 다르게 규정되고 해결책도 다르다. 다각성 확보를 위해서는 이렇게 여러 입장으로 문제를 보고 생각하는 사고의 유연성이 필수적이다.

심층성이란 제시문과 논제에 포함된 숨은 의도나 전제나 가정을 찾아내는 것이다. 숨은 의도나 전제나 가정을 발견함으로써 표층에 드러나지 않은 내용에 도달할 수 있다. 심층성 확보를 위해서는 논리학에 관한 지식이 필수적이다.

영역전이성이란 한 영역의 원리를 다른 영역의 문제 해결을 위해 사용하는 능력으로, 다각성과 심층성이 확보된 이후에 도달할 수 있는 가장 고차원적인 개념의 창의성이다.

(5) 논증적 글쓰기

제시문과 논제에 대한 비판적 독해와 그 독해 결과에 의거한 창의적 문제 설정 및 문제 해결이 끝나면 이제 비로소 논증적 글쓰기가 시작된다. 논증적 글쓰기에서는 문장 구성력과 논증력이 주요 평가 대상이다.

문장 구성력은 주어와 술어의 호응, 띄어쓰기, 맞춤법, 문법 준수 등으로 이루어진다. 논증력은 자신의 주장을 전제와 결론의 짜임으로 타당한 전개를 할 수 있는 능력이다.

논증은 자신이 제시한 문제 해결책이 문제를 진정으로 해결할 수 있는 이유(들)를 제시하는 과정이다. 대체로 이유 혹은 전제는 주장 혹은 결론보다 잘 알려져 있고 참일 가능성이 높아야 한다.

논증을 전개할 때 단순히 논거를 제시하는 것만으로는 부족하다. 좋은 논증은 주장과 이유 사이의, 전제와 결론 사이의 관계가 적절해야 한다. 어떤 경우에 주장과 이유 사이의, 전제와 결론 사이의 관계가 적절한지는 논리학의 여러 규칙들이 제시해 준다.

14 SECTION 논술 기출문제 분석과 해설 예시

고려대학교의 2009학년도 정시 논술은 2007학년도 입시 이래로 고려대학교가 시행해오고 있는 통합논술의 형태로 출제되었다. 고려대학교 통합논술의 기본 방향은 「2009학년도 고려대학교 논술백서」에 이미 상세히 밝혀져 있다. 이번 논술은 지금까지 시행되어 온 통합논술 시험의 특징과 장점을 모두 갖추고 있다. 제시문들은 사회과학(정치학), 인문학(철학), 동양문헌, 문학(시), 논리적 추론 분야를 망라하고, 제시문들 간의 연관성이 매우 높다. 난이도가 매우 높은 편은 아니어서 고등학교 교육을 충실히 이수한 수험생들이라면 무리 없이 답할 수 있을 것이다.

1. 2009학년도 고려대 논술 기출문제

아래의 제시문을 읽고 논제에 답하시오.

(가)

기아에 시달리는 먼 나라 사람들에 대한 우리의 책임은 무엇인가? 이 문제를 모든 인간은 동일하게 취급되어야 한다는 시각에서 고찰하는 것은 부적절해 보인다. 나는 이런 시각을 강한 사해동포주의로 보고 그에 대해 약한 사해동포주의를 대안으로 제시하고자 한다. 물론 약한 사해동포주의도 강한 사해동포주의처럼 하나의 도덕적 가치에 대한 주장이다. 약한 사해동포주의에서도 인간사의 옳고 그름은 민족과 지역에 상관없이 동일한 척도로 평가되어야 한다는 것이다. 가령 다른 모든 조건이 일치한다면, 에티오피아 농부가 겪는 기아와 폴란드 농부가 겪는 기아는 똑같이 나쁘다. 그러나 두 나라의 기아가 똑같이 나쁘다는 도덕적 판단이 누구를 먼저 도와야 할지를 선택하는 데 결정적이지 않다. 행위의 주체로서 나는 어느 한쪽을 먼저 도와야 하는 도덕적인 의무를 가지고 있기 때문이다.

어떤 사안에 대한 도덕적 판단과 그 사안에 대한 도덕적 행위의 이유 사이에는 간극이 존재한다. 그 간극을 잘 보여주는 사례로 어린이 실종 사건을 들기로 한다. 실종된 어린이가 어느 집 자식이건 상관없이 그 사건은 누구에게나 나쁜 일이다. 그러나 그 사건에 대해 사람들이 취하는 행동은 그들과 실종된 어린이 사이의 친소 관계에 따라 달라진다. 만일 내 자식이 실종되었다면 나는 모든 시간과 공력을 들여 자식 찾기에 전념해야 한다. 내게는 자식을 찾아야 할 강력하고도 절대적인 이유가 있다. 그 이유에는 본능적 욕망 이상의 도덕적 의미가 내포된다. 부모와 자식이라는 특수 관계 때문에 나는 자식을 찾아야 할 분명한 도덕적 이유를 갖는다. 실종된 어린이가 나와 직접적인 관련이 없다고 하여 그 어린이에 대한 내 도덕적 책임이 면제되는 것은 아니다. 하지만 내 자식에 대한 책임이 남의 집 자식에 대한 책임보다 훨씬 크다고 생각하는 것은 온당하다. 어린이 실종 사건은 어떤 경우든 똑같이 나쁘다고 보는 도덕적 판단과, 실종된 어린이에 대한 친소 관계에 따라 발현되는 내 행동의 도덕적 이유는 서로 모순되지 않는다.

그래서 일군의 의무들을 다른 일군의 의무들보다 엄격하게 우선시하자는 제안을 할 수도 있다. 국지적 의무와 지구적 의무가 갈등을 빚을 때마다 국지적 의무를 먼저 이행하고 나서 여력이 있다면 지구적 의무를 이행한다는 것이다. 그러한 제안은 논리적으로 그럴싸해 보여도 도덕적으로는 부적절하다. 이 제안에 따르면, 자국민의 안전을 보장하기 위해 필요하다고 입증만 된다면 타국민에게 무제한적 해악을 끼칠 수 있다는 주장이 용인될 수도 있기 때문이다. 자국민에게 보건 의료 서비스를 제공해야 할 의무가 있다 하더라도, 의무를 실행하기 위해 외국인을 살해하면서까지 자국민에게 신체 장기를 이식시키는 행위가 용납될 수는 없다. 이 경우, 인권을 존중해야 한다는 지구적 의무가 자국민에 대해 가지는 의무에 우선한다.

그렇다고 지구적 의무에 우선권을 부여하는 것도 타당해 보이지 않는다. 세계 어느 나라 사람이든 동일하게 대우해야 한다는 주장을 우리는 선뜻 받아들일 수 없다. 독감이 세계적으로 유행하는 상황에서 백신 보유고가 충분치 못할 경우, 정부가 독감에 취약한 자국민을 우선적으로 고려하는 것은 부당하지 않다. 정부는 연령이나 그 밖의 적절한 기준에 따라 독감 취약 집단을 선정하고 외국인들보다 그 집단에 백신을 우선 공급할 수 있다. 예방 접종 대상자로 선정된 자국민보다 외국인들이 독감에 더 취약할 뿐 아니라 그들이 소속된 국가로부터 백신을 공급받지 못할 것이라는 사실이 자명하더라도, 정부가 자국의 접종 대상자를 우선시하는 것은 여전히 타당해 보인다.

국지적 의무와 지구적 의무 중 어느 한쪽에 엄격하게 우선권을 부여하자는 제안이 적절치 못하다면, 그 다음으로 사안에 따라 양자를 저울질해 보자는 제안을 고려할 수 있다. 이 경우 어떤 의무에 대한 최종적 가치는 의무의 심각성, 그리고 의무 대상과의 연관성이라는 두 가지 요인에 의해 매겨진다. 여기서 의무의 심각성은 사안의 내용에 따라 결정되고, 의무 대상과의 연관성은 의무와 관련된 사람들 사이의 친밀도에 의해 결정된다. 그러나 이러한 제안이 어떤 경우에는 신중한 도덕적 판단을 위한 모형을 제공할 수 있을지 모르지만 모든 경우에 타당할 것 같지는 않다. 만약 누군가 도움을 필요로 하는데 그가 처한 상황이 생명이 위태로울 만큼 절망적이지 않다면 우리는 그를 돕는 의무를 저울질해 볼 수 있다. 우리는 가까운 사이끼리 강한 의무감을 지니지만, 소수의 동료와 압도적 다수의 외국인 사이에서 후자를 도와야 한다고 생각할 수도 있다. 수혜자의 규모에서 볼 때, 소수의 동료에 비해 다수의 외국인에 대한 의무의 심각성이 현저히 크기 때문이다. 그렇지만 의무 대상과의 연관성에 초점을 맞출 경우, 정반대의 결과가 초래될 수 있다. 소수의 자국민을 희생시키면서까지 다수의 외국인을 먼저 구제하자는 제안은 설득력을 잃을 것이다.

이상에서 살핀 대로 국지적 의무와 지구적 의무에 두루 통하는 도덕적 기준은 더 복잡한 구조로 구축되어야 할 것 같다. 양자 중 어느 한쪽에 우선권을 부여하거나 양자의 의무를 저울질하자는 제안이 그러한 도덕적 기준이 되기에 충분치 못하기 때문이다. 내가 제안하는 약한 사해동포주의는 다음 두 가지 주장을 그 내용으로 한다. 첫째, 원칙적으로 동료 시민들에 대한 의무와 전체 인류에 대한 의무는 다르다. 동료 시민들에 대한 경우와는 달리 전체 인류에 대해서 우리는 복지와 고용 기회 등과 같은 사회적 권리를 보장해 주어야 할 의무가 없다. 아울러 국가들 사이의 불평등을 해소하기 위해 지구적 차원의 질서를 더 평등한 관계로 재편해야 할 의무도 없다. 약한 사해동포주의도 강한 사해동포주의와 마찬가지로 기아에 시달리는 먼 나라 사람들을 도와야 한다고 도덕적으로 판단하지만, 동료 시민들에 대한 의무와 인류 전체에 대한 의무가 동일하다고 보지 않는다. 둘째, 우리는 인간의 존엄성을 유지하는 데 필요한 최소 기준들을 지구적 차원에서 옹호해야 한다. 이 경우 국지적 의무와 지구적 의무를 구별하지 말아야 한다. 우리가 다른 나라 사람들이 인간으로서 누려야 할 최소한의 조건들을 파괴했다면, 우리가 초래한 해악에 대해 책임을 지고 보상하는 것이 우리의 의무이다. 아울러 우리가 초래하지 않았더라도 어떤 나라의 사람들이 인권과 같은 최소 기준의 결핍으로 고통 받고 있다면 국제사회의 요청에 따라 그 나라 사람들을 구제해야 할 의무도 우리에게 있다. 비록 동료 시민들에 대한 의무와 동일하지는 않지만, 인간적 삶을 위한 최소한의 조건을 보장하기 위해 노력해야 할 의무가 우리에게 있다는 것이다.

(나)

전쟁을 피해 고향 집에 돌아온 나는 하루 종일 독서와 사색에 빠져서 가족들을 무심히 대했다. 그런 가운데에도 사방에서 들려오는 괴로운 사람들의 이야기는 내 가슴에 사무쳤다. 고아는 배고픔에 울음을 그치지 않았고 헐벗은 노파는 이불도 없이 밤새 웅크려 있으며, 몹쓸 병에 걸린 자들이 허리를 조아려 구걸을 해도 의지할 데가 없었다. 나는 이들로 인한 슬픔과 괴로움에 하루하루를 탄식 속에 지냈다. 저들은 저들 자신이 괴로운 것일 뿐 나와는 무관한 일인데 무엇이 나를 이렇게까지 동요시키는 것일까? 생각해 보건대 나에게 있는 지각이 천지의 기(氣)와 연결되어 있기 때문이다. 혈맥이 온몸에 통하듯이 모든 사람은 천지의 기와 연결되어 있다. 자석도 서로 끌어당기는 힘이 있는데 지각을 지닌 사람들 사이에 끌어당기는 힘이 없을 수 있겠는가? 남의 불행을 차마 견디지 못하는 인(仁)이야말로 바로 사람을 서로 끌어당기는 힘이다.

온 세상 모든 인류는 나의 동포이다. 겉모습은 서로 다르고 멀리 떨어져 있어 만날 수 없다 하더라도, 나는 책을 통해 저들의 사상을 접할 수 있고 세계 곳곳에서 만든 물건들을 사용하고 여러 나라의 예술을 향유하기도 한다. 그러므로 다른 나라가 진보하면 우리도 진보하고 퇴보하면 우리도 퇴보하며, 그들이 즐거우면 나도 즐겁고 그들이 처참해지면 나도 처참한 심정이 된다. 이 지구상에 사는 모든 사람이 사랑으로 끌어당기니 내 어찌 무관심할 수 있겠는가?

나는 열강이 약소국을 침략하는 난세에 태어나 계급과 인종과 남녀 사이의 억압으로 인한 세상의 괴로움을 목격했다. 내 생각으로는 모든 차별을 없애는 대동(大同)의 도(道)야말로 모든 사람을 이러한 괴로움에서 구제해줄 수 있는 유일한 길이다. 대동의 도를 이루자면 차별을 낳는 가족이나 국가 역시 없애고 세계를 하나로 만들어야 한다. 가족이 있으면 자기 가족의 생계를 위해 탐욕을 부리게 되며, 불우한 집에서 태어난 아이는 아무도 돌보지 않아 질병과 추위, 굶주림과 무식함을 벗어날 수 없다. 국가가 있으면 자기 나라의 이익을 위해 남의 나라를 착취하며 결국 전쟁을 일으켜 많은 사람을 참혹한 지경에 몰아넣기도 한다. 그러므로 가족과 국가의 구별을 넘어 온 세계 사람을 동등하게 사랑하는 데로 나아가야 한다.

(다)

아무리 사랑하던 사람도 오래도록 만나지 않으면 그에 대한 관심이 줄어든다. 일본인 천 명의 익사나 러시아인 이천만 명의 기아에 관한 기사도 내 아내의 베인 손가락과 위통에 시달리는 어린 아들의 찡그린 표정만큼 나의 동정심을 자극하지는 못한다. 분명 먼 곳의 불행과 가까운 곳의 불행은 우리 마음에 서로 다른 파장을 일으키고, 모든 인간적 사랑과 공감, 그리고 가치 부여는 관심의 원근법의 지배를 받는다.

어떤 이들은 사랑이 좁은 범위에서 넓은 범위로 확산되어 가고, 그와 더불어 사랑의 가치도 증대된다고 생각한다. 그들에게는 자기애보다 동료애가, 동료애보다 조국애가, 그리고 조국애보다는 인류애가 더욱 가치 있다. 왜냐하면 사랑의 대상이 속한 집합의 외연이 확장되면서 사랑도 보편화 된다고 보기 때문이다. 그들은 관심의 거리가 변하면서 나타나는 여러 사랑을 제각기 참되다고 인정하지 않고, 단지 사랑이라는 동일한 집합의 양적 확장에서 나타난 산물로 여긴다. 즉 강도와 양상을 달리하는 여러 사랑을 인정하지 않고 단 하나의 사랑이 그 가치를 증대시킨다고 생각하는 것이다. 그러나 그들은 사랑과 사랑의 가치에 관한 매우 중요한 사실 하나를 놓치고 있다. 그것은 사랑의 대상이 속한 집합의 범위가 커질수록 사랑의 대상에 대한 관심의 거리도 벌어지고, 그에 비례하여 집합 안에서 우리가 인지할 수 있는 가치들도 주변화 된다는 사실이다. 가족에 대한 나의 사랑에서는 인격적 가치로 간주되던 것이 더 확장된 공동체에 대한 사랑에서는 그러한 가치를 잃어버리고 만다. 사랑은 사랑의 대상이 속한 집합의 크기나 그 집합에 속한 사람들의 수와는 무관하다. 중요한 것은 수가 아니라 의미상의 거리이고, 그 거리가 부여하는 가치의 내용이다.

물론 인류 공동체는 어떤 민족이나 국가보다 더 사랑 받을 가치가 있다. 그러나 '지금-여기'에 속박된 인간이 정말 그런 보편적인 사랑을 실천할 수 있을까? 모든 개인은 인류 공동체의 구성원이지만 동시에 더 작고 더 친밀한 공동체의 구성원이기도 하며, 공동체 각각의 가치를 구현하며 살고 있다. 그런 개인에게 가까운 공동체를 사랑하는 것처럼, 아니 그보다 더 강하게 저 먼 인류를 사랑하라고 요구할 수는 없는 노릇이다. 따라서 인류애보다 조국애가 더 클 수밖에 없다. 조국은 인류보다 구체적인 가치의 내용을 개인에게 제공하기 때문이다. 민족보다 인류를 사랑하는 일은 오직 신만이 할 수 있다.

(라)

추운 겨울의 끝에서 희망의 파란 봄이
우리 몰래 우리 세상에 오듯이
우리들의 보리들이 새파래지고
어디선가 또
새 풀이 돋겠지요.
이제 생각해보면
당신도 이 세상 하고많은 사람들 중의
한 사람이었습니다.
당신을 잊으려 노력한
지난 몇 개월 동안
아픔은 컸으나
참된 아픔으로
세상이 더 넓어져
세상만사가 다 보이고
사람들의 몸짓 하나하나가 다 이뻐 보이고
소중하게 다가오며
내가 많이도
세상을 살아낸
어른이 된 것 같습니다.
당신과 만남으로 하여
세상에 벌어지는 일들이 모두 나와 무관하지 않다는 것을
이 세상에 태어난 것을
고맙게 배웠습니다.
당신의 마음을 애틋이 사랑하듯
사람 사는 세상을 사랑합니다.

(마)

다음과 같은 가상적 상황을 생각해 보자. 어느 겨울 아침 나는 강둑을 따라 걷고 있

다. 그때 한 자선단체 봉사자가 내게 급히 뛰어와 말하기를, 내가 입고 있는 외투를 자선단체에 기부하면 자선단체는 외투를 불쌍한 한 어린이의 생명을 구하는 데 사용할 것이라고 한다. 나는 자선단체 봉사자가 이런 부탁을 하는 것은 다음 두 가지 이유 중 하나 때문이라고 추측한다. 첫째, 자선단체는 내가 기부한 외투를 판매하여 현재 장티푸스의 위험에 노출되어 있는 빈곤국의 한 어린이에게 예방접종을 해 주기 위한 기금을 마련하려는 것이다. 둘째, 가까운 곳에서 물에 빠진 아이가 구조되었는데 이 아이를 체온저하증으로부터 보호할 외투가 필요한 것이다. 그런데 체온저하증의 상황은 장티푸스 위험의 상황보다 더 시급하지만, 장티푸스에 걸린 아이가 받을 고통은 체온저하증 아이가 받을 고통보다 훨씬 더 심하다.

내가 실행할 수 있는 행위 A와 B가 있을 때, '나는 A가 B보다 더 좋거나 덜 나쁘다고 생각한다'를 간단히 '나는 A를 B보다 선호한다'로 표현하자.

내가 '최소한의 도덕성'을 지닌 사람이라면 나의 선호는 다음 조건들을 만족시킨다.

(조건 1) 체온저하증으로 고통 받는 아이가 있음이 사실로 밝혀질 때, 나는 체온저하증 아이를 돕는 행위(SN)를 이 아이를 돕지 않는 행위(AN)보다 선호한다.

(조건 2) 나는 체온저하증 아이를 돕지 않는 행위(AN)를 장티푸스의 위험에 처한 아이를 돕지 않는 행위(AD)보다 선호한다.

(조건 3) 나는 장티푸스의 위험에 처한 아이를 돕는 행위(SD)를 체온저하증 아이를 돕는 행위(SN)보다 선호한다.

내가 '합리성'을 지닌 사람이라면 나의 선호는 다음 조건들을 만족시킨다.

(조건 4) A, B, C라는 실행 가능한 행위들 중 하나를 선택할 때, 내가 A를 B보다 선호하고 B를 C보다 선호하면, 나는 A를 C보다 선호한다.

(조건 5) 조건 4에서 행위들 중 하나가 실현되지 않을 것으로 밝혀지더라도, 나머지 나머지 행위들에 대한 나의 선호는 바뀌지 않는다.

(조건 6) 내가 A를 B보다 선호하면, 나는 B를 실행하지 않는다.

Ⅰ. 제시문 (가)를 500자 내외로 요약하시오. (30점)

Ⅱ. '공감의 확장'이라는 관점에서 제시문 (나) (다) (라)를 비교하고, 이 제시문들을 참고하여 공감과 도덕적 실천의 상관관계에 대한 자신의 견해를 논술하시오. (50점)

Ⅲ. 제시문 (마)의 '조건 1'에 언급된 선호에 따른 행위는 도덕적으로 요구되는 행위인 반면, 예방접종을 받으면 장티푸스를 피할 수 있는 먼 나라의 아이가 있음이 사실로 밝혀지더라도 그 아이를 돕지 않는 행위는 도덕성에 어긋나지 않는다는 주장이 있다. 제시문 (마)에 주어진 '최소한의 도덕성'과 '합리성'의 조건들을 근거로 하여 이 주장을 비판적으로 논하시오. (20점)

※ 유의 사항

1. 답안에 자신을 드러내는 표현을 쓰지 말 것.
2. 답안에 제목을 쓰지 말 것.
3. 제시문의 문장을 그대로 옮겨 쓰지 말 것.
4. 분량은 띄어쓰기를 포함하여, Ⅰ은 500자(±50자), Ⅱ는 1,000자(±100자)가 되게 할 것. Ⅲ은 제공된 답안지 내에서 자수에 제한 없이 쓸 수 있음.

2. 2009학년도 고려대 정시 논술시험 출제 의도와 문제 해설

(1) 주제 및 제시문 해설

2009학년도 고려대학교 정시 논술시험은 '공감'이라는 큰 주제 하에 묶일 수 있는 5개의 제시문을 활용하고 있다. '공감'은 일상적으로도 매우 친숙한 개념이다. 제시문들은 이런 친숙한 개념이 문학과 철학, 그리고 사회과학에서 어떻게 분석되고 적용되는지를 보여준다. 첫째 제시문은 극단적 사해동포주의와 극단적 민족주의의 문제점들을 극복할 수 있는 '약한 사해동포주의'에 관한 글이다. 둘째 제시문은 모든 집단적 구분을 폐지하고 정치, 경제, 사회, 문화를 평등적으로 통합하는 만민공동체를 주창하는 글이다. 셋째 제시문은 도덕적 실천의 동력으로서의 사랑과 사랑의 범위를 다루고 있고, 넷째 제시문은 사랑과 이별을 통한 인간적 성숙의 과정을 그린 시이다. 다섯째 제시문은 먼 곳에서 도움이 필요한 사람들을 돕는 것이 도덕적으로 요구되는 행위인가라는 문제를 논리적으로 다루기 위한 설정을 제시한다.

출제자들이 수험생들의 답안에서 기대하는 것은 조금은 복잡한 제시문들을 정확하게 읽고 그 논지를 파악하며 전체적으로 중요한 요점을 지적해 내는 것, 그리고 제시문들에 대한 정확한 이해에 기초하여 논제에서 요구하는 지침에 부합하는 내용을 주어진 분량 속에 적절하게 표현해 내는 것이다. 수험생들은 각 제시문의 논지 및 그 연결고리를 정확하게 파악하고, 이에 기초하여 자신의 생각을 전개할 수 있어야 하며, 이를 효과적으로 표현할 수 있어야 한다.

제시문 (가)는 데이비드 밀러(David Miller)가 2007년에 출간한 『National Responsibility and Global Justice(Oxford University Press)』라는 책에서 취한 것이다. 옥스퍼드 대학에서 정치학을 가르치는 밀러 교수는 정치적 자유와 민주적 절차를 통해 순화된 '시민적 민족주의'는 구성원들 사이의 시민적 신뢰를 강화시킴으로써 복지재정의 확보를 포함한 사회 정의의 실현에 도움이 된다는 입장을 갖고 있다.

이 책은 자신이 주창하는 '시민적 민족주의'가 지구적 차원의 정의(Global Justice)를 구현하고자 하는 도덕적 요구와 결코 대립되지 않는다는 주장을 담고 있다. 밀러의 주장은 크게 세 가지로 나눌 수 있다. 첫째, 동료 시민에 대한 우리의 의무와 전체 인류에 대한 우리의 의무가 전적으로 동일하다는 사해동포주의자들의 주장은 부적절하다는 것이다. 그는 동료 시민들에 대한 책임과는 달리 전체 인류에 대해서 우리는 복지와 고용기회 등과 같은 사회적 권리를 보장해 주어야 할 책임은 없다고 본다. 둘째, 지구적 차원에서도 최소한 인간으로서 향유해야 할 권리는 보장받아야 한다는 것이다. 밀러는 이런 경우에 우리의 행위가 가져온 해악에 대해 갖는 직접적인 책임과 최소한의 조건이 결핍되어 고통을 받는 사람들의 요구에 응답해야 할 책임이 있다고 주장한다. 특히 후자의 경우, 밀러는 이러한 책임이 예방적(provisional)이기보다는 처방적(remedial)이라고 부언한다. 셋째, 이전 세대의 행위가 가져온 결과에 대해 갖는 직접적인 책임은 다음 세대에게 고스란히 상속된다고 주장한다. 밀러는 이전 세대의 성취를 다음 세대가 향유하듯 책임도 상속되며, 이와 같은 상속된 책임의 주체는 정치체제의 변화에도 불구하고 계속성을 가지는 민족이어야 한다고 말한다.

발췌된 부분은 공감이라는 주제에 맞추어 밀러의 세 가지 주장 중에서 첫 번째와 두 번째에 맞추어 편집한 것이다. 여기에서 밀러는 전체 인류에 대한 의무가 동료 시민에 대한 의무보다 우선한다는 견해를 강한 사해동포주의라고 규정하고, 그 대안으로 약한 사해동포주의를 제시하고 있다. 우선 밀러는 자신이 제안하는 약한 사해동포주의는 국지적 의무와 지구적 의무 중 일방에 엄격하게 우선순위를 부여하거나, 아니면 사안의 비중을 고려해서 상황에 따라 국지적 책임성과 지구적 책임성 중 하나를 선택하는 비중 모델과는 다르다는 것을 보여준다. 이후 밀러는 인간의 존엄성에 필요한 최소한의 조건을 보장하는 것은 옹호하지만, 동료 시민에 대한 의무와 인류에 대한 의무에 차등을 두는 것을 약한 사해동포주의라고 정리한다. 지구적 차원의 인도적 의무에 대한 도덕적 의미를 동료 시민에 대한 시민적 의무보다 더 중요하다고 주장하는 극단적 사해동포주의, 그리고 시민적 의무가 그 어떤 내용의 지구적 정의보다 항상 우선한다는 극단적 민족주의를 극복할 수 있는 사고의 지평을 넓히는 것이 이 제시문을 채택한 하나의 이유였다.

제시문 (나)는 강유위(康有爲)의 『대동서(大同書)』에서 발췌한 것이다. 강유위(1858~1927)는 중국 청말의 학자이자 정치가로서, 동아시아는 물론 서구 각국의 학술에 대한 다양한 독서를 바탕으로 하여 새로운 이상세계를 제시하고 그 실현을 위한 정치적 개혁운동을 주도한 인물이다. 『대동서』는 중국 남방의 광주에서 유학하던 저자가 프랑스의 침략으로 인한 전란을 피해 고향으로 돌아와서 모든 사람을 고통에서 구하고자 하는 뜻을 가지고 지은 책이다. 강유위는 사람들이 처한 고통의 원인이 가정, 국가, 민족 등 차별을 낳는 집단의 존재에 있다고 보았다. 따라서 모든 집단적 구분을 폐지하고 정치, 경제, 사회, 문화를 평등적으로 통합하는 만민공동체의 형태로 세계 통일 정부 체제를 제시하였다. 남녀, 계급, 인종 등의 불평등이 전혀 없고 모든 사람이 동등한 복지를 누리며 높은 교양과 도덕의 수준에 도달한 이상적 미래상이 이 책에서 말하는 '대동세계' 이다.

제시문은 강유위 본인의 경험에서 출발하여, 나와 직접적 관련이 없는 사람들이 당하는 고통이 왜 나의 마음에 고통을 주는가의 문제를 제기하였다. 그 근거로서 저자는 동아시아 유교의 전통적 사상인 '인(仁)' 을 들었다. 그에 의하면 인은 세상의 모든 사람 사이를 끌어당겨서 서로의 아픔에 공감하게 하는 힘이다. 가족이나 국가 같은 집단적 구별에 제한되지 않고 이러한 공감을 확장해 가면 지구상의 모든 사람은 나와 희로애락을 함께하는 동포가 된다. 궁극적으로는 가족과 국가 등 차별을 낳는 제도 자체를 모두 없애고, 모든 사람을 동등하게 사랑하는 대동(大同)의 세계를 이루어야 한다는 것이다. 강유위의 견해에 따르자면 공감은 확장될 수 있고, 더 크게 확장된 공감이 더 높은 도덕적 가치를 지니며, 이러한 확장된 공감이 개인의 실천윤리를 넘어서 사회제도로 구현되어야 한다.

제시문 (다)는 막스 셸러(Max Scheler)가 1912년에 최초로 발표하고, 1922년에 많은 보완을 거쳐 지금의 형태로 출판한『공감의 본질과 형태들(Wesen und Formen der Sympathie)』이라는 책에서 취한 것이다. 물론 이 책은 큰 틀에서는 칸트로 대표되는 이성 중심주의 윤리학에 반대한 저술이고, 동정심 및 공감에 근거한 흄, 애덤 스미스, 쇼펜하우어 등의 감정 중심 윤리학을 현상학적으로 보완하려는 시도이지만, 제시문에서는 특히 도덕적 실천의 동력으로서의 사랑과 사랑의 범위가 주제이다. 사랑이란 무엇인가? 인류의 역사를 통해 사랑은 때로는 단순한 쾌락이나 충동으로, 때로는 사심 없는 박애로 간주되어 왔다. 그러나 셸러가 이해하는 사랑은 인격을 향하는 지향적 행위이고, 이 행위를 통해 인격의 가치를 창출하고 고양하는 정신의 활동이다. 물론 여기서 인격이 굳이 이 사람 또는 저 사람이어야 할 필요는 없고 가치 또한 규범적인 것만은 아니다. 그러나 사랑을 통해 경험되는 인격과 이 경험을 통해 창출되는 가치는 사랑의 주체로서의 '나'에게 구체적인 것으로 경험될 수 있어야 한다. 바로 여기서 사랑의 대상과 범위에 대한 셸러만의 독특한 입장이 드러난다. 사랑은 이성의 사유 활동이 아니고 사랑의 대상도 추상적인 개념이 아니다. 사랑은 '지금-여기' 서있는 나에게 구체적인 '너', 그리고 구체적인 '우리'를 향한다. 어떤 사람들은 내가 사랑하는 대상의 범위가 넓어질수록 그 사랑의 가치가 더 커지고, 따라서 내 주변의 사람들보다는 멀리 있는 사람들에 대한 사랑이 더 가치 있고, 궁극적으로는 모든 사람에 대한 사랑이 가장 가치 있다고 생각한다. 박애의 정신에 따라 가장 보편적인 사랑이 가장 좋은 사랑이기 때문이다. 그러나 셸러에게 최대한의 보편성은 최소한의 구체성일 뿐이다. 왜냐하면 보편성은 구체성의 제거를 통해서만 얻어질 수 있고, 따라서 가장 보편적인 것은 그 구체성의 측면에서 보면 가장 공허한 것이기 때문이다. 실제로 우리의 사랑이 보편적인 대상을 향하면 할수록, 이 사랑이 창출하는 가치가 점점 피상적으로, 그리고 이를 통해 경험하는 인격도 점점 더 추상적으로 바뀐다는 것은 우리가 부인할 수 없는 경험이다. 이것은 피할 수 없는 인간의 조건이고 비극적인 사랑의 원근법이다. 이런 맥락에서 셸러는 "최대 다수에 대한 사랑은 실제로는 하나의 증오"라고, 그것은 '나'의 고향, '나'의 민족, '나'의 조국에 대한 증오라고 쓰고 있다. 물론 이것은 가장 이상적인 사랑으로서의 박애의 이념을 포기하라는 말이 아니다. 단지 셸러는 신이 아닌 인간이 할 수 있는, 하고 있는 사랑에 대한 현상학적 기술을 하고 있을 뿐이다. 우리가 궁극적으로 해야 할 일과 우리가 지금 할 수 있는 일을 정확히 구분하는 것이야말로 후자를 전자에 접근시키기 위한 첩경이다. 바로 이것이 같은 주제를 다른 관점에서 다루고 있는 다른 두 제시문과 본 제시문을 비교하며 읽을 때 주목해야 할 초점이다. 제시문은 출제 의도에 맞추어 발췌, 편집되었다.

제시문 (라)는 김용택의 시「사랑」의 일부이다. 헤어진 연인에게 보내는 편지의 형식을 취한 이 시는 사랑과 이별을 통한 인간적 성숙의 과정을 보여준다. 시의 화자는 연인과 이별한 후 고통스런 시간을 보낸다. 화자에게 그 시간은 연인이 '이 세상 하고많은 사람들 중의/ 한 사람'으로 되돌아가는 시간이기도 하다. 사랑하는 동안 연인은 화자에게 특별한 존재였지만 이별한 뒤에는 더 이상 그러한 존재로 머물지 못한다. 자신에게 특별한 존재이던 연인이 뭇 사람들 중 하나가 되는 과정은 화자에게 고통스럽다. 그런데 그러한 과정을 통해 화자는 삶과 세상에 대해 성찰하게 된다. 실연의 아픔을 겪는 화자에게 '세상이 더 넓어져/ 세상만사가 다 보이고/ 사람들의 몸짓 하나하나가 다 이뻐 보이고/ 소중하게 다가' 온다. 화자는 실연의 아픔 끝에 '많이도/ 세상을 살아낸/ 어른이 된 것' 같은 자신을 돌아본다. 자신의 사랑을 개인적 차원에서 보편적 차원으로 승화시킬 수 있을 만큼 정신적으로 성숙한 것이다. 화자는 연인을 사랑하는 심정으로 세상을 사랑할 수 있다.

'당신의 마음을 애틋이 사랑하듯/ 사람 사는 세상을 사랑합니다'라는 화자의 진술은 공감의 확장 가능성에 대한 신념을 담고 있다. 따라서 이 시는 제시문 (나)와 (다)의 상충된 두 주장들을 연계하는 대안이 될 수 있다.

제시문 (마)는 다른 사람을 돕는 행위와 관련하여 도덕적 판단과 실천을 요구하는 하나의 가상적인 상황을 제시하고, 그 상황 하에서의 판단과 실천이 충족시켜야 할 '최소한의 도덕성'과 '합리성'의 조건들을 정의한다. 제시문에 등장하는 '나'는 한 자선단체 봉사자로부터 아이의 생명을 구하기 위해 외투를 기부하라는 부탁을 받는다. 물론 현실의 상황에서 '나'는 도움이 필요한 아이의 상황을 봉사자에게 물어보겠지만, 제시문에서는 그 아이의 상황이 알려지지 않은 시점에서 아이의 상황에 대한 두 가지의 대안적인 가능성이 제시된다. 첫 번째 가능성의 핵심은 그 아이가 가까운 곳에서 시급한 도움을 필요로 한다는 것이다. 두 번째 가능성의 핵심은 그 아이가 먼 곳에 있지만 더 심각한 상황에 처할 수 있다는 것이다. 이어서 제시문은 개인의 '선호' 개념을 사용하여 세 가지 '최소한의 도덕성'의 조건들과 세 가지 '합리성'의 조건들을 제시한다. '나'는 (1) 가까운 곳에서 시급히 도움을 필요로 하지만 상대적으로 고통이 크지 않은 아이를 돕는 행위, (2) (1)의 아이를 돕지 않는 행위, (3) 먼 곳에서 시급하지는 않지만 커다란 고통을 당할 위험에 처한 아이를 돕는 행위, (4) (3)의 아이를 돕지 않는 행위에 대해 나의 선호를 갖고 있다. 이 행위들은 한 쌍씩 짝지어져 각 쌍의 두 행위들이 서로 비교될 수 있고, '나'의 선호는 각 쌍의 두 행위들에 대해 표현된다. 총 4개의 행위가 있으므로 가능한 쌍은 모두 6개이다. '최소한의 도덕성'의 조건들은 서로 다른 세 가지 쌍에 대해 '나'의 선호관계를 정의한다. '합리성'의 조건들은 '나'의 선호관계들이 어떻게 연결되는가를 정의하는 조건들이다. '최소한의 도덕성'과 '합리성'의 조건들을 사용하면 '최소한의 도덕성' 조건들에서 정의되지 않은 행위들 간의 선호관계를 구성할 수 있다. 이 모형은 카스파 헤어(Caspar Hare)가 2007년 Philosophy and Public Affairs에 발표한 논문("Rationality and the Distant Needy")을 참조하여 구성되었다.

(2) 논제 해설

2009학년도 고려대학교 정시 논술시험은 수험생들의 학력 수준에 비추어 무리가 없는 주제 및 제시문을 선택하는 데 유의하였다. 또 통합논술의 성격에 맞도록 인문학적 접근과 사회과학적 측면이 서로 어우러질 수 있는 주제와 제시문들을 선택하였고, 특정 상황에 대한 논리적인 이해를 요구하는 제시문도 제시되었다. 이번 논술은 수험생들의 통합적 사고능력을 측정하기에 매우 적합하게 구성되었다.

논제 Ⅰ은 제시문 (가)를 500자 내외로 요약할 것을 요구하고 있다. 요약의 사전적 정의는 글의 요점을 잡아서 간추림이다. 따라서 답안은 제시문에 포함된 요점들을 모두 포함하는 압축적인 글이어야 한다. 그리고 이를 위해서는 제시문에 대한 정확한 독해가 필수적이다. 이상은 요약문 작성을 위한 필요조건이다. 그러나 이것이 좋은 답안 작성을 위한 충분조건은 아니다. 요약문도 자신의 글이므로 응시자는 제시문의 표현을 그대로 옮겨 적어서는 안되고, 제시문의 중심 단어를 적절히 활용하여 자신의 표현으로 글을 구성해야 한다. 나아가 제시문에 나타난 요점들을 단순히 병렬시키는 것이 아니라, 이 요점들을 제시문 (가)의 핵심주제 아래 포괄하는 글을 쓸 수 있다면 좋은 평가를 받을 수 있을 것이다. 즉 약한 사해동포주의가 제시하는 도덕적 기준이 요약문의 핵심을 이루고, 그 외의 여러 요점들이 이 핵심을 중심으로 얼개를 이루는 글이라면 출제진의 기대를 충분히 충족시킬 수 있을 것이다.

논제 Ⅱ는 두 개의 과제를 포함하고 있다. 첫째는 '공감의 확장'을 중심으로 제시문 (나) (다) (라)를 비교하는 것이고, 둘째는 이 제시문들을 참고하여 공감과 도덕적 실천의 상관관계에 대한 자신의 견해를 논술하는 것이다. 답안도 이 같은 순서로 구성되어야 한다.

제시문 (나) (다) (라)는 공감의 면에서 서로 다른 주장을 펼친다. 제시문 (나)에 의하면, 공감은 확장될 수 있고 확장된 공감이 좁은 범위의 공감보다 더 높은 도덕적 가치를 지닌다. 이런 논리를 따를 때, 차별 없이 누구에게나 동등하게 적용되는 공감을 이루기 위해 가족

등 특정 집단 내에서의 공감은 극복되어야 할 대상으로 간주된다. 그리고 이렇게 확장된 공감이 개인의 실천 윤리를 넘어서 사회제도로 구현되어야 한다는 것이다. 이것은 물론 바람직하고 추구해야 할 이상이지만 제시문 (다)의 관점에 의하면 공감의 범위 확대는 그 구체성의 빈곤이라는 문제를 불러온다. 타인에 대한 공감이 확장될수록 이 공감이 창출하는 가치는 점점 추상화 된다는 것이다. 제시문 (다)는 추상적으로 범위가 확대된 공감보다 좁고 친밀한 범위 내에서의 구체적인 공감에 더 큰 가치를 둔다. 한편 제시문 (라)는 제시문 (나)와 (다)의 상충된 두 주장들을 연계하는 내용을 진술한다. 제시문 (라)의 화자는 실연의 아픔을 통해 자신의 사랑을 개인의 차원에서 보편의 차원으로 승화시킨다. 그러한 과정을 통해 이 제시문은 공감의 확장 가능성에 대한 신념을 보여준다.

이 논제는 두 번째로 공감과 도덕적 실천의 관계에 대한 자신의 견해를 논술할 것을 요구하고 있다. 답안은 (나) (다) (라) 중 하나의 관점을 취할 수도 있고 두 개 이상의 관점을 종합하여 자신의 관점으로 삼을 수도 있다. 그러나 어떤 관점을 취하건 중요한 것은 공감의 거리와 밀도에 따라 달라지는 도덕적 실천의 양상에 대한 판단을 조리 있게 진술해야 한다는 것이다.

논제 Ⅲ은 수험생들의 논리적 사고 능력을 평가하고자 의도되었다. 논제 III은 '예방접종을 받으면 장티푸스를 피할 수 있는 먼 나라의 아이를 돕지 않는 행위'를 제시문 (마)에서 주어진 '최소한의 도덕성'의 조건들과 '합리성'의 조건들을 바탕으로 해서 비판적으로 평가할 것을 요구한다. 장티푸스의 위험에 처한 아이를 돕지 않는 행위는 제시문 (마)의 조건 2에서 AD로 표기되어 있다. 반면 장티푸스의 위험에 처한 아이를 돕는 행위는 조건 3에서 SD로 표기되어 있다. 제시문 (마)의 전체적인 맥락 속에서 제시문에 주어진 여섯 개의 조건들을 사용하면 SD와 AD 사이의 선호관계와 그에 따른 행위실행을 논리적으로 도출할 수 있다. 수험생들은 이 논리적인 결론이 논제에서 언급된 주장과 정반대의 내용을 담고 있음을 보여야 하고, 논제에서 언급된 주장이 '최소한의 도덕성'과 '합리성'의 조건들과 어떤 관계에 있는지를 논술해야 한다.

(3) 평가 기준

수험생들의 독해 능력과 이해력, 사고력, 표현력 등을 종합적으로 평가하는 논술시험에서는 평가의 객관성을 확보하는 일이 특히 중요하다. 이를 위해 고려대학교에서는 통합적 측면을 위하여 제시문들을 함께 묶어서 제시하되, 논제를 개별화하여 구체적인 항목마다 평가기준을 마련함으로써 객관적인 평가지표를 마련하고 있다.

논술의 성격상 특정한 정답을 전제하는 것이 아니기 때문에 어떤 내용의 논술문이 좋은 평가를 받을 수 있는지에 대해서 단언하기는 어렵다. 그러나 정답이 없다고 해서 오답도 없는 것은 아니라는 점을 명심하고 다음의 몇 가지 사항에 특히 유의할 경우에 좀 더 좋은 평가를 받을 수 있을 것이다.

첫째, 논제가 요구하는 바를 정확히 파악하고 그 요구에 따라 답안을 작성하여야 한다. 자신 없는 부분이라고 빼놓고 답안을 작성할 경우에는 답안 전체의 평가가 현저하게 낮아질 것이다.

둘째, 논제에서 요구되는 바가 무엇인지를 정확하게 읽고, 그에 대하여 분명한 답을 주어야 한다. 논제에서 요약을 요구하는 경우와 해설을 요구하는 경우, 또는 설명이나 논술을 요구하는 경우가 각기 어떻게 다른지에 대해서 유의할 필요가 있을 것이다.

셋째, 자신의 주장을 명확하고 설득력 있게 제시해야 하고, 논리적인 체계와 일관성을 갖추어야 한다. 또한 상투적인 견해나 예를 드는 것보다는 주어진 제시문 및 논제의 이해에 기초하여 자신의 생각을 논리적으로 정리하는 것이 좋은 평가를 받을 수 있다.

넷째, 제시문을 참고하되, 제시문의 문장을 거의 그대로 옮겨 적다시피 해서는 안 된다. 제시문의 내용이 갖는 의미를 이해한 후 이를 자신의 표현으로 정리하여 활용해야 한다.

다섯째, 원고지 작성법, 맞춤법과 띄어쓰기, 문장의 정확성, 분량 등 글의 형식적 요건들을 충족시켜야 한다.

15 SECTION 통합논술 대비 전략

논술은 수험생들의 독해 능력과 이해력·사고력·표현력 등을 종합적으로 평가하는 시험이다. 논술 시험의 특성상 정해진 답안이 있는 게 아니기 때문에 객관성을 확보하는 게 무엇보다 중요하다. 그러기 위해서는 독해 능력을 키우는 일이 가장 기초적인 단계이며, 이를 바탕으로 논리적이면서 비판적인 사고, 창의적인 표현 능력이 종합적으로 길러져야 한다. 이는 하루아침에 길러지는 것이 아니기에 어렸을 때부터 책이나 신문을 읽으면서 요약하고 비판하는 훈련을 해야 하며, 자신의 생각을 논리 정연하게 정리하는 연습을 꾸준히 해야 한다. 또한 글로 된 읽기 자료만이 아니라 도표나 그림, 광고 읽기도 가능해야 하며, 이들 자료가 시사하는 바와 상징, 자료 간 통합해서 종합적으로 판단하는 능력이 필요하다.

1. 배경 지식 쌓기가 중요하다

논술을 잘하려면 우선 배경 지식이 많아야 한다. 배경 지식을 쌓는 가장 좋은 방법은 평소에 교과서의 내용을 분석적으로 잘 읽고, 그 내용을 잘 요약해 두는 것이다. 또한 신문에 나온 시사용어를 정리해 두는 것도 도움이 될 수 있다. 시사용어 사전이나 철학 사전, 개념어 사전 등을 구비해 두는 것도 좋다.

그리고 책을 많이 읽는 것도 중요하다. 하지만 현실적으로 책을 많이 읽을 수는 없고, 책 한 권을 읽더라도 논술에 도움이 되는 책을 제대로 잘 읽는 게 중요하다. 이때 잘 읽는다는 것은 책의 내용과 읽는 목적에 따라 읽는 방법을 달리하여 분석적으로 책의 내용을 요약할 수 있는 것을 말한다.

책 읽기의 방법도 중요하다. 문학 작품을 읽을 때는 줄거리를 요약하는 게 중요한 게 아니라 그 작품이 갖는 의미와 주인공들의 갈등 문제의 본질을 파악하는 게 중요하다. 논술을 위한 비문학 작품을 읽을 때는 통독이 중요할 때가 있다. 차례에 따른 키워드를 뽑아낼 수 있어야 하며 중요한 용어는 정리해 둘 필요가 있다.

따라서 책을 읽거나 신문을 읽으면서 인용구나 생각거리, 관련 기사, 중요한 키워드는 나만의 노트에 스크랩을 하거나 마인드맵으로 또는 용어사전 형식으로 정리해 두면 나중에 논술 실전에서 크게 도움 받을 수 있을 것이다.

■ 배경 지식 쌓기 전략

1. 교과서 핵심 내용을 정리해 둔다.
2. 시사용어 사전을 마련한다.
3. 개념어 사전, 철학 사전을 보면서 개념 정리를 해 둔다.
4. 논술 관련 필독서를 읽는다.
5. 마인드맵으로 정보 정리를 습관화 한다.
6. 신문 스크랩을 한다.
7. 신문일기를 쓴다.

2. 토론이 좋다

논술은 한마디로 수험생의 사고력 측정의 도구라고 해도 과언이 아니다. 사고력은 단순히 어떤 문제에 대한 사고의 능력이라 할 수 있는데 사고력의 수준을 수치로 나타낸다면 이해 수준과 비판 수준, 창의 수준은 그 차이가 크다. 따라서 좀 더 질 높은 고급 사고력을 기르는 게 논술에 유리하다면 어떤 문제에 대해 다각적으로 분석, 종합, 판단의 과정을 수없이 거칠 필요가 있다.

이를 위해서 토론보다 좋은 게 없다. 읽기 자료를 가지고 동료 또는 교사와 주어진 문제에 대해 다각적으로 토론해보는 것이다. 이때 자료로 사용되는 것은 책이나 신문 자료가 유용하다. 물론 그 자료는 토론 참여자의 수준에 맞아야 하며 시대가 던져주는 이슈와 맞물릴 때 동기 부여가 될 뿐만 아니라 사고의 확장이 쉬워진다. 이에 책과 시사가 만나 어떤 주제를 가지고 무엇을 토론할 수 있을지 그 예시 자료를 제공하고자 한다. 다음은 필자가 2009년~2010년 제민일보에 연재한 시사 통합논술 예시 자료이다. 〈Section 16 참조〉

(1) 책으로 여는 시사 통합논술—중학 수준

① 베르테르 효과, 그 실상과 본질은 무엇인가?
② '미네르바'의 쟁점은 표현의 자유인가, 권력의 남용인가?
③ 현대사회에서 가치로운 삶은 무엇일까?
④ 경제난, 극복할 수 없는 재앙인가?
⑤ 취업대란 시대, 모두가 행복해지는 창은 없을까?
⑥ 병들어가는 지구를 살릴 방안은?
⑦ 현대인의 삶의 속도는 얼마나 될까?
⑧ 여성과 남성, 모두 행복해지는 길은?
⑨ 권력의 본질은 무엇일까?
⑩ 당신의 인권지수는 몇 점?
⑪ 자본주의 사회의 욕망 분출 방식은?

3. 모범 답안은 참고만 하라

논술을 준비하는 학생들이 가장 궁금해 하는 게 무엇일까? 물론 어떤 논제가 출제될 것인가, 어떻게 논술을 준비하는 것이 좋을까 등이다. 그와 함께 실제로 알고 싶어 하는 것은 어떻게 쓸 것인가 하는 문제다. 논술이 정답이 없는 시험이라 더욱 그렇다.

하지만 특별한 방법은 없다. 논술 시험에서 좋은 성적을 거둔 학생의 답안을 모범삼아 써 본다든가, 전문강사가 제시한 답안을 참고할 수밖에 없다.

논술 시험을 평가한 한 교수가 학생들이 써낸 답안지를 보고 기겁을 했다고 한다. 모두 답안지가 유사했기 때문이다. 학원에서 대량으로 훈련된 학생들이 답안지도 거의 유사하게 써내어 변별력을 가질 수 없었다고 한다. 이게 논술의 맹점이다. 차근차근 논술력을 기르지 않고 달달 외운 배경 지식이나, 주제와 다른 예시 답안을 거의 외우다시피 해서 써낸 답들은 거의 유사할 수밖에 없다. 이에 평가자들은 무엇보다도 독창적인 논술 답안지에 더 호감을 갖게 마련이다. 물론 답안이 객관적으로 설득력을 가져야 한다는 것은 당연하다. 객관적인 설득력과 타당성을 지니면서 표현이나 사고가 신선하고 창의적이라면, 그 답안은 분명 우수한 점수를 획득할 수 있을 것이다. 표현과 사고의 참신성과 독창성은 논술에 있어 변별력을 갖는 중요한 능력이다. 그것은 꾸준한 사고력 훈련과 글쓰기 훈련을 통해 획득 가능하다.

4. 사설·칼럼 등 논증적인 글을 많이 읽어라

(1) 사설·칼럼 비교하며 읽기

사설은 신문사의 논설위원 등이 특정 사안에 대해 신문사의 견해를 대변하면서 쓰는 글이다. 대부분 전날이나 그날 보도된 기사 가운데서 가장 중요하게 다루는 사안에 대해 논리적인 의견을 제시한다.

하지만 신문사를 대변하는 주장이나 입장, 관점을 보여주는 글이기 때문에 어느 한쪽으로 치우칠 수 있다는 약점이 있다. 이에 좀 더 균형 있는 시각을 가지기 위해서는 관련 사실 기사를 찾아 읽어보고, 다른 논지의 신문 사설을 비교하며 읽어보는 것이 좋다.

사설을 읽을 때는 우선 비판적인 시각이 필요하다. 무엇을 주장하는 사설인지, 어떤 근거를 가지고 주장하고 있는지, 그 근거의 타당성은 있는지, 구체적이며 실현 가능한 대안을 제시하고 있는지 여부를 따져가며 읽는 것이 중요하다.

칼럼은 신문의 특정 기고란에 신문사의 내부 또는 외부 필진이 쓴 논증적인 글이다. 사설에 비해 다소 주관적인 글이라고 할 수 있으나, 특정 분야의 전문가가 쓰기 때문에 전문가적 식견을 살펴볼 수 있다는 장점이 있다. 좋은 칼럼은 스크랩해서 읽으면 배경 지식을 쌓는 데도 도움이 될 수 있다.

사설이나 칼럼은 어떤 주제나 사안에 대해 논증적인 의견을 펼치는 글이라는 공통점이 있다. 주로 한 편의 글이 5~6개의 단락으로 구성되어 있으며 그 구조는 주제문 제시(주장 펼치기), 이유나 근거 제시, 해결 방안 제시 또는 제안 등으로 구성되어 있는 경우가 일반적이다. 따라서 사설·칼럼을 읽을 때는 주제문 찾기, 단락 요약을 기본적으로 할 수 있어야 한다. 그런 다음에 각 단락에 제시된 논거들의 타당성을 따져보는 것이 좋다. 또한 논리적 오류가 있는 글도 많기 때문에 이를 면밀히 검토하여 독해하는 능력이 필요하다.

① 사설 비교하며 읽기

☞ [조선일보 2012. 7. 6. 사설]

이제 제주도민들이 나서 강정 해군기지 완성하라

대법원은 5일 제주도 주민 438명이 국방부 장관을 상대로 강정 해군기지 사업 계획 승인을 무효로 해달라고 제기한 소송에서 "해군이 강정 해군기지 건설을 진행한 절차는 적법하다"며 국방부에 승소 판결을 내렸다. 이번 판결은 강정 해군기지 관련 소송 중 대법원이 내린 첫 번째 판결로, 강정 해군기지 사업의 절차적 정당성을 둘러싼 논란에 대해 법률적 매듭을 지은 것이다.

법원 1·2심은 "국방부가 2009년 1월 사업 계획을 승인한 것은 환경영향평가를 거치지 않았기 때문에 무효이지만, 그 후 환경영향평가를 사업 계획에 반영해 2010년 3월 변경 승인했고, 주민 의견을 반영하는 보완 과정을 밟은 이상 사업 진행은 적법하다"고 판결했다. 그러나 대법원은 2009년 승인 과정도 그 전에 환경영향평가를 모두 거칠 필요가 없기 때문에 또한 적법하다며 재판을 다시 하라고 사건을 서울고법에 돌려보냈다. 제주 해군기지는 2005년 노무현 전 대통령이 "무장 없이는 평화도 지킬 수 없다"며 시작한 사업이다. 그러나 총리 시절 해군기지 필요성을 역설하던 민주통합당 한명숙 전 대표는 지난 3월 "주민이 반대하고 절차적 하자가 너무 많기 때문에 전면 재검토해야 한다"고 했다. 민주당 문재인 상임고문도 작년 9월 "참여 정부가 첫 단추를 잘못 끼웠다"고 사과했다. 반미(反美)·자주(自主)를 외치는 전문 시위꾼들이 전국에서 강정 마을로 몰려 들어가 점거 시위를 하는 통에 공사가 74일 간 중단되기도 했다.

동북아 정세는 노 전 대통령이 처음 사업을

추진할 때보다 더욱 긴박하게 돌아가고 있다. 일본은 필요 시 핵무기를 보유할 정치적·법적 정비 작업에 나서면서 인접국 분쟁에 개입할 길을 내고 있고, 중국은 서해에서 동·남중국해에 이르기까지 제해권(制海權) 확보를 위해 핵 추진 항공모함 전단(戰團)을 건설하고 있다. 우리 경제가 교역에 절대 의존하는 처지에서 안전한 해상 수송로 확보를 위한 해군기지가 절실할 뿐 아니라, 대륙붕 경계 획정(劃定)을 놓고 중국·일본과 이해가 충돌할 위험이 상존하는 상황에선 더 이상 해군기지 건설을 늦출 수 없다.

대법원 판결로 해군기지 건설 절차를 둘러싼 논쟁은 끝났다. 이제 제주도민들이 해군기지 건설을 솔선해서 마무리할 차례다.

☞ [한국일보 2012. 7. 6. 사설]

제주해군기지 갈등 이제 그만 끝내라

제주해군기지 건설 사업은 적법하게 진행된 것이라는 대법원의 판단이 나왔다. 대법원 전원합의체는 제주 강정마을 해군기지 반대주민 등이 낸 소송에서 원고의 상고를 기각하고 도리어 1, 2심에서 일부 원고 승소한 판결도 잘못됐다며 파기 환송했다. 해군기지 공사의 절차상 하자를 둘러싼 시비가 3년 반 만에 결국 반대 측의 무리한 주장으로 명확하게 결론지어진 것이다. 제주해군기지 건설의 가장 큰 걸림돌이 치워짐으로써 공사가 정상적으로 진행될 수 있게 된 점은 국가적으로 크게 다행이다. 그동안 제주해군기지를 둘러싼 갈등은 우리 사회의 논의구조가 얼마나 비합리적이고 취약한 바탕 위에 있는지를 보여준 대표적 사례라고 할만하다. 환경과 관광을 위한 보존가치가 제주 다른 곳에 비해 상대적으로 낮은 지역이라는 이유로 선정된 강정마을 부지가 갑자기 세계적인 환경생태 보호의 핵심지역으로 부각됐고, 제주 도처에 흔해 이전엔 아무도 별달리 여기지 않던 바위에 느닷없이 구럼비라는 이름이 붙여지면서 더없이 소중한 천혜의 자연유산이 됐다.

시민단체까지 참여한 조사에서 주변 보호대상 동식물 서식에 영향이 없다는 결과가 나오든, 옮겨진 게와 맹꽁이의 안전한 생태가 확인되든, 어떤 합리적 대안에도 한번 반대면 끝까지 막무가내였다. 주민의견 수렴 미흡 주장도 실상 복잡한 일련의 과정 속에서 유리한 근거만을 부풀린 억지에 가까운 것이었다. 비무장이어야 평화가 유지된다는 '평화의 섬' 논리는 하도 치졸해 다시 언급할 가치조차 없다. 이런 와중에 야당 지도자란 이들까지 끼어들어 정치이념 갈등을 확대 재생산했고, 해군은 '해적' 소리까지 들어야 했으며, 집권 여당은 표가 두려워 그나마 늦어진 공사예산마저 다 덜어냈다.

더 논쟁할 것도 없이 우리 해양주권을 지키는 최소한의 수단으로서 제주해군기지의 안보적 가치는 최근 인근해역에서 구체화하는 중·일·동남아국가 간 해양영역 확보전 등을 통해 여실히 확인되고 있는 바다. 그러니 이제 대법원이 절차적 정당성까지 인정한 만큼 제주해군기지를 둘러싼 소모적 대립과 갈등은 여기서 그만 끝내는 것이 옳다.

② 칼럼 비교하며 읽기

☞ [제민일보 〈날줄씨줄〉 2012. 9. 26]

무상교육

미국의 헤드스타트(Headstart) 프로그램은 '영유아 때부터 양질의 교육 기회를 제공해 빈곤의 악순환을 퇴치하자'는 목적으로 1965년 시작됐다. 저소득층 가정 5세 미만 아동이 대상으로, 100만 명 가까운 어린이가 혜택을 받고 있다.

영국의 슈어스타트(Surestart)는 1998년 출범했으며 소득수준 하위 20% 계층이 살고 있는 지역의 0~14세 아동이 대상이다. 이 사업은 저소득층 아동이 복지의 사각지대에 놓이지 않도록 보다 지역밀착형으로 운영되는 게 특징이다.

2006년 우리나라에서 시작된 드림스타트(Dreamstart)는 바로 영국의 슈어스타트를 벤치마킹한 것이다. 이들은 모두 불완전한 교육을 보충한다는 뜻과 불완전한 교육의 희생자에게 손해배상으로서 교육 조건을 개선한다는 의미로서 '보상교육(compensatory education·補償教育)'이라고 할 수 있다.

말 많던 '0~2세 유아 전면 무상보육'이 시행 1년 만에 폐기된다. 내년 3월부터 부모 소득이나 맞벌이 여부에 관계없이 보육료를 전액 지원하는 데서 소득 등에 따라 차등 지원하는 쪽으로 바뀐다.

정부가 지난 24일 발표한 '2013년 보육지원체계 개편안'을 보면 소득 상위 30% 가구는 보육비 전액 지원 대상에서 제외되고, 전업주부 가구도 보육비 지원을 현재의 절반 수준만 받게 된다.

사실 현 제도는 "0~2세 아이에게 시설 보육보다 가정 양육이 필요하다"는 전문가들의 견해와 충돌할 뿐 아니라 막대한 재정 부담에 불필요한 수요를 유도하는 부작용을 낳기도 했다.

하지만 올해보다 혜택이 줄어드는 소득상위 30%와 전업주부, 어린이집 등에서는 불만이 터져나오고 있다.

또 시민·여성·노동단체들은 보편적 복지의 중요성을 강조하며 정부의 개편안을 철회할 것을 강하게 요구했다. 거기에 양질의 보육 시설 확충 등 근본적인 보육지원 대책이 누락돼 있다고 비판했다.

정치권에서도 반대 여론이 거세다. 새누리당 박근혜, 민주통합당 문재인, 무소속 안철수 대선 후보도 25일 정부의 폐지안에 대해 일제히 반대 입장을 밝혔다.

'교육 백년대계(百年大計)' 이전에 '보육 백년대계'부터 바로 세워야 할 것이다. 정부의 보육지원 정책은 저출산 고령화 문제를 해결하기 위한 하나의 방법이다. 정부는 졸속 정책에 따른 혼선과 비난을 피하기 어려울 듯하다.

☞ [한라일보 〈송상일의 세상 읽기〉 2011. 11. 04]

이병헌과 김태희의 사탕 키스를 패러디한 광고다. 남자가 입에서 입으로 건네준 사탕을 여자가 기다리지 못해 바삭바삭 씹어 먹는다. 그리고 이어지는 카피다. "성질 급한 한국 사람!"

한국 사람 급한 것은, 좀 있으면 듣게 될 '징글벨'의 우리말 가사(歌詞)에도 나타나 있다. "종소리 울려라, 종소리 울려. 기쁜 노래 부르면서 빨리 달리자!" 그러나 영어 가사는 "(썰매 끄는) 말꼬리서 울리는 방울 소리, 다들 기분이 째진다. 오늘밤 썰매 타고 달리며 부르는 썰매 노래, 진짜 신난다"라고만 돼 있다. '빨리 달리자'는 말은 없다.

영미 사람들의 '징글벨'은 즐거움을 강조하고, 우리말 '징글벨'은 속도를 강조하고 있다. 그렇다고 오역(誤譯)이라고까지 할 정도는 아니다. 우리의 성질을 감안한 번안(飜案)이라고 하면 양해가 될 수 있는 일이겠다.

오히려 번역은 마땅히 그래야 한다는 주장도 있다. 도올 김용옥에 의하면, 번역은 문자의 옮김이 아니라 의미의 옮김이다. '동양학 어떻게 할 것인가'라는 책에서 그는 묻는다. "소설 '차탈레이 부인의 연인'의 대화 중에 빠다(버터)라는 말이 있다면 그것을 된장으로 번역할 수 있는가."

만일 '버터'를 '된장'으로 옮긴다면 굉장히 어색한 번역이 될 것이다. 그러나 김용옥의 말도 일리가 있다. 만일 100년 전 한국에서 서양 문학 작품이 번역됐다면 '버터'는 '된장'으로 번역될 수밖에 없었을 것이다. 왜냐하면 그렇게 밖에는 그 의미를 전달한 방도가 없기 때문이다.

그러나 버터와 된장이 교역 품목에 포함됐다면 어찌 되는가. 예컨대 버터를 주문했는데 된장을, 아니면 된장을 주문했는데 버터를 보내왔다면 참으로 황당할 것이다.

원본이 영어로 작성된 FTA 협정문의 우리말 번역에 300여 곳의 오류가 나와 말썽이 됐을 때, 김종훈 통상교섭본부장이 국회에서 했던 답변이 요즘 와서 다시 화제다. 그는 "문학 작품도 의역(意譯)을 하지 않느냐"고 했다. 문학 작품 번역에서는 버터를 된장 항아리에 담을 수가 있다. 그러나 통상 전문가가 할 말은 아니었다.

(2) 논증적 글쓰기를 잘 하려면?

논증적 글쓰기를 잘 하려면 읽기와 쓰기에 들여야 하는 노력이 거의 같아야 한다. 논증적 글쓰기를 잘 한다는 것은 단적으로 주제에 맞는 논리적 근거를 타당하게 제시할 줄 안다는 것이다. 그럴 수 있으려면 근거로 제시할 수 있는 직·간접적 체험과 배경 지식을 충분히 갖출 필요가 있다.

이와 관련, 책이나 신문 기사, 통계 자료, 사전적 지식이나 교과서적 상식을 꼼꼼히 잘 정리해 두는 습관이 필요할 것이다.

읽기 자료 중에는 비문학 작품이나 사설·칼럼과 같은 논증적인 글의 예를 많이 포함시켜야 한다. 배경 지식뿐만 아니라 형식을 제대로 익히는 것이 중요하기 때문이다. 모범이 되는 글을 스크랩해서 글의 구조를 파악한 후, 요약하는 습관을 들이다보면 논증적 글쓰기의 형식을 익힐 수 있다. 물론 그 과정에서 비판적 독해를 동시에 훈련해야 한다.

주제문과 논리적 근거가 타당하게 연결되어 있는지, 시각이 편협하지는 않은지, 비판적 대안을 제시하고 있는지의 여부를 잘 살펴보아야 한다. 만약 그렇지 않다면 반박문이나 고쳐 쓰기를 해보아도 좋다. 자신이 필자라고 가정하고 좀 더 완벽한 논증적 글쓰기를 해보는 것이다. 물론 학생들의 입장에서 완벽한 글쓰기를 해낸다는 것은 역부족이다.

이때 교수자는 첨삭 지도를 통해 수정·보완할 수 있도록 지도해야 한다. 논지가 약하거나 관점이 모호한 경우 학생들이 주제에 대해 다양한 각도에서 분석하도록 방향을 잡아주고, 때로는 격렬한 토론을 유도하는 것도 학생들의 논리를 탄탄하게 다지는 데 도움을 준다.

한 편의 글은 저절로 써지는 것이 아니다. 책을 많이 읽었다고 해결될 문제도 아니다. 읽기와 쓰기, 토론하기의 과정들이 쌓이고 쌓여 자신만의 논리를 갖춘 글 한 편이 탄생한다는 것을 염두에 둔다면, 신문 읽기와 스크랩은 그 모든 것에 기본이 되는 학습 행위이다.

16 SECTION 책으로 여는 시사 통합논술 : 중학 수준

논술에 필요한 요소는 배경 지식 쌓기, 주제 토의·토론하기, 논증적 글쓰기 훈련 등으로 요약할 수 있다. 이에 가장 기본이 되는 책과 시사의 만남을 통해 주제에 맞는 배경 지식을 쌓고, 토의·토론의 과정을 거침으로써 논리적 비판력을 키울 수 있는 사례를 알아보고자 한다.

[책으로 여는 시사 통합논술]

1. 베르테르 효과, 그 실상과 본질은 무엇인가?

최근 우리 사회를 가장 우울하게 했던 사건 중의 하나는 유명 연예인의 잇단 자살 사건이었다. 유명 연예인의 잇단 자살로 인해 한동안 '베르테르 효과'란 말이 유행처럼 나돌았고, 실제로 많은 사람들이 '모방 자살'을 통해 생명을 버리기도 하였다. '베르테르 효과'란 말의 뜻은 무엇이며, 정말 그 효과는 존재하는가? 또한 그 말의 본질 속에는 우리 사회의 어떤 문제점이 있는지에 대해 생각해 보기로 하자. 그러기 위해서 우선 '베르테르 효과'란 말이 생기게 된 배경이 된 요한 볼프강 폰 괴테의 작품, 「젊은 베르테르의 슬픔」을 살펴보기로 한다.

1. 작품 들여다보기 **「젊은 베르테르의 슬픔」**

◈ 작가 소개 : 요한 볼프강 폰 괴테(Johann Wolfgang von Geothe), 1749~1832.

세계 문학사의 거인으로 널리 인정되는 독일 문호로 유럽인으로서는 마지막으로 르네상스 거장다운 다재다능함과 뛰어난 솜씨를 보였다. 과학에 관한 저서만도 14권에 이를 정도로 그가 쓴 방대한 양의 저술과 그 다양성은 놀랄 만하다. 서정성 짙은 작품들에서는 다양한

주제와 문체를 능숙하게 구사했고, 허구에서는 정신분석학자들의 기초자료로 사용된 동화로부터 시적으로 정제된 단편 및 중편소설(novella)들, 「빌헬름 마이스터 Wilhelm Meister」의 '개방된' 상징 형식에 이르기까지 폭넓음을 보여준다. 희곡도 산문체의 역사극·정치극·심리극으로부터 무운시(無韻詩, blank verse) 형식을 취한 근대문학의 걸작 중 하나인 「파우스트 Faust」에 이르기까지 다양하다. 그는 82년 간의 생애를 통해 인간의 한계를 넘어서는 신적 경지의 예지를 터득했으면서도 사랑이나 슬픔에 기꺼이 그의 존재를 내맡기곤 했다. 내적 혼돈으로부터 자신을 보호하기 위해 일상적인 생활 규율을 엄수하면서도 삶·사랑·사색의 신비가 투명할 정도로 정제된 마술적 서정시들을 창조하는 힘을 잃지 않았다.

◈ 작품의 줄거리 속으로!

우울증을 앓고 있던 베르테르라는 청년은 우울증을 치료하기 위해서 어느 아름다운 산간 마을에 머무르게 된다. 어느 날, 베르테르는 무도회에서 멋진 춤 솜씨를 가진 쾌활한 여인 로테를 만나게 되는데, 보는 순간 그녀의 검은 눈동자에 매혹되어 운명적인 사랑을 예감하게 된다. 하지만 로테에게는 이미 알베르트라는 약혼자가 있었다.

베르테르는 그녀의 약혼자 알베르트의 이야기를 듣고는 의기소침해지기도 하지만 그녀에 대한 사랑은 그칠 줄 모르고, 그 사회를 지배하고 있던 윤리와 이성을 무시한 채 감성이 원하는 쪽으로 이끌리게 되어 둘은 더욱 가까운 사이가 된다.

한편 베르테르는 도시에서 돌아온 로테의 약혼자 알베르트를 만나게 되고 잠시 실의에 빠지지만 감정을 숨긴 채 로테를 위해 친분 관계를 맺기에 이르렀고, 어느 날은 자살에 관한 찬반론을 놓고 치열한 혈전을 벌이기도 한다. 그 토론을 통해 베르테르는 결과와 형식만을 중시하는 알베르트가 로테와는 어울리지 않는다는 생각을 갖게 되었고 이에 안타까움을 느낀다.

베르테르의 생일날, 로테는 책과 자신의 리본을 선물하게 되고, 베르테르는 그것을 사랑의 징표로 생각하고는 열정에 사로잡힌다. 하지만 그 열정은 이루어질 수 없는 흑심임을 깨닫고 베르테르는 여행을 떠날 결심을 하고는 로테와 알베르트에게 작별을 고한다.

여행에서 돌아왔을 때, 알베르트와 로테가 결혼했다는 절망적인 소식이 들리고 다시 만난 로테는 예전 같지 않게 차갑기만 하다. 그러나 그런 서먹함도 잠시뿐 그들의 관계는 시와 음악을 공유하면서 한층 가까워진다.

그러면 그럴수록 자신의 감정을 주체하지 못하고 괴로워하는 나날을 보내게 되는 베르테르에게 커다란 자극을 주는 사건이 발생한다. 그것은 한때 로테를 사랑하다 미쳐버린 청년의 이야기와 베르테르에게 사랑의 고통을 호소하던 한 사나이가 사랑으로 인해 살인을 저지르게 된 일을 변론하게 되는 사건이었다. 그러나 베르테르의 변론은 무의미하게 끝나버리고 결국 그 사나이는 사형선고를 받고 만다. 또한 로테는 더 이상 베르테르를 가까이 하지 말라는 충고를 받고, 베르테르에게 만남을 자제할 것을 요청하게 된다. 이에 절망한 베르테르는 로테를 찾아가 작별인사를 고하고, 알베르트에게 총을 빌려 자살하고 만다.

2. 작품 깊이 읽어보기 작품이 주는 대립 이슈는 무엇인가?

① 이성과 감성의 대립 갈등

베르테르는 자연을 사랑하고 시와 음악을 좋아하는 감성주의자다. 그 당시 사회의 윤리에 어긋나는 '사랑'을 만났을 때, 베르테르는 괴로워하면서도 그 사랑을 포기하지 못한 이유는 자신의 감성에 충실하고자 했기 때문이다.

반면, 로테의 남편 알베르트는 베르테르가 인정할 만큼 예의 바르고, 그가 보는 앞에서 한 번도 로테에게 키스하지 않았던 자제력이 뛰어난 이성주의자였다. 그 당시의 사회·문화적 배경 안에서는 규칙과 예의를 중시하는 이성이 더욱 가치롭다고 인정되었다. 베르테르와 알베르트의 대립되는 관점은 다음의 '자살에 관한 토론'에서 구체적으로 드러나고 있다.

"당신네들은 무슨 일에 대해서든지 곧 그것은 못난 짓이니, 혹은 현명한 노릇이니, 또는 나쁘니 좋으니 하고 한마디로 잘라 말하기를 좋아하지만, 대체 그런 것에 어느 만큼의 뜻이 있는 겁니까? 그렇게 단정을 내리기에 앞서, 어떤 행위의 내면적인 경로를 살펴본 일이 있습니까? 어찌하여 그런 행위를 했으며, 왜 하지 않을 수 있습니까? 그러시다면 그렇게까지 성급하게 잘라서 판단할 수 없을 텐데……." (1771년 8월 12일)

"……자기 정열에 휘말려 제 정신을 잃고 있다면 그는 취한 사람이거나 미친 사람이라고 볼 수 있으니까요." (1771년 8월 12일)

베르테르가 살고 있는 봉건적인 사회에서 자신의 감정에 의해 충실하며 자유롭게 살아간다는 것은 불가능한 일이었다. 봉건적인 제도와 사회의 인습과 윤리, 규범으로 대표되는 이성에 맞서는 베르테르의 감성은 작품의 전반에서 대립적인 가치 체계를 이루고 있으며 자신의 정체성과 관련된 핵심 문제였다.

② 시민과 귀족의 계급 갈등

이 작품 속에서 베르테르는 봉건 계급사회의 귀족에 대해 염증을 느낀다. 로테와의 사랑에서 절망을 안고 도시로 돌아간 베르테르는 도시 생활 속에서 귀족들에 의해 또 다른 절망과 고뇌에 빠지게 된다. 부패한 귀족들은 자신의 일에 충실하지도 않고, 겉으로 보이는 지위에만 관심이 있다고 느낀다. 이는 봉건 귀족들에 대한 실망이기도 하지만 로테의 남편 알베르트와의 계급적 갈등이라고도 할 수 있다. C백작을 통해 귀족들과의 파티에 초대된 베르테르의 눈에는 귀족들의 모습이 우스꽝스럽고 시민들의 한낱 비웃음거리에 불과한 것이었다. 베르테르는 귀족들과의 불쾌한 파티에서 더 이상 견디지 못하고 자연으로 돌아가 'Homer'를 읽는다.

"나는 어제 백작 댁의 회식에 초대를 받아서 그곳에 갔었소. 마침 그 날 저녁에는 상류 계급의 신사 숙녀들이 백작 댁에 모이기로 되어 있었소. …… 귀한 신분의 S부인이 남편과 잘 부화된 거위 새끼 같은 딸을 거느리고 나타났소. 그 딸은 납작한 가슴팍에 값비싼 코르셋을 하고 있었소. S부인은 옆을 지나면서 대대로 물려받은 거만한 귀족의 눈짓을 하면서 거드름을 피우는 것이었소. …… 프란츠 1세의 대관식 때부터 전해 내려오는 고풍스러운 의상을 몸에 걸친 F남작, 직책상 귀족 칭호를 받고 있는 궁중의 고문관 R씨와 귀머거리인 그의 부인, 그리고 시대에 뒤떨어진 찢어진 의상을 요즘 유행하는 천으로 기워 입은 허술한 차림새의 J …… 나는 높으신 분들의 모임에서 빠져나와 마차를 타고 M이란 곳을 향해 곧장 달렸소. 거기서 언덕 위로 해가 지는 광경을 바라보면서 좋아하는 '호머'를 펼치고 오디세이아가 돼지를 기르는 일꾼의 환대를 받는 멋진 대목을 읽어 내려갔소. 그것은 정말 훌륭한 장면이었소." (1772년 3월 15일)

③ 사회윤리(인습)와 자연적 사랑과의 대립 갈등

당시의 시대 상황을 살펴보면 유럽에는 이때 계몽주의적 사상이 주류를 이루고 있었다. 즉 이념과 이성을 중시하는 경향과 사고가 감정과 신앙보다 앞서며 더 가치롭다는 생각, 이성만이 인간의 모든 문제를 해결해 줄 수 있다고 믿고 합리적 이성에 의해 증명할 수 없는 것은 통용하지 않는다는 합리주의가 팽배해 있었다.

베르테르가 유부녀인 로테를 사랑하는 감정은 봉건사회에 팽배한 '윤리'에 어긋나며, 지배적 가치관이라고 할 수 있는 '이성'과 대립되고 있다. 베르테르와 로테는 서로 사랑하게 되었지만 그들의 사랑은 사회가 인정할 수 없는 사랑이었다. 사회가 용납하지 않는 사랑을 괴로워하면서도 베르테르가 진정 이루고자 한 것은 관습과 윤리를 탈피한 순수한 사랑에의 갈망이었으며 인습과 규범, 윤리를 강요하고 있는 봉건사회의 두터운 벽에 대한 도전이라고 할 수 있다. 하지만 그 도전은 이길 수 없는 도전이었고, 천상에서나 이루어질 수 있는 사랑이었기에 베르테르는 죽음을 택하고 만다.

3. 관련 시사 들여다보기

① 불행한 마침표 [강원일보 2011. 9. 5. 기사 발췌]

절망이란 말처럼 속수무책인 말은 없다. 그것은 그냥 막막함이고 깜깜함이다. 위로도 절망의 금 건너편 사람들에게나 통하는 단어일 것이다. 하지만 그 절망의 바닥에서도 꽃은 핀다.

▼2007년 칸영화제에서 감독상을 받은 〈잠수종과 나비〉란 영화가 있다. 프랑스 패션잡지 〈엘〉 편집장 출신인 장 도미니크 보비의 실제 이야기다. 그는 어느 날 뇌졸중으로 쓰러진 뒤 온몸이 마비되었다. 움직일 수 있는 것은 왼쪽 눈꺼풀뿐이었다. 그럼에도 그는 "남아 있는 것에 감사한다"고 했다. 눈 깜박임으로 알파벳 하나하나 짚어가며 만든 단어로 바깥세상과 대화했다. 단어 하나에 3분이 걸렸고, 반나절의 시간에도 종이 반쪽을 채우지 못했다. 그는 그렇게 열다섯 달 동안 20만 번 눈을 깜빡이면서 130쪽의 책을 남겼다. 그리고 열흘 만에 세상을 떠났다. "스스로 목숨을 끊을 방법마저 빼앗긴 막다른 길. 나에겐 나비처럼 자유로운 게 세 가지나 있다. 눈꺼풀 그리고 상상과 기억. 난 그것으로 충분했다."

▼이런저런 이유로 세상을 등지고 있는 사람들과 보비의 삶이 오버랩된다. 딸에게 약을 먹이고 음독한 어머니, 아들을 안고 한강으로 뛰어내린 아버지, 외로움과 병에 지친 노인, 명문대 학생, 연예인, 아나운서, 최고경영자부터 해고 노동자까지. 추석을 앞두고 가진 것이 없는 사람들의 뒷모습이 유난히 쓸쓸해 보이고, 소식 끊긴 벗들이 울컥울컥 그리워지는 요즈음 경기침체 등으로 빚의 무게와 삶의 고통을 감내하지 못해 '불행한 마침표'를 찍는 사람들이 부쩍 늘고 있어 안타깝다. 지난해 도내에서만 707명이 자살했다. 2009년에는 657명이 스스로 목숨을 끊는 등 매년 증가 추세다.

▼죽음을 선택할 수밖에 없는 극단적인 사회현상의 진행 고리를 지금 끊지 않으면 안 된다. 동시에 인간 사회 전반에 걸쳐 생명 존중의 가치를 회복하려는 노력이 그 어느 때보다 절실함을 깨닫는다.

② 중 · 고생 5명 중 1명… 우울증 · 자살생각 위험군 [경인일보 2010. 5. 6. 기사 발췌]

중·고생 5명 중 1명은 '우울증위험군'이거나 '자살생각위험군'에 속하는 데다 2명 중 1명은 '우울 성향'을 보이고 있다는 조사 결과가 나왔다.

5일 인천광역시 정신보건센터가 지난해 '청소년 우울 및 자살 사고의 심각도'를 주제로 지역 중학생 1천739명과 고교생 3천914명을 설문 조사해 분석한 자료에 따르면, 조사 대상자의 46.5%가 '우울 성향'을 보였다. 또 정신과 전문의와의 상담이 필요한 '중한 우울증' 이상이 20.4%였고, 중학생보다는 고교생, 남학생보다는 여학생의 우울증 비율이 높은 것으로 조사됐다.

'자살 생각 척도' 조사에서는 또래보다 자살 생각이 많은 경우가 8.7%였으며, 이 가운데 '심한 자살 생각'을 보이는 비율이 3.9%였고, 남학생보다는 여학생이 2배 이상 많은 것으로 나타났다.

게다가 전체 5천653명 중 약 19.2%는 '우울증위험군' 또는 '자살생각위험군'으로 분류됐다. 우울증세나 자살 생각 정도가 심하다고 판단되는 810명을 대상으로 한 집중 검사에서는 '자살을 시도한 적이 있다'는 응답이 23.5%였고, 이는 중학생(33.2%)이 고교생(19.4%)보다 훨씬 비율이 높았다.

'자살생각고위험군'으로 분류된 학생 28명을 심층 면담한 결과, 자해를 시도한 학생 비율이 46.4%였으며, 과거에 실제 자살을 시도했던 학생도 25%나 됐다.

한 정신과 전문의는 "중고생들이 겪는 입시 경쟁, 공부 스트레스 등 사회적 교육 환경이 자살 발생 위험을 높이는 것은 물론, 청소년들의 건전한 정서 함양까지 저해하고 있다"고 지적했다.

③ 언론의 연예인 자살 무분별 보도 모방 자살 부추겨 [문화일보 2007. 2. 23. 기사 발췌]

연예인들의 잇단 자살사건이 있었다. 자살은 본인에게도 불행이지만 사회적으로도 큰 손실이다. 연예인들의 자살사건 보도를 보며 아이를 키우는 입장에서 불안하고 민감하게 느낀다. 그 이유는 모방 자살 위험 때문이다.

세계보건기구에서 몇 년 전 언론의 자살 보도에 관한 원칙을 발표했다. 잘못된 보도 행태가 모방 자살, 즉 '베르테르 효과'를 부추긴다는 이유에서다. 내용은 유명인의 자살은 될수록 지면 크기를 최소화하라는 것이다. 그리고 주검과 현장 또는 자살 수단의 사진을 싣지 말고 복잡한 자살 동기도 단순화하거나 고통에 대처하는 선택이나 해결책인 것처럼 표현하지 말라는 것 등이다.

얼마 전 방송 보도를 보니 지난 번 탤런트 이은주 씨가 자살한 뒤로 하루 평균 55건의 자살 관련 보도가 쏟아졌다. 그 다음 달 월별 자살자 수는 1.78배 급증했다고 하니 충격적이다. 이것이 결국 모방 자살을 부른 게 아닌가 하는 의구심을 갖게 만든다.

그러나 인터넷 등 언론에서는 자살사건 보도 원칙이 거의 안 지켜지고 있다. 언론에서는 친절할 정도로 자살 전후의 조사 과정과 결과 등을 아주 상세하게 많은 지면과 시간을 할애하면서 보도해주고 있다. 이 같은 언론 보도는 청소년들의 자살을 부추기고 자살을 미화하는 나쁜 결과를 빚을 수도 있다.

호주 출신 유명 록그룹 너바나의 리드 싱어인 커트 코베인은 1994년 권총으로 자살했다. 그때 젊은이들의 모방 자살 우려가 컸지만 정작 자살률은 오히려 더 낮아졌다고 한다. 그 이유는 당시 유족과 언론이 그의 약물 남용 문제를 적극 거론하며 모방의 매력을 떨어뜨린 덕분이었다. 언론에서는 앞으로 이 같은 자살보도와 예방에 더 신경을 써주기 바란다.

[전연희·서울 양천구]

④ 자살 공론화 문제 해결 위한 언론 역할 중요 [제민일보 2009. 4. 9. 기사 발췌]

한국기자협회 주최로 9일 제주 칼 호텔에서 열린 2009 여기자 세미나는 '자살'에 대한 언론의 태도와 예방을 위한 고민 등 '생명사랑'을 주제로 꾸려졌다.

1년 여의 산고를 거쳐 신문윤리실천요강에 포함된 '자살보도' 준칙은 이날 꾸려진 3개 주제 포럼의 중심이었다.

신문윤리실천요강 제7조 '범죄 보도와 인권 존중'에서 자살 보도는 사회에 미치는 영향을 고려하여 신중해야 한다. 자살 방법 등에 대한 구체적 묘사 등 대중의 호기심에 영합하는 보도를 해서는 안 된다(자살 보도의 신중)고 규정하고 있다.

최근 삽입된 이 규정은 그만큼 자살이 사회문제화하고 있다는 반증이기도 하다.

제 1포럼 '자살 보도와 미디어의 역할'에서 주제 발표에 나선 홍강의 한국자살예방협회장은 최근 잇따른 연예인 자살과 관련 보도를 예로 들며 언론의 역할을 거듭 강조했다.

홍 회장은 "공인이라고 하더라도 '스스로 목숨을 끊은' 연예인의 생전 모습을 기사마다 포함시킨다거나 자살 수법을 삽화 등으로 처리하는 것은 위험하다"며, "국민의 알 권리와 국민의 생명 보호 책무 사이에서 적절한 균형을 유지하는 것이 무엇보다 중요하다"고 말했다.

홍 회장은 또 "최근 나이 어린 청소년과 65세 이상 노인의 자살이 늘고 있는 등의 행태를 볼 때 자살고위험군에 대한 진중한 접근이 필요하다"며, "급격한 사회 변화와 이에 따른 가치관 변화가 자살의 주요한 원인이 되고 있는 만큼 언론이 자살 예방의 선봉장이 돼야 한다"고 제안했다.

4. 통통 토론마당

① 괴테의 작품 「젊은 베르테르의 슬픔」의 주인공 베르테르는 로테와의 사랑을 이루지 못한 채 자살을 하고 만다. 베르테르가 죽음을 선택하게 된 이유는 무엇이며, 그 죽음에 대해 어떻게 생각하는가?

② 괴테의 작품 「젊은 베르테르의 슬픔」에서 보여주는 자살의 이유와 오늘날 잇따른 연예인 자살 사건의 공통점과 차이점은 무엇일까?

■공통점 :

■차이점 :

③ 소설 「젊은 베르테르의 슬픔」은 봉건사회가 안고 있는 다양한 대립의 문제를 드러내고 있다. 현대사회에서 인간들의 갈등을 부추기는 가장 큰 요인은 무엇이라고 생각하는가?

④ 연예인들의 잇따른 자살을 일컬어 '베르테르 효과'가 나타나고 있다고 하는 여론이 많다. 정말 '베르테르 효과'는 있다고 생각하는지, 있다면 그 원인은 무엇이라고 생각하는가?

⑤ 보건복지부 통계를 보면 2003년 전국 자살자 수는 1만 932명이다. 한국인의 자살률은 OECD 회원국 중 4위, 증가율은 1위다. 청소년들의 자살률도 증가 추세에 있다고 한다. 청소년인 여러분도 자살의 충동을 느낄 때가 있는지, 있다면 어떤 이유 때문인지, 자신 또는 주변 상황을 바탕으로 자살 방지 대책에 대해 논술하시오. (600자 내외)

◈ 시사 상식 : 베르테르 효과

베르테르 효과(영어 : Werther effect)는 유명인의 자살이 있은 후에 유사한 방식으로 잇따라 자살이 일어나는 현상을 말한다. 텔레비전 등의 미디어에 보도된 자살을 모방하기 때문에 벌어진다. 이름은 괴테의 소설 「젊은 베르테르의 슬픔」의 주인공 이름에서 유래했다. 특히 대한민국에서 이 현상을 잘 볼 수 있다.

◈ 철학 사전 : 합리주의와 이성 · 감성

- 합리주의(合理主義) 또는 합리론(合理論)은 모든 사물을 판단할 때 이치로 명료하게 생각하는 태도이다. 즉 본능(本能)이나 감각적인 느낌에 의존하지 않고 인간이 지니는 사고력(思考力), 이성(理性)이라는 것에 바탕을 두어 논리적으로 생각하여 사물을 처리하려는 태도이다. 그래서 한편으로는 본능적인 충동이나 감각적인 욕구에 바탕을 두어 사물에 대해 일정한 태도를 취하는 것이 아님과 동시에 종교적인 신앙, 사고를 초월한 신비적인 것에 근거를 두려는 태도와도 대립한다. 이러한 태도는 특히 근대사회의 발생 당시 현저하게 나타났다.
- 이성(理性) : 사물을 판단하는 힘, 참과 거짓, 선과 악을 식별하는 능력을 의미하기도 한다. 아름다움과 추함을 식별하는 능력을 이성으로 보는 경우도 있다. 인간을 인간답게 하고 동물과 구별 짓는 것은 이성이며 이로써 '인간은 이성적 동물이다' 라고 하는 인간에 관한 고전적 정의가 성립한다.
- 감성(感性) : 심리학적으로 감수성. 우리의 5관(五官)이 외계로부터 자극을 받고 그에 반응하는 정도나 강도(强度). 칸트의 지식론(인식론)에서는 외부로부터의 모든 감각적 자극을 받아들여, 지금 여기서라든가 아까 거기서라는 식으로 시간적·공간적으로 정리하는 능력. 감성은 이렇게 정리한 것을 생각하는 힘인 '오성(悟性)' 에 소재로 제공된다. 칸트의 도덕론에서의 감성은 욕구 또는 본능을 가리키며, 그것은 이성에 의해 억제될 수 있다고 한다.

[책으로 여는 시사 통합논술]

2. '미네르바'의 쟁점은 표현의 자유인가, 권력의 남용인가?

표현을 둘러싼 우리 사회의 논쟁은 끊임없이 사회적 이슈가 되고 있다. 근래에 발생한 '미네르바'사건은 '표현의 자유' 논쟁과 더불어 우리 사회의 억압적 요소들에 대해 다시 한 번 생각해 볼 여지를 제공하고 있다. '미네르바' 논란은 과연 표현의 자유를 둘러싼 논쟁일까, 아니면 궁지에 몰린 권력의 자구책이거나 남용일까, 아니면 개인의 지적 허용이 낳은 사회적 소산일까? 1950년대 미국을 배경으로 한 작품 「모스 가족의 용기 있는 선택」을 읽으며 우리 사회의 논쟁거리인 '미네르바 논쟁'의 진의에 대해 생각해 보는 시간을 갖기로 하자.

1. 작품 들여다보기 「모스 가족의 용기 있는 선택」

◈ 작가 소개 : 엘렌 레빈(Ellen Levine)

미국 뉴욕에서 태어나 대학에서 정치학과 법학을 공부했다. 사회와 정치의 문제를 어린이·청소년과 함께 나누기 위해 다양한 글쓰기와 강연 활동을 하고 있다. 2008년 칼데콧 명예도서상을 수상한 『헨리의 자유 상자 Henry's Freedom Box』 비롯해, 『만약 마틴 루터 킹의 시대에 살았다면 If You Lived at the Time of Martin Luther King』, 『자유의 아이들 Freedom's Children』, 『춤의 천재 안나 파블로바 Anna Pavlova:Genius of the Dance』 등이 있다.

◈ 작품의 줄거리 속으로!

「모스 가족의 용기 있는 선택」은 1950년대 미국을 휩쓴 매카시즘의 소용돌이 속에서 한 가족이 겪게 되는 일상의 변화와 선택을 잔잔하게 그린 청소년 소설이다. 주인공 제이미는 열세 살 소녀로서 부모와 할머니는 차르가 러시아를 통치하던 시절 미국으로 건너왔다.

'빨갱이 사냥꾼'으로 불리는 상원 의원 조셉 매카시가 공산주의자들의 명단을 가지고 있다고 폭로하면서 시작된 매카시즘의 광풍은 제이미의 외할머니를 비롯해 고등학교 수학 교사인 아빠, 방송작가인 엄마, 외삼촌과 큰아빠까지 가족들 대다수가 공산주의 이념에 동조하는 모스 가족을 위태롭게 만든다.

어렸을 때부터 러시아 혁명이나 정치 관련 이야기를 듣는 걸 좋아했던 소녀 제이미는 이런 사회 분위기로 인해 두려움을 느끼게 되고, 정치적인 문제에 대한 가족들의 대화를 견딜 수 없어 사사건건 시비를 걸기 시작한다. 결국 제이미 가족에게 엄청난 시련이 닥쳐온다. 엄마와 아빠는 직장에서 해고되고, 제이미 역시 학교 신문사에서 부당하게 쫓겨나고 친구들로부터 왕따를 당하는 수모를 겪게 된다.

2. 작품 깊이 읽어보기 관점과 이슈는 무엇인가?

① 가족 간의 사랑과 신뢰가 갖는 힘

어려운 상황 속에서도 가족에 대한 사랑과 신념을 버리지 않는 제이미와 그 가족들의 모습은 힘겨운 오늘을 사는 우리들에게 희망의 목소리를 전해준다. 사회·문화적, 경제적·정신적인 다양한 이유로 오늘날 가족은 해체 위기를 맞고 있다는 말이 결코 비약이 아닌 현실로 다가오고 있다. 반면 이 작품은 가족 간의 유대감과 신뢰감이 어떠한 고난도 이겨낼 수 있게 하는 키워드임을 강조하고 있다.

② 좌익과 우익을 갈라놓는 이분법적 권력의 통제 논리

공산당원이었던 모리 씨는 정의감에 충실했던 시민이었을 뿐이다. 히틀러의 유대인 학살에 치를 떨던 수학 교사는 히틀러와 싸웠던 미국에서 '빨갱이'로 몰려 학교에서 해고당했다. 다양성과 인간의 존엄성, 개인의 자유를 존중해야 한다는 의견을 펼쳤다고 해서 공산주의자로 몰리면서 제이미의 가족은 모두 해고되거나 퇴출당했다. 과연 그들이 주장한 논리가 타인에게 어떤 피해를 주는 것일까. 권력에 부담감을 주는 의견임에는 틀림없지만 논리적이고 합리적으로 따져보자면 인간은 누구나 존중받을 권리가 있으며, 자신의 의견을 자유롭게 펼칠 수 있어야 인간답게 사는 것이 아닌가. 하지만 이 작품의 사회적 배경 하에서는 그런 허용은 가능하지 않았다. 이 문제는 그 시대, 그 사회만의 문제가 아니라 바로 우리들의 현재적 문제이기도 하다.

③ 표현의 자유는 한계를 지정할 수 있는가, 있다면 어디까지인가

제이미 가족의 몰락은 '표현' 했기 때문이고, 행동했기 때문이다. 자신들이 맞다고 생각하는 의견을 다른 사람들에게 전달하였고, 성실한 시민으로서의 의무를 다한 것이다. 정의감에 충실하였다는 것이 그들의 죄목이다. 그래서 그들은 그 대가를 치를 수밖에 없었다. 이 작품은 과연 '표현'의 한계는 어디까지인가, 그 한계는 정할 수 있는 것인가를 구체화된 일상으로부터 묻고 있다.

3. 관련 시사 들여다보기

① 불쌍한 직장인, 감정 표현도 눈치 보면서 [일요시사 2012. 9. 12. 기사 발췌]

대부분의 직장인들이 회사에서 감정 표현에 자유롭지 못하다는 설문 결과가 나왔다. 비즈니스온커뮤니케이션의 전자세금계산서 서비스 스마트빌이 직장인 회원 1천260명을 대상으로 조사한 결과다.

회사 내에서의 감정 표현에 대해 물은 결과 응답자 79%는 '상황에 따라 감정을 표현한다'고 답해 10명 가운데 8명꼴로 눈치를 봐가며 감정을 표현한다는 점을 드러냈다. '업무에 적응하느라 감정이 없어졌다'는 응답도 9%를 차지했다. '감정보다 이성으로' 대처한다는 응답도 3%로 나타났다.

'감정을 언제나 솔직하게 드러낸다'는 응답은 7%에 불과했다. 감정 표현에 자유롭지 못한 이유는 동료나 상사로부터 이를 언제나 잘 이해받지 못하기 때문으로 풀이된다.

같은 조사에서 동료나 상사가 자신의 감정을 알아봐주는 정도로는 '감정 상태가 나쁠 때 주변에서 신경 써주는 정도'가 52%로 가장 많았다. '감정을 알아주지 않는다'는 26%를 차지했다. '남들이 알아주기 전에 먼저 감정 표현을 한다'는 12%로, 대부분 자신의 감정을 이해 받지 못한다고 답변했다. '감정을 늘 챙겨준다'는 7%에 그쳤다.

다만 응답자들은 스스로 남들의 감정을 잘 챙긴다고 생각하면서도 다른 사람들은 자신의 감정을 제대로 알아주지 못한다는 상반된 생각을 갖고 있는 것으로 나타났다.

다른 사람들의 감정에 대해서는 '말투를 유심히 챙겨 듣고 관심을 보여준다'는 응답이 50%, '출근 시 기분을 파악한다'도 28%였다.

한편 응답자가 다른 이로부터 감정을 알아주길 원할 때는 73%를 차지한 '업무로 힘들 때'가 가장 많았다. 17%를 보인 '업무 결과가 좋았을 때'가 뒤를 이었다. '개인적으로 어려울 때'와 '사적인 일로 기분이 좋을 때'는 각각 4%로 나타났다.

② 악성 괴담·소문 인터넷에 일파만파 [제민일보 2012. 7. 27. 기사 발췌]

최근 악성 괴담과 소문이 인터넷과 소셜네트워크서비스(SNS)를 통해 확산, 지역사회를 뒤숭숭하게 만들고 있다. 특히 도내에서 발생한 강력범죄로 주민 불안이 커지면서 올바른 인터넷 사용 문화의식이 요구되고 있다.

27일 제주지방경찰청에 따르면 도내 한 여중생이 지난 14일 개인 홈페이지에 "지금 서귀포 동문로터리에 납치범들 돌아다님. 문단속 철저히 하고 어디 돌아다니지 말라"라는 게시글을 올렸다.

이후 네티즌과 주변 친구들을 통해 인터넷과 SNS에 급속도로 확산되면서 '제주 올레길 탐방객 살해사건'과 연결돼 조선족들이 여성 2명을 납치했다는 소문으로 왜곡됐다.

이에 따라 경찰은 수사를 진행, 최초 유포자인 여중생을 붙잡고 관련 글을 삭제하는 등 조치를 취했다.

또 제주 올레길 탐방객 살해사건과 관련한 루머가 인터넷 게시판을 통해 퍼지는가 하면, 한 포털사이트 실시간 검색어 상위권에 오르면서 27일 경찰이 진화에 나서기도 했다.

지난 22일 인터넷상에 게시된 글을 발단으로 '올레길 살해사건 피의자가 작성한 글'이라는 근거없는 소문들이 나도는 등 파장을 일으켰다.

논란이 커지자 경찰은 사실 확인을 거쳐 올레길 살해사건 피의자와 게시자 간에 아무런 관계가 없으며 피의자가 글을 작성한 적도 없다고 밝혔다.

이와 관련 경찰 관계자는 "사실에 기초하지 않은 소문을 퍼뜨릴 경우 정보통신 관련법 등에 따라 처벌 받을 수 있다"며, "인터넷과 SNS를 통해 허위 사실을 무분별하게 게시하거나 퍼 나르는 행위를 자제해 달라"고 당부했다.

③ "종이탈 압수는 표현의 자유 억압" [한라일보 2011. 11. 02. 기사 발췌]

경찰이 해군기지 반대 단체의 집회를 지나치게 규제하면서 반발을 사고 있다.

경찰은 지난달 29일 제주시청 앞에서 열린 '제주해군기지 전면 백지화를 위한 제5차 전국시민행동 집중의 날' 해군기지 반대 단체의 집회 당시 종이탈 5개를 "신고되지 않은 불법 시위용품"이라며 압수했다.

종이탈을 제작한 작가와 강정마을 주민, 시민단체 회원들이 "퍼포먼스를 위한 행사용품"이라면서 강력 반발했지만 속수무책이었다. 경찰에서 해군기지 반대 단체가 제작한 종이탈을 압수한 것은 이번이 처음은 아니다.

지난 9월 3일 서귀포시 강정마을 체육공원에서 열린 '놀자 놀자 강정놀자' 평화콘서트 행사 당시에도 경찰은 풍물놀이패와 함께 행사장으로 진입하는 종이탈을 압수하면서 한차례 충돌이 발생하기도 했었다.

특히 이 같은 경찰의 행위가 지나치게 정권을 의식한 과잉 대응이 아니냐는 게 해군기지 반대 단체 측의 시각이다.

당시 경찰은 '이명박 대통령을 형상화한 종이탈을 반대 단체가 제작해 행사장 내에서 화형식을 치를 계획'이라는 첩보를 입수, 행사장 진입 자체를 막아섰고, 이번 제주시청서 열린 집회에서도 "종이탈이 이명박 대통령을 형상화해 비판하는 것"이라고 통보한 뒤 압수한 것으로 알려졌다.

해군기지 반대 단체 관계자는 이와 관련 "지난달 29일 집회 당시 제작한 종이탈은 강동균 강정마을회장 등 구속된 사람과 동물 중에 늑대 등을 표현한 것으로 이는 이 대통령과는 아무런 연관성이 없었다"며, "경찰의 이 같은 조치는 표현의 자유를 지나치게 억압하는 처사"라며 강력 비판했다.

④ 권력 집단의 천박한 학벌주의 [한겨레 2009. 1. 10. 사설 발췌]

미네르바 사건에서 족벌언론들이 집중적으로 부각시킨 것은, 나이·학력·직업 같은 신상정보였다. 한 중앙 일간지는 "가짜에 놀아난 대한민국"이라는 제목의 1면 머릿기사에서 무직, 공고-전문대 졸, 경제학 독학 따위를 늘어놓았다. 가짜의 근거는 결국 낮은 학벌이었다. 학벌이 못났으니, 그의 글도 변종 바이러스로 취급당했다.

그러나 한국의 권력 집단은 이런 발표와 보도를 통해 자신의 천박한 학벌주의만 발가벗겼다. 그들의 주장은, 미네르바는 전문대를 졸업한 비전공자이므로 설사 그의 전망과 분석이 옳아도 가짜이고, 사회를 병들게 하는 바이러스라는 것이었다. 그런 일은 잘난 학벌만이 할 수 있다는 투였다. 강부자·고소영 정권이 교육 양극화를 극대화하는 교육 정책으로 가진 자들만이 최고 학벌에 접근할 수 있도록 하려는 이유를 알 것 같다.

학벌주의가 주류 집단의 지배 수단으로 자리 잡은 지는 이미 오래됐다. 학벌사회만큼 그들의 지위와 부를 세습하고, 계급의 벽을 공고히 하는 수단도 없기 때문이다. 족벌 언론은 그동안 중산층 서민을 학벌주의 주술에 옭아매고자 주력해 왔다. 2005년 전여옥 한나라당 대변인은 순진하게도 대졸 대통령론을 꺼내기도 했다.

4. 통통 논술마당

① '미네르바' 사건에 대해 들어본 적이 있나요? 어떤 사선이었나요?

② 우리 사회에서 '표현의 자유'와 관련해 논쟁거리가 된 사건들이 참 많습니다. 여러분이 아는 사례를 들어 보세요.

③ 촛불시위, 도로 점거 등과 같은 행동의 표현을 놓고 '표현의 자유다', '불법 시위다'는 시비 판단은 끊이지 않습니다. 여러분은 이런 행동으로써 표현하는 것에 대해서 어떻게 생각하나요? 그렇게 생각하는 이유를 들어가며 말해 보세요.

④ 지난 2012년 총선에서도 모 후보의 막말이 선거전에서 악영향을 끼치면서 낙선하는 등 거친 말 또는 사견을 자유롭게 인터넷상에서 공개하는 것이 그 당사자에게는 엄청난 고통을 안겨다주는 사례가 적지 않습니다. 표현의 자유, 어디까지 허용해야 하는지, 그 기준은 무엇이어야 하는지에 대한 의견을 600자 내외로 써 보세요.

◈ 시사 상식 : 미네르바 사건

미네르바는 인터넷 포털 다음의 토론 게시판 '아고라'에서 활동하고 있던 사람의 닉네임이다. 그런데 허위사실 유포죄로 구속당했다. 그간 미네르바는 얼굴 없는 경제 대통령으로 알려지면서 다음 내에 있는 토론 게시판 '아고라'에서 경제 관련 글들을 올려왔다. 그리고 그의 글을 많은 사람들이 읽었고, 또 그에 대한 추종의 목소리도 높았다. 그런데 문제는 그가 아고라에 "정부가 주요 7대 금융기관과 수출입 관련 주요 기업에 달러 매수를 금지할 것을 긴급 공문 전송했다"는 내용을 올려 이 글로 인해 구속조치가 취해진 것이다.

실제로 미네르바의 그러한 글로 인해 평일 그 시간대 달러 매수 주문이 하루 거래량의 10~20%였으나 미네르바의 글로 외환시장이 출렁였고, 이튿날까지 달러 매수세가 이어져 달러 수요량이 1일 평균 38억 달러보다 22억 달러 더 많은 60억 달러로 비정상적으로 치솟아 환율 안정을 위해 정부가 외환시장 안정화 비용으로 20억 달러 정도를 더 지출해야 했다고 한다.

◈ 철학 사전 : 오류의 종류

① 흑백논리적 사고

생활 사건의 의미를 이분법적인 범주의 둘 중의 하나로 해석하는 오류를 범하는 것이다.

② 과잉 일반화

한두 번의 사건에 근거하여 일반적인 결론을 내리고, 무관한 상황에도 그 결론을 적용시키는 오류이다.

③ 정신적 여과

사건의 주된 내용은 무시하고 특정한 일부의 정보에만 주의를 기울여 전체의 의미를 해석하는 오류이다.

④ 의미 확대 또는 의미 축소

어떤 사건의 의미나 중요성을 실제보다 확대하거나 축소하는 오류이다.

⑤ 개인화 오류

자신과 무관한 사건을 자신과 관련된 것으로 잘못 해석하는 오류이다.

[책으로 여는 시사 통합논술]

3. 현대사회에서 가치로운 삶은 무엇일까?

현대사회는 다양한 가치가 존중되고 인정받는 다양화 사회라고 한다. 하지만 다양성을 강조하는 가운데는 획일적인 문화가 확산되고 그에 따른 획일적인 가치가 일방적으로 주입되고 있기도 하다. 이를테면 그 어떤 가치보다 '부'의 가치가 더욱 인정되고, 인간의 삶 자체가 부의 축적을 위한 삶으로 치닫고 있는 현상만 봐도 그렇다. 정신보다는 물질이, 내용보다는 형식이 더욱 강조되고 있는 사회 현상을 여러 사례를 통해 살펴볼 수 있다. 이에 생텍쥐페리의 동화 「어린왕자」를 통해 정말 인간이 살아가면서 중요시 여겨야 하는 가치가 무엇인지, 현대사회에서 가치롭다고 인정할 만한 것들은 무엇인지에 대해 생각해 보기로 하자.

1. 작품 들여다보기 「어린왕자」

◈ 작가 소개 : 생텍쥐페리, 1900. 6. 29 프랑스 리옹 ~1944. 7. 31 지중해 상공.

시인의 눈으로 모험과 위험을 바라본 그의 작품들은 조종사이자 전사(戰士)인 작가의 독특한 증언을 담고 있다. 몰락한 귀족 가문 출신으로, 가난한 학생이었던 그는 해군사관학교 입학시험에서 떨어졌다. 군 복무 동안 조종사 면허를 땄고(1922), 1926년 툴루즈의 라테코에르사(社)에 들어가 아프리카 북서부와 남대서양 및 남아메리카를 통과하는 항공우편 항로를 개설하는데 이바지했다. 1930년대에는 시험비행사와 에어프랑스 항공회사의 홍보 담당자 및 《파리 수아르 Paris-Soir》 지 기자로 일했다. 심한 비행기 사고로 평생 불구가 되었지만, 1939년에 육군 정찰기 조종사가 되었다. 프랑스가 함락되자(1940) 미국으로 탈출했고, 1943년 북아프리카 공군에 들어간 후 정찰 임무를 수행하다가 격추당했다.

◈ 작품의 줄거리 속으로 !

어린왕자가 별을 떠나는 날 아침 그는 화산들을 깨끗이 청소하였다. 그리고는 장미에게 작별인사를 하였다. 장미는 자존심이 매우 강한 꽃이었다. 울고 있는 모습을 보이고 싶지 않아 어린왕자에게 빨리 떠나가라고 하였다. 어린왕자는 이웃별을 돌아다니기로 했다.

첫 번째 별에는 왕이 살고 있었다. 그는 모든 것을 자기 신하로 삼고 있었다.

두 번째 별에는 허영심이 많은 사람이,

세 번째 별에는 술꾼이 있었다. 술꾼은 어린왕자를 매우 우울하게 만들어버렸다.

네 번째 별에는 실업가가 살고 있었다. 그는 숫자만 세고 있었다.

다섯 번째 별은 가로등을 켜는 사람이 살고 있었는데 가장 작은 별이었다.

여섯 번째 별은 그보다 열 배가 더 컸다. 지리학자가 살고 있었다.

일곱 번째 별은 지리학자가 가보라고 권한 지구였다. 처음 사막에 도착해서 그는 뱀을 만났다. 어린왕자는 뱀이 매우 연약한 존재라고 생각하고 있었다.

그러고나서 볼품없는 꽃을 만나고 산 위에도 올라가 보았지만 사람을 만날 수는 없었다.

오래 걸은 후에 어린왕자는 장미가 만발한 정원을 만났다.

어린왕자는 오직 하나뿐일 거라고 생각했던 장미가 이렇게 많은 것을 보고 흐느껴 울었다.

그때 어린왕자는 여우를 만났다.

어린왕자는 여우에게서 길들인다는 게 무엇인지를 들었다.

"네가 나를 길들인다면 나는 너에겐 이 세상에서 오직 하나밖에 없는 존재가 될 거야."

"네가 오후 네 시에 온다면 난 세 시부터 행복해지겠지."

어린왕자는 여우를 통해 그의 장미꽃이 이 세상에 오직 하나뿐이란 걸 깨닫게 되었다.

"오로지 마음으로만 보아야 잘 보인다는 거야. 가장 중요한 건 눈에 보이지 않는단다."

"길들인 것에 언제까지나 책임이 있게 되는 거지."

2. 작품 깊이 읽어보기

① 현대인의 허상, 수로 말하는 세상

남달리 어린 시절에 대하여 아름다운 추억들을 간직하고 있는 생텍쥐페리는 「어린왕자」의 첫 장에서부터 보아구렁이를 등장시켜 재미있는 발상을 시도하고 있다.

여섯 살 때, 코끼리를 통째로 삼킨 보아구렁이의 그림을 그려 놓고 어른들에게 무섭지 않느냐고 물어 보았다고 한다. 어른들은 "모자가 왜 무섭냐?"고 되물었고, 생텍쥐페리는 "어른들은 언제나 설명을 해주어야 한다."고 했다. 오로지 가시적인 것만을 볼 수 있는 어른들의 상상력의 결핍, 꿈의 상실 등을 나무라고 있는 것이다.

여우가 가르쳐주는 비밀도 바로 이것이었다. 마음으로 느끼고 마음으로 보는 진실성을 점차로 상실해 가고 있는 오늘의 어른들. 삭막한 유물론자의 모습을 닮아가고 있는 어른들을 그는 고발하고 싶었는지도 모른다.

어른들에게 어린왕자가 존재했었다는 증거로서 "그가 아름다웠고, 웃었고, 양을 가지고 싶어했다."고 말하면 아무도 그 말을 믿으려 들지 않을 거라고 생텍쥐페리는 말한다.

그가 떠나온 별이 소혹성 B612호라고 말한다면 어른들은 쉽게 납득할 것이라고 한다. 그건 어른들이 숫자를 좋아하기 때문이라는 것이다. 어른들은 모든 걸 숫자로 설명해야 이해한다. 그리고 질문도 모두 숫자만을 질문한다.

"나이는 몇이니? 형제는 몇이니? 몸무게는 얼마니? 그 애 아버지는 얼마나 버니?"라고.

생텍쥐페리는 숫자만을 신봉하는 황금만능주의를 비판하고 있다. 황금만능주의는 인간 존엄성의 상실로 이어지고 있다는 것이 가장 큰 위험이고 문제라고 지적한다.

② 현대인의 다양한 자화상

「어린왕자」에서 그려진 인간 군상은 현대인들의 자화상 그 자체이다.

첫 번째 별에서 만난 왕은 끝없이 남에게 군림하려고만 드는 어른을 가리킨다. 두 번째 별에는 자기를 칭찬하는 말 이외에는 귀를 기울이지 않는 허영장이가 살고 있었다. 그는 위선 속에 사는 어른이다. 세 번째 별에는 술을 마신다는 것이 부끄러워 그걸 잊기 위해 술을 마시는 술꾼이 살고 있었다. 그것은 허무주의에 빠진 어른이다. 네 번째 별에는 우주의 5억 개의 별이 모두 자기 것이라고 되풀이하여 세고 있는 상인이 살고 있었다. 그것은 물질만능의 표본 같은 어른이다. 다섯 번째 별에는 1분마다 한 번씩 불을 켜고 끄는 점등인 한 사람이 살고 있었다. 그는 남을 위해 유익한 일은 하고 있으나 기계 문명에 인간성을 상실한 현대인처럼 자기 일에 아무런 의미를 찾지 못하는 어른을 뜻한다. 여섯 번째 별에는 자기 별도 여지껏 탐사해보지 못한 지리학자가 살고 있었다. 그것은 이론 속에서만 사는 행동이 결여된 어른이다. 일곱 번째 별은 바로 우리가 사는 지구였다. 어린왕자는 지혜로운 한 마리의 여우를 만나게 된다. 너무 쓸쓸한 탓으로 친구가 되자고 제의했으나 여우는 길이 들지 않아서 친구가 될 수 없노라고 말했다.

"길들인다."는 것이 어떻게 하는 것이냐고 묻자 그것은 "관계를 맺는다."는 뜻이라고 말하며 이렇게 설명해준다.

길들인 것에 대하여 소중함을 깨닫게 된 어린왕자는 정원에 핀 그 수많은 꽃들이 자기의 장미와는 조금도 닮지 않았다는 것을 인식하게 되었다. 그리고 그 장미들은 자기에게는 아무런 가치도 없다는 것을 느끼게 되었다.

여우와 작별인사를 할 때, 여우는 선물로 비밀을 하나 가르쳐준다.

"아주 간단한 거야. 잘 보려면 마음으로 보아야 해. 가장 중요한 것은 눈에는 보이지 않거든."

3. 관련 기사 들여다보기

① 인물 검색 1위 '얼짱' [일요신문 2009. 7. 16. 기사 발췌]

'리틀 강동원'이라 불리며 화제가 되고 있는 이태균이 자신의 미니홈피에 올려놓은 사진으로 인해 곤욕을 치르며 이번 주 전체 및 주간 급상승 부문 1위에 올랐다.

〈얼짱시대〉 '꽃미남, 꽃미녀 인증쇼'에 출연 중인 이태균이 여고생임에도 술집으로 보이는 곳에서 버젓이 담배를 피우고 있는 사진을 미니홈피에 올린 것. 이에 누리꾼들은 "미성년자인데 어떻게 술집에 있느냐", "학생 신분에 부적절한 사진이다"라며 질타했다.

MBC 월화드라마 〈선덕여왕〉에서 어린 미실 역으로 출연한 유이가 미실 고현정을 빼닮은 외모로 주목을 받으며 이번 주 배우 부문 1위에 올랐다. 유이는 크고 동그란 눈, 하얀 피부와 170cm에 달하는 큰 키 등 고현정과 많이 닮았고 이 덕분에 미실 역에 캐스팅돼 큰 관심을 모았다.

② '킬야동', '야매'… 음란물에 중독된 초등학생들 [크리스천투데이 2011. 4. 22. 기사 발췌]

2009년 한국청소년개발원에서 조사한 연구결과를 보면 음란물 중독이 너무나 낮게 조사됐다(게임 중독 46.5%, 웹서핑 중독 26.0%, 채팅 중독 24.8%, 음란물 중독 9.4%). 실제로는 훨씬 높다고 추정된다.

이미 초등학생들이 음란물을 보는 상태에서도 알 수 있다. 인터넷과 뗄 수 없는 시대 속에 초등학생들은 상상 이상으로 인터넷 음란물에 중독돼 있다.

인터뷰에 응한 초등학생들은 야동 킬러라는 뜻의 '킬야동', 야동 매니아라는 의미의 '야매' 등의 별명을 친구들에게 붙여주며 음란물에 접속하고 있는 사실을 털어놨다. 매일 새벽 음란물을 본다는 한 초등학생은 "마누라랑 신혼여행에 갔는데 할 줄 모르면 어떻게 하냐?"는 말을 아무렇지도 않게 했다.

이렇게 음란물에 중독된 초등학생들은 대부분 우연히 인터넷을 통해 음란물을 접했다 호기심 발동과 또래 집단의 문화와 경쟁 심리로 음란물에 빠져들고 있었다.

성인 사이트에 접속하기 위해 필요한 성인 인증은 부모님 주민번호를 외우는 것으로 간단히 해치울 수 있다. 유해 사이트를 차단하는 설치 프로그램도 음란 사이트를 모두 차단하지는 못했다. 초등학생들의 미니홈피에는 해외 음란 사이트가 링크돼 있고, 자주 찾는 음란 사이트를 줄줄이 외는 초등학생도 여럿이다.

청소년이나 직장인들이 인터넷 PC통신 등 온라인망의 음란물에 중독돼 정상적 생활 리듬을 잃고 학교나 직장생활은 뒷전이 되는 사례도 빈발하고 있다. 특히 온라인상의 음란 사이트는 성인은 물론 접촉이 제한된 청소년들조차 손쉽게 찾을 수 있어 감수성이 예민한 청소년들을 음란의 바다로 빠져들게 하고 있다.

③ 중독으로 치닫는 삶 [김성광닷컴 2011. 8. 19. 기사 발췌]

파이낸셜뉴스 기사에 따르면, 우리나라 국민 가운데 많은 사람이 여러 가지 죄와 방탕에서 고통당하고 있다 한다. 특히 도박 중독, 알코올 중독, 흡연으로 인해 국가적으로 드는 비용이 연간 78조원으로 심각한 상황이라 한다.

또 요즘 성행하는 성형수술에도 중독이 되는 사람들이 있다고 한다. 성형 중독인 경우는, 빼어난 미모를 가졌는데도 불구하고 성형에 집착하여 지속적으로 성형을 하는 경우를 말한다.

이처럼 성형 중독을 앓고 있는 사람들 중에 43%가 정신질환을 앓고 있다는 충격적인 연구 결과도 있다. 이와 같은 성형 중독도 다른 중독과 마찬가지로 정신적인 고통에 매여 자유를 누리지 못하는 것이다.

성형에 대해 과도하게 의존하는 중독도 근본적으로는 인간의 죄와 방탕의 결과라고 볼 수 있다. 인간의 죄와 방탕함이 현대인들의 가시적이고 말초적인 쾌락 추구, 이기적인 욕심 등에 의해 더욱 심화된 결과로 나타나는 것이 중독 현상일 것이다.

과도한 욕심을 추구하는 삶이 중독을 야기하게 된다. 우리의 삶이 성형 중독이건 돈 중독이건 중독에 사로잡히게 되는 순간 우리는 자유를 박탈당하고 종노릇을 하는 노예의 삶으로 전락하는 것이다.

이런 모든 것이 죄와 연결되어 있다는 인식이 필요하다. 중독은 어쩌다 생기는 것이 아니다. 중독이 외부의 조건이나 상황에 의해 어쩔 수 없는 결과라고 핑계 댈 수 없는 이유가 여기 있다.

자신이 행복을 추구하고 있는 과정이 잘못될 경우 중독에 빠지게 되는 것이다. 중독에서 헤어나오지 못하는 사람들도 일부러 불행을 선택한 것이 아니라는 것을 인식할 필요가 있다.

진정 행복한 삶을 위해서 자신이 선택한 결단이 과도한 욕심에 의한 것인지 항상 성찰해야 불행에서 벗어나 행복한 삶을 영위할 수 있다.

④ 그들이 보내는 강력한 메시지 [제민일보 2011. 2. 22. 기사 발췌]

자연 치료를 연구하는 의사, 말로 모건이라는 여성이 호주의 원주민으로부터 초대를 받아 호주 사막을 넉 달 동안 원주민과 횡단하면서 세상을 살아가는 진리를 배우고, 이 세상의 모든 사람들에게 그 진리를 전해주는 메신저 역할을 하게 되는 이야기다.

무탄트는 호주 원주민들이 문명인을 부르는 명칭이다. 무탄트는 돌연변이라는 뜻으로 기본 구조에 중요한 변화가 일어나 본래의 모습을 상실한 존재를 말한다.

참사람부족이라고 하는 이들은 세상의 물질과 동떨어져 자연 속에서 먹을 것을 구하고, 자연과 한몸이 되어 살아간다. 넓은 사막을 횡단하면서 물조차 가져가지 않고 자연에서 모든 것을 구할 수 있다고 믿으며 실제 그렇게 생활한다.

이들의 놀라운 생활방식을 접하고 그들에게 수많은 질문을 하면서 그들이 5만 년 동안이나 그곳에서 살면서 자연을 훼손하지 않고 살아왔음을 알게 된다. 특히 다쳤을 때 치료를 하는 모습에서 현대의학과는 너무도 다른 치료법에 더 놀라워한다.

그들은 이제 더 이상 종족 보존을 위한 생산을 하지 않아 이 지구를 떠날 것임을 알려주고, 참사람부족이 마지막으로 세상의 문명인들에게 전하는 메시지를 위해 그녀를 초대했다고 말해준다.

참사람부족이 전하는 메시지는 너무도 놀랍다. 우리들이 너무 많이 자연을 훼손하는 것에 경고를 하고, 인간 내면에 존재하는 놀라운 능력을 깨닫지 못하는 것에 안타까워한다.

자연과 교감하며 텔레파시로 교류하고, 자연이 주는 모든 것에 항상 감사의식을 치르고, 치유조차 기도와 믿음으로 통증없이 하는 모습을 보여준다.

인간 내면의 자연치유력을 믿고 두려워하지 않음으로 통증없이 회복도 더 빠르게 되는 모습은, 지은이가 가진 현대의학적 지식으로는 도저히 설명할 수 없는 것도 있음을 보여준다.

사람 본래의 모습을 간직하고 있다는 참사람부족이라는 이름에서 우리 무탄트들에게 참사람 본래의 모습을 찾으라고 강력하게 전하는 메시지가 느껴진다.

이 메시지를 받은 나는 무엇을 어떻게 해야 하나? 무엇보다 마음에서 우러나는 감사와 참사람 본래의 모습을 찾고자 하는 열망을 잊어버리지 않고 끊임없이 노력하는 자세가 더 필요할 것 같다. 그래야만 자연을 위해 때론 불편함을 기꺼이 감수하고 받아들이는 자세도 가질 수 있을 것이다.

또한 인간이 가진 내면의 힘을 믿고 자신의 존재 가치를 소중하게 생각하듯, 타인의 존재 가치도 소중하게 생각하여 자신과 타인이 서로 성장할 수 있도록 도와주는 존재가 되어야 할 것이다.

〈어린이도서연구회 류건영〉

4. 통통 토론마당

① 「어린왕자」에서 보여주는 인간상 가운데 가장 공감이 되는 인물은 누구인가요? 어떤 점에서 공감이 되나요? 그렇게 생각하는 이유는요?

나는 ______________________의 삶이 현대인의 삶을 대변하는 삶이라고 생각한다. 왜냐하면 ____이기 때문이다.

② 현대인의 자화상을 한마디로 표현한다면? (예, 돈에 묶인 사람, 시간에 쫓기는 사람 등)

③ 생텍쥐페리가 이 작품에서 말하고자 한 바는 무엇일까요?

④ 여러분은 현대인들이 안고 있는 가장 심각한 문제는 무엇이라고 생각하나요?

⑤ 현대인의 문제를 해결하는 방법으로 기사 (4)에서는 무엇을 조언하고 있나요? 그 의견에 대해 어떻게 생각하나요?

⑥ 여러분이 생각하는 현대인의 자화상을 사물에 비유하여 그 이유를 설명하는 표를 작성해 보세요.

현대인의 자화상	그렇게 생각하는 이유
시계	매일 정해진 시간에 출근하고, 정해진 업무를 하고, 정해진 규칙을 지키고, 정해진 법에 의해 통제받는 삶을 살고 있기 때문이다.

4. 경제난, 극복할 수 없는 재앙인가?

요즘 우리 사회는 경제적으로 IMF 시대 이후 가장 어려운 상황에 놓여있다고 한다. 나라 경제가 어려워지면 가계나 기업의 형편과 살림살이도 어려워지는 건 당연하다. 그 뿐만 아니라 사회적으로 각종 범죄들이 횡행하는 것도 또 하나의 현상이라고 할 수 있다. 과연 경제라는 것이 인간들의 삶에 어떤 영향을 미치고 있고, 그로 인한 인간들의 삶의 모습은 어떤 양상을 띠고 있는지, 그에 대한 해결책은 무엇인지를 존 스타인벡의 「분노의 포도」와 함께 살펴보기로 하자.

1. 작품 들여다보기 「분노의 포도」

◈ 작가 소개 : 존 스타인벡(John Steinbeck, 902~1968)

존 스타인벡은 미국 캘리포니아 주에 위치한 설리너스에서 제분소 주인의 아들로 태어났다. 그의 모친은 초등학교 교사 출신이었는데, 그는 고향인 설리너스의 풍요로운 자연 속에서 어머니의 영향으로 독서에 열중했으며, 감수성이 풍부한 소년으로 성장했다.

1920년에 스탠퍼드 대학에 특별 학생으로 입학하여 해양생물학을 전공했으나 가정 형편이 어려워 중퇴하고 말았는데 그 때도 교내 기관지에 단편이나 시를 발표하면서 작가로 성공할 것을 꿈꾸었다. 그 후 뉴욕에서 신문기자 생활을 하였으나 기사 작성에 주관적인 견해를 실었다는 이유로 해고되고 갖가지 육체노동으로 생계를 해결해 나갔다. 1929년 「황금배」를 시작으로 「하늘의 목장」, 「생쥐와 인간」 등을 발표하다가, 1939년 마침내 「분노의 포도」를 시작으로 역량 있는 작가로 인정받았고, 1962년에는 「불만의 겨울」로 노벨문학상을 받게 된다.

◈ 작품의 줄거리 속으로!

오클라호마의 농민 '조드' 일가(一家)는 전국을 휩쓴 경제 공황의 여파로 살 길이 막막해지자 농장지대인 캘리포니아로 이주한다.

모포와 취사도구만을 고장 난 낡은 자동차에 싣고, 2천 마일의 길을 가기 위해 산맥을 넘고 사막을 횡단했다. 그동안 조부모를 차례로 잃었으나 매장할 여유도 없이 시체를 차에 실은 채 가야만 했다. 그들이 겨우 캘리포니아에 도착했을 때에는 그야말로 돈 한 푼 없는 빈털털이가 되었다.

화려한 기대를 가지고 도착한 곳에서도 25만 명의 떠돌이 농민들이 각지로부터 모여 있었다. 노동력은 구인의 숫자에 비해 십여 배나 남아돌았고, 임금은 대지주들의 뜻대로 내려 깎일 대로 깎여 있었다. 온 식구가 온종일 쉬지 않고 일해도 한 끼를 때울 수 있는 수입밖에는 되지 않았다. 막역스러운 단결 투쟁의 의식이 싹트기도 했으나, 그것은 곧 사상의 불온으로 몰려 한층 더 심한 박해가 가해질 뿐이었다.

굶주림으로 괴로움을 당하고 있는 그들 앞에 익은 포도는 이미 아름다운 열매가 아니었다. 그것은 노동자들에게 '분노의 포도'였다.

그들은 동맹 파업에 들어가고 지주들은 그것을 진압하기 위해 폭력단을 끌어들였다. 오클라호마에서 농민들과 함께 온 캐시는 고용주의 앞잡이인 폭력단에게 살해된다. 그 장면을 목격한 조드가(家)의 장남 톰은 캐시를 죽인 남자를 살해하고 정처 없는 유랑의 길을 떠난다.

노동자들의 분노는 무르익은 포도송이처럼 커지고, 설상가상으로 농장에는 홍수가 밀어닥친다. 그런 와중에서 톰의 사촌누이 샤론은 사산(死産)을 한다. 그리고 강물이 범람하고 앞날을 예측할 수 없는 가운데 그녀는 아기에게 먹였어야 할 젖을 굶어 죽어가는 한 나이 든 노동자에게 먹이며 신비로운 미소를 짓는다.

2. 작품 깊이 읽어보기 관점과 이슈

① 시대가 낳은 가난과 방황 그리고 고통

이 소설이 나올 때의 시대적 상황은 미국이 대공황을 겪었을 때인데, 1929년 10월 주식시장이 붕괴되며 경기는 후퇴하게 되고 미국 노동자의 25%가 실직하는 사태에까지 이른다. 이러한 불황의 영향은 즉시 유럽 경제에까지 파급되어 여러 산업국가에서 수백만의 노동자들이 일자리를 잃었으며, 1939년 제2차 대전이 시작되기 전까지 계속된다.

1919년 1차 대전 후, 1920년대에 다른 패전국들과 달리 미국은 경제적 성장을 이룩하며 번영의 시대를 구가한다. 짧은 치마를 입은 여인들이 거리를 활보하고, 1927년에는 최초의 발성영화 〈재즈 가수〉가 나오면서 헐리우드에서는 영화 제작 산업에 붐이 일게 된다. 그리고 자동차가 개발되어 특히 헨리 포드의 자동차가 모든 사람들을 사로잡게 된다. 또 주식투자는 매우 활발하여 주가는 하늘 높은 줄 모르고 치솟는다.

그러나 주식투자가들은 너도나도 높은 가격에 팔자고 몰릴 때 예상되는 주가 하락을 두려워했다. 결국 1929년 10월 23일 예상한 대로 '팔자' 는 주문이 쇄도했으며 '사자' 는 사람은 하나도 없었다. 결국 주가는 대폭락 사태를 맞는다. 이러한 주식시장의 붕괴를 시발로 바야흐로 대공황은 시작된다.

② 자본주의의 한계와 권력의 횡포에 대한 노동자·농민들의 저항

미국의 대공황(大恐慌)이 불러온 자본주의 경제체제 붕괴는 민주주의의 패배를 의미한 반면 파시즘의 흥륭을 예고했다. 미국 노동인구 중 3분의 1인 1천만 명이 실직하여 굶주리게 되자 1932년 대통령에 취임한 루즈벨트는 경제 부흥과 사회보장 증진을 최우선시 한 뉴딜정책을 발표한다. 하지만 불황과 생활난은 일반 대중에게 사회 의식을 눈뜨게 했다. 이 작품에서의 조드 일가도 고향을 떠나 캘리포니아로 가는 과정에서 겪고 목격해야 했던 민중들의 삶에 처절한 배반감을 느끼게 되었고, 급기야 살인을 하게 되는 범죄를 저지르게 되기도 한다. 한편 노동자들의 단결을 위한 집회가 곳곳에서 열리고, '단결만이 살길이다' 는 구호는 그들의 삶의 절실한 사명이 되기도 한다.

③ 고통 속에 피어나는 생명력의 아름다움

소설의 제목은 '줄리아드 하우' 의 시집 『공화국 전쟁의 참가』에서 따왔는데, 그 시에는 "사람들의 영혼 속에는 분노의 포도가 가득했고 가지가 휠 정도의 열매를 맺는다"라는 내용이 있다. 「분노의 포도」는 풍요와 발효를 상징하고 있다. 알갱이 하나하나가 뭉쳐져서 한 덩이의 송이를 형성하는 것처럼, 당시 과일 따는 작업을 얻기 위해 캘리포니아로 몰려들었던 농민들의 모습을 뜻한다.

또한 그 길에 함께 한 사람들이 한데 모여 국영 캠프 공동체를 조직하게 되고, 그들의 상실에 대한 분노는 알알이 맺혀 하나의 힘으로 보여주고자 하는 의지를 꺾지 않는다. 그리고 마지막 장면, 먹을 것이 없어 죽어가는 아이와 아버지를 위해 샤론이 자신의 젖을 이들에게 먹이는 장면은 절망 속에 꺼져가는 생명을 지키고자 했던 마지막 희망을 보여주고 싶었는지도 모른다.

3. 관련 기사 들여다보기

① 사실상 실업 잠재실업률 21.8% [한라일보 2011. 11. 18. 기사 발췌]

제주 지역 고용 여건이 지표상으론 양호하지만 잠재실업률이 전국에서 두 번째로 높은 수준을 보이는 등 고용의 안전성과 질적 수준은 매우 취약한 것으로 나타났다. 또 청년층(15~29세)에 대한 기업체의 구인 수요 감소로 취업자수가 최근 5년 새 1만 명이나 줄어들면서 고용률이 급속히 떨어지는 등 청년층 실업률이 심각한 것으로 드러났다.

한국은행 제주본부(본부장 박성준)가 17일 발표한 '최근 제주 지역 고용동향 및 주요 특징'에 따르면, 올 1~10월 중 제주 지역 실업률은 1.8%로 전국 16개 시·도 가운데 가장 낮고, 고용률은 65.3%로 가장 높은 수준을 보였다.

하지만 실질적으로 실업자와 유사한 잠재실업자까지 포함하는 잠재실업률은 21.8%로 사정이 달랐다. 이는 부산(24.2%)에 이어 두 번째로 높은 수준으로, 전국 평균(19.0%)에 견줘 2.8% 포인트 높은 수치다. 잠재실업자는 일용직근로자와 무급가족종사자, 구직단념자 등 사실상 실업자나 다름없는 사람까지 포함한 것으로, 현재 통계에서는 비경제활동인구로 분류돼 실업률에 잡히지 않는다.

다른 지역에 비해 월등히 높았던 도내 청년층 고용률도 최근 전국 평균 수준까지 하락하는 등 청년층 고용 사정은 더욱 심각하다. 도내 청년층 고용률은 2006년만 해도 47.9%로 전국 평균(41.9%)보다 6.0% 포인트 이상 높았으나 올해는 41.2%까지 떨어지면서 전국 평균(40.5%) 수준에 근접했다. 2006년 5만 1400명이던 청년층 취업자수는 현재 4만 1700명으로 1만 명이나 감소했다.

한국은행은 청년층 고용률 하락 원인을 청년층의 고학력화로 일자리에 대한 기대 수준이 높아진 반면 2008년 세계금융위기 이후 청년층에 대한 기업체의 구인 수요는 꾸준히 감소했기 때문으로 분석했다.

제주는 비정규직 근로자 비중도 41.5%로 전국 평균(34.2%)을 크게 웃돌며, 강원(44.3%), 전남(42.6%)에 이어 세 번째로 높았다.

② 우골탑과 등록금 [강원일보 2012. 8. 27. 기사 발췌]

우골탑(牛骨塔). 가난한 농가의 부모가 재산목록 1호인 소를 팔아 마련한 자식 등록금으로 세워진 대학. 부모가 못 배운 한을 풀기 위해 소 팔고 땅 팔아 자식만은 서울로 유학 보내던 시절에 만들어진 말이다.

▼ 우골탑이 몇 년 전부터 인골탑(人骨塔)으로 바뀌었다. 비싼 등록금을 대느라 부모 등골이 빠진다는 의미다. 자살탑이라는 말도 생겼다. 생활고와 취업난 때문에 자살하는 대학생이 매년 200~300명이라니 그럴 만도 하다. 연

간 대학 등록금 1,000만 원 시대다. 전국 4년제 대학 등록금은 국·공립대가 평균 420만 원대, 사립대가 760만 원대다.

▼ 독일은 16개 주 가운데 11개 주에서 대학 등록금이 공짜다. 그래서 학생들은 졸업할 생각을 안 하고 5년이고 10년이고 대학에 적(籍)을 걸어두는 경우가 많다. 프랑스는 대학 등록금이 연간 26만~35만 원밖에 안 된다. 파리 4대학(소르본) 학생 1명에게 배정되는 예산이 유치원생 교육비보다 적다는 말이 나올 정도다. 그러다 보니 강의실은 비좁고 연구실이 없는 교수도 상당수다. 2010년 세계 대학 평가에서 미국 대학은 50위 안에 20개나 들었지만 프랑스는 소규모 엘리트 양성대학인 그랑제콜 2곳만 이름을 올렸고, 독일 대학은 한 군데도 없었다. 이런 현실에 대한 반성으로 독일에도 최근 등록금을 받는 대학들이 생겨났고, 프랑스에도 2010년 처음 등록금 자율화 대학이 등장했다.

▼ 대선 주자들이 대학 등록금을 반드시 반으로 낮추겠다고 공언하고 나섰다. 세계적으로 비싼 우리나라의 대학 등록금을 아직까지 해결하지 못해 유감이라는 거다. 반값 등록금으로 우골탑·인골탑·자살탑이란 말이 사라지게 하겠다는 것에 반대할 사람은 아무도 없다. 그러나 대학 등록금은 국민 부담과 대학 숫자, 대학 경쟁력 등을 종합적으로 고려해 냉정하게 논의해야 할 사안이다. 득표(得票) 수단으로 활용하면 나라 곳간이 거덜난다.

③ 여의도를 점령하라 [제민일보 2011. 10. 19. 기사 발췌]

글로벌 금융의 중심지인 미국 뉴욕 맨해튼 월가에서 시작된 '반(反)월가 시위'가 한 달째 계속되고 있다. '월가를 점령하라'는 구호로 시작된 반월가 시위는 지난 15일 82개국 1500여개 도시에서 동시다발적으로 이뤄졌다.

시위대들은 "상위 1% 부유층의 탐욕으로 99%의 사람들이 정당한 몫을 받지 못하고 있다"고 말하고 있다. 글로벌 금융위기로 99%가 루저(loser)로 전락하고 있는데, 그 위기를 몰고 온 주범들은 1%의 위너(winner)가 되어 돈 잔치를 누리고 있다는 것이다. 사회 불공정과 양극화에 대한 분노이다.

반월가 시위는 강 건너 불구경 하듯 남의 나라 일이 아니다. 1% 남짓한 소수가 이익을 독식하는 월가와는 비교될 수 없지만 청년 실업과 양극화 현상 등 우리 경제가 처한 상황과 별반 다르지 않기 때문이다.

한국음식업중앙회는 18일 잠실종합운동장에서 '범외식인 10만 결의대회'를 개최해 신용카드 수수료를 2.7%에서 1.5%로 인하해 줄 것을 요구했다. 이들은 "경기가 계속 침체되고 있는 상황에서 높은 카드 수수료율 때문에 못 살겠다"고 불만을 터뜨리고 있다.

주유소 업계도 가세하고 있다. 한국주유소협회는 20일 정부 과천청사 앞에서 대규모 궐기대회를 열기로 했다. 업계는 "주유소 마진이 5~6%밖에 안 되는 상황에서 신용카드 가맹점 수수료율 1.5%은 큰 부담"이라고 수수료율 인하를 강력히 요구하고 있다.

유흥업계도 다음 달 대규모 공동 집회를 열고 카드 수수료 인하를 촉구하기로 하는 등 카드 수수료 인하 요구가 전방위적으로 확산되고 있는 양상이다.

우리나라의 은행 수수료 부과 항목만 평균 138개에 달하고 금액도 은행별로 다르다고 한다. '수수료 공화국'란 말이 나올 정도다.

때문에 은행들과 카드사들이 올해 사상 최대의 수수료 이익을 챙기고 있다는 분석이 나오고 있다. '그들만의 돈 잔치'를 벌이고 있는 것이다. '여의도를 점령하라'란 슬로건이 확산될 수도 있는 분위기다. 경제적 불평등과 양극화 해소에 달려있다.

④ 돈으로 폭력까지 사는 시대, 법 초월한 '현대판 사병' [일요시사 2012. 8. 15. 기사 발췌]

〈한겨레〉의 보도에 따르면 컨택터스가 동원한 한 프리팀 팀장은 SJM 용역 투입 건을 두고 "미뤄보건대 최소 50억 원짜리 계약"이라고 말했다.

이어 "주야간 16시간 일하는 것으로 계산해 고용된 용역 직원이 받는 평균 일당이 16만원 수준인데 현장에 투입된 인원은 250명이지만 대기 인력까지 계산해 300명 정도로 여유를 두고 계약을 맺는다"며, "보통 용역 계약이 3개월 단위로 이뤄지는 것을 고려해 계산하면 54억 원 정도가 나온다"고 말했다.

한편 회사 측이 용역업체에 주는 돈은 인건비 뿐만이 아니다. 진상조사단의 조사 결과 SJM 사 측은 컨택터스에 숙식 및 소모품 등의 부대비용을 모두 제공하기로 계약했다. 또 업계 관계자에 따르면 회사가 노조 집회현장 확인과 채증을 위해 카메라 등 필요한 장비 일체를 경비업체에 지급하기도 했다.

특히 노조가 완전히 파괴되면 별도의 성과금이 주어진다는 후문이 있어 성과금의 규모가 어느 정도인지 대한 관심이 쏠리고 있다.

이를 두고 업계 관계자는 "회사마다 노조를 깰 때 쓸 수 있는 돈을 따로 만들어 놓는다"면서 "기업마다 다 있다. 그 규모가 수십 억 원대로 엄청나게 크다"고 증언했다.

그렇다면 일시에 2500여 명까지도 동원이 가능하다는 용역업체 직원들은 누굴까? 경비용역업체들은 상시 고용하고 있는 경비원이 얼마 되지 않기 때문에 일이 생기면 프리팀과 아르바이트생을 모은다.

이들은 주로 20대의 건장한 청년들로, 50여 명이 한 팀을 이룬다. 물론 팀을 이끄는 팀장급은 업체 직원으로 군대식 조직을 운영한다.

이 젊은이들 대부분은 덩치 좋고 유단자인 체육·경호학과 재학생 및 졸업생이다. 심각한 취업난 속에 이들이 취업할 수 있는 곳은 많지 않아 상대적으로 수입이 좋은 용역업체에 문을 두드리게 되는 것이다.

4. 통통 토론마당

① 작품의 제목 「분노의 포도」가 상징하는 것은 무엇인가요?

② 작품 「분노의 포도」에서 보여주는 시대적 상황과 요즘 우리 시대의 상황을 비교해 보았을 때 공통점과 차이점은 무엇인가요?

③ 경제가 다들 어렵다고 합니다. 구체적으로 '경제난'을 실감하게 되는 예는 어떤 경우인가요?

④ 경제가 어려워짐으로 인해 우리 사회에서 발생하는 일들은 어떤 게 있을까요?

⑤ 우리나라 경제난의 직·간접적인 원인은 무엇일까요?

⑥ 경제가 어려워지면서 노동자들의 생활도 어려워지고, 그에 따라 파업 사태도 벌어집니다. 우리 사회에서 벌어지는 노동자 파업의 사례는 어떤 게 있을까요?

⑦ 작품 「분노의 포도」에서는 절망 속에서도 희망을 잃지 않는 민중들의 모습을 엿볼 수 있었습니다. 우리 사회에서 보여지고 있는 희망의 사연들을 아는 대로 말해 보세요.

⑧ 사회가 분노에 빠지고, 절망하게 되면 각종 범죄가 횡행하고, 사회는 극도로 혼란에

빠지게 됩니다. 이를 막기 위한 대책은 어떤 게 있을까요?

⑨ 우리 사회의 경제난의 실태를 바탕으로 어려움을 이겨낼 수 있는 방인을 구체적인 실례를 들어가면서 자신의 의견을 정리해 보세요. (600자 내외)

◈ 시사 상식 : 노동쟁의[勞動爭議, 노사분규]

넓은 의미의 노동쟁의 개념은 노사분규라는 말과 그 맥락을 같이 한다. 이 경우 노사분규는 노동관계에서 생기는 분쟁 일반을 가리킨다. 협의의 노동쟁의 개념은 노동조합과 사용자 또는 사용자 단체 간에 임금·근로시간·복지·해고·기타 대우 등 근로조건의 결정에 관한 주장의 불일치로 인하여 발생한 분쟁상태를 말한다. 이 경우 주장의 불일치라 함은 당사자 간에 합의를 위한 노력을 계속해도 더 이상 자주적 교섭에 의한 합의의 여지가 없는 경우를 말한다.

노동쟁의는 분쟁 상태를 의미하므로, 이러한 분쟁 상태를 노동 관계자가 자기 측에게 유리하게 전개하여 그 주장을 관철할 목적으로 행하는 투쟁 행위인 파업·태업·직장 폐쇄 등 기타 행위와 이에 대항하는 행위로서 업무의 정상적인 운영을 저해하는 행위인 쟁의행위가 따르게 된다. 또한 반드시 업무의 정상적인 운영의 저해를 수반하지는 않는 집단적 행동인

단체행동도 그 수단으로 사용될 수 있다.

단체행동은 쟁의행위보다는 넓은 개념으로서 쟁의행위인 파업· 태업 등은 물론 그 외의 가두시위· 집회· 완장 착용· 피케팅 등이 모두 포함된다. 자본주의 사회에서 노동자와 자본가의 이해 대립은 필연적이며, 노동쟁의는 어느 정도 불가피하다. 그러나 노동쟁의가 부정적인 측면만을 갖는 것은 아니다. 노동자와 사용자는 쟁의로 일정한 힘의 균형점에 도달하게 된다. 노동자는 고용· 임금· 노동 조건의 향상을 확보하게 되며, 기업주는 생산 활동에서 노동자의 집단적인 협조를 안정적으로 확보할 수 있게 된다.

우리나라 노동쟁의의 발생 원인은 대체로 임금 및 근로조건에 대해 심화된 노동자의 불만, 집단적· 제도적 노사관계의 미성숙, 정치적· 사회적으로 고조된 민주적 분위기, 권위적인 정권의 노동운동 탄압 등으로 요약된다. 1987년 이후 우리 사회에서는 노동쟁의가 중요한 사회 문제로 떠오르게 되었으며, 문민정부 출범 이후 국가 경제의 성장과 함께 노동쟁의는 임금과 노동조건의 향상 외에 노동자의 경영 참여가 중요한 쟁점으로 나타나는 현상을 보이고 있다.

1997년 말 이후 국가적 경제 위기를 맞아 기업의 도산, 기업 구조조정, 정리해고 및 이에 따른 대량 실업의 발생과 관련하여 근로자의 지위 향상보다 근로자의 생존 문제 자체를 쟁점으로 한 노동쟁의로 새로운 양상을 띠고 있다.

◈ 철학(문학)사전 : 리얼리즘(Realism)

철학에서는 실재론이고 정치학에서는 현실주의를 뜻하지만 예술 분야에서는 사실주의로 번역되며, 예술에 있어 객관적 현실을 가능한 한 충실하게 재현· 묘사하려는 태도와 창작 방식을 말한다.

작가의 주관적 요소보다 객관적 현실을 중시하는 리얼리즘은 이상주의, 공상적 낭만주의, 형식주의 등 반리얼리즘적 조류와 함께 예술의 발생 이래 양대 조류를 형성해 왔다. 그러나 근대 이전의 리얼리즘은 자연발생적인 것이며 반리얼리즘적인 여러 요소가 혼재돼 있었다.

리얼리즘은 근대 시민사회에 들어와 비판적 리얼리즘으로 확립됐다. 비판적 리얼리즘은 자연주의와 사회주의 리얼리즘에 대비하여 막심 고리끼가 만든 용어. 19세기의 봉건 제도와 자본주의 사회의 부정적인 면을 사실적으로 묘사하여 독자에게 저항심을 불러일으키려는 태도를 일컫는다.

5. 취업대란 시대, 모두가 행복해지는 창은 없을까?

갈수록 취업이 어렵다고들 한다. 얼마 전에는 박사 출신이 환경미화원 시험에 응시했다는 기사가 떠들썩하게 거론되기도 하였다. 이렇듯 개인의 학력을 취업과 관련해 거론할 만큼 이 시대는 취업의 대란을 겪고 있다는 말일 것이다. 취업 문제가 어제 오늘의 일은 아니지만 갈수록 더 어려워지고 있다는 건 미래를 준비하는 청소년들과 청년들에겐 심각하게 와 닿는 문제가 아닐 수 없다. 또한 대란의 파장은 사회 심리적으로, 정치적·경제적으로 또 다른 파장을 예고한다는 점에서 중요한 문제가 아닐 수 없다. 이에 채만식의 「레디메이드 인생」을 함께 보면서 사회 안에서 하나의 몫을 할 수 있다는 것의 의미, 사회 또는 국가가 한 개인에게 부여해야 하는 권리, 경제적인 활동이 개인의 삶에 미치는 영향 등에 대해 생각해보기로 하자.

1. 작품 들여다보기 「레디메이드 인생」

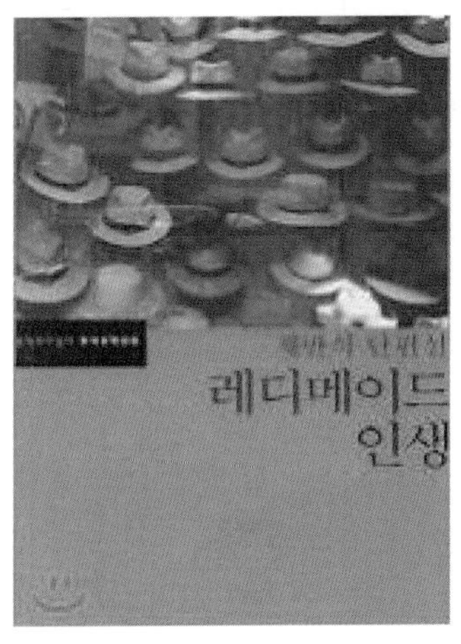

◈ 작가 소개 : 채만식(1902~1950)

1902년 전북 옥구군 출생. 중앙고보 졸업, 일본 와세다 대학 부속 고등학원 중퇴. 《동아일보》, 《조선일보》 등의 기자 역임. 1924년 〈조선문단〉에 단편 「새 길로」를 발표함으로써 등단. 『채만식 단편집』(1939), 『집』(1943), 『제향날』(1946), 『잘난 사람들』(1948), 『당랑의 전설』(1948) 등의 작품집과 「인형의 집을 나와서」(1933), 「탁류」(1937), 「태평천하」(1938), 「금의 정열」(1939), 「아름다운 새벽」(1942) 등의 장편소설이 있다.

◈ 작품의 줄거리 속으로!

이 작품의 주인공 P는 농촌의 가난한 집안 출신의 지식인이다. 개화 이후 한국 사회는 이상한 교육열이 팽배해지기 시작했다. P도 그런 시대적 분위기에 힘입어 신식 공부를 했다. 향학열이 번지면서 너도나도 상급 학교에 진학을 했고 그 졸업생들이 쏟아져 나왔다. 그리하여 이른바 지식 청년의 과잉 배출 사태가 빚어졌다. 그것을 이 작품에서는 레디메이드 인생이라고 말하고 있다.

P는 장가를 일찍 들어 시골 형님 집에는 열네 살 된 아들까지 두고 있다. 그는 아내와 이혼했고 아들 창선이를 극빈자에 속하는 형의 집에 맡겨 놓고 있다. 그는 자기 나름대로는 직장을 구하기 위해서 여기저기를 기웃거리고 다닌다. 그는 조금 안면이 있는 어떤 신문사의 K사장을 찾아갔으나 자리가 없다는 이유로 간단하게 거절을 당한다. 뿐만 아니라 이렇게 없는 일자리를 구할 게 아니라 농촌으로 돌아가 뜻 있는 일을 해야 한다고 엉뚱한 설교를 듣기도 한다.

참담한 기분이 되어 자신이 기거하는 사글세방으로 돌아온 P에게는 그러나 두 가지 현실이 기다리고 있다. 하나는 주인의 집세 독촉이다. 그리고 다른 하나는 시골 형이 부친 편지다. 그 편지에는 아들 창선이가 학교에 다니지 못할 뿐 아니라 끼니도 이을 길이 없어 그 애처로움을 견디지 못하겠고, 차비가 마련되면 P에게로 보낸다는 내용이 적혀 있었다. 그 때 P의 사글세방으로 M과 H가 찾아온다. M은 법률을 전공해서 육법전서를 줄줄 외는 친구이고, H는 경제학을 전공한 지식 청년이다.

그러나 이들은 한결 같이 빈털털이인 식민지의 지식 청년이다. 셋은 M의 법률 서적을 잡혀서 돈 6원을 손에 쥐고 실컷 싸구려 술집을 돌아다니면서 술을 마신다. 이런 생활을 하는 P에게 시골에서 한 장의 편지가 날아든다. 아들 창선이를 인편에 올려 보낸다는 것이다. 그는 여기저기 다니면서 돈 15원을 마련하고 풍로니 냄비니 양재기, 숟가락 등을 사서 아들과 자취할 채비를 차린다. 그리고 그는 어느 인쇄소의 문선과장을 찾아간다. 거기 심부름꾼으로 아들을 써 달라고 부탁한다. 그 취직시킬 아이가 누구냐고 묻자 P는 바로 자기 아들이라고 밝힌다. 그러자 그럼 왜 공부를 시키지 않고 이런 데 맡기느냐는 문선 과장의 반문에 그는 말하는 것이다.

"내가 학교 공부를 해본 나머지 그게 못쓰겠으니까 자식은 딴 공부를 시키겠다는 것이지요."

2. 작품 깊이 읽어보기 관점과 대립

① 시대적 상황은 개인을 어떻게 규정하는가?

이 작품은 주인공 P가 K사장에게 취직을 부탁하는 장면으로부터 시작된다. 일자리를 구걸하는 P의 처지와 K사장의 무관심, 취직에 실패한 P의 절박함과 K사장의 무반응이 대조를 이루는 장면은 이 시대의 사회 현실을 드러내고 있다.

당대의 사회 현실은 교육받은 자는 많이 생산되나 취직할 수 있는 일자리는 없어서 사람들이 생계를 유지하기 어려운 상황이었다. 주인공 P는 그 원인을 역사적 조건에서 찾으려고 한다. 개화의 적당한 시기를 놓쳐버린 대원군의 정책이나 교육만이 개인과 국가가 살 수 있는 유일한 길이라고 외치던 개화기 이후의 자유주의 물결 같은 것이 결국은 경제적 현실을 망각하게 만든 원인이라고 진단하고 있는 것이다.

당대의 인텔리들은 말하자면, 수요(需要)는 일정한데 무작정 공급되는 물량과 같은, 시세 없는 존재들이란 판단을 하고 있는 것이다. 찾는 사람이 없는 물건, 이것이 P라는 인텔리가 처해 있는 현실이며, 바로 이런 사람들이 레디메이드(ready-made) 인생인 것이다.

② 개인의 노력만으로 현실의 어려움은 극복될 수 있을까?

주인공 P가 어린 아들을 취직시키는 장면으로 이 작품이 끝나는데, 이 대목은 사회 현실에 대한 소극적 저항인 동시에 자신에 대한 비감어린 풍자이다. 어려서부터 기술을 배우는 것이 그래도 사람 구실을 할 수 있게 한다는 생각에서 아들을 인쇄소에 무료 견습공으로 맡겨버리는 행위는 레디메이드 인생, 실속 없는 인텔리의 슬픈 결단이 아닐 수 없다. 과연 그의 선택이 의미하는 것은 무엇인가. 합리적인 선택이라고 할 수 있는가.

③ 과잉 생산되는 지식정보화사회에서 모두가 행복할 수 있을까?

이 작품의 배경인 1930년대도 교육의 중요성은 국가가 안고 있는 최대의 과제처럼 부풀려 각인되었던 것 같다. 이에 많은 사람들이 신식 공부를 하러 떠났고, 돌아와서는 할 일이 없어서 술로 인생을 한탄하고, 욕과 푸념으로 사회에 저항하는 소극적인 태도를 보이는 사례가 많았다고 할 수 있다. 그런 풍경은 단지 그 시대만이 보여주는 모습이라고 할 수 없다. 현대사회를 지식정보화사회라고 한다. 많은 지식과 정보가 한 개인의 삶을 윤택하게 하고, 사회를 발전시키는 원동력이 되고 있다는 말이다.

이에 많은 사람들은 지식과 정보를 습득하기 위해 열심히 책을 읽고 공부를 한다. 하지만 그렇게 열심히 한 만큼의 대가가 개인에게 주어지는가에 대한 질문으로부터 "예"라고 자신있게 말할 수는 없다. 그것은 현실의 취업난이 대변해주고 있다. 이에 시사하는 바가 크다고 할 수 있는데, 이 작품은 바로 과잉 지식 생산이 갖는 위험성에 대해 풍자적으로 고발하고 있는 것이다.

3. 관련 기사 들여다보기

① 대학 5학년이 늘어나는 우리 사회 [제민일보 2012. 8. 17. 기사 발췌]

이른바 '대학 5학년'이 늘어나는 추세다. 졸업 조건을 갖춰놓고도 마땅한 일자리를 잡지 못해 대학에 좀 더 눌러앉는 기현상이 대세라는 점에서 이만저만 안타깝지 않다. 한창 기지개를 켜야 할 청년들이 겪을 좌절감은 우리가 함께 고민해야 할 사회적 과제가 아닐 수 없다.

대학가에서 '5학년'을 가리켜 올드보이라고 한다. 대학 내 노년층이라는 얘기이다. 대학 문화의 우울한 단면을 엿볼 수 있다. 5학년을 뒤로하고 보란 듯이 취업을 하면 그나마 다행이다. 취업을 위한 필요충분조건을 갖추기 위한 도중 휴학까지 유행병처럼 번져있는 대학가의 시름을 눈여겨보고 달랠 방안을 모색해야 한다.

'대학 5학년'의 태생은 곧 청년실업과 맞물린다. 이십대 태반이 백수라는 '이태백'이나 청년백수전성시대를 줄인 '청백전', 또 낙타가 바늘구멍을 통과하듯 어렵게 취업에 성공한 학생을 '낙바생'이라는 유행어가 나돈 지 꽤 된다. 하지만 이런 단어들이 사라지기는커녕 더욱 폭넓게 자리잡고 있다는 게 문제다.

제주대의 경우만 해도 졸업을 미루는 학생들이 많아졌다. 작년에만 151명이 졸업 유예 신청을 한 것으로 나타났다. 5년 전과 비교해 3배 정도 늘어난 셈이다. 백수보다는 학생 신분으로 취업 전쟁을 치르겠다는 다짐으로 해석되지만 개인과 가정을 넘어 국가 경쟁력 차원에서도 문제가 심각하다.

대졸 취업난이 심화되고 있지만 뚜렷한 돌파구를 찾기도 쉽지 않다. 채용업체에서도 대졸자보다 졸업 예정자를 원하는 경우가 많다고 한다. 이러다보니 무턱대고 졸업하기보다 졸업을 연기하는 학생들 입장이 나름 이해가 되지만 부모들 입장에서는 보통 답답한 노릇이 아닐 것이다.

대졸 취업 증가와 청년실업 감소, 두 마리 토끼를 잡을 방안은 오직 일자리 창출이다. 일자리가 최고의 복지라고 했다. 따라서 정부와 기업은 일자리 확충에 보다 더 관심을 기울여야 한다. 청년 구직자들도 사회 분위기를 고려한 눈높이 조절을 외면만해서는 안 된다. 대학 또한 졸업자들의 퇴로만 마련해줄 게 아니라 탈출 방안을 모색하는데 학내 모든 행정력을 동원해야 한다.

② 폴리텍대학 고학력자 대거 지원 [강원도민일보 2009. 2. 19. 기사 발췌]

경기 침체에 따른 취업난의 여파로 직업교육 전문기관인 한국폴리텍Ⅲ대학 원주 캠퍼스의 신입생 모집에 고학력자들이 대거 몰렸다.

한국폴리텍Ⅲ대학 원주 캠퍼스는 17일 주간 1년 과정 신입생 모집 접수 마감 결과 360명 정원에 모두 1002명이 응시해 지난해 경쟁률 2.5대 1

보다 높은 2.8대 1의 경쟁률을 기록했다고 18일 밝혔다.

이번 원서 접수 마감 결과 30명을 모집한 의용공학과의 의료전자 직종에 모두 197명이 응시해 가장 높은 6.6대 1의 경쟁률을 기록하는 등 대부분의 학과가 모집 정원을 크게 초과했다.

학력에 상관없이 신입생을 선발하는 이번 신입생 모집에 전체 응시생 1002명 가운데 전문대 졸업 171명을 비롯해 4년제 대학 졸업 이상의 학력을 가진 고학력자 160명이 원서를 접수한 것으로 집계됐다. 특히 이 가운데 11명은 대학원을 졸업한 것으로 나타났다.

한국폴리텍III대학 원주 캠퍼스는 전액 국비로 운영되며, 합격자들은 올 3월부터 내년 2월까지 교육을 받게 된다.

조영환 학장은 "경기 침체의 장기화로 취업난이 가중돼 청년 실업자가 300만 여 명을 넘어서면서 고학력자들이 대거 몰린 것 같다"며, "경쟁력 있는 현장 실무 엘리트를 양성해 평생 직업을 실현시킬 수 있도록 최선을 다하겠다."고 말했다.

[원주/백오인]

③ 레디메이드 인생 [제민일보 2011. 8. 21. 기사 발췌]

'이리하여 민중의 지급 보급에 애쓴 보람은 나타났다. 면서기를 공급하고 순사를 공급하고 군청 고원을 공급하고 간이농업학교 출신의 농사개량 기수를 공급하였다' 채만식의 대표작 「레디메이드 인생」의 한 부분이다.

그의 예리한 지적처럼 일제 치하 식민지 조선에서 각종 교육기관이 키워낸 대다수의 인재는 식민지 지배에 필요한 말단 기능인이며 하수인이었다. 당시 지식인들을 향한 신랄한 '독설'은 세대를 건너 오늘에 닿는다.

'세탁만 잘하면 되는 거 아니었어? 라고 따지고 싶었지만 이미 항균에 삶음 기능까지 갖춘 세탁기들이 바글바글했다' 가전제품 매장을 묘사한 것 같은 이 문장은 사실 그저 그런 이력으로 번번이 취직에 실패하는 소설 주인공 '철수'의 넋두리다.

2011 오늘의작가상을 받은 소설가 전석순은 자신의 소설 「철수 사용 설명서」를 통해 매장에 놓인 가전제품과 비슷한 처지의 구직자를 그린다. 이것저것 스스로 성능을 갖추고 기업에 선택되기만 기다리는, 취업난에 「레디메이드 인생」으로 전락해버린 젊은이들에 대한 안타까움과 그런 현실이 제대로 녹아있다.

언제부턴가 취업을 위한 동아줄마냥 사용되는 '스펙'은 사실 한국식 약어다. 원어인 'specification'는 기계의 사양을 뜻한다. 1990년대 말 외환위기와 2008년 금융위기를 거치면서 청년 실업난이란 말로 귀에 딱지가 앉을 지경이다. 성장통 같은 말로는 더 이상 위로가 되지 않은 상황에 '이태백'(20대 태반이 백수 신세)이란 신조어가 국어사전에 까지 실렸다.

끝 모를 '스펙 무한경쟁'에 이제는 굳이 필요없는 것까지 스펙이라는 이름으로 쓸어 모으는 오버 스펙이라는 말까지 나온다. 구직자의 스펙은

끝을 모르고 높아지지만 정작 기업들은 스펙과 업무 능력은 별개라고 평가한다.

그러면서도 은근슬쩍 스펙을 챙긴다. 잠재력 있는 인재를 키우기보다 당장 쓰기 편한 레디 메이드 신입사원을 고르고 있는 셈이다.

면접을 위한 성형 열풍을 넘어 학점까지 성형을 하는 세상이다. 대학은 어느 새 취업 학원화하고 있고, 이들의 불안한 마음을 노린 편법까지 판을 친다. 그랬다고 문제가 해결된다면 모른 척 눈감아줄 수도 있겠다. 하지만 탄탄하다 믿고 있는 당신의 동아줄이 과연 튼튼하다 장담할 수 있는가

④ 취업난에 망각한 인재의 본질 [성대신문 제공]

현재 대한민국은 취업난이라고 한다. 그만큼 취직이 과거에 비해 상대적으로 어려워졌음을 의미한다. 하지만 취업난이 벌어지는 원인을 기업 및 경제 환경이 아닌 기업인을 준비하는 학생들에서도 찾을 수 있다.

기업에서 대학생들을 뽑는 이유는 기존 사고방식과 다른 새로운 사고와 시각을 갖고 있는 인재가 필요하기 때문이라고 생각한다. 세계는 빠르게 변화한다. 변화하는 환경에 기업은 빠르게 적응해야만 한다.

하지만 사원들은 늙어감에 따라 보수적으로 변화한다. 그리하여 기업은 현재의 환경과의 괴리를 보이게 된다. 이러한 괴리를 해결하기 위해 새로운 피를 수혈하게 되는 것이다. 하지만 현재 대학생들은 사회가 원하는 사회인과는 방향이 매우 다른 듯하다.

첫째, 대학생들은 현재 사회를 바라보는 시각, 즉 시대의식이 없다. 즉 현재 사회가 어떤 문제점을 갖고 있는지에 대해 무관심하다. 현재 대학생들의 최대 관심사는 어떻게 하면 이력서 한 줄을 늘려볼까 하는 것이다. 하지만 사회는 언제나 세상을 이롭게 변화할 수 있는 젊은이를 원해 왔다.

둘째, 본인이 무엇이 하고 싶은지를 모른다. 목적의식이 없기 때문에 현재 사회에서의 본인만의 독특한 색을 만들어내지 못한다. 따라서 지금까지 성공한 사람들만 따라 하려는 경향을 보이기 때문에 본인 스스로를 승률이 적은 경쟁사회로 밀어 넣는다. 또한 인생의 방향성이 없기 때문에, 자신의 역량이 방향성 없이 분산되어 본인의 임팩트가 떨어진다.

긍정적인 변화를 일으킬 수 있는 창의성 있는 젊은이가 없기 때문에, 국내 인재에 대해서는 기업은 순종적인 도구만 원한다고 한다. 이는 우리가 살아가는 사회의식의 부재와 목적 없는 젊은 인생을 낭비하는 것이 큰 이유라고 생각한다. 보다 사회에 대해 관심을 갖고, 사회에도 긍정적인 영향을 끼칠 수 있는 목표를 갖고 있다면, 이 사회가 원하는 인재가 되지 않을까 기대해본다.

4. 통통 토론마당

① 「레디메이드 인생」이라는 말의 뜻은 무엇인가요?

② 「레디메이드 인생」의 주인공 P씨는 취직을 하기 위해 노력을 해보지만 취직은 되지 않습니다. 그 이유는 무엇인가요?

③ 결국 P씨는 어린 아들을 교육시키지 않고 인쇄소에 취직시킵니다. 그 선택에 대해 여러분은 어떻게 생각하나요? 그렇게 생각하는 이유는요?

④ 이 작품의 시대적 상황과 요즘을 비교했을 때 유사한 점이 많습니다. 어떤 점인가요?

⑤ 요즘은 '취업난의 시대' 라고 합니다. 취업을 하기 위한 노력들이 다양한 방법으로 나타나고 있는데, 예를 들어 보세요.

⑥ 취업난이 가면 갈수록 심각해지는 원인은 무엇일까요? 두 가지 이상 써 보세요.

⑦ 기사 들여다보기 ☞ ④번의 기사를 요약해 보세요.

⑧ 요즘의 취업난을 해소할 수 있는 방법이 있다면 어떤 게 있을까요?

⑨ 기사 ④의 내용을 지지하거나 반박하는 글을 써 보세요. (600자 내외)

◈ 시사 상식 : 프리터족(free arbeiter)

프리터는 자유롭다는 뜻의 'free'와 근로자를 뜻하는 독일어 'arbeiter'의 합성어로 프리아르바이터의 준말이다. 일본 노동성은 이들을 아르바이트나 시간제로 돈을 버는 15~34세의 노동 인구라고 정의하였고, 일본 내각부 역시 '학생과 주부를 제외한 15~34세의 임시직 노동자와 일할 의욕이 있는 무직자'를 프리터로 정의하였다.

■ 일본

- 현재 대졸자 4명 중 한 명이 프리터로 줄잡아 200~300만 명으로 추정된다-일본 그곳에 가면 정말 궁금한 것이 많다.
- 통계에 의하면 일본의 프리터 인구는 대략 344만 명이다-스모 남편과 벤토 부인
- 2001년 프리터는 417만 명에 이른다. 지난 10여 년 동안 2배 이상 증가한 수치이다.
- 일본 내각부가 2003년 발간한 생활백서—통계 수치마다 어마어마하게 프리터의 숫자가 증가하고 있는 것을 알 수 있다.

■ 한국

아르바이트 구인·구직 사이트 '알바로'가 회원 11만 명 중 200명을 대상으로 설문조사를 실시한 결과, 응답자의 30.4%가 '2개 이상' 아르바이트를 하고 있으며 15.5%는 아르바이트를 '직업'처럼 하고 있다고 답했다고 한다.

최근 한 채용정보업체의 조사 결과 역시 국내에서도 취업난을 피해 여러 가지 부업으로 생활을 꾸려 나가는 프리터족이 늘고 있는 것으로 발표되었다. 아직은 국내 프리터의 수치를 일본에서와 같이 손쉽게 알아 볼 수는 없지만, 프리터족이 국내에서도 급증하고 있다는 것을 단적으로 보여주는 예이다.

◈ 예술사전 : 레디메이드

예술 작품화된 일상용품에 붙여진 용어로, 프랑스의 미술가 마르셀 뒤샹이 처음 만들어낸 미적 개념이다. 그의 첫 번째 작품인 〈자전거 바퀴 Bicycle Wheel〉(1913)는 나무의자 위에 바퀴를 올려놓은 것인데, 이로써 그는 예술 작품에 대한 과대한 의미 부여에 항거했다. 그는 대량생산된 흔해 빠진 물건을 선택함으로써 예술 대상은 독특해야 한다는 관념을 깨려고 했고, 이러한 반미학적 행위로 인해 당대의 주도적인 다다이스트가 되었다. 로버트 라우센버그, 앤디 워홀, 재스퍼 존스 등이 이 표현기법을 받아들였다.

[책으로 여는 시사통합 논술]

6. 병들어가는 지구를 살릴 방안은?

지구의 날을 맞아 사회 곳곳에서 지구 환경의 변화와 위험성을 알리는 행사가 벌어지고 있다. 갈수록 환경의 변화와 환경오염으로 인한 위험이 피부에 와 닿고 있는 현실에서 과연 지구를 살리는 길은 무엇일까. 진지하게 생각해봐야 할 시점이다. 환경보호가 구호로만 강조되는 현실을 과감히 버리고, 삶의 가장 소중한 실천 지침으로 자리매김하기 위해선 모범 사례들을 공유하는 데서부터 시작해야 한다. 그런 의미에서 「지구를 살리는 7가지 불가사의한 물건들」이라는 작품을 소개한다.

1. 작품 들여다보기 지구를 살리는 7가지 불가사의한 물건들

◈ 작가 및 역자 소개

■ 존 라이언 : 노스웨스트 환경기구의 수석 연구원이다. 그는 스탠퍼드 대학과 예일 대학에서 역사학을 전공했으며, 인도네시아의 NGO 그룹과 워싱턴 D.C 의 월드워치연구소에서 일한 바 있다. 저서로는 『인간의 생각 너머』, 『노스웨스트 주』 등 환경 관련 서적이 있다.

■ 역자 이상훈 : 서울대학교 사범대학 화학과를 졸업하고 뉴욕주립대학에서 환경과학 박사학위를 받았다. 국토개발연구원 수석 연구원이었으며, 현재 수원대학교 환경공학과 교수다. 저서로는 『교양환경과학』 등이 있다.

2. 작품 깊이 읽어보기 작품 속으로

지구를 살리는 7가지 물건은 과연 무엇일까? Everyday Things for a Healthier Planet으로 살기 좋은 행성, 지구를 만들기 위해 적극적 활용을 권장하는 자전거, 천장 선풍기, 빨랫줄, 공공도서관, 무당벌레, 콘돔, 국수 등 7가지 물건을 설명하고 있다. 그 중에 몇 가지만 살펴보자.

◈ 자전거

자전거는 지금까지 발명된 교통수단 가운데 에너지 효율이 가장 높다. 같은 거리를 간다고 했을 때, 자전거를 탄 사람은 다른 교통수단을 이용하는 사람보다 에너지를 적게 소비한다. 자전거를 타는 사람이 내쉬는 숨은 비를 산성화시키지 않고, 일산화탄소나 먼지로 사람에게 해를 끼치지도 않는다. 자전거는 화석연료가 아닌 탄수화물을 연료로 사용하기 때문이다. 또한 자전거는 교통 혼잡을 일으키지도 않고, 막대한 예산을 들여 도로를 닦고 포장할 필요도 없다. 많은 나라들이 자동차에 필요한 도로와 주차공간을 마련하느라 재정의 막대한 부분을 차지하고 있다. 중국이 미국만큼 자동차를 위한 포장도로를 건설하려면 경작지의 40%를 도로로 바꾸어야 한다고 한다. 하지만 자전거는 그 어떤 교통수단보다 경제적이고, 건강에 좋으며, 지구에 해를 끼치지 않는다.

◈ 무당벌레

흔히들 흙은 더럽다고 하지만 결코 더러운 게 아니다. 흙은 복잡한 생태계를 이루고 있다. 흙에 사는 생물체는 1ha 면적의 경작지에서 일 년에 1t의 새로운 흙을 만들어낸다.

흙에 사는 곰팡이, 세균 그리고 여러 가지 동물은 흙을 생산하고, 식물이 흙에서 흡수하는 영양분을 만들어 낸다. 살충제는 농작물에 해를 끼치는 해충뿐 아니라 꽃가루를 운반하고 쓰레기를 분해하고 흙을 만들어내는 이로운 생명체들도 함께 죽인다. 40년 전 레이첼 카슨은 『침묵의 봄』이라는 책에서 살충제의 문제점을 지적했다. 살충제로 인해 새들이 죽으면, 봄이 와도 더 이상 새들의 노랫소리가 들리지 않을 것이라 경고했다. 그가 지적한 것들은 오늘날 하나하나 사실로 입증되고 있다.

◈ 공공도서관

도서관 하나를 지으면 일 년에 50만t의 종이가 절약되고, 종이를 만드는 과정에서 발생하는 250만t의 온실가스 배출을 막을 수 있다. 한마디로 생태계가 파괴되고 오염됨으로써 수많은 생물 종이 멸종하는 것을 도서관이 막아준다고 할 수 있다. 게다가 공공도서관은 가장 민주적인 제도이다. 공공도서관은 무료이고, 누구나 이용할 수 있으며, 많은 시민들에게 보다 좋은 정보를 제공하는 역할을 한다. 또한 그 지역에서 잘 운영되고 있는 도서관은 지역 주민들의 공동체 의식을 높이는 구실도 한다.

3. 관련 시사 들여다보기

① 온실가스 근본적 저감 대책 필요 [제민일보 기사 발췌]

제주 지역 온실가스 배출량이 꾸준히 증가할 것으로 예측돼 근본적인 저감대책이 필요하다는 지적이다.

국토연구원, 제주녹색성장포럼, 제주발전연구원은 23일 제주그랜드호텔에서 제주의 녹색성장 전략과 기후변화 대응 세미나를 개최했다.

제주특별자치도 김양보 환경정책과장은 이날 기후변화 대응 제주특별자치도 정책방향 주제 발표에서 "제주 지역 온실가스 배출량은 △2000년 315만t △2003년 376만t △2005년 381만t △2007년 402만t △2009년 421만t으로 추정되고 있다며 △2010년 431만t △2011년 441만t △2012년 450만t으로 예측되고 있다"고 분석됐다.

이에 따라 "기후변화 대응 시범도 추진 공감대를 구축하고 신 재생에너지를 통한 저탄소 제주 실현, 사유 곶자왈 매수 보존사업 등을 벌이고 있다"고 말했다.

② 지구 살리자 친환경 에코 패션 [세계일보 2009. 4. 23. 기사 발췌]

첫 재활용 디자인 전문 매장을 서울 인사동에 열었다. 아름다운가게의 재활용 디자인 브랜드 '에코파티 메아리'의 매장은 공공미술그룹 플라잉 시티로부터 친환경자재와 발광다이오드(LED) 조명을 이용한 디자인을 제공받았다.

배우 이선균·엄태웅·박용우 등이 아름다운가게를 통해 기증한 옷을 새로 디자인해 만든 가방을 매장에서 선보일 예정이다.

제품은 서울 시내 4개 지역자활센터와 협력 생산하는 등 제품 개발 제조 판매를 통해 사회적 취약계층을 위한 일자리를 만들 수 있도록 하고 있다.

아름다운 가게 관계자는 "재활용디자인 산업은 지속 가능한 신성장 사업이면서 동시에 녹색성장의 성공 모델로도 꼽힌다며, 기업 정부와 폭넓게 협력하면서 디자인 경쟁력을 강화해 재활용 디자인 시장 확대에 기여할 것"이라고 말했다.

③ 동백숲에서 감상하는 느림의 미학 [한라일보 2011. 11. 23. 기사 발췌]

다른 꽃이 모두 지고난 뒤 겨울에 피는 동백꽃. 혹독한 겨울을 이겨내고 눈과 추위 속에서 꽃을 피우기에 겨울 꽃의 여왕으로 불리며 전 세계적으로 많은 이들의 사랑을 받고 있다. 그 동백꽃 가득한 언덕에서 여유를 느낄 수 있는 미술전시회가 마련된다.

제주 카멜리아 힐(회장 양언보)이 오는 26일부터 갤러리 카멜리아에서 '숨, 쉼 Breast and Rest'를 주제로 정헌조·이영준·라기환 3인전을 연다.

작금의 물리적인 장소를 뛰어넘는 유비쿼터스 환경과 모바일 네트워크, 급변하는 테크놀로지의 발전은 현대인으로 하여금 '느림'과 '아날로그적 감성'을 갈망하게 해 자연 속에서 걷게 한다. 나아가 한줄 한줄 손으로 그려낸 그림과 거친 흙을 물과 불로 다스려 만든 장인의 작품을 애틋한 마음으로 바라보게도 한다.

이번 전시회에서 선보이는 라기환·이영준의 도자와 정헌조의 그림은 고된 작업 과정 뒤에 수반되는 단순하고 미니멀한 형태의 작품으로 보는 이들에게 편안하게 '숨'을 쉬고, '쉼'을 가질 수 있는 정신의 여백을 제공해준다.

카멜리아 힐은 "초록이 사라진 이 계절에 더욱 정갈한 빛을 품으며 만개한 동백숲 속에서 그림과 도자의 만남으로 '느림과 절제의 미학'을 보여주는 전시를 마련했다"며, "붉은 제주 화산송이가 깔린 산책로를 느린 걸음으로 걸으며 몸과 마음을 정화하고, 자연과 예술을 함께 향유할 수 있는 기회를 가질 수 있기를 기대한다"고 말했다.

서귀포시 화순면 상창리 해발 250m 언덕 위에 가꿔진 카멜리아 힐은 제주의 맑고 깨끗한 하늘과 바람을 품고 뒤로는 한라산을, 그리고 앞으로는 멀리 제주 앞 바다의 마라도와 가파도가 내려다보이는 동백수목원이다.

④ 슬로시티 운동 [제민일보 2007. 9. 11. 기사 발췌]

1999년 10월 이탈리아의 작은 도시-오르비에토·그라·그레베·포시타노-의 시장들이 뭉쳤다.

이들은 관광객 유치와 소득 증대를 위한 무분별한 개발을 막는 대신 인간답게 사는 마을을 만들자는 데 뜻을 모아 '슬로시티' 운동을 출범시켰다.

슬로시티는 전통산업 보존·육성, 다국적 기업 브랜드의 대형 체인점과 패스트푸드 거부, 자전거도로 만들기 등의 요건을 갖추는 등 느림의 철학을 바탕으로 지속 가능한 발전을 추구하는 도시를 뜻하게 됐다.

현재 이들 네 도시에 이어 이탈리아 도시 16곳이 슬로시티를 선언했고, 이 운동은 국경을 넘어 독일, 영국, 오스트레일리아 등 유럽과 오세아니아주까지 퍼져가고 있다고 알려져 있다.

국내에서도 슬로시티 바람이 불고 있다. 최근 완도군·신안군·장흥군·담양군 등 전남 4개군은 생태·환경·전통을 기반한 관광마을 만들기에 팔을 걷어붙이고 있다.

'슬로시티'는 앞서 1986년 패스트푸드에 반대해 시작된 슬로푸드 운동의 정신을 지역 전체로 확대하면서 만들어진 개념이다.

영국의 저널리스트 칼 어너리의 책 『느린 것이 아름답다』는 전세계 '슬로 운동'의 출발점이 된 이탈리아의 슬로푸드를 출발점으로 해서 슬로시티, 슬로스쿨, 슬로잡, 슬로음악, 슬로의학 등 전 세계 슬로 운동을 담은 현장 보고서다.

저자는 느린 것의 아름다움이 문명사회에 대한 과격한 선전포고가 아니라 세계인의 삶을 조금씩 바꿔가는 일상적 슬로건이라고 말하고 있다.

저자는 슬로 라이프를 '달콤한 인생'에 비유한다. 저자는 "시끄러운 바에서 콜라를 들이켜는 대신 조용한 음악이 흐르는 곳에서 제대로 만들어진 와인을 음미하는 것이 얼마나 멋진가를 배우고 있는 것이다"는 식으로 속도 대신 느림을 선택한 사람들을 보여준다.

최근 제주에서 '느림의 미학'을 실천하는 운동이 잔잔한 관심을 모았다. (사)제주올레는 속도 무제한의 개발지, 제주도에서 제주의 옛길, 아름다운 길, 사라진 길을 살려내 세상에서 가장 평화롭고 아름다운 제주 길, 걷는 길을 만들어보겠다는 꿈에 부풀어 있다.

4. 통통 토론마당

① 지구를 살리는 7가지 불가사의한 물건들은 무엇무엇인가요?

② 지구를 살리는 7가지 물건들 중에서 가장 공감되는 것은 무엇인가요? 그 이유는요?

③ 책에서 말하지는 않지만 우리 주변에서 쓰이는 물건 가운데서도 지구를 살리는 물건이 있을 것 같아요. 예를 들면 어떤 게 있을까요?

④ 지구 환경이 심각하게 오염되고 있음을 알 수 있는 사례를 3가지만 들어보세요.

⑤ 지구 오염의 주범들은 무엇이라고 할 수 있나요?

⑥ 지구를 살리기 위해서 여러분이 실제로 실천할 수 있는 것은 무엇이 있을까요?

⑦ 나의 환경 실천 카드를 만들어 보세요.

[책으로 여는 시사통합 논술]

7. 현대인의 삶의 속도는 얼마나 될까?

빠르게 진행되는 생활의 방식이 삶의 양식을 변화시키고, 경제와 환경을 위협하고 있다는 문제가 지적되면서 한편에선 슬로라이프 운동이 펼쳐지고 있다. 빠르게 빠르게가 낳는 위험성을 지적하고, 느리게 사는 새로운 삶의 양식이 더욱 인간에게 건강과 행복을 보장해줄 것이라는 믿음이 확산되고 있는 것이다. 이에 『슬로푸드 슬로라이프』라는 책을 통해 슬로푸드 슬로라이프 운동이 무엇인지, 이 운동이 현대인의 건강과 생존의 위협 문제를 얼마나 해결해 줄 수 있는지에 대해 생각해보기로 하자.

1. 작품 들여다보기 「슬로푸드 슬로라이프」

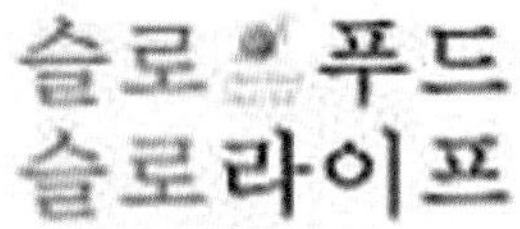

◈ 작가 소개 : 김종덕

서강대학교 신문방송학과와 서울대학교 대학원 사회학과를 졸업했으며, 현재 경남대학교 사회과학부 교수로 재직 중이다. 1994년 캘리포니아 버클리 대학에서 객원교수로 재직하는 중에 슬로푸드 운동에 대해 관심을 갖게 되었고, 이후 글과 강의, 인터뷰 등의 활동으로 우리나라에 슬로푸드 운동을 알리고 있다.

2002년 한국인 최초로 국제 슬로푸드 운동 시상식의 심사위원으로 초빙되어 현재까지 활동하고 있다. 저서 및 역서로는 『맥도날드 그리고 맥도날드화』, 『슬로푸드』 등이 있다.

◈ 작품의 줄거리 속으로!

현대사회의 변화 속도는 얼마나 될까? 우리 주변에서 변화의 속도를 실감하게 하는 것들은 얼마든지 많다. 하루가 다르게 새로운 상품들이 무수히 출시되고 있으며 수없이 쏟아져 나오는 정보의 홍수와 더불어 새롭게 바뀌는 지식과 기술의 변화 등 바야흐로 속도의 시대라고 해도 과언이 아닐 것이다.

빠른 생활이 우리의 존재방식을 변화시키고 있고 우리의 환경과 경관을 위협하고 있다. 이러한 위협에 대한 대항으로 슬로푸드 운동이 각광을 받고 있다.

슬로푸드 운동은 단순히 패스트푸드를 반대하는 것 이상이라고 말한다. 슬로푸드 운동의 궁극적인 목표는 슬로라이프, 즉 여유 있는 삶으로 이어져야 도달할 수 있기 때문이다.

패스트푸드보다는 좀 시간이 걸리더라도 직접 요리해서 먹는 것, 자동차보다는 자전거를 이용하거나 되도록 걸어다니는 것 등이다. 저자는 슬로푸드 운동가로서 일상생활에서부터 자원을 아끼고 자신의 생활 속도를 약간 늦추는 것에서 슬로푸드 운동을 시작할 수 있다고 우리에게 제안한다.

이 책은 문화 전반에 걸쳐 나타나는 한국 사회 특유의 빨리빨리 병을 보고하며, 우리가 왜 그렇게 되었는지를 함께 반성하도록 촉구한다. 그리고 독자들의 생각을 자연스럽게, 우리의 방어가 왜 슬로푸드 식탁에서 시작되어야 하는지로 이끈다

2. 작품 깊이 읽어보기 느리게 속으로

① 슬로푸드—먹을 것이 넘치는 세상, 먹을 것이 없는 세상

슬로푸드란 규격화되고 대량생산된 음식이 초래하는 전 지구적인 입맛의 획일화를 지양하고, 각 나라의 전통 식생활 문화를 계승하자는 식생활 운동이다.

슬로푸드 운동은 1986년 미국의 세계적인 햄버거 체인인 맥도널드의 패스트푸드가 이탈리아 로마에 진출하자, 이에 반대하여 미각의 즐거움과 전통음식 보존을 위해 이탈리아의 한 작은 마을에서 시작되었다. 1989년에는 '슬로푸드 선언'이 파리에서 채택되었고, 이로써 슬로푸드 운동은 공식화되었다. 현재 세계 45개국에서 7만여 명의 유료 회원이 참가하고 있으며, 그 상징은 느림을 표상하는 달팽이다.

현대를 살아가는 우리의 현실은 양적이나 질적인 측면에서 먹거리 비상사태가 벌어지고 있다고 말할 수 있다. 우리나라의 경우 곡물의 해외 의존도가 너무 높고, 패스트푸드 등 글로벌 식품도 안전성 문제에 직면해 있다.

현재 우리의 식량자급률은 26%에 그쳐 외환위기와 같은 상황이 다시 도래하면 절망적인 상태로 빠질 수밖에 없다. 유전자 조작 먹거리, 패스트푸드의 전파 등 식습관의 변화가 불러온 비만· 성인병· 아토피 등이 국민 건강을 악화시키고, 환경적인 면에서도 부정적 영향을 끼치고 있다.

사회가 과도하게 급박하게 돌아가면서 국민들은 일상에 쫓기는 삶을 살고 있으며 먹거리에 관심을 기울일 수 있는 사람은 상대적으로 여유 있는 사람들이다. 먹거리에 있어서도 양극화 현상은 뚜렷해지고 있다.

② 슬로시티 슬로라이프 : 빠른 것 = 좋은 것이라는 공식은 없다

슬로시티(slow city) 운동은 슬로푸드 운동을 한 걸음 발전시킨 운동으로 2000년 7월 이탈리아의 그레베라는 작은 마을에서 시작해 전국으로 확산, 32개 도시가 참여하고 있다. 슬로시티 운동으로는 자동차 추방, 경음기 사용 금지, 자전거 권장, 보행자 구역 확대 등 시민들의 삶의 속도를 늦추기 위한 정책을 추진하고 있다. 그리고 슬로라이프의 출발은 먹거리의 변화로부터 시작된다.

■ 환경을 생각하는 장보기의 예

1. 필요 이상으로 구매하지 않는다.
2. 대형 할인매장, 백화점보다는 동네 상점을 이용한다.
3. 반드시 장바구니를 챙겨서 나간다.
4. 과대 포장된 제품을 사지 않는다.
5. 반환이나 재활용이 가능한 용기로 된 제품을 산다.
6. 환경 상품을 구입한다.
7. 인스턴트 식품은 되도록 피한다.
8. 식품은 언제나 먹을 만큼만 구입한다.
9. 보호동물을 원료로 한 제품을 구매하지 않는다.

3. 관련 시사 들여다보기

① 인간들의 육식 식탐이 원죄 [한겨레 2009. 5. 9. 기사 발췌]

조류인플루엔자로 국내에서만 700여만 마리의 닭과 오리를 살처분한 인간의 비이성적 잔인성이 채 가시기도 전 이번에는 신종 인플루엔자로 온 세계가 비상이 걸렸다.

신종 바이러스에 의한 돼지인플루엔자는 어쩌면 새삼 놀랄 일도 아니다. 그동안 우리의 식탁과 입맛은 어느새 육류에 길들여져 있고, 제단에 바쳐질 날을 기다리는 동물들은 좁은 우리에 갇혀 농약이 뒤범벅된 사료를 먹으며 대량 사육되었다. 질병에 취약한 환경에서 이들은 방부제, 호르몬제, 성장촉진제 등을 맞으며 부자유한 삶을 연명하고 있다.

신종 인플루엔자는 인간의 오만과 무지를 먹고 자란 동물 바이러스가 이제 인간을 향해 반격에 나선 일이요, 동물답게 살 권리를 짓밟힌 동물들이 인간의 탐욕스런 입맛을 위해 더는 희생할 수 없다는 강력한 경고의 메시지가 아니겠는가?

우리나라에서 연간 약 7만 명이 암으로 죽어가는 것도, 지구온난화라는 전대미문의 재앙이 우리를 위협하는 것도 육식 위주의 식탁 때문이요, 10억 인구가 굶주림을 벗어나지 못하는 것도 곡물의 3분의 1을 육류 생산을 위해 소비하고 있기 때문이다.

② 신종플루 파문, 오늘 뭐 먹지 [일요시사 2012. 1. 24. 기사 발췌]

신종플루 파문으로 많은 이들이 한층 더 신중하게 먹거리를 고르는 모습이다. 그 중 적어도 하루에 한 끼 또는 두 끼를 밖에서 해결해야 하는 직장인들은 먹거리를 고를 때 더욱 신중해질 수밖에 없다.

평소에도 메뉴를 정할 때 고심을 하는 직장인 김모(28) 씨의 고민은 눈뜨자마자 시작된다. 아침식사로 토스트와 베이컨을 즐겨 먹는 김씨는 평소와는 달리 베이컨 포장지 뒷면을 유심히 살폈다. 어느 나라에서 생산된 돼지고기로 만든 제품인지를 확인하기 위해서였다.

신종플루 파문이 일어난 뒤 멕시코 등지에서 수입된 돼지고기는 먹지 않겠다는 결심을 한 바 있어 돼지고기 제품을 먹을 때는 더욱 신중해졌다고.

이날 김씨가 확인한 베이컨의 원산지는 유럽. 평소라면 아무렇지 않게 구워 먹었겠지만 이날만큼은 꺼림칙한 기분을 지울 수가 없었다고 한다.

점심메뉴를 선택할 때도 고민은 시작된다. 이전에는 소고기를 주재료로 한 메뉴를 선택할 때 원산지를 따졌지만 이제 돼지고기를 먹을 때도 이 절차를 빼놓지 않는다. 당분간 돼지고기가 들어간 메뉴는 피하겠다는 생각도 가지고 있다.

③ 5월, 녹색 하동이 부른다 [스포츠서울 2009. 4. 29. 기사 발췌]

보다 빠르고 쉽고 편한 것을 찾는 것이 익숙한 현대인들에게 느림의 미학을 만끽할 수 있는 대표적인 슬로 축제 제14회 하동야생차축제(5월 1~5일)가 손짓한다.

1999년 이탈리아 작은 산골마을에서 시작된 슬로시티 운동은 느림과 여유의 가치를 지향하는 것으로, 향토 특유의 고유음식, 전통문화 등을 즐기는 삶을 말한다.

현재 16개국 116개 도시가 슬로시티로 지정되어 있으며, 국내에서는 2007년 말 지정된 신안 증도와 담양 창평, 장흥 유치, 완도 청산도 등 전라남도 4곳에 이어 지난 2월 하동군 악양면이 슬로시티 대열에 합류했다.

하동야생차축제는 이러한 슬로시티의 참 의미를 깨달을 수 있는 장으로, 방문객은 평사리 청보리밭과 섬진강 백사장을 걸으며 바쁜 일상 속에서 잊고 있던 삶의 여유를 찾을 수 있다.

또한 다원에서 음악을 듣고 녹차마을에서 햇차를 직접 따고 만드는 체험을 통해 자연과 동화되는 느낌을 받을 수 있다. 여행의 절반을 차지하는 잠자리 역시 마찬가지. 하동군에는 다숙(茶宿)이란 이름의 녹차민박이 있어 향긋한 잠자리를 청할 수 있다.

④ 녹색성장의 동반자 자전거 [노컷뉴스 2009. 5. 3. 기사 발췌]

지난 달 25일 서울에서 출발한 '제1회 대한민국 자전거축전' 의 종착지인 창원시청 광장. 이명박 대통령은 봄비가 내리는 가운데 연두색 점퍼 차림으로 시민들과 함께 직접 자전거를 타고 들어섰다. 라디오 연설을 통해 자전거를 녹색성장의 동반자로 지명한 데 이어 몸소 자전거 전도사로 나선 것이다.

이 대통령은 "자전거를 타면서 비틀거리지 않으려고 굉장히 애썼는데 남의 사정도 모르고 자꾸 손을 흔들라고 해서 곤란했다"며 농담으로 축사를 시작했다.

이 대통령은 "자동차는 20년만에 세계 5대 생산국이 됐지만 자전거는 5년 안에 세계 3대 생산국이 될 수 있을 것이라고 생각한다"면서 "성능이 좋고 경쟁력 있는 대한민국 자전거가 세계 방방곡곡에 수출될 날도 머지 않았다"고 역설했다.

또 범국가적인 자전거타기운동을 펴기로 한 것은 대한민국뿐만 아니라 전 세계에 의미 있는 메시지를 주는 것 이라며 저도 오늘부터 자전거를 열심히 타겠다고 약속했다.

이 대통령은 "CO_2 감축 등 녹색성장은 선택의 여지가 없는 모든 나라의 당면한 과제"라고 강조했다

4. 통통 토론마당

① 여러분이 주로 먹는 메뉴는 어떤 음식인가요? 그것들의 주재료와 원산지를 아는 대로 나열해보세요.

② 현대인들이 패스트푸드를 자주 먹을 수밖에 없는 이유는 무엇인가요?

③ 패스트푸드의 문제점은 무엇인가요?

④ 빨리빨리 문화가 낳은 장·단점은 무엇인가요?

⑤ 위의 자료를 읽고 슬로푸드, 슬로라이프 운동이 발생하게 된 배경에 대해 요약해 보세요.

⑥ 슬로푸드의 예는 어떤 게 있나요?

⑦ 슬로라이프 운동이 우리 사회에 미치는 영향은 무엇일까요? (경제적· 정신적· 신체적· 교육적으로)

⑧ 슬로라이프를 저해하는 요소들이 있다면 어떤 것들인가요?

⑨ 여러분은 슬로푸드, 슬로라이프 운동에 대해 어떻게 생각하세요? 찬· 반의 의견 중 하나를 선택하고, 자신이 처한 상황과 현실에 맞게 이유나 근거를 들어 주장 글을 적어보세요. (800자 내외)

[책으로 여는 시사 통합논술]

8. 여성과 남성, 모두 행복해지는 길은?

아직도 한국사회는 여성들이 살기에 힘든 사회라고들 한다. 그런데 엊그제 신문에 보니 한국 40대 남성들의 삶은 세상이라는 감옥에서 돈벌이의 기계로 살아가고 있다는 처절한 슬픔을 담은 기사가 눈에 띄기도 하였다. 이렇듯 여성이든 남성이든 이 사회에서 살아내기가 참 힘들다는 말인데 여성, 남성 모두에게 짐으로 맡겨진 성 역할이 무엇인지, 그 짐의 정체는 과연 무엇으로부터 오는 것인지 헨리크 입센의 「인형의 집」을 통해 알아보기로 하자.

1. 작품 들여다보기 「인형의 집」

◈ 작가 소개 : 헨리크 입센(Henrik Ibsen)

노르웨이의 작은 마을 시엔(Skien)의 부유한 상인의 집에서 태어났으나 어릴 때 부친의 사업이 실패해 갑자기 곤경에 빠지게 됐다. 원래 내성적인 성격인데다 혼자 힘으로 개척하여 사회에서 인정받는 작가가 되기까지는 다년간의 피눈물나는 노력과 투쟁이 있었다.

15살 때 그림스타드(Grimstad) 마을에 혼자 가서 6년 동안이나 어느 약국 조수 노릇을 하며 감수성 깊은 청소년 시절을 보내면서 노르웨이 중류사회의 편견, 관습, 위선 등을 세밀히 관찰했다가 후에 창작에 많이 반영시키기도 했다.

1851년부터 1862년까지는 베르겐(Bergen)에 있는 노르웨이 국립극장과 크리스차이나(Christiania, 오늘의 오슬로)에 있는 국립극장 등에서 무대감독, 전속 극작가, 부장관 등의 일을 하며 극장의 생태를 여러모로 체험했다.

1864년 정치적 이유로 노르웨이를 떠나 78세에 죽을 때까지 거의 해외에서 살았지만, 언제나 자기 나라의 정치 문제에 깊은 관심을 갖고 노르웨이 국민으로서의 의무를 끝까지 버리지 않았다.

◈ 작품의 줄거리 속으로!

어릴 때부터 아버지의 사랑의 그늘 밑에서 자라난 노라는 가정이라는 울타리 밖의 세계는 전연 모르다가 토발드라는 젊은 변호사와 결혼을 한다.

결혼 후에도 남편의 사랑과 그늘 밑에서 역시 가정밖에 모르며 살아 왔다. 남편이 위독해져서 급히 돈이 필요하게 됐을 때 노라는 친정아버지의 서명을 위조하게 된다.

그런데 노라의 그 비밀을 알고 있는 채권자 크로그스타트가 토발드에 의해 은행에서 해고당하게 되자 노라를 찾아와 어떻게 손을 써서 은행에 그냥 머물러 있게 해 달라고 요구한다.

할 수 없이 노라는 구명운동에 나서게 되고, 결국 그 비밀은 밝혀지고 만다. 그러나 뜻밖의 남편의 태도, 토발드는 노라가 기대했던 것처럼 노라의 신변을 염려하는 것도 아니고, 노라의 갸륵한 희생에 감사하는 것도 아니고 자기 자신의 명예를 더럽힌 것을 호되게 나무라는 것이다. 심지어는 자녀를 키울 자격조차 없는 여자라고 비난을 한다.

여기서 노라는 지난 8년 간의 단란한 것같이 보였던 결혼생활이 성숙한 인간끼리의 지적인 결합과 서로의 이해로 이루어진 것이 아니라 자기는 남편의 노리개에 불과했었다는 것을 깨닫는다. 그러고보니 단 한 번도 남편과 진지하게 생의 문제를 논해 본 일조차 없었다. 결국 노라는 인형으로서의 생활을 청산하고 인간으로서의 생활을 찾아 나선다.

2. 작품 깊이 읽어보기 대립과 관점

① 노라의 삶은 봉건적 사회인식의 부산물

입센은 이 작품을 통해 시대의 사상이 한 인간에게 어떤 영향을 미치는지를 긴밀한 구성력과 생동감 있는 인물을 등장시켜 보여주고 있다. 이 작품이 세상에 나오자 노라는 신여성의 대명사가 되었고, 여성해방운동이 각처에서 불타오르기 시작했다.

주인공 노라는 자신의 삶이 사건을 통해 적나라하게 드러나면서 인형 같은 삶에 심각한 문제 제기를 하게 된다. 여자로서, 아내로서만 존재하는 삶을 박차고 한 인간으로서의 진정한 삶을 살고 싶었던 것이다.

이 작품이 그 시대의 상황으로 보면 여성해방운동의 차원에서 획기적인 반향을 일으키는 작품이라고 평할 수 있겠지만 단순히 그렇게만 보아서는 안 된다. 좀 더 확대해서 한 인간이 사회로부터, 시대 이데올로기로부터 어떻게 구속당하는지를 보여주는 작품이라고 할 수 있다. 노라는 그런 의미에서 보면 남성 중심 사회의 이데올로기적 희생양이었다고 할 수 있다.

② 성 역할이란 무엇인가?

이 작품을 통해 당시의 사회 구조와 가정 내에서 여성의 역할이란 도대체 무엇인가에 대하여 새로우면서도 진지한 모색을 하게 된다. 노라는 자신을 풍요롭게 하던 기존 사회 질서에 정면으로 맞부딪히고 이를 혼자의 힘으로나마 파괴하려고 한다.

그로 인한 모든 곤경이나 어려움보다는 그녀를 얽매고 있던 속박에서 벗어나는 것이 우선이었던 것이다. 그녀에게 내습된 여성으로서, 어머니로서의 역할은 무엇인가. 자녀 양육과 남편 봉양이 전부이다. 그 대가로 받는 것은 남편의 애정일 것이라고 생각했지만 남편의 이중적 태도를 보면서 그녀의 맹목성은 힘을 잃게 된 것이다.

성 역할이 시대 상황에 따라 많이 변하고 있다. 사회구조의 변화로 인한 역할의 변화라고도 할 수 있는데, 과거로부터 내습된 성 역할의 개념을 탈피해 한 인간이 사회의 구성원으로서, 가족의 구성원으로서 처지와 상황에 맞게 합의 하에 제 역할을 수행할 수 있는 길이 모색되어야 할 것이다.

그건 여성, 남성 모두에게 적용되는 말이다. 경제적인 책임이 남성에게만 있고, 가정을 돌보고 아이를 양육하는 일이 여성에게만 있다는 이분법적 사고는 봉건적 삶의 양식을 탈피하지 못한 구태의연한 사고방식이라 할 수 있다.

3. 관련 시사 들여다보기

① 'UNDP 여성권한지수'가 뭐기에 [여성신문 2011. 4. 29. 기사 발췌]

유엔개발계획(UNDP)의 인간개발보고서가 국내 여성계에 파장을 불러일으킨 것은 1995년 베이징 세계여성회의를 앞두고 통계청에서 UNDP가 개발한 여성 관련 국제비교지수를 소개하면서부터다. 여성개발지수(GDI: Gender-related Development Index)와 여성권한척도(GEM: Gender Empowerment Measure)가 그것인데, 처음으로 각국 여성의 지위를 비교할 수 있는 국제지수가 선보여 국내 언론에서도 상당한 조명을 받았다.

당시 발표된 인간개발지수로 본 한국인의 삶의 질 수준은 세계 31위였으나 여성의 지위는 GDI로는 세계 37위, GEM으로는 세계 90위로 나타났다. 교육 수준, 소득 및 의료 수준 등에 있어서 남녀평등 정도를 측정하기 위해 UNDP가 개발한 GDI로 보면 한국은 상위권이었다.

그러나 각국 여성들이 정치·경제 활동과 정책 결정 과정에 얼마나 적극적으로 참여하고 있는지를 점수로 환산한 GEM으로 보면 한국은 1점 만점에 0.25점으로 세계 116개국 중 90위로 거의 최하위권 수준으로 나타나 충격을 주었다.

그 이후 매년 발표된 이 지수에 대해 특히 GEM이 계속 하위권에 머물러 있자 청와대나 총리실 등 정부 당국에서는 애써 이를 외면하거나 인용하는 것을 달가워하지 않은 적도 있었다. 그러나 여성부가 발족되고서는 이를 국가 경쟁력 차원에서 정부가 직접 관리하기도 했다.

행정자치부에서는 특히 GEM을 구성하는 행정관리직의 여성 비율이 세계 최하위권(2000년 4.7%)이라는 사실에 자극을 받아 범정부 차원에서 관리직 여성 공무원 육성에 박차를 가하게 됐다. 중앙부처별 여성 관리자 현황을 조사해 국무회의에 보고(2000. 7. 4)하고, 5급 이상 여성 관리자가 한 명도 없는 부처에 대해서는 별도로 육성 계획을 마련하도록 했다.

최근 UNDP 발표를 보면 한국의 행정관리직 여성 비율은 9.0%(2009년)로 향상됐으나 여전히 세계 평균 27.9%에 근접하지도 못하는 세계 최하위권(109개국 중 102위)에 머물러 있다.

② 행복지수의 산출 공식 [여성신문 2010. 7. 23. 기사 발췌]

영국의 심리학자 로스웰과 코언의 행복지수 산출 공식에서 그 힌트를 얻을 수 있다. 그들은 2002년에 행복지수를 산출하는 공식을 찾아내기 위한 연구를 수행했다. 18년 동안 1000명의 남녀에게 80가지의 상황을 주고, 자신을 행복하게 만드는 5가지 상황을 고르게 하는 실험을 했다. 그 결과 행복은 개인적 특성(P)과 생존 조건(E), 고차원 상태(H)의 3가지 요소에 의해 결정된다는 것을 알아냈다.

여기에서 개인적 특성은 인생관·적응력·유연성 등을, 생존 조건은 건강·돈·인간관계 등을, 고차원 상태는 야망·성공·기대·자존심 등 사회적인 욕구를 의미한다. 이들은 이 세 가지 요소 중에서도 생존 조건(E)이 개인적 특성(P)보다 5배 더 중요하고, 고차원 상태(H)는 개인적 특성보다 3배나 더 중요한 것으로 판단해 행복지수를 P+(5×E)+(3×H)로 수식화했고, 이 행복지수 공식을 적용해 개인과 국가의 행복지수를 산출하기 시작했다.

이 행복 공식을 활용해 '월드 밸류 서베이(WVS)'라는 곳에서 국가별 행복지수를 조사하곤 했는데, 2007년 8월 발표한 국가별 행복지수에서 우리나라는 조사 대상 37개국 중 28위로 나타났다.

이 조사에서 1위를 차지한 나라는 멕시코였다. 멕시코는 미국이나 일본과 같은 경제대국도 아니고, 스위스나 덴마크같이 복지가 잘된 국가도 아니다. 우리나라와 비교해도 1인당 국민소득이 거의 2분의 1 정도에 지나지 않을 정도로 경제적으로도 낙후된 나라다.

그럼에도 불구하고 이 WVS 행복지표로는 멕시코 사람들이 우리나라 사람들보다 훨씬 행복한 것으로 나타났다. 참으로 의외로 여겨질 만하다.

그러나 최근 들어 행복에 관한 심리학적·사회학적 연구가 누적되면서 경제적 조건이나 복지적 상태가 행복감에서 차지하는 비중이 예상 외로 적다는 쪽으로 결론이 모아지고 있음을 감안하면 이런 결과를 의외로만 받아들일 일이 아니다. WVS 행복지수 연구에서 멕시코 등 가난한 나라들의 행복지수가 높은 까닭은 그 공식을 보면 알 수 있다.

우선 이 공식에서는 사람들의 야망·성공·기대·자존심 등과 같은 사회적 동기가 상당히 큰 비중을 갖게 돼 있고, 인간관계의 질 역시 행복의 아주 중요한 요소로 비중 있게 반영되고 있기 때문이다.

어려운 처지에 있는 청소년들이 의외로 밝고 행복해 보이는 것은 꿈과 희망, 기대와 열망이 가득 차 있기 때문이다. 기대와 희망이 돈과 지위보다 우리를 더 행복하게 한다.

③ 지위만 내세우는 한국 남성 [세계일보 2009. 6. 17. 기사 발췌]

남자들은 사회적 지위로 자기 존재를 확인하곤 한다. 퇴직만 하면 절망하고, 쉽게 늙는 것도 따지고 보면 평상시에 자기만의 재미난 놀이를 못 만들어서 그럴 수도 있다.

그는 "남자는 나이들수록 명함과 지위만 앞세우는 경향이 있는데, 이런 사람은 불쌍한 사람이다"며, "명함 없이도 자신의 삶이 있어야 제대로 된 삶이지 않겠느냐"고 반문한다.

한국 남성들은 나이가 들수록 웃는 횟수도 줄인다. 김 교수는 "강연을 해보면 제일 힘들게 하는 대상이 교수와 회사 중역, 공무원이다"며, 이들은 "미간에 힘을 준 채 좀처럼 강사와 호응하지 않으려고 한다"고 설명한다.

일상에서 남과 호응하고 상대방의 관점에서 바라보는 생각이 줄어들기 때문에 나타나는 현상이다. 남성에게는 시간이 흐를수록 삶의 축제도 사라진다. 일부러 기념일을 만들어서 의미 부여하는 미혼의 청년과 달리 사회적인 축제마저 잊어버린다. 가족의 생일은 고사하고 휴가마저 시간 죽이기로 보낸다.

④ 성 바꾼 역할극 통해 평등 실현 [충청일보 2009. 6. 15. 기사 발췌]

남자 대학생이 어린 아이를 돌보는 등 성(性)을 바꾼 역할극을 통해 상대방을 이해하는 이색적인 프로그램이 눈길을 끌었다.

충북대학교 양성평등상담소가 청원군 청소년수련관에서 개최한 양성평등 정책구현을 위한 미래 지도자 양성 캠프는 △지역 여성정책 알아보기 △DISC를 통한 유형별 리더집단 팀워크 향상 △ 사랑과 임신 나는 얼마나 알고 있나 △생활속의 호신술 △양성평등 교육 △분임조 별 상황극 등으로 진행됐다.

대학생들의 양성 평등에 대한 이해도를 높이고 캠퍼스 내의 올바른 성 의식과 성문화 정착하기 위한 이 캠프는 홈페이지 공고를 통해 학생들로부터 신청을 접수해 선착순으로 신청한 35명을 대상으로 실시됐다.

캠프 참가자들은 "이론적 지식에서 벗어나 서로 다른 성 역할을 직접 체험해 봄으로써, 가부장적인 고정 관념에서 벗어나 핵가족화 시대에 맞는 의식 개선은 물론 자녀양육 역할 분담에 대해 깨우치는 계기가 됐다"고 말했다.

4. 통통 토론마당

① 한국사회는 남여 차별이 심한 편이라고 합니다. 예를 들면 어떤 것들이 있을까요?

- 여성 차별의 예 :

- 남성 차별의 예 :

② 기사에서 보면 한국 여성의 여성권한척도 순위가 중하위권으로 나타났습니다. 그 원인은 무엇일까요?

③ 작품 「인형의 집」에서 보여준 여성의 문제의식과 오늘날 여성의 문제의식을 비교했을 때 오늘날 여성들이 가장 심각하게 호소하는 문제는 무엇일까요? (한국사회의 경우)

④ 남여의 성 역할은 자연적으로 정해진 것일까요? 성 역할의 개념은 어떻게 생긴 것일까요?

⑤ 한국사회는 남성들도 행복지수가 낮다고 합니다. 그 원인은 무엇일까요?

⑥ 남성과 여성은 평등해질 수 있을까요?

⑦ 남성과 여성의 행복한 삶을 위한 십계명을 적어 보아요.

9. 권력의 본질은 무엇일까?

나라가 어수선하다. 시국선언을 한 전교조 교사들이 대거 해직 또는 정직되는 처지에 놓이게 됐고, 비정규직 대란과 정규직 노동자의 일방적 해고사태 등 우리 사회를 어수선하게 하는 일들이 빈번하게 나타나면서 국민들의 시름도 깊어지고 있다. 권력을 쥔 자들은 국민들이 잘 사는 나라를 만들겠다고 연일 외치는데 왜 국민들은 갈수록 어렵다고 하고, 양극화 현상은 더욱 두드러지는지 의문이 아닐 수 없다. 이에 조지 오웰의 작품 「동물농장」을 통해서 과연 권력의 말은 믿을 수 있는지, 권력의 본질은 무엇인지, 다함께 잘 사는 평등사회는 불가능한 것인지에 대해 생각해보기로 하자.

1. 작품 들여다보기 「동물농장」

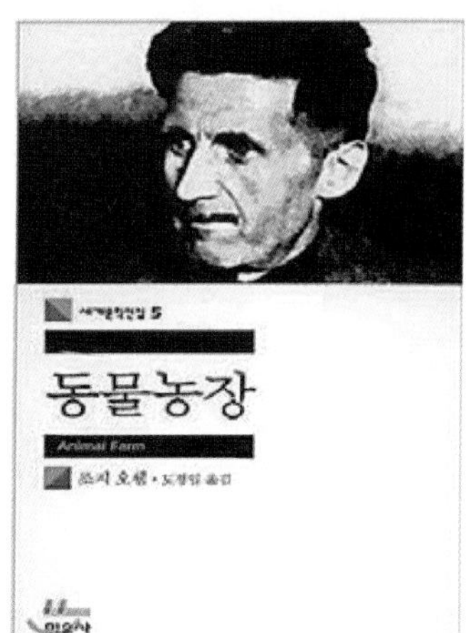

◈ 작가 소개 : 조지 오웰

「동물농장」과 「1984년」으로 잘 알려져 있는 영국의 소설가이다. 오웰은 필명이며, 본명은 에릭 블레어다.

인도 벵골에서 영국인 하급 관리의 자녀로 태어났다. 오웰은 영국에 돌아와 명문 이튼스쿨에서 교육을 받았고, 1922년 인도 제국경찰로 미얀마에 갔다. 그러나 식민지 경찰관으로서 자신의 역할에 회의를 느낀 그는 어린 시절 꿈이었던 작가의 길을 걷기 위해 유럽으로 되돌아왔다.

그 후 제국 지배에 대한 혐오감, 소외 계층과 함께 생활한 경험을 토대로 인간 내면의 강렬한 감정, 지독한 증오심 등을 표현한 작품으로 정치적 색채를 띤 작가가 되었다.

전체주의를 혐오한 오웰은 스페인 내전을 취재하러 갔다가 공화국 의용군으로 참전하기도 했다. 그 당시를 그린 것이 그의 첫 작품인 「카탈루냐 찬가」다.

◈ 작품의 내용 속으로!

존스의 장원농장에서 사육되고 있던 많은 동물들은 인간을 몰아내고 동물들이 잘 사는 세상을 만들고자 반란을 준비한다. 메이저 영감의 연설은 농장의 동물들에게 전혀 새로운 세상을 꿈꾸게 하였다. 돼지들이 반란 계획을 주도했다. 돼지 가운데서도 스노우볼과 나폴레옹이라는 두 마리의 어린 수돼지가 탁월한 지도력을 인정받았고 이들의 혁명은 성공했다.

스노우볼을 중심으로 한 돼지들은 장원농장 대신 동물농장이라는 새 이름을 내걸고 모든 동물은 평등하다는 동물주의의 기본원칙을 표방하는 7계명을 발표한다.

동물농장은 모두들 맡은바 열심히 일했고, 희망이 있기에 행복했다. 하지만 동물농장이 번창할수록 스노우볼과 나폴레옹은 매사에 충돌하며 서로를 견제한다. 급기야는 풍차 건설을 둘러싼 논쟁 가운데 스노우볼이 나폴레옹에 의해 쫓겨나고 만다.

그때부터 나폴레옹은 자신이 훈련시킨 개들의 힘을 바탕으로 자신을 반대하는 동물들에게 사형을 집행하며 동물농장의 독재자로 군림한다. 우상에서 독재자로 변질하는 것이다.

동물농장의 지도자가 된 나폴레옹은 스노우볼이 있을 때는 반대하던 풍차 건설을 추진하고, 무리한 노동을 계속한 복서는 결국 과로로 쓰러진 후 나폴레옹에 의해 폐마 도살장으로 보내져 죽게 된다.

동물농장의 생산은 해가 거듭될수록 향상되었지만 돼지와 개를 제외한 동물들의 생활은 전혀 나아지지 않는다. 동물들은 자신들도 모르는 사이 7계명의 내용이 바뀌어 있음을 깨닫는다. 그것은 모든 동물은 평등하다, 그러나 어떤 동물은 다른 동물보다 더욱 평등하다라는 내용이었다

2. 작품 깊이 읽어보기

① 권력의 본질은 무엇인가

동물농장에 나온 나폴레옹이 행사하는 주도권은 우리가 살고 있는 이 사회 속에서도 충분히 적용되고 발견되는 모습이다.

그들은 분명 민중의 힘으로 권력을 갖게 되었고, 얼마간은 민중들을 위해 열심히 노력하는 것처럼 보였다.

하지만 권력의 본색은 서서히 드러나기 시작하였고, 자신의 의견에 따르는 자만 생존케 하고 나머지는 축출하기에 이른다. 그리고 자신의 의견에 반대편에 선 지도자를 추방하기까지 한다.

또한 권력의 주변에 기생하는 추종자들의 모습은 비열하기 그지없다. 자신의 이익이라

면 어제의 동료나 양심은 아랑곳하지 않는다. 권력을 방패삼아 대리 권력을 남용하고 행사할 따름이다.

민중들은 그들이 꿈꾸는 세상이 올 것이라며 열심히 일하지만 그들에게 돌아오는 건 가난뿐이었다. 좀처럼 현실은 나아지지 않고, 처음에 제시한 평등 구호는 특별한 평등을 주장하는 모순된 구호로 바뀌게 된 것이다.

이 작품은 과연 평등사회는 불가능한 것인가, 권력은 무엇을 위해 존재하는 것인가를 생각하게 한다.

② 평등하고 행복한 사회를 꿈꾸는 자들이 해야 할 일은 무엇일까?

혁명이 성공했다고 해도 민중이 깨어 있지 않으면 그 혁명의 정신을 지속시킨다는 것은 어렵다.

혁명의 정신을 간직하고 지도자의 지시대로 열심히 따르고 최선을 다해 행동하지만 권력의 본질은 지배와 이익에 있다는 걸 알지 못하면 속게 마련이다.

지배-피지배의 권력 구조는 어느 사회 체제든 필연적이다. 이에 피지배층은 언제든지 권력의 칼날이 들이닥칠 수 있다는 전제를 염두에 둘 필요가 있고, 이에 철저한 감시와 참여가 있어야 한다.

현대사회는 더욱 복잡하고 다양한 방식으로 권력이 남용되고 있다. 언론, 교육, 문화를 통해 권력의 이념은 주입되고 있다고 할 수 있다.

이 작품에 나온 등장인물 중 관심을 끄는 이는 벤자민이다. 벤자민은 어느 쪽에도 속해 있지 않으면서 언제나 동물의 삶을 비관적으로 본다.

그러면서도 사태를 가장 잘 파악하고 있다. 그렇지만 행동하지도 않고 잘못된 것을 바로잡으려고 노력하지도 않는다.

벤자민이 보여주는 무관심과 자조적인 태도, 이는 우리 시대의 행동하지 않는(못하는) 지식인의 모습과도 같다고 할 수 있다. 지식인의 침묵은 우둔한 민중들에게는 치명적이다. 이에 지식인들 스스로가 제 사명과 역할에 대해 깊은 통찰이 필요한 시대이기도 하다.

3. 관련 시사 들여다보기

① 검찰, 시국선언 전교조 교사 수사 착수 [제민일보 2009. 7. 1. 기사 발췌]

시국선언에 주도적으로 참여한 전교조 제주지부 간부들에 대해 검찰이 수사에 착수했다.

제주지방검찰청은 제주도교육청이 시국선언에 주도적으로 참여한 김상진 전교조 제주지부장 등 3명을 국가공무원법 위반 혐의로 지난달 30일 고발장을 접수함에 따라 수사에 착수했다고 1일 밝혔다.

제주도교육청은 교과부의 지침에 따라 지부장과 사무처장, 정책실장을 고발한 것으로 알려졌다. 검찰은 사건을 공안부에 배정하고 조만간 이들을 소환해 시국선언 참여 경위 등에 대해 조사를 벌일 계획이다.

제주지검 관계자는 "교육청이 김 지부장 등 3명에 대해 국가공무원법상 집단행위금지 규정을 위반했다며 고발장을 접수함에 따라 수사에 나섰다"며, "아직 구체적 일정은 잡히지 않았지만 소환 조사를 통해 법 위반이 확인될 경우 사법처리할 방침"이라고 말했다.

② 세상이 온통 캄캄한 비리 온상 같으니 [세계일보 2009. 6. 12. 기사 발췌]

정·경 유착이란 말이 요즘처럼 실감나게 어필해 오는 것도 일찍이 없었던 듯싶다. 행세께나 한 사람치고 털면 먼지 안 나는 사람이 없을 정도로 검은 얼룩을 뒤집어쓰고 있으니 어찌 정경 유착이란 말이 실감나지 않겠는가.

복지론은 경제적이며 권력론은 정치적이란 말이 있다. 풀어보면 경제는 복지를 위해 쓰여지고, 권력은 정치적 처세를 위해 쓰여진다는 뜻이니 뜻은 그럴 듯하다.

헌데 뜻과는 달리 경제와 정치가 밀월하게 되면 복지 대신 악이 성장되고, 정치 대신 권력의 남용으로 역시 악을 파생시키게 된다.

정·경 유착의 달콤한 밀월이 본디의 뜻과는 달리 악을 낳고 있으니 이는 둘 다 악의 요소를 지니고 있음이 된다. 검은 밀거래의 경제의 경우가 그러하고, 권력의 검은 손이 뻗치는 남용의 경우가 또한 그러하다.

정치적 치세를 위해서는 악을 물리치고 선을 펼쳐야 선정을 실현하게 되는데 권력의 힘을 이용, 악과 악수를 했으니 어찌 정·경 유착이란 오명에서 자유스러울 수가 있겠는가.

③ 작은 영웅이 세상을 바꾼다 [여성신문 2009. 10. 23. 기사 발췌]

오늘날은 카이사르(시저)나 나폴레옹 같은 전쟁의 영웅시대는 이미 아니다. 경제나 권력의 욕망을 대의를 위해 제어하고, 그 대신 희생과 봉사를 용기 있게 실행할 줄 아는 영웅이 필요한 시대다.

전쟁으로 외침을 막아내고, 영토를 확장하는 큰 영웅이 필요한 시대도 있었지만, 이제는 희생과 헌신으로, 이득보다는 손해를 자처함으로써, 대의를 위해 일상생활 속에서 욕망의 제어를 모범적으로 시연하는 작은 영웅이 필요한 시대다.

맥아더 같은 전쟁 영웅이 환호 받던 시대도 있었지만, 이제는 오바마와 같은 지극히 평범한 흑인이 환호 받는 시기이기도 하다. 오바마에 대한 기대는 전쟁에 이기라는 그런 큰 기대가 아니라, 희생이나 봉사 그리고 절제 등과 관련된 작은 미덕 속에 있는 것이 아닌가. 그에게 노벨평화상을 수여한 이유에서 밝혀진 것처럼 말이다.

작은 영웅들의 중요한 행동적 특징의 하나는 손해를 무릅쓴 희생과 헌신이다.

1983년 7월 영등포역에서 선로에 떨어진 어린이를 구하다가 자신의 두 발을 잘린 역무원 김행균, 1939년 일본 정부의 반대를 무릅쓰고 비자를 발급하여 유대인을 나치의 사지로부터 구해낸 열방의 의인이자 일본의 오스카 쉰들러로 불리는 일본인 외교관 스기하라 지우네, 1898년 인종 차별로 무고를 당해 종신형에 처해진 불운한 드레퓌스 대위를 위해 자신의 모든 것을 걸고 구명에 나선 프랑스의 소설가 에밀 졸라 등이 바로 이런 작은 영웅들이다.

④ 이 대통령, 김 지사 주민소환 바람직하지 않다 [제민일보 2009. 7. 1. 기사 발췌]

이명박 대통령이 1일 해군기지를 추진하다 청구된 김태환 제주특별자치도지사의 주민소환과 관련, "국책사업을 집행하는 지사를 주민소환하는 것은 그렇게 바람직한 것은 아니라고 생각한다"고 밝혔다.

이 대통령은 이날 오전 서울 코엑스에서 열린 제2회 지역투자박람회에 참석, 인사말을 통해 김태환 제주도지사의 주민소환에 대해 언급했다.

이 대통령은 인사말을 마무리하는 시점에 "여기서 보니까 전남과 광주가 함께 있고, 충북, 부산, 제주도도 있다"며, "제주지사는 오늘 안 오시는 것을 보니까 아마 주민소환 때문에 안 오신 것 같다"고 김 지사의 주민소환과 관련해 운을 뗐다.

이어 이 대통령은 "국책사업은 지역뿐 아니라 국가를 위해서도 매우 중요하고 지역발전을 위해서도 도움이 된다는 점에서 아마 그 일로 제주지사가 못 왔다면 매우 안타까운 일이라고 생각한다"고 아쉬움을 표시했다.

4. 통통 토론마당

① 작품 「동물농장」에서 동물들이 꿈꾸었던 세상은 어떤 세상인가요?

② 권력을 갖게 된 나폴레옹의 행동이 변하게 된 이유는 무엇일까요?

③ '권력의 남용'이라는 말을 자주 씁니다. 무슨 뜻일까요?

④ 우리 사회에서 권력이 남용되는 사례를 3가지 이상 들어 보세요.

⑤ 작품 속에서 벤자민이 행동하지 못한 이유는 무엇일까요?

⑥ 우리나라의 현실을 비판하며 시국선언을 한 사람들이 1만 여 명이 넘는다고 합니다. 이들이 시국선언을 하게 된 이유는 무엇인가요?

⑦ 시국선언을 한 교사들을 조사하고, 법적 처리를 할 예정이라고 합니다. 교사들이 시국선언하는 행위에 대해서 여러분은 어떻게 생각하나요? 그렇게 생각하는 이유는요?

⑧ 여러분은 우리 사회가 안고 있는 가장 큰 문제가 무엇이라고 생각하나요? 그 문제가 해결되려면 어떻게 해야 할까요? 여러분이 피부로 느끼는 우리 사회의 문제를 알리고, 이의 해결을 촉구하는 시국선언문을 600자 내외로 작성해 보세요.

10. 당신의 인권지수는 몇 점?

우리 사회의 인권지수는 몇 점이나 될까? 인권이라 함은 사람됨이 인정되고 존중되는 다양한 권리라고 할 수 있다. 그 권리 중에는 생존의 권리, 자유의 권리, 행복추구의 권리, 학습의 권리, 알 권리 등이 있다. 민주주의 사회의 구성원이라면 가질 수 있는 가장 기본적인 권리라고 할 수 있는데 과연 우리 사회는 사회 구성원들에게 인권을 누릴 수 있도록 얼마만큼의 조건을 마련해주고 있는지, 특히 청소년들의 호소에 더욱 귀를 기울여보자.

1. 작품 들여다보기 「인권은 교문 앞에서 멈춘다」

◈ 작가 소개 : 배경내

인권운동가. 〈인권운동 사랑방〉을 거쳐
인권교육센터 '들' 에서 활동하고 있는 상임활동가.

◈ 작품의 내용 속으로!

학교는 과연 학생들에게 무엇을 안겨주고 있을까. 신체에 대한 폭력, 일상화된 검열, 언어폭력이 난무하고 있으며 자치와 자율은 거의 찾아볼 수 없다. 이런 것들은 오랫동안 학교를 지배해 온 입시문화, 권위주의 그리고 빈약한 교육학적 상상력과 인권의식에서 비롯된 것이다. 문제는 이런 현실이 전혀 개선되지 않고 일상적인 인권침해가 재생산되고 있다는 것이다. 학교에서 아이들은 인간의 존엄성과 타인에 대한 배려를 배우지 못한다. 토론과 대화의 능력을 키우지 못하고 자율과 자치의 소중함을 체험하지 못한다. 인권침해에 대해 저항도 해 보지만 그것이 소용없다는 것을 곧 알게 되면서 순응하고 체념한다. 이런 경험이 누적되면서 아이들은 순종적 인간이 된다. 나아가 인권침해가 만성화·일상화되면서 아이들은 희생자에서 폭력을 행사하는 가해자로 전환한다. 학교를 인권이라는 관점에서 바라보지 않는 한, 아이들도 학교도 우리 사회도 망가질 수밖에 없다는 것이 저자의 주장이다. 아이들은 학생이 아니라 사람이다.

이 책은 학생이라는 신분에 구속돼 있는 아이들이 학교 현장 속에서 어떻게 인권을 침해당하고 있는지, 그리고 이러한 인권침해의 경험에 대해 아이들은 어떠한 의미를 부여하고 있는지를 분석함으로써 학교가 아이들의 정체성 형성에 미치는 영향에 주목하고자 하였다.

2. 작품 깊이 읽어보기

① 다름을 인정하고 거리를 확인하는 데서 인권은 시작된다

학교라는 공간이 내재한 문제의 원인은 학생들에게 있지 않다. 학교폭력의 주된 원인은 몸과 마음을 가둬두고 오로지 입시에만 매달리게 하는 구조적 모순과 그 구조를 세우는 경쟁 이데올로기에 있다. 이 틀을 깨지 않는 한 기성세대와 학생들 간의 갈등은 좁혀질 가능성이 없다. 가르치려 하는 이 사회의 어른들과 가르침을 받도록 강제당하는 학생 사이의 숙명적인 거리를 어떻게 줄일 수 있는가. 이는 어른과 아이, 선생과 학생이라는 암묵적이고도 명시적인 힘의 불균형에 의해 항상 의사표현에 제약을 받아온 아이들의 이야기에 진솔하게 귀를 기울임으로써, 요즘 아이들이 자신들과 얼마나 다른가를 확인하는 데서부터 시작해야 한다.

② 자신을 사랑하도록 하자

아이들은 절망한다. 그리고 불행하다고 한다. 스스로에게 애정을 느끼지 못한다. 이는 끊임없이 자신을 나무라게 하는 브레이크 없는 이념의 엔진이 가동되고 있기 때문이다. 그것은 무조건 경쟁을 추구하는 이념이다. 불행한 삶과 절망적 일탈을 예방하기 위해서, 그리고 아이들이 자신의 인권을 알고 타인의 인권을 존중하며 나아가 권리에 따른 책임을 이행할 수 있는 공동체적 삶의 능력을 기르도록 하는 교육의 토대가 마련돼야 한다.

자신을 사랑하는 사람이 남을 사랑할 수 있다. 자신의 권리를 알고 권리를 존중받으면서 성장한 사람만이 타인과 공동체의 권리도 존중할 수 있는 능력과 가치를 삶 속에서 자연스럽게 체득할 수 있다. 가학적 폭력과 집단주의적 따돌림의 문화를 기반으로 하고 있는 학교폭력과 왕따 현상은 역설적으로 가해자로 불리는 아이들의 삶이 인권침해의 경험으로 일그러져 있음을 반증한다. 아이들은 단순히 인권침해의 희생자로만 머무르지 않고, 가학적인 폭력행위를 통해 인권침해의 가해자로 전환되고 있는 것이다.

이러한 문제들을 해결하기 위해서는 학교의 구조와 문화를 인권의 관점에서 살펴보고, 그 결과를 바탕으로 학교를 다시 구성해야 한다.

③ 보이지 않는 굴레로부터 자유를 주자

현재 대다수 청소년들은 학교라는 제도적 공간과 학생이라는 신분적 굴레에 종속돼 있다. 학교에 있든지 학교를 벗어나 있든지 간에 항상 공부에 대한 스트레스에서 자유롭지 못하며, 학생으로서 해서는 안 될 일에 대한 강박관념에 사로잡혀 있다.

이는 입시문화와 권위주의 문화의 산물이라는 것이다. 교과 성적뿐만 아니라 행동 하나 하나가 교사에 의해 점수화되고, 점수는 곧 입시에서의 성공 여부를 가리는 잣대가 되므로, 아이들은 교사의 평가에 민감할 수밖에 없고 학교의 규율과 위계질서에 순응할 수밖에 없다. 학교가 생각하는 학생다움이라는 기준 또한 입시문화와 권위주의 문화에 복종하는 것을 의미한다.

결국 입시문화와 권위주의 문화가 상보적으로 서로의 존속을 가능케 하는 기반으로 작용한다. 학교의 규율을 통한 제재와 처벌장치는 학교의 입시문화와 권위주의 문화를 지속시키는 원동력이다. 해서는 안 되는 것과 하면 좋은 것이라는 이분법적 구분이 상벌체제와 결합됨으로써 아이들은 규격화·표준화·획일화 된다.

학교의 경직된 규율과 질서로부터의 일탈은 곧 제재와 처벌의 대상이 되고, 소지품 검사, 두발 및 복장 검사 등 끊임없는 일상적 검열과 통제는 아이들로 하여금 자율보다는 타율에 길들여지게 하고 질서와 권위에 순응하는 인간으로 만들고 있다.

3. 관련 시사 들여다보기

① 마시멜로 법칙 [제민일보 2011. 5. 19. 기사 발췌]

최근 마시멜로 법칙의 후속 연구가 이어지고 있다. 그때 기다린 그룹은 현재도 '성공한 중년의 삶'을 살고 있다. 반면 기다리지 않은 그룹의 아이들은 비만이나 약물 중독의 문제점을 안고 있다고 올해 시사주간지 〈뉴요커〉가 보도했다.

뉴요커는 이 같은 결과는 지능지수를 통한 구분보다도 정확했으며, 인종이나 민족에 따른 차이는 없었다고 밝혔다.

두 개의 마시멜로를 먹기 위해 15분간 마시멜로 먹는 것을 참았던 아이들은 욕구를 조절한 것이다. 이 같은 욕구 조절은 청소년기 공부할 때나 직장인으로 생활할 때도 이어졌다. 처음의 작은 차이가 큰 차이를 만든 것이다. 욕구를 조절하는 자기 통제의 힘이 성공의 지름길이라는 것을 마시멜로 법칙은 보여주고 있다.

지인 중에 회식자리에서 다른 사람의 목소리

가 커지면 "침착, 침착"이라고 자주 말하는 사람이 있다. 옛말에 참을 인(忍) 자가 세 개만 있어도 살인을 면한다는 말이 있다.

현재의 한국사회는 물질만능주의가 기승을 부리고 있다. 욕구를 조절해 자기를 통제하기 보다는 하고 싶은 것을 해야만 직성이 풀리는 사람이 늘고 있다.

참을성 있게 기다리기보다 당장 결과물만을 내놓기를 기대한다. '빨리빨리' 문화는 인내심보다는 조급성을 키우고 있다.

현재의 사회 상황이 이어져 15년 후, 30년 후에 마시멜로 먹기를 참지 않았던 아이들처럼 한국사회가 여러 가지 문제점이 많은 나라로 변하는 것은 아닐까 걱정스럽다.

② 체벌, 두발검사…70년대에 머문 학교 [아시아투데이 2009. 5. 5. 기사 발췌]

머리 자르기 싫으면 자퇴해라, 내일까지 머리 다듬고 부모님 모시고 와라, 매 학년 초·중·고등학교 교문 앞에서 자주 보는 익숙한 풍경이다. 이발기구로 머리를 깎이고, 벌을 서면서 갖은 욕설을 듣고 매까지 맞는 일은 예삿일이다.

서울 A공고에 다니는 김종호(가명 18살) 군은 "솔직히 두발검사, 소지품검사 안 당해보면 모를 것"이라며, "머리 깎였을 땐 친구들 보기 창피해 정말 전학가고 싶었다"고 털어놨다.

어린이 청소년들도 헌법에 보장된 보편적인 인간의 권리로 차별받지 않을 권리, 표현, 사생활, 사상, 양심, 종교, 집회의 자유를 갖는다. 그러나 기성세대와 사회는 보호와 훈육을 명목삼아 통제하거나 억압해왔다. 그래서 청소년들은 청소년의 반대말은 자유라고 얘기한다.

권영길 민주노동당 의원은 지난해 12월 3일, 두발자유와 0교시 심야 보충수업 금지 등을 골자로 한 초·중등교육법 개정안, 이른바 학생인권법을 발의했다. 그러나 지금까지도 법안은 여전히 국회 서랍 속에 잠자고 있다.

③ 용서란 신성하고 위대한 사랑이다 [제민일보 2007. 6. 24. 기사 발췌]

"페테르부르크의 2월의 추위는 영하 12도를 오르내린다. 1703년, 서구로 뻗어나가려는 욕망을 가졌던 피터 황제에 의하여 건설된 이 조그마한 도시는 오늘따라 하얀 구름이 뭉치째 내려앉은 분위기다…."

톨스토이의 1886년 소설 『이반 일리치의 죽음』(정문길 옮김·이일선 그림)은 이렇게 시작된다.

톨스토이는 이 소설을 통해 인생의 헛됨과 공허함을 사실적으로 그려낸다. 동시에 가치 있는 죽음과 영혼의 구원에 대해 이야기한다.

『이반 일리치의 죽음』에는 조금씩 다가오는 죽음을 실감하면서 처음으로 삶의 의미를 생각하게 되는 주인공이 등장한다.

고위 관료의 아들로 태어나 법조인으로 출세

가도를 달리던 주인공 이반 일리치는 그러나 집안일을 하다 얻은 옆구리 통증이 중병으로 확대되자 지금까지의 삶이 송두리째 흔들리기 시작하고, 결국 마흔다섯에 죽는다.

이 소설은 시간과 공간이 다를 뿐 죽음은 우리 자신 저마다에게 반드시 오고야 만다는 사실을 반추해준다. 이 소설은 또한 사랑과 용서에 대해 깊이 있게 생각해볼 시간을 갖게 해준다.

'용서란 신성하고 위대한 사랑이므로 그 선(善)을 추구하는 것이야말로 참된 인생의 가치를 깨닫게 되는 길'이라는 진리를 톨스토이는 이 소설 속에 녹여냈다.

4. 통통 토론마당

① 소년 인권의 문제는 정말 심각한가? 어느 정도인지 실례를 들어 말해보자.

② 나열한 문제들은 인간의 어떤 권리에 위배되고 있는가?

③ 무엇이 가장 심각한 문제라고 생각하는가?

④ 그러한 문제로 해서 생겨나는 또 다른 문제점은 무엇인가?

⑤ 문제의 원인은 무엇인가?

■현상적인 원인 :

■근본적인 원인 :

⑥ 어떻게 그 문제를 해결할 수 있는가?

⑦ 이밖에도 청소년 인권을 얘기할 때 어떤 문제가 있는가?

⑧ 인권 문제의 해결을 위해 누가 어떻게 노력해야 하나?

■국가 :

■학교 :

■기성세대(교사, 부모 등) :

■나(청소년) :

[책으로 여는 시사 통합논술]

11. 자본주의 사회의 욕망 분출 방식은?

바야흐로 자본주의 시대에 우리는 살고 있다. 자본에 의해 세계가 운영되고 관리되는 사회, 그로 인해 모든 인간사회의 질과 내용, 가치를 매기는 척도가 돈이 아닌가 하는 생각이 들 정도로 자본에 대한 맹신이 더욱 팽배해지고 있다. 돈만 있으면 뭐든지 다 할 수 있다는 생각이 초등학생들 사이에서도 만연하고 회자되는 걸 보면서 이 시대가 추구하는 가치에 대해 다시 한 번 생각해보게 된다. 돈이 인간을 어떻게 변화시키는지, 21세기 자본주의 사회에서 인간의 욕망은 어떤 모습으로 나타나고 있는지, 보이는 것과 보이지 않는 것의 가치는 무엇인지에 대해 찰스 디킨스의 「위대한 유산」이라는 작품을 통해 살펴보기로 하자.

1. 작품 들여다보기 「위대한 유산」

◈ 작가 소개 : 찰스 존 허펌 디킨스(Charles John Huffam Dickens, 1812. 2. 7 ~1870. 6. 9)

빅토리아 시대에 활동한 영국 소설가이다. 사립학교에서 약간의 교육을 받기는 했지만, 아버지가 채무 관계로 수감돼 12살 때 런던의 한 구두약 공장에서 하루에 10시간의 노동을 하게 되는데, 이 때의 경험에서 나온 빈민층의 삶의 조건에 대한 분노가 후일 그의 작품의 주된 주제가 된다.

◈ 작품의 내용 속으로!

이 소설은 '핍'이라는 소년이 신사로 살고 싶은 욕망을 딛고 진정한 어른이 되기까지의 과정을 그리고 있다. 주인공 핍은 조 가저리라는 시골 대장장이와 결혼한 누나 집에 얹혀 살아가는 평범하고 행복한 소년이었다. 그런데 어느 날, 해비샴이라는 노처녀로부터 말동무가 되어달라는 부탁을 받고 오래된 저택을 드나들면서 그녀의 양녀 에스텔라라는 여자아이를 만나게 되면서 핍은 변하기 시작한다. 자신의 생활에 대해 만족을 하던 핍은 에스텔라를 만나면서 자신의 생활이 하찮다는 것을 느끼게 된다. 만족한 삶을 살았던 그는 일상의 삶에 회의를 느끼고 의욕을 잃으면서 자신이 생각하는 더 좋은 삶, 즉 신사가 되는 삶을 갈망하게 된다. 그러나 그것은 자신의 노력이 아니라 누군가에 의한 유산 상속으로 이루게 된다. 순간 엄청난 유산을 상속받은 핍은 그때부터 조금씩 변한다. 주위의 태도 변화를 당연시 여기고, 자신이 정말로 신사가 된 것으로 착각하면서 에스텔라와 어울리는 사람이 됐다고 생각한다.

고향에서 런던으로 이사를 오고, 런던 사람들과 어울리고, 신사가 되기 위한 지식들을 배우지만 그의 씀씀이는 커져만 가고 결국 많은 빚을 지게 된다. 또한 자신에게 유산을 남겨준 이가 언젠가 만난 적이 있는 사형수란 것을 알게 된다. 그의 고생에 의해 자신이 그런 삶을 살아온 것이다. 그리고 자신이 동경해 마지않던 에스텔라도 사형수와 살인자인 여자 사이에서 태어난 딸이었던 것이다.

그 사건은 자신이 무엇을 위해 신사가 되려 했는지, 어떻게 될 수 있었는지, 자신이 동경했던 여자에 대한 새로운 인식과 실망들이 그의 이제까지의 생활과 사고방식을 바꾸는 계기를 제공한다.

결국, 핍은 자신에게 유산을 상속했던 사형수가 잡힘으로써 모든 재산을 빼앗기고 그의 죽음을 지켜본 후 빈털털이가 되어 고향에 돌아올 수밖에 없었다. 고향에 돌아온 핍은 싸늘해진 사람들의 태도를 보면서 자신이 신사라고 생각했었던 것이 단순히 돈에 의한 것임을 깨닫고, 유일하게 자신을 반기는 매부를 보고 미안한 마음이 든다.

그리고 핍은 항상 같은 자리에서 열심히 살아가고 있는 매부를 보며 진정한 신사는 바로 매부였음을 깨닫게 된다

2. 작품 깊이 읽어보기 관점과 대립 갈등

① 풍요의 시대가 낳은 인간의 욕망

이 작품의 배경이 된 시대는 19세기 영국이다. 그 당시의 영국은 산업혁명을 거치면서 세계 인구의 4분의 1, 대륙의 5분의 1을 통치하는 황금시대를 누리고 있었다. 산업혁명은 인간의 삶을 질적으로 달라지게 만들었다.

산업화에 따라 생산력이 고도로 발달하면서 경제뿐만 아니라 정치·사회·문화·도덕·가정 등 생활 전반에 큰 변화가 일어난 것이다. 농촌의 인구는 도시로 밀려들어 빈민층을 형성했고, 몰락한 귀족보다 자본주의가 더 막강한 힘을 갖게 되면서 점차 자본주의적인 사고방식이 사회를 지배하게 된 것이다. 그 결과 젊은이들은 돈과 명예를 최고의 가치로 여겼으며

더욱 출세주의를 지향하게 된다. 위대한 유산의 주인공 핍 또한 그 시대를 대변해주는 젊은이의 한 유형이라고 할 수 있다. 갑작스럽게 물려받게 된 유산 상속으로 자본의 맛을 알게 되었고, 출세를 위해 도시로 떠났으며, 그곳의 풍요로운 삶에 젖어들면서 끝내는 재산을 탕진하게 되는 삶을 살게 된 것이다.

② 인간의 성장 요인은 사랑

위대한 유산은 여러 사회적 요인에 의해서 인간의 삶에 미치는 영향과 진정한 인간의 가치 회복을 보여준다. 핍과 사형수 그리고 부자 노파는 모두 성숙의 과정을 겪으면서 과거에 비해 더 긍정적이고 인간적인 모습을 회복한다는 공통점을 가지고 있다. 위대한 유산으로 인한 돈과 지위는 보잘 것 없는 대장장이 소년을 일약 런던 신사로 만들어주지만, 그 물질적 힘은 인간의 순수성을 파괴해버리고 나아가 사랑마저 돈과 지위로 실현할 수 있으리라는 환상을 심어준다.

물질과 상류층에 대한 허황된 꿈은 한 죄수의 진실한 애정에 의하여 깨어진다. 핍이 신사로 거듭나는 계기는 프로비스에게서 사랑이라는 본질을 발견하면서부터이고 그의 상처를 오롯이 받아 안아주는 매형의 사랑이 있었기에 가능했다. 핍은 매형의 사랑으로 인해 진정한 신사의 본질은 물질적 풍요나 인위적인 교육으로 길러지는 것이 아니라 인간에 대한 따뜻한 사랑이 바탕이 된다는 것을 깨닫게 된 것이다.

③ 시대가 대량생산하는 범죄자

죄수는 원래 악한 성품 때문이 아니라 먹고 살기 위해서 도둑질을 시작해야만 했고, 범죄자를 생산해내는 빅토리아 사회의 구조적 모순을 구체화한 인물이다. 그는 돈만 있으면 신사가 될 수 있다고 확신하는데, 이것은 사회의 희생자인 그 자신이 당대의 물질만능주의 사고방식을 오히려 답습하는 한계를 보인다.

부자 노파는 대표적인 상류층의 인물이다. 그녀의 왜곡된 삶은 당시 귀족들의 실상을 반영한다. 그녀 역시 자신의 재산에만 눈이 어두웠던 사기꾼 애인에게 배반당한 물질만능주의 사회의 또 다른 희생자이다. 위대한 유산에서 핍이 물질의 힘을 극복하는 과정, 하층민인 죄수에게서 고귀한 덕성을 찾아내는 시각, 그리고 부패한 상류층인 노파의 인간적인 참회의 모습 등에서 인간 본성이 악은 아닐 수도 있다는 것을 시사하고 있다.

3. 관련 시사 들여다보기

① 드라마도 마케팅 시대 [헤럴드경제 2009. 3. 31. 기사 발췌]

KBS 2 월화극 〈꽃보다 남자〉 신드롬이 불고 있다. 30% 초반대의 시청률도 놀랍지만 파급 효과의 체감지수는 더 강렬하다. 꽃미남 열풍과 출연자의 의상에 대한 관심, TV 프로그램 전반에 걸친 F4 패러디, OST 시장을 살릴 정도인 드라마 주제곡, 중년에까지 그리고 아시아로 확산되는 팬덤 등 꽃남 현상은 드라마 한 편이 가져올 수 있는 최대치라고 해야 할 것 같다.

TV를 안 보던 10대를 TV 앞에 붙잡아 놓은 것도 이 드라마다. 그런 점에서 〈꽃보다 남자〉 는 기획의 승리라는 말을 듣고 있다. 이응진 KBS 드라마제작국장은 "꽃남 제작자의 기획 마케팅력과 분석력이 뛰어남을 입증한 셈"이라며, 꽃남은 대중문화시장에 큰 영향을 미치는 일대 큰사건 이라고 파악했다.

꽃남 기획의 중심에는 드라마 제작사 그룹 에이트의 송병준(49) 대표가 있다. 그는 〈명랑소녀 성공기〉와 〈미안하다, 사랑한다〉, 〈이 죽일 놈의 사랑〉, 〈환상의 커플궁〉 등을 히트시킨 화려한 전력을 지니고 있다.

② 금잔디 된장녀 논란 [재경일보 2009. 3. 4. 기사 발췌]

KBS2 〈꽃보다 남자〉에서 서민 금잔디(구혜선 분)가 네티즌들의 사랑을 듬뿍 받고 있는 가운데 된장녀 논란을 일으키며 구설수에 올랐다.

네티즌들은 극 중 세탁소집 딸로 서민 대표로 출연하고 있지만, 금잔디 패션이 지나치게 고가의 명품이라며 극 중 캐릭터와 어울리지 않는다며 금잔디가 된장녀 아니냐는 지적이 제기되고 있는 것. 네티즌에 따르면 금잔디가 메고 나오는 가방, 구두 등은 20만원~100원을 호가하는 명품이라는 것.

금잔디 가방은 키플링, 번버스터, 마크 제이콥스 등이며 구두는 닥터 마틴, 크리스찬루부탱으로 국내에 몇 개 없다는 명품 구두라는 지적. 특히 금잔디의 핸드폰은 60만원을 넘는 최신 고가 상품, 교복 또한 빈폴에서 협찬받은 수십만원대로 알려졌다.

이와 관련 네티즌들은 "서민 금잔디 된장녀 아니냐"며 비난하는 사람들도 있지만, 또 일부 네티즌들은 "일반 서민들도 명품을 선호하기 때문에 짝퉁을 구매했을 수도 있다"는 반응이다.

③ 불황기에도 자기만족 소비 [한국경제 2009. 3. 4. 기사 발췌]

젊음, 가치, 멀티(다기능) 경기가 급속히 추락한 최근 6개월 간 히트한 아이템들에서 공통적으로 발견된 히트 공식이다.

롯데백화점은 4일 지난 가을 겨울 시즌(작년 9월~올 2월)에 인기를 모은 15대 히트 아이템 을 분석한 결과, 불황기 소비의 3대 키워드를 이같이 제시했다. 불황기라도 젊은 층을 중심으로 합리적인 가격대에 멋과 자기만족을 추구하는 가치소비는 늘고 있다는 얘기다.

먼저 롯데백화점은 불황기에도 씀씀이를 줄이지 않은 소비계층으로 젊은(young) 고객을 꼽았다. 이들은 단순히 나이가 젊은 10~20대를 지칭하는 것이 아니라 젊은 감각을 추구하고 유지하려는 영 마인드를 가진 모든 계층을 의미한다.

특히 의류 부문에서 최신 유행패션을 선호하고 정장보다 다양한 캐주얼을 찾는 소비경향이 두드러졌다. 패스트 패션(SPA) 브랜드 유니클로가 기획상품으로 내놓은 히트텍(티셔츠 레깅스)을 비롯샤이니(반짝거리는) 패딩 점퍼, 퀼팅(누빈) 점퍼 등이 히트한 것도 이 때문이란 분석이다.

④ “고맙습니다 서로 사랑하세요” [충북일보 2009. 3. 4. 칼럼 발췌]

봄의 탄생을 앞두고 만삭이 된 대지는 피돌기가 한창이지만 경기는 아직도 꽁꽁 언 마음을 좀체 풀려 하지를 않는다. 어디서부터 매듭을 풀어야 할지 오늘도 관·민이 머리를 맞대고 민생안정 대책을 논의해보지만 나름대로 의견만 분분할 뿐 이렇다 할 속 시원한 대책이 없다.

“고맙습니다. 서로 사랑하세요.”

평생 이웃을 사랑하며 생명 나눔을 몸으로 보여주며 영면하신 한 성직자의 길, 87년간의 여정을 끝내고 유리관 안에 누우신 아름다운 그 모습을 마음에 담고자 남녀노소 종파를 초월한 순수 자연인들의 애도의 긴 행렬은 그 자체가 장엄한 의식이라 할 수 있었다.

애도의 행렬은 꼬리에 꼬리를 물고 각 지역 성당은 물론 가정마다 텔레비전 매체를 통해 끝없이 이어지고 있음을 느낄 수 있었다.

공동체가 파괴된 사회에서는 바보같이 남을 돕는 사람들만이 세상을 구원한다는 메시지와 함께 마음을 하나로 손잡게 하고 떠나시며 마지막으로 남기신 아름다운 선물은 생명도 함께 나눌 수 있는 사랑이었다. 이로 인해 생명 나눔 사랑 실천이 봇물처럼 터져 흐르고 있다.

4. 통통 토론마당

① 「위대한 유산」의 주인공 '핍'이 가졌던 신사의 의미는 현대사회의 어떤 욕망과 유사하다고 볼 수 있나요?

② 현대인들은 다양한 욕망으로 인한 불안에 시달리고 있다고 합니다. 예를 들어 어떤 욕망들을 갖고 있다고 할 수 있나요?

③ 드라마 〈꽃보다 남자〉가 현대를 살아가는 젊은이들의 욕망을 대변해준다고 하는 일부 평가가 있습니다. 이런 의견에 대해 여러분의 생각은 어떠한가요?

④ 갈수록 범죄율이 증가하고 있습니다. 범죄율이 증가하는 이유, 부추기는 현상들이 있다면 무엇일까요?

⑤ 명품 열풍, 성형 열풍 등은 현대사회에서 많이 시사화 되는 문제이기도 합니다. 이런 열풍들의 공통점은 무엇인가요?

⑥ 「위대한 유산」이 남긴 것은 결국 무엇인가요?

⑦ 주인공 '핍'이 되어 자신의 경험에 비추어 현대를 살아가는 젊은이들에게 해주고 싶은 말을 편지 형식으로 600자 내외로 적어보세요.

part 4

체험적 NIE 지도론

17 SECTION 체험적 NIE 지도론 개괄

교육의 핵심은 '무엇을 어떻게 가르치느냐'에 있으며, 교육 방법은 교육의 목적을 실현하는 데 요구되는 모든 수단적·방법적 조건을 통칭한다(황정규, 이돈희, 김신일, 1998). NIE 지도는 광의의 정의로는 신문을 활용한 모든 교육적 행위 전체를 일컫는다. 하지만 이 정의는 너무나 추상적일 수 있기 때문에 이 장에서는 좁은 의미의 NIE 지도론을 구체적으로 설명하고자 한다.

신문을 활용한 교육은 신문을 활용한 수업의 목표를 달성하기 위해 사용되는 효과적·효율적인 수업 방식을 통칭한다. 따라서 수업의 목표가 무엇이냐에 따라 그 수단과 자료, 구체화된 계획이 달라질 수밖에 없다. NIE는 신문을 학생들의 교과 학습, 사고력 훈련, 인성교육, 진로 지도 등에 활용하여 교육적 효과를 극대화시키는 교수법의 하나이다. 신문을 활용한 교육은 유아에서부터 노인에 이르기까지 전 연령층에 적용, 활용이 가능하다.

신문을 활용한 학습을 하려면 우선 학습자에 대한 이해와 더불어 교육의 재료인 신문에 대한 이해가 필요하고, 이를 활용한 구체적인 학습의 전략을 세울 수 있어야 한다. 따라서 NIE 지도자가 되고자 하는 사람은 일정 기간 동안 NIE에 대한 이론 공부가 필요하고, 실제 수업에 임할 수 있으려면 무수한 체험이 선행되어야 한다. 모든 교육이 그렇듯이 교사에게 체화되지 않은 교육은 학습자에게 효과적으로 전달될 수 없고, 소정의 교육 목표를 달성할 수 없기 때문이다.

1. NIE 지도자의 요건

① NIE 지도를 하려면 우선 학습 대상자에 대한 이해가 필요하다

NIE 활동에 참여한 자의 연령, 학습 수준, 취향과 성향, 학습에 대한 욕구 이해와 분석이 있어야만 대상에게 적절한 교수 전략을 세울 수 있다. 일반적으로 인간 발달 단계에 대한 이해가 필수적이며, 특수 대상인 경우 특수 문제에 대한 이해와 분석이 필요할 수도 있다.

② 학습의 도구인 신문에 대한 이해가 필요하다

신문활용교육은 신문을 가지고 하는 수업으로 신문에 대한 이해는 필수적이다. 신문에 대한 심층적인 이해라기보다는 신문 전반의 구성, 신문 정보 속에서 가치로운 정보와 그렇지 못한 정보를 구분해내는 능력 등이 NIE 지도자가 갖추어야 할 능력이다. 그리고 신문의 정보가 모든 대상에게 활용 가능하지 않기 때문에 대상에 맞는 적절한 자료를 선별하는 능력도 NIE 지도자에게는 필수적인 기능이다.

③ NIE 지도자는 정보에 민감하고 사회 현상이나 변화에 대한 예측, 분석이 가능해야 한다

세상이 급속도로 변화하고 있다. 하루가 다르게 변하는 세상에서 무엇이 중요하고, 무엇이 옳고 그른지를 판단하는 능력은 현대인에게 필요한 가치이다. NIE 지도자는 더욱 이에 소홀히 하지 말아야 하며, 학습자들에게 신속한 정보를 공급할 수 있어야 한다. 이에 신문 스크랩이나 신문일기 쓰기와 같은 정보화 전략이 필요하며, 정보를 활용한 교수 전략을 수립할 수 있어야 한다.

④ 대상, 자료에 따른 교수 전략을 세울 수 있어야 한다

학습의 전 과정은 교사가 진행하는 교수 전략에 의해 운용된다. 교사는 대상에 맞는 교수 전략을 세워 계획에 따른 교수 활동을 해야한다. 대상, 학습 목표, 교수 활동, 평가 등 일련의 교수 계획안을 체계적으로 수립할 수 있어야 하며, 이를 원만하게 수행할 수 있어야 한다.

⑤ NIE 지도자는 심성이 바르고 올바른 가치관을 가져야 한다

교육의 목표 달성은 교사와 학습자 간 커뮤니케이션 능력에 달려 있다는 말도 있다. 그만큼 교수자는 학습자의 자발적 참여를 유도할 수 있어야 하며, 늘 열린 자세와 사고로 학습자를 대해야 한다. NIE 수업의 대부분은 대화와 토론으로 이루어지는 것이어서 교수자의 바른 언어 습관, 열린 마음, 올바른 가치관이 학습자에게 직접적으로 영향을 미친다는 것을 고려해야 한다.

2. NIE 지도 원리

NIE 지도는 대상에 따라 그 교수 모형이 달라질 수 있지만 일반적으로는 흥미의 원리, 발달의 원리, 주체의 원리, 체험의 원리, 통합의 원리가 적용된다고 할 수 있다.

① 흥미의 원리

공부든 일이든 흥미가 없으면 동기 부여가 잘 되지 않아서 능률이 떨어지거나 효과가 기대에 못 미치게 된다. 이와 같이 NIE 활동도 흥미와 관심이 있을 때 학생들이 자발적으로 즐겁게 참여할 확률이 높다. NIE를 지도함에 있어 교사는 학생들의 흥미를 이끌기 위한 전략을 면밀히 검토하고 실행할 수 있어야 한다.

수업의 도입에서부터 마무리에 이르기까지 흥미를 이끌만한 재료와 요소를 투입하여 집중도를 높이는 게 수업의 관건이 될 수도 있다. 흥미 있는 수업이 되어야만 수업의 결과물도 알차게 나올 수 있다. 흥미를 갖게 한다는 것은 학습에 대한 동기부여가 되며, 수업에 집중도를 높이면서 즐겁고 알찬 수업의 결과를 가져올 수 있다는 것을 유념해야 한다.

② 발달의 원리

신문은 문자나 기호, 사진 자료와 같은 시각 자료로 구성되어 있다. 학습자의 발달 단계에 따라 익숙하거나 선호하는 자료가 다를 수 있다. 유아나 초등 저학년은 사진이나 광고, 표제와 같은 자료가 관심을 끌며, 고학년으로 갈수록 그 폭이 넓어질 수 있다.

또한 NIE 활동 초기 단계에서는 사진, 만화, 광고와 같은 시각 자료 활용이 더 수월할 수 있다. 그리고 실제 활동의 내용도 어린 연령일수록 그림으로 표현하기나 말 주머니 채우기, 낱말놀이나 문장 만들기, 책 만들기와 같은 공작 활동이 더욱 흥미를 끌고 용이할 수 있다. 모든 학습은 학습자의 수준에 맞아야 한다는 기본 원칙에 따라 NIE 지도에 있어서도 학습자의 발달 단계를 고려해야 한다.

③ 주체의 원리

학습자는 학습에 주체적으로 참여해야만 학습의 효과가 극대화될 수 있다. 이때 주체라는 말은 학습자 개개인의 학습 참여 동기가 자발적이어야 하며, 교사는 그 주체를 대상화하지 말아야 한다. 교사의 임의대로 학습의 주제나 학습의 목표를 설정하기 보다는 대상의 욕구과 수준, 성향과 기질에 맞는 교수·학습의 계획이 수립되어야 한다.

④ 체험의 원리

NIE 활동은 거의 대부분이 정보 찾기에서부터 시작해 오리고 붙이기, 읽기, 토의·토론하기, 활동하기, 발표하기, 평가하기 등 학습자의 능동적인 체험에 의해 이루어진다. 교사는 이를 이끌어가는 도우미와 같은 역할을 하는 것이다. 이에 학습자가 자발적이면서 능동적으로 참여할 수 있도록 면밀하게 교수 전략을 수립해야 하는 것이다.

⑤ 통합의 원리

NIE의 궁극적인 목적은 정보화 능력의 개발과 창의적인 사고 능력 함양, 바른 인성과 가치관의 확립에 있다 할 수 있다. 이에 NIE 지도자는 교수 활동을 통해 학습자가 궁극적으로 도달해야 하는 지점에 대해 암시하고, 예측하고, 지지하는 태도가 필요하다. 아는 것에 그치지 않고 실천에 이를 수 있는 전인 교육에 힘써야 한다. 이로써 학습의 효과는 극대화되고 종결되는 것이다.

3. NIE와 토의·토론 수업

대한민국 교육과정의 최종 목표는 창의적인 인재 양성이다. 세계화의 대안으로서 창의적인 인재 양성은 한 나라의 운명을 좌지우지할 수 있는 시대적 사명에 이르렀다.

이에 제7차 교육과정에서는 창의적인 인재 양성을 위해 주제별 프로젝트 수업을 비롯해 한 주제에 대해 다양한 논의를 거치게 하는 토의·토론 수업을 중요하게 다루고 있다.

초등학교 1학년 과정에서부터 각 단원별 활동을 제시하는 문항에 '까닭과 이유를 말하세요?', '이유를 들어 말하세요?', '잘 듣고 말하세요?', '원인과 결과를 말하세요?', '설득력 있는 근거를 제시하며 의견을 말하세요?', ' 주제를 파악하며 들으세요?' 등 논리적이면서도 창의적인 사고력 향상을 위한 물음들이 주를 이루고 있다. 이는 교육 과정 전반에 걸쳐 토의 · 토론을 위한 기초 학습을 제시하고 있다고 할 수 있다.

(1) 토의·토론의 개념

토의·토론 학습은 어떤 문제에 대해 다양한 의견을 제시, 설득, 합의, 해결해 나가는 수업 방법이다. 토의와 토론을 구분 없이 사용하는 경우가 많은데 토론과 토의는 완전히 다르다. 영어로 토의는 'discussion' 이고 토론은 'debate' 이다.

토의는 두 사람 이상이 모여 각자 아는 바, 생각하는 바, 느끼는 바를 중심으로 논의하는 집단적 사고 과정을 거쳐 어떤 문제의 해결을 시도하는 논의의 형태이다.

토론과 토의의 공통점은 우선 자신의 생각을 다른 사람에게 말하기를 통해 표현한다는 것이다. 이때 말하기의 내용에는 주장, 이유, 근거 등을 포함한다. 그리고 그 주장이나 근거 등은 설득력이 있어야 한다. 설득력이 있으려면 이유와 근거가 타당하며 확실해야 하고 조건에도 맞아야 한다. 토의에서는 가·부를 결정하는 것이 아니라 어떤 의견에 대해 마음을 합치는 행위라고 할 수 있다.

하지만 토론은 어떤 의견이나 제안에 대해 찬성(긍정)과 반대(부정)의 뚜렷한 의견 대립을 가지는 사람들이 자기 주장의 정당함과 합리성을 내세워 논리적으로 상대방을 설득하는 논의 형태이다. 찬성자와 반대자는 각기 논제에 따른 근거를 밝히고, 상대방의 주장에 대하여 잘못된 것을 공격하여 말하며, 주장의 정당성과 합리성이 상대방에게 인정될 수 있도록 자기의 주장을 펴 나가야 한다.

(2) 토의·토론 수업의 유형

NIE 학습에 있어 토의·토론은 일상적인 학습 모형이다. 토의·토론이 얼마나 잘 되었느냐에 따라 학습의 성과와 만족감이 결정될 수 있다. 이에 교사는 토의·토론을 진행할 수 있어야 하며, 학습자로 하여금 토의·토론을 실습할 수 있도록 도움을 줄 수 있어야 한다.

토의·토론을 하기 위해서는 우선 주제가 결정되어야 하며 사회자, 토의·토론자, 기록자 등이 필요하다. 물론 토론의 유형에 따라 모형은 달라질 수 있다. 일반적으로 토론의 유형은 패널 토의·토론, 심포지엄, 원탁 토의·토론, 포럼, 세미나, 워크숍 등이 있다.

신문을 활용한 토의·토론 학습은 주제 찬반 토론이 가장 흥미롭다. 학생들이 관심 있어 하는 주제에서부터 시대적 이슈가 되는 문제에 이르기까지 자료를 충분히 수집한 후 특정 의견을 주장·옹호하는 논리를 펴나가는 토론을 해보는 것이다.

토론의 과정에서 자신의 생각이 수정되기도 하고, 논리가 더욱 강화되기도 한다. 이것이 토론이 갖는 장점이라고 할 수 있다.

(3) 토의·토론을 하면 좋은 점

① 정보를 습득하고 정리하는 능력이 생긴다.

② 논리적인 사고가 가능해지며 발표력에 자신감이 생긴다.

③ 다른 사람의 의견을 수용하고 합리적으로 문제를 해결하는 능력이 길러진다.

④ 사람과 상황, 사회에 대한 이해의 폭이 넓어지고, 의사소통능력이 향상된다.

(4) 토의·토론 시 주의할 점

토의 시에는 다른 사람의 의견을 무시하지 말아야 한다. 다른 사람의 말을 가로채지 말아야 하며, 다른 사람의 의견을 끝까지 듣고 말한다. 말을 할 때는 이유와 근거를 확실히 밝혀 말한다. 나와 다른 사람의 의견이 다르더라도 결정된 안에 대해서는 기꺼이 받아들인다.

토론 시에는 토론자와 사회자의 주의점이 있다. 토론자의 주의점은 다음과 같다.

주제에서 벗어나지 않고 의견을 말한다. 의견을 낼 때에는 발언권을 얻어야 하며 이유와 근거를 확실히 밝힌다. 바른 언어 습관도 중요하다. 토론 시에는 존댓말을 사용해 토론한다.

사회자의 주의점은 참여자가 규칙을 지키지 않거나 주제에 벗어난 의견을 말할 시 주의를 주는 것, 그리고 사회자로서의 예의를 지키는 것이 있다. 그래야만 공정한 토론이 될 수 있다. 또한 사회자나 기록자는 토론 내용을 요약, 정리한다.

4. NIE 수업 지도안 구성

(1) NIE 수업 지도안의 개요

NIE는 신문을 교재로 한 교육이다. 모든 교육은 수업을 통해 이루어진다. 수업에는 교수자와 학습자가 있고, 교수·학습 목표와 계획이 있다.

이때 교수자는 학습의 목표와 학습자의 수준을 고려해 그에 따른 자료를 준비해야 한다. 즉 수업 지도안에는 학습자, 차시, 학습의 목표, 수업 자료, 준비물, 유의점 등으로 구성된다.

학습자가 누구인지, 학습 목표가 무엇인지에 따라 수업 지도안은 수준별로 면밀하게 구성되어야 한다. 이에 특정 프로그램(아침NIE교실)을 기준으로 한 수업 지도안을 예시로 소개하고자 한다.

(2) 수업 지도안 예시

<table>
<tr><td>주제</td><td colspan="4">표준어 바로알기</td></tr>
<tr><td>대상</td><td>초등
5, 6학년</td><td>1차시(50분)</td><td>학습 영역</td><td>언어</td></tr>
<tr><td>학습 목표</td><td colspan="4">1. 기사를 읽고 새롭게 바뀐 표준어에 대해 알 수 있다.
2. 새롭게 알게 된 어휘를 사용해 문장 만들기를 할 수 있다.</td></tr>
<tr><td>학습단계</td><td colspan="2">교수·학습 활동</td><td colspan="2">유의점, 준비물</td></tr>
<tr><td>도입
(문제 제기)</td><td>마음 열기
(동기 유발)</td><td>1. 여러분은 자장면/짜장면 중 어떤 것이 표준어라고 생각하나요?
2. 먹거리/먹을거리, 어떤 것이 표준어인가요?
3. 짜장면, 먹거리를 비롯한 39개 말이 표준어가 되었답니다. 이에 대해 알아보는 시간을 갖도록 해요.</td><td colspan="2">마음 열기를 한 후, 준비된 기사를 제공한다. (5분)</td></tr>
<tr><td rowspan="3">전개
(문제 확인)</td><td>기사 읽기</td><td>기사 읽기 : 한겨레 기사-2011년 8월 31일자
'짜장면' 표준어 됐다</td><td colspan="2" rowspan="3">활동지 제공
(30분)</td></tr>
<tr><td>내용 확인</td><td>내용 확인하기
① 무엇에 관한 기사인가요?
② 국립국어원이 이번에 새로 표준어로 인정한 항목을 크게 분류하면 어떤 것들인가요?
③ 이번에 새롭게 표준어로 인정된 말들은 예를 들어 어떤 게 있나요?
④ 그동안 널리 사용됐음에도 표준어로 인정되지 못했던 말들이 표준어로 인정되면서 예상되는 변화는 무엇인가요?</td></tr>
<tr><td>생각
넓히기</td><td>생각 나누기
① 표준어란 무엇이라고 정의할 수 있나요?
② 표준어는 왜 있는 것일까요?
③ 표준어/사투리를 구분함으로써 느끼는 불편함은 어떤 것들인가요?
④ 표준어의 허용 범위가 좀 더 넓어지면 어떤 점이 좋을까요?</td></tr>
<tr><td>문제 해결</td><td>표현 활동</td><td>① 새롭게 인정받게 된 표준어를 빈 칸에 적어보세요.
② 이번에 인정받게 된 표준어 중 5개의 낱말을 골라 짧은 글짓기를 해보세요.</td><td colspan="2">10분</td></tr>
<tr><td>평가</td><td>마무리</td><td>오늘 새롭게 알게 된 사실에 대해 말해보자.</td><td colspan="2">5분</td></tr>
</table>

(3) NIE 활동지 만들기 예시

■ 함께 읽어요 : '짜장면' 표준어 됐다

국립국어원, 복숭아뼈 등
39개 단어 표준어로 인정

"짜장면을 짜장면이라 부르지 못해 슬퍼하셨던 모든 분들, 함께 점심시간엔 축하의 짜장면이라도 들어야겠네요."

국립국어원(원장 권재일)이 31일 그동안 널리 사용됐음에도 표준어로 인정되지 못했던 짜장면 등 39개 단어를 표준어로 인정하고, 이를 인터넷 '표준국어대사전'(stdweb2.korean.go.kr)에 반영했다고 발표하자 트위터 공간에서는 일제히 "만시지탄은 있지만 잘된 일"이라는 반응이 쏟아졌다.

연구원은 "이번 조처로 그동안 규범과 실제 사용 간 차이에서 야기된 언어생활의 불편이 상당히 해소될 것으로 기대한다"고 밝혔다.

국어원은 지난 22일 국어심의회 전체 회의를 열어 새 표준어 대상을 확정했다. 국어원이 이번에 새로 표준어로 인정한 항목은 크게 세 가지로 분류된다.

첫째, 현재 표준어로 규정된 말 이외에 같은 뜻으로 많이 쓰이는 말을 복수 표준어로 인정한 경우다. 예컨대 '간지럽히다'는 비표준어로서 이에 해당하는 말로는 '간질이다'로 써야 했으나 둘 다 인정됐다. 그 외에도 '토란대'(고운대), '복숭아뼈'(복사뼈) 등 모두 11개 항목이다.

연구원은 "복수 표준어는 1988년 제정된 '표준어 규정'이 이미 허용한 원칙을 따르는 것으로 이미 써오던 것과 추가로 인정된 것을 모두 교과서나 공문서에 쓸 수 있도록 하는 것"이라고 말했다.

둘째, 현재 표준어로 규정된 말과는 뜻이나 어감 차이가 있어 이를 인정해 별도 표준어로 인정한 사례로, 25가지가 있다. 일례로 '눈꼬리'는 '눈초리'로 써야 했지만, 두 말은 쓰임이 달라 '눈꼬리'를 별도 표준어로 인정했다. 이와 같은 경우로 '나래' '내음' 등이 있다.

세번째, 표준어로 인정된 표기와 다른 표기 형태도 많이 쓰여 두 가지 표기를 모두 표준어로 인정한 경우다. 그동안 '자장면' '태껸' '품세'만 표준어로 인정됐지만, '짜장면' '택견' '품새'도 표준어로 진입한 것이 이 경우에 해당된다.

국어원은 "1999년 국민 언어 생활의 길잡이가 되는 표준국어대사전 발간 이후 언어 생활에서 많이 사용되지만 표준어로 인정되지 않은 단어를 꾸준히 검토해왔다"면서 "표준어를 새로 인정하는 일은 신중하게 해야 하는 일이어서 어문 규정에서 정한 원칙, 다른 사례와의 관계, 실제 사용 양상 등을 시간을 두고 조사했다"고 말했다.

이를 토대로 새 표준어로 인정할 수 있는 항목을 선별해 지난해 2월 국어심의회(위원장 남기심)에 상정했으며, 이 회의 결정에 따라 어문 규범분과 전문소위원회를 구성, 각각의 항목에 대해 총 3회에 걸친 심층적인 논의를 진행했다고 연구원은 덧붙였다.

■ 사실을 확인해요

① 무엇에 관한 기사인가요?

② 국립국어원이 새로 표준어로 인정한 항목을 크게 분류하면 어떤 것들인가요?

③ 이번에 새롭게 표준어로 인정된 말들은 예를 들어 어떤 게 있나요?

④ 그동안 널리 사용됐음에도 표준어로 인정되지 못했던 말들이 표준어로 인정되면서 예상되는 변화는 무엇인가요?

■ 생각을 나누어요

① 표준어란 무엇이라고 정의할 수 있나요?

② 표준어는 왜 있는 것일까요?

③ 표준어/사투리를 구분함으로써 느끼는 불편함은 어떤 것들인가요?

④ 표준어의 허용 범위가 좀 더 넓어지면 어떤 점이 좋을까요?

■ 문제를 해결해 보아요

① 다음은 현재 표준어와 같은 뜻으로 추가로 표준어로 인정한 11개의 말입니다. 빈 칸에 알맞은 말을 넣어보세요.

추가된 표준어	현재 표준어
간지럽히다	
남사스럽다	남우세스럽다
등물	목물
	만날
묫자리	묏자리
복숭아뼈	
세간살이	세간
	쌉싸래하다
토란대	고운대
허접쓰레기	허섭스레기
	토담

② 다음의 낱말을 넣어 짧은 글짓기를 해보세요.

◆ 남사스럽다 :

◆ 등물 :

◆ 세간살이 :

◆ 쌉싸래하다 :

◆ 허섭스레기 :

5. NIE 교수 계획안 구성

모든 교육에는 교수 계획안이 있어야 한다. NIE 교육에서도 예외는 아니다. 교수자는 교수안을 계획할 수 있어야 하며, 이를 토대로 교육에 임할 때 올바른 교육의 목표를 달성할 수 있는 것이다.

교수는 일반적으로 수업과 같은 의미로 사용되는데, '학습자의 내적 학습 과정을 지원하기 위해 의도적으로 설계·정렬된 외적 사상의 집합' 으로 정의된다. 이 정의 속에는 학습자의 바람직하고 가치 있는 행동으로의 변화를 목적으로 하는 유목적적인 활동이라는 뜻과 학습자의 내적 학습 과정에 맞추어서 이루어져야 하는 활동이라는 뜻이 포함되어 있다. 또한 수업은 학습자가 처한 외적 조건과 상황을 설계·개발·관리하는 적극적인 과정이라는 것을 포함한다.

(1) 교수 활동의 변인

교수 활동의 가장 기초적인 의미는 학습자의 학습 활동을 지원해 주는 것이다. 교수자는 우선 학습자의 특성과 교수 내용의 특징에 적합한 교수 방법을 고안하여 최대의 학습 성과를 달성하려는 시도를 끊임없이 해야 한다. 하지만 교수 활동에 있어 변인은 언제나 작용한다. 교사에 의해 통제할 수 없는 제약 조건이 있을 수도 있고, 학습자에 따라서는 교수의 방법을 달리해야 하는 경우도 발생한다.

또한 성과적인 측면에서도 똑같은 교수 활동을 하였으나 학습자의 성과는 차별적으로 나타날 수도 있다. 이의 변인들을 충분히 검토하여 교수자가 통제할 수 있는 조건을 최대한으로 조절하고, 학습자의 역량과 성향에 맞춰 최상의 성과를 내기 위한 교수안을 작성하는 일은 교수자의 역량이라고도 할 수 있다.

물론 교수안 작성이 최상이라고 해서 그 성과 또한 최상의 결과를 도출해낼 수 있다는 말은 아니다. 그 외에도 다양한 하위의 변수들이 작용한다는 점도 염두에 둘 필요가 있다.

하지만 여기서는 가장 일반적인 NIE 교수안 작성의 일례만 제시하고자 한다. 좀 더 세밀한 측면에서의 교수안 작성은 실제 수업 현장에서 좀 더 치밀한 검토 하에 학습자 중심의 계획안이 수립되어야 할 것이다.

(2) NIE 교수안의 개요

NIE는 신문을 교재로 한 교육이다. 모든 교육은 수업을 통해 이루어진다. 수업에는 교수자와 학습자가 있고, 교수·학습 목표와 계획이 있다. 이때 교수자는 학습의 목표와 학습자의 욕구, 능력과 수준을 고려해 그에 따른 자료를 준비해야 한다. 즉 수업을 위한 지도안에는 학습자, 학습의 목표, 자료, 준비물, 진행 순서, 유의사항, 평가 등으로 구성된다. 학습자가 누구인지, 학습 목표가 무엇인지에 따라 교수 계획안은 수준별로 면밀하게 구성되어야 한다. 이에 특정 주제 수업 1차시 분량의 교수 계획안을 예시로 소개하고자 한다.

① 주제 중심 통합학습 교수 계획안 짜기 준비

가. 주제 : 장애우의 인권 문제

나. 주제 선정 이유 :

인권이란 사람으로서 갖는 권리, 즉 사람으로 살 수 있는 권리, 사람으로 존중받을 권리, 사람답게 살 권리 등으로 요약할 수 있다. 하지만 한국사회에서 사람으로서 사람답게 살고 있는 사람은 과연 몇이나 될까. 인권 문제를 이야기할 때 흔히 외국인 노동자의 인권, 여성의 인권, 청소년의 인권, 노인의 인권 등을 주요 의제로 삼는 경우가 많다. 각기 처지와 지위, 신분, 연령으로 인해 인권을 보호받지 못하고 있는 사례가 다양하다고 할 수 있다.

하지만 그 어떤 대상보다 인권을 보호받지 못하고 있는 사람들은 장애우들이라고 할 수 있다. 신체적·정신적 제약 조건으로 인해 사회적 약자로서 겪어야 하는 엄청난 수모와 불이익을 호소하는 사례가 점점 늘어나고 있는 가운데 사회 일원으로서의 장애우들이 겪는 인권의 문제를 심층적으로 살펴보고자 한다.

다. 수업 대상 : 중등 이상

라. 수업 자료 : 읽기 자료, 사진 자료, 영화 포스터 자료

마. 읽기 자료

■ 제2, 제3의 도가니 사건 [헤럴드경제 2011. 11. 22. 기사 발췌]

제 2, 제 3의 도가니 사건이 벌어졌다.

전남 장흥에서는 시골마을 주민들이 지적장애 여성을 수년간 성폭행한 것으로 드러나 충격을 주고 있다. 충남에서는 한 특수학교 교사가 장애 학생을 성폭행했다는 의혹이 일어 논란이 되고 있다.

광주지검 장흥지청(지청장 배재덕)은 21일 지적장애 여성을 성폭행한 혐의(성폭력범죄의 처벌 등에 관한 특례법 위반)로 이모(58)씨를 구속기소하고 윤모(71)씨 등 2명을 불구속 기소했다고 밝혔다.

같은 여성을 성폭행한 오모(58)씨는 이미 징역 3년이 확정돼 복역 중인 상황이다. 이씨 등은 지난 2009년부터 지난해까지 장흥군 관산읍의 가게나 축사 등 주변에서 A(21·여, 지적장애 2급)씨를 성폭행한 혐의다.

이 가운데는 A씨의 친척도 포함됐다. 혐의를 받고 있는 일부 성폭행 가담자는 현재 범행사실을 부인하고 있다.

A씨는 정신 연령이 7살밖에 되지 않아 겁을 주거나 군것질거리로 유인하는 남성들에게 끌려가 성폭행을 당한 것으로 검찰은 보고 있다.

검찰은 전남 지역 한 보호시설 측으로부터 "수사 내용보다 오랜 기간 많은 주민으로부터 피해를 본 것으로 보인다"는 소견을 듣고 상담 내용을 분석하고 있다.

검찰은 또 10명 이내의 주민을 상대로 조사하고 있으며, 당사자들은 모두 성범죄 혐의를 부인하는 것으로 전해졌다.

이와는 별개로 충남의 한 특수학교 교사가 장애 학생을 성폭행했다며 시민단체가 의혹을 제기해 경찰이 수사에 나서기도 했다. 현재 해당 교사는 "전혀 사실 무근"이라며 강하게 반발하고 있다.

21일 충남지방경찰청에 따르면 한 시민단체 관계자들이 특수학교에 다니는 B(19·지적장애 1급)양이 이 학교 교사에게 수차례 성폭행을 당해왔다며 경찰에 조사를 의뢰해 왔다.

시민단체 관계자들은 경찰에서 "광주 인화학교 사건을 계기로 장애 학생들이 다니는 특수학교를 점검하는 과정에서 B양이 지속적으로 C교사에게 성폭행과 성추행을 당했다는 진술을 받아 수사를 의뢰했다"고 진술한 것으로 전해졌다.

지방청은 성폭행 관련 조사를 담당하는 원스톱지원센터에 수사를 지시했고, 원스톱지원센터는 지난 18일 B양을 상대로 피해자 조사를 벌인 바 있다.

경찰 관계자는 "지난달 말 시민단체의 제보를 받아 수사를 진행하고 있다"면서도 "A양은 자신의 의사를 정확히 표현하지 못하는 상태로 '예, 아니오, 응' 등의 단답형 진술만 하고 있어 조사에 어려움을 겪고 있다"고 전했다.

이 관계자는 이어 "사실 확인을 위해 B양을 조사했지만 B양은 '말하기 싫다'는 등 조사에 제대로 응하지 않고 있고, C교사도 강력히 부인하고 있는 실정"이라며 "조만간 학교 관계자들과 C교사를 상대로 정확한 경위를 파악할 계획"이라고 덧붙였다.

■ 11월 11일은 '지체장애인의 날' [동아일보 2011. 11. 8. 기사 발췌]

11월 11일은 흔히 '빼빼로데이'로 알려져 있다. 젊은 연인들은 물론이고 이제는 나이 지긋한 어르신들도 이날 손에 빼빼로를 들고 있는 모습을 그리 어렵지 않게 볼 수 있다.

특히 올해는 숫자 1이 6번 겹친다는 2011년 11월 11일, 이른바 '밀레니엄 빼빼로데이'로 알려지면서 제과점과 마트, 나아가 거리는 물론이고 TV 광고에 이르기까지 빼빼로데이 특수를 잡기 위한 열기가 뜨겁다.

이제 11월 11일은 연인과 친구, 가족에게 사랑의 마음을 전하는 대표적인 날로 자리 잡았다. 하지만 이날은 또한 농업인의 긍지와 자부심을 고취하기 위한 '농업인의 날'이기도 하다. 그리고 대한민국 전체 등록장애인 252만여 명 중 과반수를 차지하는 지체장애인이 사회에 당당히 일어서기 위한 '지체장애인의 날'이다.

사단법인 한국지체장애인협회는 21세기 원년인 2001년 11월 11일을 지체장애인의 날로 선포하고 매년 이날 전국지체장애인대회를 개최해 오고 있다. 11월 11일은 시작과 출발을 의미하는 '1'이라는 숫자가 1년 중 가장 많이 들어가 있는 날로 지체장애인들이 자신의 신체적 장애 등을 이겨내기 위한 힘찬 출발의 의미를 담고 있다.

또한 '1'자의 형상은 직립(直立)을 뜻해 비록 지체장애인들이 신체적 장애로 제각각의 자세를 취하고 있지만 똑바로 당당하게 세상을 활보하고픈 욕구를 표현하고 힘차게 일어난다는 의미가 있다. 마지막으로 '1'은 첫째를 의미하므로 스스로를 제일 소중한 존재로 여기고 동시에 가족과 이웃, 나아가 사회 전체를 제1의 소중한 가치로 여겨야 한다는 열망을 담고 있다.

세계 10위권 경제대국의 반열에 오른 대한민국은 현재 사회 전 분야에 걸친 발전으로 선진국으로 도약하고 있지만 장애인을 비롯한 사회적 약자를 배려하고 포용하는 '사회적 성숙도'는 아직 부족하다.

물론 복지정책과 예산은 예전과는 비교도 할 수 없을 정도로 확대됐지만 장애인들을 좌절하게 하는 물리적 장벽 그리고 차별과 편견의 낡은 벽은 아직 공고히 남아 있다. 지체장애인을 비롯한 전국의 장애인들은 지금 이 순간에도 장벽과 차별에 대항해 치열하게 싸워가고 있다.

나 역시 그랬다. 중학생 때 철도 사고로 한쪽 다리를 잃은 후 학업 취업 결혼을 비롯해 지금까지 내가 걸어온 모든 길은 장애물 및 차별과의 싸움이었다.

특히 다리를 잃은 후 주위 사람들의 동정과 '장애인이라 할 수 없을 거야'라는 선입견을 깨기 위해 그 무거운 의족을 차고 체육은 물론이고 교련 수업까지 해야 했고, 우여곡절 끝에 취업한 후에는 사무실 간이침대가 가장 포근한 내 쉼터였다. 그리고 그 힘겨운 싸움을 현재의 장애인들도 힘겹게 해나가고 있다.

모든 장애인의 소망은 비장애인과 함께 이 사회에 당당히 일어서는 것이다. 동정과 '장애인은 할 수 없다'란 편견보다는 관심과 이해가 필요하다.

이번 11월 11일 '지체장애인의 날'에는 비단 지체장애인뿐 아니라 시각장애인, 청각장애인 그리고 모든 장애인에 대한 관심과 이해를 제고하는 뜻 깊은 기회가 되기를 소망한다.

[김정록 한국지체장애인협회 회장·CPL 대표]

■ [이 사람] 장애인=시설생활? 그 생각부터 인권침해 [한겨레 2011. 12. 20. 기사 발췌]

“가난하고 장애가 있으니 시설에 갇혀 사는 게 당연하다는 인식과 편견이 바뀌어야 합니다. 시설에 살게 하는 것은 인권침해라는 인식 전환이 필요합니다.”

김정하(36·사진)씨는 장애와 인권발바닥행동(발바닥행동)에서 탈시설을 원하는 장애인의 주거 마련과 자립을 돕고 있는 활동가다.

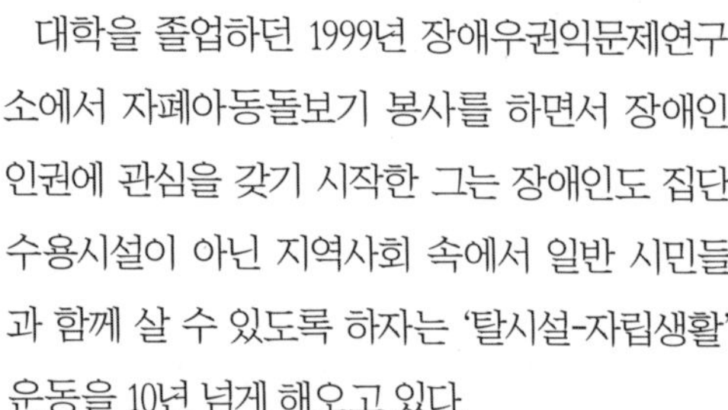

대학을 졸업하던 1999년 장애우권익문제연구소에서 자폐아동돌보기 봉사를 하면서 장애인 인권에 관심을 갖기 시작한 그는 장애인도 집단 수용시설이 아닌 지역사회 속에서 일반 시민들과 함께 살 수 있도록 하자는 ‘탈시설-자립생활’ 운동을 10년 넘게 해오고 있다.

발바닥행동은 지난 2005년 설립 직후 국가인권위원회의 연구용역사업으로 전국의 조건부 신고시설 22곳을 대상으로 국내 첫 거주인 인권상황 실태조사를 벌였다.

김씨는 “그때 조사 결과, 생활 환경이 조금 나은 시설마저도 시설 자체가 가지는 구조적 모순 때문에 살고 있는 사람들의 삶은 선택의 자유가 없는 갇힌 삶이었다”며 매우 참담하고 슬펐다고 말했다. 그는 그때 조사에서 “오늘은 이 벽을 보고 누웠다가, 지겨워서 다음날은 저 벽을 보고 누워 있는다”는 한 와상 장애인의 답변을 듣고 가슴이 먹먹했다.

지난해 실태 조사에서도 “30년 만에 내 이름을 불러주는 사람을 만나 눈물이 났다”는 한 장애인의 말에 가슴이 내려앉았다. “시설이 아무리 민주화돼도 인권침해를 피할 수 없다”는 사실을 깨달은 그는 본격적으로 탈시설 운동에 나섰다.

김씨는 탈시설에 대한 인식전환이 절실하다고 주장했다. 그는 “‘장애인들이 시설에서 나오면 어디서 살아가냐’고 되묻는 사람이 많다”며, “탈시설은 장애인에게 주거공간을 마련해주지 말자는 것이 아니라 지역사회에서 일반인과 함께 생활할 수 있는 주거공간을 마련해주자는 것”이라고 말했다.

김씨는 “시설에 근무하는 직원들 마저 ‘장애인은 자립이 불가능하다’는 편견을 가지고 있다”며 “집과 활동 보조자와 일정한 소득이 있으면 장애인도 충분히 자립할 수 있다”고 말했다.

발바닥행동은 활동기금 마련을 위해 22일 저녁 8시 서울여성프라자에서 ‘장애인인권발바닥행동 2011 후원콘서트’를 연다. 이날 콘서트에는 가수 강허달림, 백자, 장필순, 이한철밴드가 참여한다. 발바닥행동은 새해 시설을 거부하는 장애인의 목소리를 담은 자료집도 출간해 ‘탈시설·자립생활’을 공론화할 계획이다.

■ 장애·비장애우 학생들 "우린 단짝 친구" [한국일보 2011. 5. 23. 기사 발췌]

"자자, 팔을 좀 더 높이 치켜들고 시선은 손 끝에." "스텝은 좀더 가볍게 움직여 보세요."

19일 오후 서울시 은평구 연서중학교 별관 '사랑의 교실' 김한나(29) 강사는 걸그룹 카라의 노래 '미스터'에 손바닥으로 박자를 맞추며 학생들의 춤 동작 하나하나를 바로 잡아주느라 쉴 틈이 없었다.

2명씩 한 조를 이뤄 라틴 댄스 삼매경에 빠진 이들은 연서중 '사랑나눔반' 학생들과 이 학교 특수학급 '사랑반' 친구들. 지적·발달 장애가 있는 학생들과 비장애 학생들이 함께 어울려 나눔과 배려의 정신을 배우게 하자는 취지로 올해 3월부터 주 1회 실시되는 동아리 활동이다.

박혜영(47) 연구부장은 "동아리 활동을 통해 장애에 대한 인식을 개선하려는 시도" 라며, "일반 학급 학생 18명이 사랑나눔반에 자발적으로 참여하고 있다" 고 설명했다.

첫 번째 활동은 요리 배우기. 직접 메뉴를 고른 뒤 장을 보고 함께 음식을 만드는 과정을 통해 서로에 대한 마음의 벽은 조금씩 허물어졌다.

지적장애2급 안재위(15) 양은 말투는 어눌했지만 "부침개를 만들어 요리 경연에서 1등을 했다" 고 자랑했다. 무엇보다 단짝 박은정(15)양이 생긴 게 기쁜 표정이다. 박양은 "그렇게 친한 사이는 아니었는데 함께 요리를 만들고 춤도 배우면서 훨씬 가까워졌다"며 "재위랑 지내면서 장애가 있는 친구들에 대한 선입견이 많이 사라졌다"고 말했다.

가장 눈에 띄는 변화는 특수학급 아이들의 표정이 한층 밝아졌다는 것이다. 박 부장은 "일반 학급에서 수업을 받을 때는 마치 외딴 섬처럼 주눅들고 잘 어울리지 못했던 아이들이 동아리 활동을 하며 활기를 되찾는 것 같다"고 했다.

특수학급 담당 변영남(32) 교사는 "준영(14·가명)는 '동아리 활동 언제 해요'란 말을 입에 달고 살 정도"라며, "특히 누나들을 잘 따른다"고 귀띔했다. 이날도 댄스 파트너인 박소현(15) 양의 손을 꼭 잡고 떨어지지 않으려 했다. "소현 누나가 제일 예쁘냐"고 묻자, "예지가 더 좋아요, 예지"라고 수줍게 웃었다.

박 부장은 "올 가을 학교축제인 연서제 때 학부모들과 지역 주민들을 초청해 은평문화예술회관에서 댄스 공연도 펼칠 예정"이라며, "무엇보다 사랑반 아이들이 자신감을 갖게 됐으면 한다"고 말했다.

【 시위하는 장애우에게 밥을 먹여주는 경찰 】

【 장애 체험하는 장면 】

【 장애우들의 이동권 보장을 위한 시위 장면 】

【 공익광고 】

② 교수 계획안 짜기 예시

<table>
<tr><td>학습 대상
수업 시간</td><td colspan="3">중등 이상 / 90분</td></tr>
<tr><td>학습 주제</td><td colspan="3">장애우 인권 문제</td></tr>
<tr><td>학습 목표</td><td colspan="3">1. 기사를 읽고 장애우들이 겪는 인권 문제의 실태를 이해할 수 있다.
2. 장애우들이 겪는 실제적 어려움은 어떤 것이 있는지 서로의 경험과 생각을 공유할 수 있다.
3. 장애우들의 인권 문제를 해결하기 위한 구체적인 방법들에 대해 생각을 나눈 후 표현활동을 할 수 있다.</td></tr>
<tr><td rowspan="4">학습 계획</td><td>도입</td><td>◆ 영화 〈도가니〉 포스터를 보면서 이야기를 나눈다.
–영화 이야기를 알고 있나요?
–도가니 사건에 대해 들어본 적이 있나요?
–어떤 사건이라고 알고 있나요?
–사건 소식을 들으면서 어떤 생각이 들었나요?
◆ 오늘의 학습 주제 제시</td><td>5분</td></tr>
<tr><td rowspan="2">전개</td><td>◆ 신문기사 함께 읽기
◆ 기사 내용 확인하기
–제2, 제3의 도가니 사건은 어떤 사건을 말하나요?
–11월 11일이 지체장애인의 날이라고 하는데 그 의미는 무엇인가요?
–기사의 주인공 김정하 씨는 무슨 일을 하는 사람인가요?
–'발바닥행동'은 어떤 행동을 말하나요?
–기사를 통해 알 수 있는 장애우들의 고통은 어떤 것들인가요?
–연서중학교에서 하는 '사랑의 교실'은 어떤 프로그램인가요?
–'사랑의 교실' 프로그램을 통해 달라진 점은 무엇이라고 말하고 있나요?</td><td>10분
15분</td></tr>
<tr><td>◆ 생각 나누기
–여러분이 평소에 느낀 장애우 문제는 어떤 것들인가요?
–장애인 성폭력 사건 등이 자주 발생하는 이유는 무엇이라고 생각하나요?
–기사에서 다루지 않고 있는 장애우의 고통에는 어떤 것들이 있나요?
–여러분은 실제 장애 체험을 해본 적이 있나요?
–해보았다면 그때 느끼고 생각한 것들은 무엇인가요?
–사진 자료에서 인상적인 것은 무엇인가요?
–사진 자료 중에서 광고 사진이 의미하는 것은 무엇인가요?
–기사를 읽고 이야기를 나누면서 어떤 생각이 들었나요?
–장애우들이 겪고 있는 고통이 조금이라도 해소되려면 어떤 것들이 필요하다고 생각하나요?
–여러분이 할 수 있는, 해야 하는 일은 무엇인가요?</td><td>20분
30분</td></tr>
<tr><td>정리</td><td>◆ 주제 학습 정리
–오늘의 토의를 바탕으로 공익광고 만들기를 해보세요.
–광고 만들기 자료는 주어진 사진 자료 또는 신문을 활용해서 해보세요.
–광고 형식은 헤드라인 카피, 바디 카피, 사진이나 그래픽, 만화, 광고 주체, 로고 등
◆ 정리된 학습 결과물 공유하기
–완성된 공익광고를 발표해 보세요.
–공익광고를 감상하면서 좋은 점, 아쉬운 점 등을 서로 피드백해 보세요.
–공익광고를 만들어본 소감을 말해 보세요.
◆ 결과 다지기
–오늘의 학습 결과를 한 문장으로 요약한다면?</td><td>10분</td></tr>
<tr><td>평가</td><td colspan="2">–광고의 형식에 맞춰 결과물이 잘 완성되었는지 평가한다.
–서로의 솔직한 생각이 광고 내용 안에 잘 표현되었는지 평가한다.
–학습의 결과물에 대해 스스로의 만족도를 평가해 보게 한다</td><td></td></tr>
</table>

(3) 수업에 임하기 전 교사가 준비해야 할 것들

① 교사의 신문 읽기는 필수

NIE 수업은 다른 학습에 비해 현장감이 특징이다. 되도록 그날 배달된 신문을 가지고 수업을 하는 게 더욱 흥미와 관심을 끌며 생생한 정보를 습득할 수 있다는 점에서도 용이하다. 그래서 교사는 매일 아침 신문을 읽어야 하며, 그날의 기사 중에서 의미 있는 정보나 자료를 스크랩해야 한다. 교사가 신문을 읽지 않으면서 신문 활용 수업을 한다는 것은 어불성설이다. 또한 교사가 신문의 정보에 민감해야만 수업의 재료나 자료를 효과적인 것으로 마련하고 계획할 수 있다. 그래서 교사의 신문 읽기와 스크랩은 그 모든 것에 전제되어야 한다.

그리고 되도록 두 종류 이상의 신문 구독을 권장한다. 신문사마다 논조가 다르고, 동일 사안에 대해서도 사실 여부가 조금씩 다르게 기사화 될 수 있다. 그것은 신문사의 입장과 가치 추구에 의한 관점이 투영된 결과라고 할 수 있는데, 교사는 논조나 관점이 다른 신문들을 구독하면서 객관적인 시각을 유지하려고 노력해야 한다. 교사의 시각은 곧 학생의 시각이 될 수 있기 때문이다. 따라서 교사의 균형 잡힌 시각을 유지하는 것이 학생의 시각이나 가치관, 더 나아가서 학생들의 미래에 영향을 줄 수 있다는 점을 깊이 고려해야 함을 강조하고 싶다.

② 언어에 민감해야 한다

신문을 읽다보면 고사성어나 신조어, 상징어, 우리말 중에서도 헛갈리는 말들이 많이 나온다. 교사는 이런 말들의 뜻과 바른 표기법을 알고 있어야 한다. 바른 언어의 습득과 사용은 상식이며 신문 속 정보를 독해하려고 해도 뜻을 알아야 독해가 가능하다. 학생들이 뜻을 모를 때에는 사전이나 인터넷을 통해 뜻을 찾아보게 하거나, 교사가 이를 추가 설명해 줄 수 있을 때 학생들은 교사에 대한 신뢰 신뢰감을 가질 수 있다.

또한 바른 언어의 사용과 다양한 낱말에 대한 뜻을 알고 있는 것은 교사의 기본자세이며 기본 능력이다. 사회가 복잡하게 변해가면서 각종 신조어들도 생겨나고 있는데 신문을 읽으면서 그때그때 접하는 신조어에 대해서 정리할 필요가 있다. 이는 단순히 뜻을 알자라는 의미보다는 신조어를 통해 사회의 흐름, 세상의 변화를 읽어낼 수도 있기 때문이다.

③ 보조 자료 준비

신문활용교육을 하다보면 때로는 신문으로만 수업을 이끌어 가기에는 역부족인 상황이 있다. 이때 내용을 좀 더 충실히 전달하거나 흥미를 끌기 위해서 보조 자료를 준비할 필요가 있다.

예를 들어 사진 자료나 동영상 자료, PPT 자료 같은 것들이다. 때로는 OX 판과 같은 보조 장치가 필요할 때도 있다. 이처럼 신문 자료만이 아니라 다른 보조 자료가 충분히 준비되었을 때 학생들은 더욱 흥미로워하며, 학습의 기대효과를 충족시키는 결과를 산출해낼 수 있을 것이다.

④ 교사가 알아두면 좋을 상식 상식 용어

◆ 신문에 많이 나오는 전문 용어

해당 분야의 사람만이 해당 전문 용어의 용법을 잘 알기 마련이므로, 이를 아는 사람은 해당 분야의 사람으로 생각되기 쉽다. 따라서 영화나 드라마 등에서 해당 분야의 사람임을 표현하는 표지로 자주 쓰이곤 한다. 일반 어휘에 비해 여러 가지 의미를 담거나 의미가 특화되는 경우가 많다.

- CEO : Chief Executive Officer(경영최고책임자)
- 컨텐츠(Contents) : 내용, 차례, 유무선통신망으로 제공되는 디지털 정보나 내용물의 총칭
- 포럼(forum) : 대광장, 공개 토론회
- 로드맵(road map) : 도로 지도, 방향 제시도, 앞으로의 계획
- 키워드(Key Word) : 주요 단어(뜻을 밝히는데 열쇠가 되는 중요하고 핵심이 되는 말)

- 내비게이션(Navigation) : 선박·항공기의 조종·항해. 오늘날은 자동차 지도 정보 용어로 쓰임. 인터넷 용어로 여러 사이트를 돌아다닌다는 의미로도 쓰임
- 와이브로(wireless broadband, 약어는 wibro) : 개인휴대단말기(다양한 휴대 인터넷 단말기를 이용하여 정지 및 이동 중에서도 언제, 어디서나 고속으로 무선 인터넷 접속이 가능한 서비스)
- 엔터테인먼트(entertainment) : 오락(연예)
- 모니터링(monitoring) : 방송국·신문사·기업 등으로부터 의뢰받은 방송 프로그램, 신문기사, 제품 등에 대해 의견을 제출하는 일
- 컨설팅(consulting) : 전문 지식을 가진 사람이 상담이나 자문에 응하는 일
- 매니페스터(manifester) : 명백하게 하는 사람(것)
- 해트트릭(hat trick) : 축구에서 한 선수가 한 게임에서 3골 이상 득점하는 것
- 아웃소싱(outsourcing) : 자체의 인력, 설비, 부품 등을 이용해 하던 일을 비용 절감과 효율성 증대를 목적으로 외부 용역이나 부품으로 대체하는 것
- 님비(NIMBY. not in my backyard) 현상 : 지역 이기주의 현상(혐오시설 기피 등)
- UCC(User Created Content) : 이용자 제작 콘텐츠(사용자 저작물)
- 매니페스토(Manifesto)운동 : 선거공약검증운동
- 데이터베이스(data base) : 컴퓨터에서 신속한 탐색과 검색을 위해 특별히 조직된 정보 집합체
- 어젠다(agenda) : 의제, 협의 사항, 의사 일정
- 노블리스 오블리제(Noblesse Oblige) : 지도층 인사에 요구되는 도덕적 의무
- 트랜스 젠더(trans gender) : 성전환 수술자
- 패러다임(Paradigm) : 생각, 인식의 틀 또는 다양한 관념을 서로 연관시켜 질서 지우는 체계나 구조를 일컫는 개념. 범례
- 로밍(roaming)= 계약하지 않은 통신 회사의 통신 서비스도 받을 수 있는 것. 국제통화기능(자동로밍 가능 휴대폰 출시)
- 프로슈머(prosumer) : 생산자이자 소비자인 사람. 기업 제품에 자기 의견, 아이디어(소비자 조사해서)를 말해서 개선(프로슈머 전성시대)
- 체리 피커(Cherry Picker) : 기업의 허점을 노려 실속을 챙기는 얄미운 소비자를 가리키는 용어. 체리 피커는 기업의 상품 구매, 서비스 이용 실적은 좋지 않으면서 자신의 실속 챙기기에만 관심이 있는 소비자. 기업 입장에서는 당연히 반갑지 않은 고객

- 글로벌 소싱(Global sourcing) : 세계적으로 싼 부품을 조합하여 생산단가 절약
- SUV=(Sport Utility Vehilcle) : 스포츠차인데 중량이 무겁고 범퍼가 높다. 일반 차와 충돌 시 일반 승용차는 약 60~70%가 더 위험함
- MVNO : 이동통신업체로부터 통신망을 빌려서 하는 서비스. 이통 3사는 통신망 도매업체, MVNO 사업자들은 소매업체에 비유할 수 있다. 가령 도매업자로부터 원래 100원인 망을 60원에 산 후, 여기에 부가서비스를 더해 80원에 팔아 20원을 남기는 식
- 글로벌호크 : 고고도(高高度) 무인정찰기(UAV)
- 브릭스 : 1990년대 말 부터 신흥경제대국으로 떠오른 브라질·러시아·인도·중국 등 4개국의 줄임말
- 스테가노그래피 : 비밀 메시지를 신문기사나 그림, MP3 파일 같은 위장 정보 안에 숨겨 메시지 내용뿐만 아니라 존재까지도 숨기는 최첨단 암호화 프로그램
- 전자기파(EMP) 무기 : 인명은 살상하지 않지만 반경 안에 있는 전자 장비에 피해를 끼치는 첨단무기
- GPS 재밍(jamming) : 전파 교란
- 디지털 네이티브(digital native) : 모든 디지털 언어와 장비를 마치 특정 언어의 원어민처럼 자유자재로 구사하는 사람. 인스턴트 메신저 세대, 디지털 키즈, 키보드 세대, 밀레니얼(millennial)로 불리기도 함
- QR(Quick Response·빠른 응답)코드 : 바코드보다 더 많은 정보와 동영상을 담을 수 있는 2차원 코드(1994년 일본 도요타 자회사 '덴소웨이브'에서 물류관리를 위해 개발, 최근 스마트폰에서 QR코드를 인식할 수 있는 애플리케이션이 인기 있음
- 페로몬(Pheromone) : 이성을 유혹하는 향으로 이성의 행동에 무의식적으로 영향을 미치는 화학적 커뮤니케이션 신호(Pheromone)는 그리스 어원으로 Pheran(운반하다)과 Horman(흥분하다)의 합성어
- 피톤치드 효과 : 식물이 미생물로부터 자신을 보호하기 위해 살균물질을 내뿜어 각종 균의 증식을 억제하는 효과
- 프로보노 운동 : '공익을 위하여' 라는 뜻의 라틴어 '프로 보노 푸블리코(Pro Bono Publico)' 에서 유래한 이 운동은 원래 미국 법조계에서 변호사를 선임할 경제적 여유가 없는 사회적 약자에게 변호사들이 무료 법률 서비스를 제공하던 데서 시작돼 다양한 분야의 전문가가 자신의 전문 지식과 재능을 기부하는 활동으로 이어지고 있다

◆ 신문에 많이 나오는 신조어

신조어(新造語) 또는 신어(新語)는 새로 생겨난 말 또는 새로 귀화한 외래어를 가리킨다. 컴퓨터 통신과 인터넷의 보급으로 신조어의 수가 급격히 늘어났다. 신조어 중 일부는 표준어로 인정되어 이후 사전에 등재되기도 하지만, 유행이 지나면 사용되지 않아 사라지는 경우도 많다.

① 특정 계층·성향·취향 등을 일컫는 사람에 대한 신조어의 예

- 노무족 : 'No More Uncle' 이라는 의미로, 더 이상 아저씨로 불리기를 거부하며 자유로운 사고와 생활을 추구하는 40, 50대 중년 남성을 의미한다
- 루비족 : 삶을 다시 신선하게 만들고(Refresh), 평범한 아줌마임을 거부하며(Uncommon), 아름답고(Beautiful), 젊어 보이는(Youthful) 45~55세 중년 여성을 지칭한다
- 포미족 : 자신을 위한 소비에 적극적인 20~30대 젊은 여성을 지칭한다
- 그루밍족 : 패션과 미용에 아낌없이 투자하는 남자들을 일컫는 신조어로, 마부(groom)가 말을 빗질하고 목욕을 시켜주는 데서 유래했다
- 딩크족 : Double Income, No Kids, 정상적인 부부생활을 지속하면서 의도적으로 자녀를 낳지 않는 맞벌이 부부를 일컫는다
- 통크족 : Two only no kids, 자녀에게 부양받기를 거부하고 부부끼리 독립적으로 생활하는 노인 세대
- 좀비족 : 조직 내에서 무사안일에 빠져 주체성 없는 로봇처럼 행동하는 사람을 가리키는 말
- 예티족 : 젊고(Young), 기업가적(En-Trepreneurial)이며, 기술에 바탕을 둔(Tech based), 인터넷 엘리트(Internet Elite)' 의 머리 글자를 딴 'YETTIE' 에서 나온 말

② 정치·경제·문화적인 현상이 조합된 신조어의 예

- 폴리터(politter) : 정치인(politician)과 트위터(twitter)가 합쳐진 것으로 트위터를 정치활동에 이용하는 정치인을 말하며, 트위터 상의 정치적 활동을 '트위터 정치' 라고 한다.
- 시베츠 : 콜롬비아, 인도네시아, 베트남, 이집트, 터키, 남아프리카공화국 등 6개 국가의 앞글자를 따서 만든 신조어
- 매스클루시버티(Massclusivity) : '대중(mass)' 과 '특별취급(exclusivity)' 의 합성어로, 소수만을 대상으로 맞춤생산방식에 의해 제공되는 고급품 또는 고급 서비스를 말한다

- 유비노마드족(ubi-nomad 族) : 언제 어디서든 원하기만 하면 최첨단 네트워크에 접속할 수 있는 미래의 정보통신 환경을 일컫는 '유비쿼터스(ubiquitous)' 와 유목민, 유랑자를 뜻하는 '노마드(nomad)' 의 합성어
- 인스피어리언스(insperience) : indoor + experience. 밖에서 하던 활동을 집 안으로 끌어들여 즐기는 성향. 예) 최첨단 홈씨어터, 자택 내 체육관 시설, 가정용 커피제조기, 출장 파티 등
- 컬덕(cult-duct) : culture+product 또는 cult+product. 문화융합상품. 단순한 물리적 생산품이 아니라, 문화를 상품에 반영하여 제공하는 현상. 예) 유기농채소, 요가, 건강센터 등
- 트랜슈머(transumer) : trans + consumer. 이동하면서 물건이나 서비스를 구매하는 사람. 시간을 알차게 사용하려는 소비자 욕구와 이동통신의 발달에 따라 트랜슈머리즘 확산
- 사이버레이션(cyberlation) : cyber + relation. 인터넷을 통한 새로운 관계 맺기. 추억과 취미의 공유로부터 시작하여 동일한 코드를 가진 사람들끼리 인터넷상에서 결집하여 정치·사회·문화 등 다양한 방면에서 네티즌을 결성
- 로하스(LOHAS) : lifestyle of health and sustainability. 개인의 정신적·육체적 건강뿐 아니라 환경까지 생각하는, 즉 자신의 이웃과 다음 세대를 생각하는 친환경적/공동체적 선진국형 웰빙. 로하스의 개념은 환경과 미래에도 지속가능한 발전을 고려하는 '사회적 웰빙' 이라는 점에서 개인을 중심으로 잘 먹고 잘 살기를 추구하는 웰빙과 차이가 있다.
- 딩크(DINK) : Double Income, No Kids. 핵가족의 재분열로 가족이 해체되는 경향을 상징하는 말. 이 외에도 Single족(나홀로가족), 딩크펫(DINK+Pet)족, 씽커스(THINKERS = Two Healthy Income, No Kids, Early Retirement) 등이 있음
- 샐러던트(saladent) : salaryman + student. 평생직장 개념이 사라지면서 자신의 가치를 높여 전직이 용이하도록 공부, 자기계발을 병행하는 회사원. 직업을 전전하는 직장인
- 프리터(freeter) : free+Arbeiter. 조직에 구속되지 않고 아르바이트로 자유분방하게 살아가는 젊은이들
- 매스티지(Masstige) : '대중(Mass)' 과 '명품(Prestige Product)' 을 합성한 신조어로, 대량으로 판매되지만 질은 고급인 상품
- 보보스(bobos) : 부르주아(bourgeois)의 물질적 실리와 보헤미안(Bohemian)의 정신적 풍요를 동시에 누리는 미국의 새로운 상류계급을 가리키는 용어로, 부르주아와 보헤미안의 합성어

- 모모스(momos) : 디지털 시대에 나타난 미국의 새로운 상류계급인 '보보스'(Bobos)를 빗대어 표현한 한국판 신조어. 보보스가 부르주아(bourgeois)의 물질적 실리와 보헤미안(bohemian)의 정신적 풍요를 동시에 누리는 상류층을 지칭한 용어임을 해학적으로 뒤집어 "모(mo)두가 빚" "모(mo)두가 가짜"인 인생을 살아가고 있는 사람들을 일컫는 것
- NEXUS : "Next Us"의 조합어로서 일본인들이 만든 신조어. 다음 세대의 후손들에게 쾌적하고 아름다운 도시공간을 물려준다는 뜻
- 유비쿼터스(Ubiquitous) : '어디든지(everywhere)'라는 뜻의 라틴어 '유비크(ubique)'에서 나온 신조어. 사용자가 장소와 시간, 네트워크나 컴퓨터의 종류에 구애받지 않고 자유롭게 인터넷에 접속할 수 있는 환경

■ 참고 문헌

강석우 외, 『NIE 어떻게 가르칠 것인가』, 커뮤니케이션북스, 2004
김영미, 『NiE 새롭고 재미있는 창의력 학습』, 하우, 2006
김창걸·이규영, 『교육학 개론』, 형설출판사, 2006
드니 르보 외, 『생각 정리의 기술』, 지형, 2007
변종임·한진숙, 『유아의 신문활용교육』, 정민사, 2001
신진상, 『논술이 별거냐?』, 조선일보미디어(주), 2005
양재한·김수경, 『어린이 독서지도론』, 태일사, 2003
유정은·이향란·조방제 공저, 『방과후 아동지도』, 형설출판사, 2008
유주미·김명철·김규철, 『논술 마법사』, 신원문화사, 2009
이성은·오은순·성기옥, 『초·중등을 위한 새 교수법』, 교육과학사, 2002
이소영, 『중학생 독서논술』, 해오름, 2007
이정균, 『너 사설? 나 논술! 1~3』, 경향신문사, 2006
이태종, 『신문이 보약이다 1·2』, 김영사, 2002
이태종, 『NIE 원론 1·2』, 통키, 2006
전경원, 『나도 '창의'를 낼 수 있다구요』, 창지사, 1998
정기철, 『창의력 개발을 위한 독서지도법과 독서신문 만들기』, 역락, 2001
정문성, 『홈스쿨 NIE 학습법』, 파인앤굿, 2009
조성민·정선심, 『토론이 된다 논술이 된다』, 사계절, 1997
조해숙, 『유아 NIE의 이론과 실제』, 양서원, 2000
최상희,『NIE 이해와 활용』, 커뮤니케이션북스, 2003
최상희,『신문 스크랩 기술』, 넥서스북스, 2006
최인수, 『창의성의 발견』, 쌤앤파커스, 2011
최종덕·김시천 엮음, 『철학으로 과학하라』, 웅진지식하우스, 2008
한효석,『왜냐면… 1~3』, 한겨레사, 2004
Khaw Choon Ean, 『사고력 혁명』, 동양문고, 2006

■ 참고 매체(가나다 순)

《강원도민일보》, 《강원일보》, 《경인일보》, 《김성광닷컴》, 《노컷뉴스》, 《동아일보》, 《매일경제》, 《문화일보》, 《세계일보》, 《성대신문》, 《소년조선일보》, 《스포츠서울》, 《아시아경제신문》, 《아시아투데이》, 《여성신문》, 《일요시사》, 《일요신문》, 《제민일보》, 《조선일보》, 《재경일보》, 《제주일보》, 《충북일보》, 《충청일보》, 《크리스천투데이》, 《한겨레》, 《한국경제》, 《한국일보》, 《한라일보》, 《헤럴드경제》

■ 참고 사이트

한국신문협회 www.presskorea.or.kr
한국NIE협회 www.e-nie.com
부잔코리아 www.buzankorea.co.kr